JN435234

인간행동과 사회환경

이진향 · 강이근 · 김태연 · 맹두열
서연숙 · 석말숙 · 안우상 · 허정철

창지사

머리말

'인간행동과 사회환경'은 사회복지 과목 중에서 매우 중요한 기초 교과목 중의 하나이다. 그 이유는 인간행동과 사회환경 과목이 사회복지전문가에게 기본이 되는 인간을 이해하는 데 필요한 지식을 포함하고 있기 때문이다. 또한, '환경 속의 인간'은 사회복지실천가에게 매우 중요한 패러다임이 되어야 한다. 사회복지실천가는 인간의 변화에 초점을 두며, 인간을 둘러싼 사회환경의 맥락과 그 안에서 인간을 이해할 필요가 있기 때문이다. 이러한 관점에서 사회복지실천가는 사회복지실천을 위한 구체적인 기술과 지식을 통해 전문가로서 역량을 발휘할 수 있을 것이다.

따라서 사회복지를 공부하는 학생과 현장의 사회복지 종사자가 사회복지실천에 있어서 기본적인 시각을 가지고 다양한 실천 개입을 실현하는 데 본서가 도움이 되기를 바란다. 또한, 사회복지 1급 국가시험을 준비하는 학생과 수험자에게도 실질적인 도움이 될 수 있는 풍부한 내용을 담고 있다.

본서는 '인간행동과 사회환경' 과목에 따른 한국사회복지교육협의회가 제시하는 교과목 지침서를 기준으로 하였다. 구성은 인간행동에 관한 주요 이론과 사회환경의 수준, 인간발달과 사회복지실천 등 총 15장으로 구성하였다. 구체적인 내용으로는 제1장 인간행동·발달·사회환경과 사회복지, 제2장 정신역동이론, 제3장 인지이론, 제4장 행동주의이론, 제5장 인본주의이론, 제6장 사회체계이론과 생태체계이론을 기술하였다. 사회환경의 수준과 관련하여 제7장 미시체계, 제8장 중간체계, 제9장 거시체계를 기술하였다. 또한, 인간의 성장과 발달의 내용으로 제10장에서는 태내기부터 유아기까지, 제11장은 아동기, 제12장 청소년기, 제13장 청년기, 제14장 중년기, 제15장 노년기에 관해 기술하였다.

본서를 통해 인간의 행동과 그를 둘러싸고 있는 환경에 대해 이해하고, 그 영향관계를 정확히 분석해 내는 사회복지실천가로서의 전문적 능력을 기르는 데 조금이나마 도움이 될 수 있기를 바란다. 본서의 부족한 부분은 앞으로 수정·보완해 나갈 것을 약속드리며, 독자 여러분의 기탄없는 비판과 충고를 부탁드린다. 그리고 본서의 출판을 위해 처음부터 끝까지 지원해 준 도서출판 창지사의 직원들에게 감사드린다.

2016년 8월

저자 일동

차례

CHAPTER 06 인간행동에 관한 주요 이론: 사회체계이론과 생태체계이론

CHAPTER 07 사회환경의 수준: 미시체계

CHAPTER 08 사회환경의 수준: 중간체계

CHAPTER 09 사회환경의 수준: 거시체계

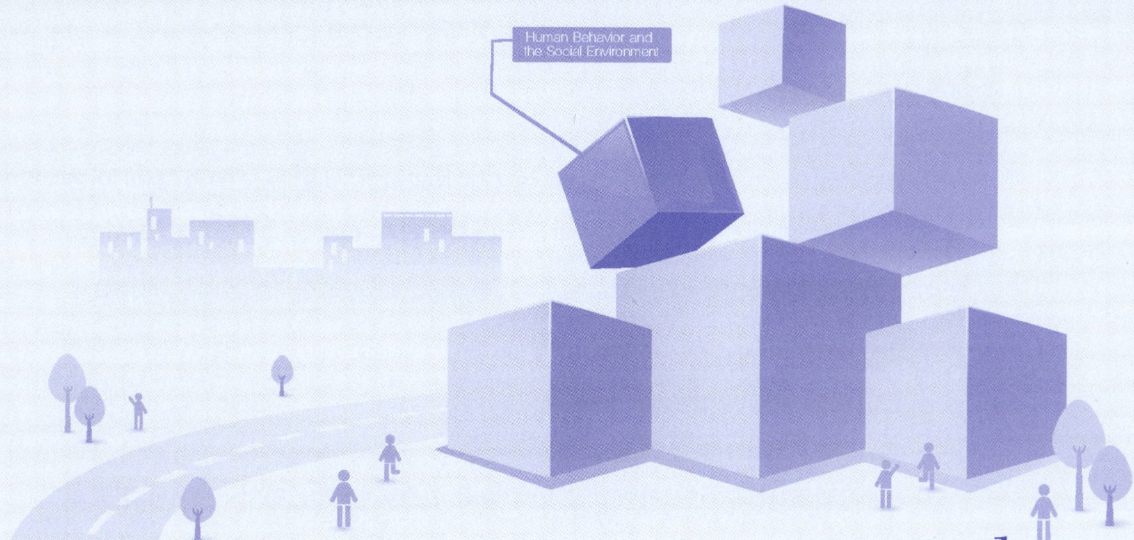

CHAPTER 1

인간행동 · 발달 · 사회환경과 사회복지

1 인간행동 · 발달 · 사회환경의 이해

인간은 자유로운 정신영역과 신체활동을 할 수 있는 생물체의 하나로 태어나지만 가족, 학교, 직장 등 사회생활을 통하여 사회화된 존재로 성장해 간다. 즉, 인간은 하나의 독립된 자아를 지닌 존재이지만 동시에 사회환경과 불가분의 관계를 형성하면서 살아갈 수밖에 없는 존재이다. 인간은 누구나 각자 자신의 삶에 가장 큰 의미를 부여하지만 동시에 사회공동체의 한 구성원으로서 다른 구성원과 함께 고락을 나누며 살아가야 하는 사회적 존재임을 부인하기 어렵다는 의미이다.

사회복지를 배우고 실천하기 위해서는 그 이전에 인간과 환경의 이해가 선행되어야 한다. 사회복지실천에서는 생명의 시작에서부터 사망에 이르기까지 전 생애에 걸쳐서 일어나는 인간의 신체, 심리, 사회적 변화와 안정성 그리고 이들 기능간의 상호작용을 이해할 수 있게 해 주고 사회환경이 인간발달에 미치는 영향을 설명할 수 있으며, 사회복지 개입이나 원조의 방향을 제시해 줄 수 있는 인간발달이론에 많은 관심을 갖고 있다. 왜냐하면 사회복지의 실천은 결국 환경 속의 인간을 사랑으로써 깊이 이해하여 현재 보다 더 나은 삶을 영위할 수 있도록 인도하는 일이기 때문이다.

1) 인간행동

사회복지는 인간에 관한 서비스를 연구하고 실천하는 학문이다. 따라서 인간을 어떻게 바라보고 접근할 것인지를 규정하는 것은 중요한 문제이다. 사회복지는 '환경 속의 인간'이라는 관점을 가지고 클라이언트 문제의 원인과 해결책을 찾기 위해 개인 자체와 그를 둘러싼 환경에 동시적인 초점을 둔다. 즉, 인간행동과 사회환경은 사회복지실천이 개인, 가족, 집단, 조직, 지역사회 등과 밀접한 관련 속에 이루어지기 때문에 사회복지사에게는 가장 중요한 분야라고 할 수 있다.

(1) 인간행동에 관한 관점

인간은 자유로운 정신활동과 신체활동을 할 수 있는 하나의 생물학적 개체로 태어나지만 가족, 유치원, 학교, 직장생활 등을 통해서 사회화된 존재로 성장해 나간다. 즉, 인간은 독립된 개체로 태어난 존재이지만 가족 및 사회 속에서 생활하면서 자아 정체성을 확립하고 다른 사람과의 관계 형성 및 인간존중 등을 체득함으로써 자신만의 독특한 위상을 정립하는 것이다(김상아 외, 2014).

'인간행동과 사회환경'은 사회복지학의 주요 기초 과목 중에서도 가장 중요한 교과목이라고 볼 수 있다. 그 이유는 이 교과목에서 다루는 '환경 속의 인간'이야말로 사회복지사가 인간을 바라보아야 하는 기본적 시각인 동시에 개입의 기준이 되기 때문이다. 즉, 사회복지실천에서 사회복지사가 추구하는 목표는 다양하지만 궁극적으로 인간의 이해를 통한 긍정적 변화에 초점을 두기 때문에 사회환경의 맥락 안에서 인간의 내면에 관한 깊은 이해가 필요하다. 그것은 또 '인간행동과 사회환경'이 개인, 가족, 집단, 조직, 지역사회 등과 밀접히 관계하며 이루어지기 때문에 더욱 그러하다고 볼 수 있다.

인간은 다른 생물체와는 비교할 수 없는 다양한 발달 단계를 거치면서 고도의 인지력을 갖게 되었으며, 인간을 둘러싼 환경과 밀접한 상호 관련을 맺으면서 살아가고 있다. 사회복지는 인간 · 인간의 발달 · 사회환경의 이해를 전제로 하는 학문 분야이다. 특히, 사회복지사는 사회복지실천(social work practice)과정에서 클라이언트의 욕구나 문제에 관한 올바른 사정(assessment)을 하기 위해서는 인간과 사회환경에 관한 폭넓은 지식을 갖추어야 한다.

행동(behavior)이란 일반적으로 인간이 내적 · 외적 자극에 대하여 보이는 반응을 총칭하는 것으로 대개 외재화(externalization)되는 경향으로 인해 객관적으로 관찰이 가능하다는 특성이 있다(김상아 외, 2014). 겉으로 드러난 다른 사람의 행동을 통해서 우리는 종종 그 사람의 심리적 상태나 마음을 읽고 거기에 대처하기도 한다. 그러나 하나의 행동에 반드시 하나의 원인과 목적만 있는 것이 아니라 다양한 원인과 목적이 있을 수 있고, 또한 같은 상황에서도 사람에 따라 다양한 행동을 보일 수 있다.

인간행동에 영향을 미쳐 행동으로 나타는 요인으로는 성별, 환경, 경험, 성격, 욕구의 정도, 가치관, 유전적 요인, 학습 유무, 사회화 정도, 습관, 장애 유무 등 다양하며, 이처럼 인간행동을 결정하는 데에는 다양한 요인이 상호 영향을 주고받고 있으며, 이러한 요인 간의 상호작용의 조합을 통해서 인간의 행동이 결정 된다. 그리고 인간행동은 생의 발달 단계별로 특성을 지닌다. 유아기, 아동기, 청소년기, 성인기, 노년기와 같은 각 발달 단계마다의 전형적인 행동을 한다. 예컨대, 생애주기에 따른 정서발달의 특성을 살펴보면 유아기에는 강한 공포와 질투로 인해 울음과 떼쓰기 등의 행동을 한다. 아동기에는 유쾌한 정서 표현이 강해 크게 웃으며 몸을 틀거나 마룻바닥을 구르는 등의 행동을 하며, 청소년기에는 정서적으로 흥분되는 경우가 많아 불안정하다. 성인기에는 가장 활력이 넘치고 활동적이며, 노년기에는 노화로 말미암아 자아중심적이고 사회적으로 은둔적인 특성을 띤다(김경희, 2001).

사회복지실천에서, 특히 인간행동은 클라이언트의 욕구나 문제를 파악할 수 있는 핵심체로서 중요한 의미를 띤다. 이는 사회복지사가 클라이언트의 욕구나 문제를 파악할 때 그의 행동에 초점을 두어야 하기 때문이다.

(2) 인간행동에 관한 주요 이론

인간행동의 원인과 기제(mechanism)의 규명은 많은 학자에 의해 다양한 이론이 등장하였다. 정신역동이론의 범주에는 프로이드(Freud)의 정신분석이론, 융(Jung)의 분석심리이론, 에릭슨(Erikson)의 심리사회이론, 아들러(Adler)의 개인심리학 등이 포함된다. 프로이드는 인간행동에 있어서 무의식의 역할을 강조하고, 인간발달에 있어서 원초아(id)와 리비도(libido: 성적인 에너지)에 초점을 맞춘 심리성적인 요인을 강조하였고, 융은 인간의 행동이 무의식의 영향을 받는 것은 인정하면서도 무의식의 영향은 의식을 통해 조절이 가능하다고 보았으며, 의식과 무의식의 상호 교류와 적절한 조화를 통하여 인간정신과 행동의 전체성을 유지할 수 있다고 하였다. 에릭슨은 프로이드와 달리 인간행동의 근원은 무의식이 아니라 자아에 의한 것이며, 인간은 일생동안 여러 단계의 심리사회적 위기를 경험하는데 그 위기의 결과로 성격이 발달하며 사회적 관계 속에서의 개인적·사회적 위기가 인간발달을 이끄는 요소라고 주장하였다. 아들러는 열등감과 보상, 우월성에의 추구, 창조적 자아, 사회적 관심 그리고 개인의 생활에서 일관성을 부여하는 생활양식이 인간행동의 기반이 된다고 하였다. 그리고 인간의 행동은 개인이 자신을 어떻게 주관적으로 지각하느냐에 따라 결정된다고 보고, 경험 그 자체보다도 경험에 대한 개인의 지각과 해석이 인간행동에 영향을 미친다고 보았다. 인지행동의 범주에는 스키너의 행동주의 학습이론, 반두라(Bandura)의 사회학습이론, 피아제(Piaget)의 인지발달이론, 벡(Beck)의 인지이론 그리고 콜버그(Kohlberg)의 도덕성발달이론 등이 포함된다.

스키너(Skiner)의 행동주의 학습이론은 당시 지배적 이론이었던 프로이드의 정신분석이론과는 달리 인간행동은 보상과 처벌이라는 결과에 의해 유지된다고 보고 인간행동이 법칙적으로 결정되고, 예측가능하며, 통제될 수 있다고 하였다. 또한, 인지적 측면을 비롯하여 무의식, 자아, 내면적 동기 등이 아니라 외적 자극에 의해 동기화된다고 보았다. 반두라의 사회학습이론에 의하면, 인간행동은 다른 사람의 이론을 관찰하고 모방하고, 인지적, 행동적, 환경적 영향력 간의 끊임없는 상호작용의 결과라고 보았다. 피아제의 인지발달이론은 인간이 태어나서부터 환경과의 상호작용을 통하여 스스로 인지구조가 발달하게 되며 인지의 변화는 인간의 정서적 변화와 행동의 변화에 영향을 미친다고 하였다. 벡의 인지이론은 개인이 가지고 있는 자신과 세계에 대한 지각이 인간행동에 있어서 정서적·행동적 문제를 유발한다고 전제하였으며, 콜버그는 인간의 행동은 도덕적 딜레마에 영향을 받는다고 하였다. 한편, 인본주의이론의 범주에는 로저스(Rogers)의 인간중심이론과 매슬로(Maslow)의 욕구단계이론이 있다. 로저스의 인간중심이론은 인간행동이 프로이드가 주장한 무의식적인 힘에 의해 결정되는 것이 아니라 오히려 인간이 자신을 둘러싼 세계를 어떻게 지각하느냐에 달려 있다고 보았으며, 매슬로의 욕구 단계 이론에 의하면, 인간은 삶에 의미와 만족을 주는 일련의 선천적 욕구에 의해 인간행동이 동기화된다고 보았다.

2) 인간발달

인간발달이란 태아에서부터 사망에 이르기까지 신체적·인지적·정서적·사회적 측면 등 전인적인 측면에서 전(全) 생애에 걸쳐 연속적으로 일어나는 변화 양상과 과정을 말한다. 즉, 인간발달은 유전과 환경 사이의 상호작용에 의해 시간에 따라 이루어지는 변화로서 크기의 변화, 구조의 변화, 비율의 변화, 기능의 변화가 모두 포함되는 광의의 개념이라 할 수 있다.

하나의 세포에서 시작한 생명체는 태내에서 사람의 모습을 갖추어 출생한 후 차츰 성장하여 걷고, 말하고, 생각을 하게 된다. 출생 직후부터 태생적 유전적 특성을 기초로 하여 주위 환경에 지속적으로 반응하면서 변화되어 가는 것이다. 즉, 인간은 수정되는 순간부터 사망에 이르기까지 정체되어 있는 것이 아니라 역동적인 변화를 거듭한다. 이러한 역동적인 변화를 설명하는 개념이 발달(development)이다. 즉, 인간의 발달이란 인간의 수정에서부터 죽음에 이르기까지 전 생애에 걸쳐 신체적·심리적·사회적 측면에서 나타나는 질서정연하고 연속적이며 상승적 또는 퇴행적 변화과정을 의미한다(권중돈, 2014).

(1) 인간발달의 개념

인간발달이란 생애 발달적 접근을 갖는 발달심리학의 대상으로서, 인간의 전 생애에 걸친 모든 발달적 변화 양상과 과정을 의미한다. 이러한 인간발달의 모든 연령과 시기는 서로 밀접하게 관련되어 있다. 4세 유아의 놀이장면에서 나타나는 성 역할 특성은 청소년기에 원만한 이성관계의 형성과 성인기 가족 내에서의 성 역할을 예견할 수 있게 하는 주요 요인이 된다. 또한, 청년기와 성인기에 나타나는 다양한 특성은 영아기와 유아기의 성장과정을 이해하지 않고는 그러한 특성이 형성된 원인과 배경을 찾아내기 어렵다. 이러한 점에서 영·유아기, 아동기, 청년기 등 모든 단계의 발달연구는 궁극적으로 생애 발달적 접근의 '인간발달'이라는 틀 속에서 이해되어야 한다(한국교육심리학회, 2000).

즉, 발달이란 출생에서 사망에 이르기까지 전 생애에 걸쳐 연속적으로 일어나는 변화 양상의 과정이며 지적·정서적·사회적·신체적 측면 등 전인적 측면에서 일어나는 모든 변화를 의미한다. 또한, 발달은 시간에 따라 일어나는 신체구조, 사고, 행동 등의 변화이며 상승적 발달과 하강적 발달을 모두 포함하고 있다. 그리고 발달은 유전과 환경의 상호작용으로 이루어지는 인간의 총체적 변화라고 할 수 있다.

인간의 발달과 관련한 기초 개념으로는 성장, 성숙, 학습, 사회화 등이 있다.

① 성장(growth)

사람이 태어날 때 이미 성장의 방향이나 내용이 어느 정도 정해진 설계도를 가지고 태어난다. 이렇게 유전인자에 설계된 대로 성장을 하다가 일정한 시기가 되면 성장을 멈추게 된다. 신체의 증가, 근력의 증가, 인지의 확장 등과 같은 환경적 영향에 따라 설계의 내용은 조금씩 달라질 수 있다. 또한, 성장은 신체의 크기가 커지거나 근육의 힘이 더 세지는 것과 같이 신체적·생리적 발달의 양적 증가에 국한된다.

② 성숙(maturation)

성숙은 유전적 요인에 의해 발달적 변화가 통제되는 생물학적 과정으로 내적·유전적 요인에 의해 출현되는 신체적·심리적 변화이다.

성숙은 부모로부터 받은 유전인자가 지니고 있는 정보에 따라 일어나는 변화이므로 경험이나 훈련과 같은 외적 환경과는 관계가 없다. 예를 들면, 사춘기에 나타나는 2차 성징, 태아가 모체 내에서 발달해 가는 것 등이다.

③ 학습(learning)

학습은 직접적 또는 간접적 경험의 산물로 나타나는 후천적 변화로서 특수한 경험, 훈련, 연습 등과 같은 외부 자극이나 조건이다. 즉, 환경에 의해 개인이 내적으로 변하는 것이다.

④ 사회화(socialization)

사회화는 개인이 자기가 속한 사회구성원으로서 자연스럽게 동화되어 가는 과정이다. 즉, 가족, 지역사회 등을 포함한 사회구성원과의 상호작용을 통해 그 안에서 통용되는 사회적 기대, 관습, 가치, 신념, 역할, 태도 등을 전 생애를 통해 익혀가는 과정이라 할 수 있다.

이와 같이 발달, 성장, 성숙, 학습과 사회화는 상호 분리되어 있는 것이 아니라 서로 연결되어 있으며, 이러한 과정이 공존할 때 비로소 인간발달이 이루어진다. 즉, 발달은 일생 동안 유전, 성장, 성숙, 학습과 사회화로 진행되는 복합적 과정이다.

(2) 인간발달의 원리

인간발달의 원리는 양적인 면과 질적인 면으로 구분할 수 있다. 양적인 발달은 특별한 외부요소의 영향을 받지 않아도 연령이 증가함에 따라 나타나는 신체적 성장을 의미하며, 질적인 면은 외부 환경이나 자극으로 인한 학습을 통해 성숙하는 것을 의미한다.

이러한 인간발달 단계는 다음과 같은 특징을 갖고 있다. 인간의 발달은 인간과 환경과의 상호작용을 통하여 일정한 순서에 따라 이루어지지만, 기초의 형성이 필요하며 결정적인 시기가 존재한다. 만일, 인간발달에서 어떤 결손이 생기면 그것이 누적되어 심각한 결손이 되고 다시는 돌이킬 수 없게 될 수도 있다. 이러한 인간발달의 일반적인 특성은 다음과 같다.

① 일정한 방향성을 갖는다

인간발달은 일반적이고 보편적인 순서와 방향성에 따라 진행되며 순서가 뒤바뀌지 않고 일정하게 이루어진다. 상체에서 하체로, 중심에서 말초로, 전체에서 부분으로 이루어지고 한 단계의 발달은 보다 높은 차원의 다음 단계의 발달로 이어진다.

② 계속적이나 속도는 일정하지 않다

인간발달은 각 개인의 차이가 존재하지만, 발달의 변화는 규칙적인 원리에 따라 진행된다. 인간은 어느 한 시기에 발달한 부분이 다음 시기에 발달하지 않고 멈추는 것이 아니라 계속적으로 발달이 진행되고 시간의 경과에 따라 점진적이고 계속적으로 이루어진다(Santrock, 2008). 그렇지만 속도는 일정하지 않다.

③ 개인차가 있다

인간발달은 비록 동일한 발달 단계를 거치고 동일한 연령이 되었다 하더라도 개인적인 차이가 나타나고 유전, 성별, 환경에 의해 다르게 나타날 수 있으며, 연령이 증가하면서 더욱 두드러지게 나타나게 된다.

④ 상호 관련성이 있다

인간발달의 한 측면은 다른 여러 측면의 발달과 각각 독립적으로 이루어지지 않고 상호 간에 밀접하게 관련되어 있고, 서로 영향을 미친다.

⑤ 분화와 통합의 과정을 거친다

인간발달은 분화의 과정이면서 동시에 통합의 과정인 것이다. 즉, 인간발달은 전체적인 측면에서부터 부분적인 측면으로 분화되어 가는 동시에 분화된 각 측면이 통합되어 하나의 체제를 형성해 나간다.

⑥ 유전과 환경의 상호작용의 결과로 이루어진다

인간발달은 유전적 요인과 환경적 요인의 역동적인 상호작용을 통하여 이루어진다. 즉, 인간발달은 신체적·정신적 특질과 같은 유전인자의 영향만으로 또는 물리적 조건 및 심리적 조건 같은 환경의 영향만으로 이루어지지 않으며, 두 가지의 상호작용의 산물인 것이다.

⑦ 기초성의 원리가 있다

기초성이란 인간발달의 초기에 이루어져야 할 발달이 제대로 이루어지지 못하면 후일의 발달에 영향을 주게 된다는 것을 뜻한다. 예를 들면, 인간발달의 초기인 수태로부터 유아기까지는 기본적인 신체 조직이 형성되고 기관이 거의 완성되는 시기이므로 양질의 영양소를 충분히 섭취한 아동은 전반적인 측면에서 양호한 발달적 성취를 보인다. 그러나 극심한 영양결핍을 경험한 아동은 특히 신체, 운동, 인지발달 등의 영역에서 발달 지체를 초래하기 쉬우며 신체가 허약하고 각종 질병에 걸리기 쉽다.

⑧ 결정적 시기가 있다

적기성이란 모든 발달에는 최적기가 있다는 것으로 유아교육 분야에서의 '세살이면 이미 늦다.'라고 하는 말 속에 이 적기성의 의미가 함축되어 있다. 특히, 적기성은 각 발달 단계별로 이루어져야 할 발달 과업이 제대로 이루어지지 못하면 후일의 발달에 부정적인 영향을 미친다는 발달 과업과 밀접히 연관되어 있다.

⑨ 불가역적이다

불가역적이란 이미 이루어진 발달적 손상은 그 후의 노력으로도 회복하기가 매우 어렵다는 것을 뜻한다. 즉, 발달 초기의 영양결핍에 의한 발달적 손상은 후일 보충하여 주어도 손상을 회복하기 어렵다. 또한, 문화적 자극의 결핍에 의한 인지발달의 지체는 계속 누적되어서 후일 학습부진 아동으로 자라나게 될 공산이 크며, 이는 결과적으로 진학이나 취업을 곤란하게 하여 장래의 사회적 성취에 돌이킬 수 없는 영향을 미치게 되는 것을 의미한다.

표 1-1 인간의 발달 단계에 따른 주요 발달 과업

단계	구분	주요 발달 과업
태내기	임신~출생	어머니 뱃속에 있는 기간을 말하며, 기본적인 신체구조와 기관이 형성되는 시기이다. 산모의 신체적, 심리적, 사회적인 안정과 태내 환경은 밀접한 관련이 있다.
영아기	출생~2세	모든 감각기관이 작용하면서 나름대로 다양한 능력을 가지고 있으며, 신체적 발달이 매우 빠르고 어느 정도의 언어 능력도 발달한다. 부모와의 애착관계를 형성하여 이후의 사회성 발달의 기초를 다진다.

단계	구분	주요 발달 과업
유아기	3세~ 초등학교 입학 전	운동 능력과 체력이 신장되고 자율성이 증대된다. 또래 친구의 중요성이 요구되지만 가족이 여전히 생활의 중심이 된다. 인지 능력이 증가하지만 논리적인 이해는 하지 못하며 자기중심적인 사고를 한다.
아동기	초등학교 시기	신체의 성장은 이전보다 느려지지만 운동 기능과 체력은 더욱 신장된다. 인지발달을 통하여 학습이 가능해지며 유아기의 자기중심적 사고는 사라진다. 가족중심에서 또래중심의 생활로 이동하게 된다.
청소년기	중 · 고등학교 시기	체형이 변화하고 체격이 급격히 성장하며 성(性)적 성숙이 이루어진다. 청소년 초기(중학교 시기)는 사춘기 변화가 일어난다. 청소년 후기(고등학교 시기)는 자아 정체감 확립이 중요한 과제가 되고 이성 문제 등으로 고민하게 되고 또래집단의 형성과 영향이 중요한 시기이다.
청년기	20~40세	신체적 기능이 최고조에 달하다가 서서히 감퇴하는 시기이다. 지적인 능력을 더욱 확장하거나 직업을 갖고 사회적 활동을 확장한다. 결혼을 하고 자녀양육의 과업을 수행한다.
중년기	40~65세	신체적 기능이 감퇴하고 전반적인 학습 능력은 저하되지만 실제적인 문제 해결 능력은 증가한다. 인생에서 가장 생산적인 활동을 하는 시기이기도 하지만 심리적으로 '중년기의 위기'와 '빈 둥지 증후군'을 경험한다. 인생의 황금기이기도 하지만 다양한 스트레스로 어려움을 겪는 시기이도 하다.
노년기	65세 이후	신체적 기능의 감퇴로 반응시간이 느려지고 지적 능력과 기억력은 떨어진다. 하지만 대부분의 노인은 활동적으로 생활하며 여가를 즐긴다. 또한, 이 시기는 죽음에 대비하여 삶을 정리하는 과업이 중요하다.

출처: Papalia et al.(1989).

이를 종합하면 발달이란 인간의 신체적 · 심리적 · 사회적 요인이 서로 상호작용하여 임신에서부터 사망에 이르기까지 전 생애에 걸쳐 일어나는 질서정연하면서도 안정적이며 체계적인 과정에 따라 이루어지는 일련의 변화라고 볼 수 있다. 뉴먼(Newman, 1991)은 인간의 발달에 관한 기본 전제를 다음과 같이 제시하였다.

① 인간의 성장과 발달은 삶의 모든 기간에 걸쳐 일어난다. 그러므로 인간발달은 태내에서 수태되었을 때부터 죽을 때까지 전 인생 과정에서 일어나는 변화를 모두 포함한다.

② 인간의 삶이란 시간에 따라 진행되는 지속성(continuity)과 변화(change)를 보인다. 즉, 인간의 발달은 시간의 흐름에 따라 멈추는 것이 아니라 지속되어야 하며 변화가 일어나야 한다.

③ 인간을 전체로서 이해해야 한다. 인간의 발달은 언어, 인지, 신체, 사회, 정서적인 발달의 어느 한 부분만이 아닌 통합적 방법으로 살펴보면서 인간발달을 연구해야 한다.

④ 인간의 발달과 행동은 그와 관련된 상황이나 인간관계의 맥락에서 분석되어야 한다. 인간은 사회와 환경에 적응하는 능력이 있으므로 인간의 행동양식이나 변화는 인간이 성장해 온 그 문화와 사회적 환경을 반영할 수밖에 없다.

이러한 인간발달에 관한 지식은 사회복지실천 과정에서 매우 중요한 역할을 하는데 특히 문제에 관한 사정과 관련된다. 사회복지실천에서 사정을 통해 클라이언트, 클라이언트의 문제, 클라이언트의 문제가 놓여 있는 상황에 대해 정확하게 이해하고 평가하는 것은 효과적 개입을 위해 매우 중요하며, 이것은 인간발달에 관한 기본적 지식과 이해를 필요로 한다(Zastrow & Kirst-Ashman, 2007).

3) 인간과 사회환경

오늘날 사회복지실천에서는 인간과 환경에 초점을 두고 있으며, 인간과 환경은 분리된 실체가 아니라 하나의 통합된 것으로 이해하는 환경 속의 인간(person in environment)이라는 관점을 유지하고 있다.

사회환경(social environment)은 인간행동에 영향을 미친다는 점뿐만 아니라 사회복지사의 자원 동원과도 밀접한 관계를 맺고 있다. 클라이언트의 삶과 사회복지사의 활동이 사회환경 속에서 이루어지기 때문에 사회복지사는 당연히 사회환경의 이해가 전제되어야 한다. 인간은 환경에 속해 있는 존재이므로, 인간의 생존과 삶의 양상은 환경과 맺는 상호작용의 질에 의해 결정된다. 즉, 한 인간의 요구에 얼마나 적절하게 반응해 주는가에 따라 결정된다. 이러한 인간과 환경 사이의 상호 관계, 상호작용, 상호 의존성으로 인하여 '인간'이라고 지칭할 때는 편의상 그 앞에 '환경 속의'라는 용어가 생략된 것으로 보는 것이 타당하다. 따라서 '인간'이라는 용어의 좀 더 정확한 표현은 '환경 속의 인간체계'라 하겠다(권중돈, 2014).

개인을 둘러싸고 있는 사회환경을 체계론적 관점에서 살펴보면 개인을 중심으로 하는 미시체계(microsystem)와 중간체계(mesosystem), 거시체계(macrosystem)가 있다.

미시체계는 인간이 가장 밀접하게 직접적인 환경 내에서 이루어지는 활동, 역할 등 사회적·물리적 환경을 말한다. 즉, 대면적인 대인관계의 유형이다. 예를 들면, 가족, 이웃, 학교, 또래 친구 등 개인이 일상생활 속에서 직접 접촉하고 상호 교류할 수 있는 부분으로 구성되며, 중간체계는 미시체계가 각각 서로 연결되어 있는 가정과 학교, 가정과 직장, 가정과 이웃 등이 서로 상호작용하는 것을 말한다. 거시체계는 인간을 둘러싼 환경의 가장 바깥쪽에 위치하고 있는 것으로 지역사회, 조직, 사회제도, 문화, 정치, 경제, 법, 관습 등을 의미한다. 이러한 체계는 상호 관련성을 지니며, 상호작용하고, 상호 의존하며 상호 영향을 주고받는다. 따라서 개인을 둘러싸고 있는 사회환경, 즉 다양한 수준의 사회체계는 인간의 삶과 행동에 직접 또는 간접적으로 영향을 미치며, 때로는 인간으로부터 영향을 받기도 한다.

2 사회복지실천과의 연관성

사회복지실천의 궁극적인 목적은 인간이 직면하고 있거나 처해 있는 여러 종류의 문제를 해결하여 행복을 추구할 수 있도록 원조하는 것이다. 이때 사회복지실천의 주요 대상은 '인간'이다. 그러므로 인간, 인간의 행동, 인간의 발달 과정에 관한 이해가 선행되어야 함은 당연할 것이다.

사회복지실천은 경제적, 심리적 또는 주변 환경의 요인으로 인해 문제를 갖고 있거나, 문제가 있을 것으로 예상되는 클라이언트에게 접근하여 그들이 겪고 있는 문제를 파악하고 해결 방안을 제시하여 직접 문제에서 벗어나도록 도움을 제공하는 것이다. 또한, 주변의 여러 자원을 적극 활용하여, 도움을 줄 수 있는 기관, 지역 또는 후원자, 자원봉사자를 연계해 주는 지원을 펼치기도 한다. 또 사회복지기관에서도 다양한 조직 구성원과 협력관계를 구축해야 한다. 이러한 과업을 수행하기 위해서는 당연히 인간행동과 발달 그리고 인간과 환경과의 관계를 깊이 이해해야만 하고 그것으로부터의 통찰력을 얻어야 할 것이다.

인간행동에 관한 이론의 다양한 관점과 사회복지실천의 연관성을 요약하면 다음과 같다.

정신역동이론은 인간과 성격의 본질을 심층적으로 분석하여 인간의 행동을 '정신 내의 운동과 상호작용'에 초점을 두었다. 각 이론에 따라 주요 초점과 병리의 출발점은 서로 다르지만 대부분 정신이 행동을 어떻게 자극하는지, 그리고 정신과 행동이 개인의 사회환경과 어떻게 서로 영향을 주고받는지를 강조하여(Pane, 2001) 사회복지사가 인간행동을 이해하는 데 많은 도움을 주었다.

행동주의이론이 사회복지실천에 미친 영향으로는, 클라이언트의 행동을 변화시키기 위한 시도로 보상이나 인센티브를 사용하는 것은 행동적 사고로부터 나온 개념이며, 사회복지실천 영역에서 활용되는 '문제'에 관한 정의를 내리는 데 도움을 주었다. 우울증을 위한 행동치료, 신경증 해결을 위한 체계적 둔감법, 토큰경제 등의 다양한 접근 방법이 활용되고 있다.

인지이론이 사회복지실천에 미친 영향은 환경 속에 있는 개인이 다른 사람의 행동이나 사건, 상황에 어떤 의미를 부여하는가에 접근할 수 있는 이론적 틀을 제시한 것이며, 일반화된 과학적 지식과 척도만큼 클라이언트가 지각한 현실이 중요하다는 근거를 제공한 것이다. 또한, 매우 위축되고 박탈된 집단이 모든 문제를 자신의 탓으로 돌리며 사회적 영향을 전혀 고려하지 못할 경우 "자신이 부족하고 잘못되어 문제가 일어난다."는 인지와 신념을 변화시키는 권한부여(empowerment) 접근의 근거가 되었다는 점에서 사회복지실천의 중요한 함의를 갖는다(최옥채 외, 2015).

인본주의이론이 사회복지실천에 미친 영향을 살펴보면, 사회복지실천의 가치관은 기본적으로 인본주의에 근거하고 있으며, 클라이언트중심의 개입을 강조하고 인간을 환경과 상호작용하는 존재로 보았으며 이는 사회복지실천에 매우 큰 영향을 끼쳤다고 볼 수 있다.

인간발달에 관한 전체적인 이해는 곧 클라이언트에 관한 이해를 의미하기 때문에 사회복지실천에 있어서 중요성을 갖는 것이다.

인간의 행동은 사회환경과 밀접히 관련되어 있다. 인간은 사회환경의 영향을 받으면서 발달해 나가고, 때로는 사회환경을 변화시키기도 하기 때문에 인간과 사회환경은 각각의 존재가 아니라 상호 영향을 미치는 유기적인 체계로서의 속성이 있다. 즉, 인간이 환경과 끊임없는 상호작용을 통하여 안정을 유지하고 변화해 나가며, 인간의 신체적 발달, 심리적 발달 그리고 사회적 발달이 밀접한 상호 관련성을 지니고 있으며 통합적 기능을 하고 있다는 것이다. 그러므로 인간발달이론은 사회복지 원조 과정의 기본적 토대를 제공할 뿐만 아니라 각 분야의 사회복지 제도발달의 기초를 형성해 주고 있다.

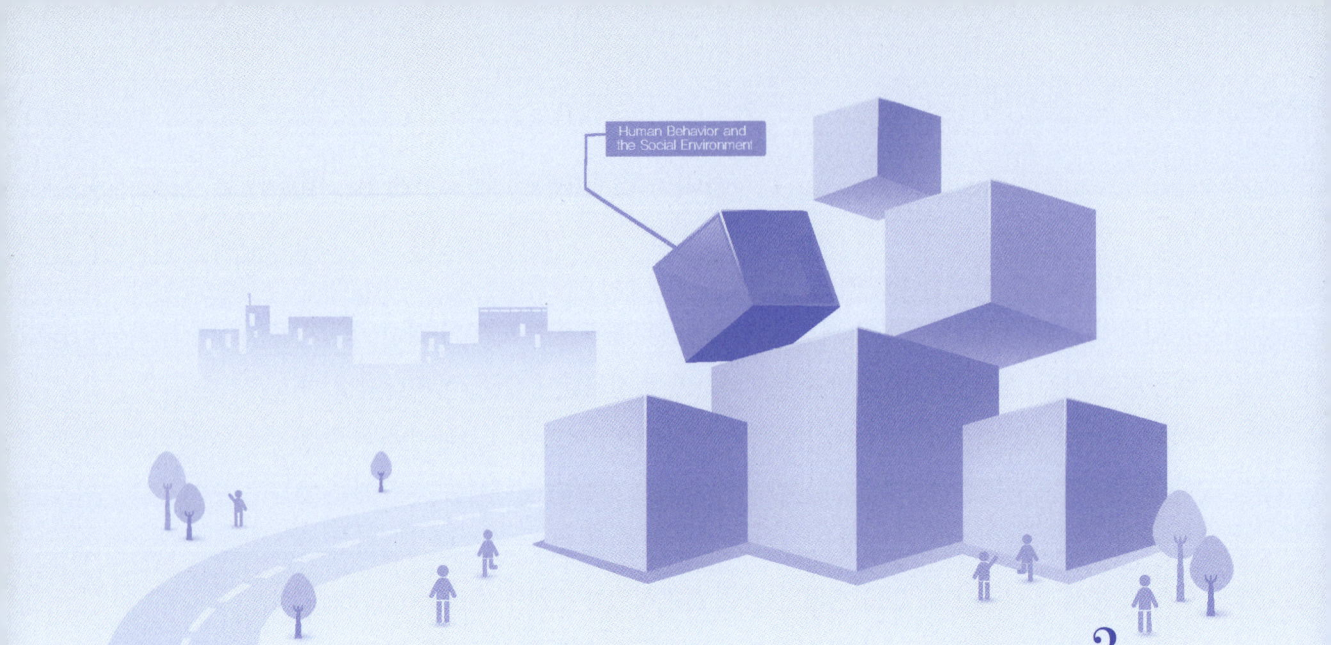

CHAPTER 2

인간행동에 관한 주요 이론: 정신역동이론

정신역동이론은 프로이드가 창조한 것으로 인간의 무의식을 밝히는 과정인 정신분석을 축으로 하는 이론이다. 역동성이란 충동을 만족시키려는 추진력과 이것을 억제하고자 하는 서로 반대되는 힘 간의 상호작용을 말한다. 즉각적인 만족을 얻으려는 인간의 본능적 요구는 개인이 처한 환경과 부딪침으로써 끊임없이 내적인 감정세력 간의 싸움이 일어나 인간의 행동에 영향을 끼치게 한다는 이론이다. 이 이론은 인간의 성격발달을 이해하는 데 널리 적용되고 있으며, 특히 인간의 발달을 다루는 분야에서 가정환경과 사회적 관계의 중요성에 대하여 시사하는 의미가 크다고 할 수 있다. 또한, 임상분야에서도 심리적 장애의 원인을 분석하고 치료하는 데 활용되고 있다. 정신역동이론에서는 프로이드의 심리성적 발달이론, 에릭슨의 심리사회적 발달이론, 아들러의 개인심리학, 융의 분석심리학을 살펴보고자 한다.

1 프로이드의 심리성적 발달이론

인간발달에서 무의식의 기제가 강조되고 심리치료 요법이 사용되어야 한다는 이론적 견해가 정신분석이론이다. 프로이드는 정신분석이론의 창시자이며, 그의 경험과 이론에 의하면 "정신은 모든 인간행동의 기초가 되며, 개인의 정신생활과 적응과정에서 억압된 충동, 내적 갈등, 그리고 아동기의 정신적 외상(trauma)과 같은 의식적 영향력이 중요한 역할을 한다."라고 본다. 인간의 행동은 기본적인 생물학적인 충동과 본능을 만족시키려는 욕망에 의하여 동기화되는 것으로 자신의 행위를 결정하고 그에 따른 책임을 질 수 있는 주체보다는 오히려 과거의 생활 경험에 의하여 그것도 출생에서부터 5세 사이의 어린 시절에 경험한 무의식 속에 잠재해 있는 성적인 사건에 의하여 결정되는 존재로 보았다.

정신분석은 인간의 정신을 탐구하는 하나의 방법이기도 하고 인간의 정신을 치료하는 치료기법이기도 하다. 1887년부터 1897년까지 프로이드는 히스테리 장애 환자를 심도 있게 연구하였는데 이 시기가 정신분석의 뿌리가 생긴 시기라고 하겠다. 정신분석의 근본 법칙은 자유 연상이다. 자유 연상을 통해 프로이드는 인간 정신의 여러 가지 모습에 대해 경험할 수 있었고 증상의 발생과 치료를 이끌어 낼 수 있었다(노안영 외, 2003).

1) 생애

정신분석의 창시자라고 불리는 프로이드는 1900년 기념비적인 서적, 『꿈의 해석』을 통하여 '무의식'이라는 인간 심리학의 새로운 영역을 열었다. 심리학, 정신의학, 인문학 등 현대 사상의 모든 분야는 프로이드 사상의 영향 아래 발전했다(Phares, 1992).

Sigmund Freud
(1856~1939)

프로이드는 1856년 5월 6일, 현재는 체코슬로바키아의 영토가 된 모라비아의 프라이버그에서 8남매 중 맏아들로 출생하여 생애의 대부분을 비엔나에서 보냈다. 그는 빈민가에서 자라면서 자신이 학대받는 소수민족인 유대인임을 항상 의식하였고, 유대인은 의학이나 법학을 전공하지 않고는 마땅한 직업을 갖기 어렵다는 생각으로 의학을 전공하였다.

프로이드의 가족 배경은 그의 정신분석이론을 이해하는 데 자주 거론될 만큼 그의 이론 형성에 영향을 미쳤다. 프로이드 아버지는 권위적인 사람이었으며, 어머니는 매력적이고 정이 깊었으며 사려 깊게 보살펴 주는 사람이었다. 프로이드는 아버지가 세상을 떠났을 때 자신이 느낀 혼란스러운 감정으로 인해서 자신의 꿈을 얻었고, 오이디푸스 콤플렉스를 발견했다고 말했다. 즉, 꿈의 의미를 탐색하면서 성격발달의 역동성에 대한 통찰력을 얻었으며, 아동기의 기억을 검토하면서 아버지에 대해 느꼈던 강한 적대감과 어머니에 대한 성적 감정을 깨달은 것이다. 몹시 질투했던 갓 난 동생이 죽은 후 평생 느껴야 했던 죄책감, 어린 시절에 목격한 어머니의 나체에 대한 강한 성적 흥분, 가부장적이던 아버지에 대한 증오와 반발 등 가족 내에서의 경험이 프로이드로 하여금 인간의 심층 심리에 관심을 갖게 했으며, 무의식을 인간행동과 성격의 결정요인으로 중시하게 하였다.

끊임없는 고통 속에서 살다가 나치를 피해 1938년 영국으로 이주한 다음 해인 1939년 9월 23일 83세의 나이로 런던에서 숨을 거두었다(Robert, 1993).

2) 인간관

프로이드는 인간을 비합리적이고, 결정론적인 존재로 가정한다. 인간의 행동이란 기본적인 생물학적 충동과 본능을 만족시키려는 욕망에 의해 동기화되는 것으로 보았다. 또한, 그의 이론에 의하면 인간은 자신의 의지적 사고를 통하여 책임적 행동을 한다기보다는 오히려 과거에 경험한 사건이 무의식 속에 잠재되어 주요한 심리성적 사상에 의해 전개된 본능적 충동에 의해 행동한다(박윤수, 1994).

프로이드는 인간의 본능을 생득적이고 생물적인 존재로 이해하였다. 또한, 성 본능과 공격성 충동을 강조하면서 모든 인간의 행동은 쾌락의 득취와 고통의 회피를 욕망하는 것으로 결정된다고 보았다. 프로이드에 따르면 인간은 생존본능과 죽음본능을 갖고 있으며 모든 생의 목표는 죽음이라고 하였다. 즉, 생은 단지 죽음으로 돌아가는 길에 불과하다는 것이다(Corey, 1999). 결국, 프로이드는 인간을 결정론적이고, 비관적이며, 비합리적인 존재로 보았다.

3) 성격이론

(1) 성격의 구조

프로이드는 인간의 성격 구조를 원초아, 자아, 초자아의 세 요인으로 보고, 이 세 요인의 상호 균형 속에서 사람은 생활해 간다고 보았다(Corey, 2003).

① 원초아(id)

본능적 욕구만족을 추구하는 원초아는 쾌락원리(pleasure principle)에 의해 지배를 받는다. 정신 에너지의 근원으로 본능이라고도 말하며 비논리적이고, 도덕관념이 없고, 대부분 인식되지 않으며 무의식적이다(Corey, 2003). 본능은 '모든 행동의 궁극적인 원인'이 된다.

② 자아(ego)

자아는 심리적 구성요소로, 현실이라는 외부세계와 접촉하면서 어떠한 방법으로 욕구를 충족할 것인가를 결정한다. 성격을 지배하고, 통제하고, 조절하는 '실행자'로 현실원리(reality principle)에 지배된다. 지적이며 합리적이고 정신적 심상과 외부 세계의 사물을 구분한다. 자아는 본능적인 욕구와 외부 환경과의 갈등을 통합 조정하여 궁극적으로는 개인의 생활을 유지하고, 종족의 번식을 도모하는 역할을 하고 있는 것이다(박윤수, 1994).

③ 초자아(superego)

성격의 세 번째 영역에 속하는 초자아의 일부분은 사회에서 지켜 나가거나 요구하는 도덕률로 구성되고 또 일부는 부모에게서 받은 도덕 교육을 토대로 형성된 도덕관념으로 구성되어 있다. 초자아는 현실보다는 이상 세계를 대표하며 쾌락보다는 완전함을 추구한다(Hall, 1985).

(2) 의식의 구조

프로이드가 제안한 자각의 세 가지 수준은 무의식, 의식, 전의식이다. 그 개념은 행동이나 성격의 문제를 이해하는 핵심이다(박윤수, 1994).

① 무의식(unconsciousness)

프로이드는 무의식이 인간정신의 가장 크고 깊은 심층에 잠재해 있으면서 의식적 사고와 행동을 전적으로 통제하는 힘이라고 생각하였다. 전의식과는 달리 무의식은 전혀 의식되지 않지만, 사람의 행동을 결정하는 주된 원인이 된다. 인간의 모든 생활경험은 잠시 동안만 의식의 세계에 있을 뿐 주위를 다른 곳으로 바꾸거나 시간이 지나면 그 순간에 의식의 경험은 전의식을 거쳐 깊은 곳으로 들어가 잠재하게 되는데 이를 무의식이라고 보았다. 억압된 생각이나 체험 혹은 그 밖의 잠재된 경험은 생물학적 충동이나 어떤 일과 연상되어 나타나면 현실에서 불안을 일으키고 다시 밑으로 밀려나 끝없는 무의식적 갈등이 된다고 한다.

② 의식(consciousness)

성격 구조에서 자아에 해당되는 의식은 합리적인 사고와 신중한 행동을 하도록 이끌어 주는 정신생활의 일부분이다(권육상, 2003). 의식의 내용은 새로운 생각이 정신에 들어오고, 오래된 생각은 정신에서 물러나면서 계속적으로 변한다. 프로이드는 우리가 자각하고 있는 의식을 빙산의 일각에 불과하다고 하여 우리가 자각하지 못한 부분이 많다는 것을 강조하였다(노안영, 2003).

③ 전의식(preconsciousness)

전의식은 흔히 이용 가능한 기억으로 불린다. 즉, 어느 순간에는 의식되지 않으나 조금만 노력하면 곧 의식될 수 있는 경험이나 기억을 말한다. 이 전의식은 의식과 무의식의 영역을 연결해 주는데, 예컨대 어떤 치료기법에 의해서 무의식 내용이 전의식으로 나타나고 또 그 다음에 의식이 될 수 있다고 프로이드는 생각했다. 전의식은 의식과 무의식 사이에 있는 문지기이다.

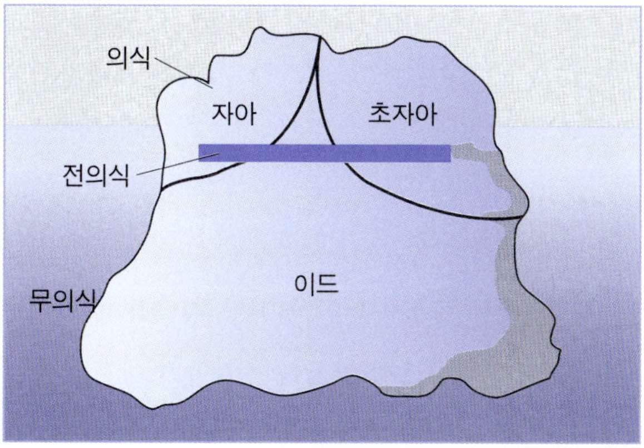

그림 2-1 프로이드 심리학의 마음의 구조

출처: 최왕규(2014).

4) 방어기제(defense mechanism)

원초아, 자아, 초자아 간의 역동적 균형이 흔들리면 개인은 심리적 불안정감을 체험하게 된다. 신경증적 불안을 감소시키기 위한 자아의 무의식적 노력을 방어기제(defense mechanism)라고 한다. 자아의 방어기제는 매우 다양하다. 다음은 대표적인 몇 가지 방어기제이다(노안영 외, 2003).

(1) 억압(repression)

프로이드는 억압을 가장 기본적이고도 가장 중요한 방어기제라고 간주하였다. 너무 두렵고 고통스러운 충동이나 기억은 의식적 인식으로부터 추방되게 된다. 수치, 죄의식 또는 자기 비난을 일으키는 기억은 흔히 억압되게 된다. 억압된 것은 때로는 실언이나 꿈 혹은 다른 행동으로 다시 나타날 수 있다.

(2) 반동형성(reaction formation)

자신의 동기와는 정반대 쪽의 동기를 강하게 표현하는 것으로서 자신에게는 그 동기를 은폐시킬 수 있도록 하는 것이다. 사람은 사랑이라는 가면으로 증오를 감출 수 있고, 그들이 부정적 반응을 숨길 때 극단적으로 친절할 수도 있고, 지나친 친절로 잔혹성을 숨길 수도 있다.

(3) 합리화(rationalization)

불합리한 태도, 생각, 행동을 합리적인 것처럼 정당화시키는 것이다. 즉, 상황을 그럴듯하게 꾸미고 사실과 다르게 인식하여 자아가 상처받지 않도록 정당화시키는 방법이다. 이러한 방법은 스스로 인정하기 어려운 상황을 자신도 의식하지 못하는 사이에 그럴듯한 이유를 붙임으로써 자존심이 손상당하거나 죄책감을 느끼는 것에서 벗어나게 해 준다. 또한, 무의식적으로 일어나므로 거짓말이나 변명과는 다르다.

(4) 투사(projection)

투사는 의식적으로 수용될 수 없는 자신의 심리적 속성을 외부의 대상이 지닌 것으로 간주하는 것을 말한다. 즉, 자신이 갖고 있는 좋지 않은 충동을 다른 사람이 가지고 있다고 생각하고 그 원인을 떠넘기는 것이다. 자신의 실패를 남의 탓으로 돌리는 것도 투사이다.

(5) 전위(displacement)

어떤 대상에게 충동을 표현하기 부적절할 때, 그 충동을 다른 대상에게로 대체하는 것이다. 아빠에게 꾸중을 들은 아이가 적대감을 아빠에게 표현하지 못하고 대신, 동생을 때리거나 개를 발로 찬다.

(6) 승화(sublimation)

수용될 수 없는 충동을 사회적으로 받아들여질 수 있는 방식으로 돌려 표현하는 가장 건강한 기제이다. 예로, 스포츠나 취미를 통해 공격성을 표현하기도 한다.

(7) 퇴행(regression)

퇴행이란 불만족스런 상태를 회피하기 위해 만족스러웠던 어린 시절의 행동양식으로 되돌아가는 것을 말한다. 심각한 스트레스나 극단적인 곤경에 직면하면 개인은 미성숙하고 부적절한 행동에 매달리므로 그들이 느끼는 불안에 대처하려고 시도하기도 한다.

(8) 보상(compensation)

보상은 부족한 점을 감추기 위해 약점을 지각하지 않거나 어떤 정적 특성을 발전시키는 것이다. 그래서 긍정적 관심이나 인정을 받지 못하는 아동은 부정적 관심이라도 받기 위한 행동을 하기도 한다. 지적으로 열등하다고 느끼는 사람은 신체를 강화하는 데 과도할 정도로 에너지를 쓰기도 한다.

5) 심리성적 발달 단계

프로이드는 개인 성격의 기본 토대가 생의 초기 5세 동안에 확고하게 형성된다는 주장을 하며 발달의 단계 이론을 제시했다. 각 단계에서 원본능의 쾌락 추구의 충동(리비도, libido)은 신체의 특정 부위와 그 부위에 연관된 활동에 집중된다(한국심리학회, 1997).

(1) 구강기(oral stage, 0~1세)

프로이드는 영아에게 있어서 쾌락의 첫 번째 중심 부위는 구강 영역인 입, 혀, 입술이라고 하였다. 영아의 가장 최초의 애착 대상은 자신의 입에 쾌락을 느끼게 하는 사람이며 이는 항상 어머니였다. 정상적인 발달을 위하여 영아는 적절한 구강 자극을 필요로 한다. 만약, 필요한 정도의 자극이 주어지지 않았을 때 영아는 이 충족 형태에 고착될 수 있고, 성인이 된 후에도 계속 구강 충족을 추구하게 될 수 있다(구강기에 고착된 성인은 흡연, 과식과 같은 구강 행동에 집착한다).

(2) 항문기(anal stage, 1~3세)

영아가 성숙함에 따라 항문 부위가 보다 더 민감하게 된다. 이 시기 동안 아동의 성적 관심은 항문 부위에 모아지며 대소변을 통해 쾌락을 느낀다. 이 시기에 배변 훈련을 받게 되는데 조급하거나 억압적으로 시키면 성인이 되어서도 항문기 고착 현상이 나타난다. 지나치게 깨끗한 것을 추구하는 결벽증과 무엇이나 아끼고 보유하려는 인색함이 나타난다. 항문기 성격 특성이 가장 잘 나타나는 것은 강박 신경증이다. 질서정연, 완고함, 규율엄수, 외고집, 근검절약은 항문기 성격의 고착에서 보인다.

(3) 남근기(phallic stage, 3~6세)

남근기는 리비도가 아동의 성기로 집중되는 때이며, 아동은 자신의 성기를 만지고 자극하는 데서 쾌감을 느끼는 시기이다. 남아는 오이디푸스 콤플렉스(oedipus complex)를 경험하게 되고 여아는 엘렉트라 콤플렉스(electra complex)를 겪게 된다. 남아는 거세불안을 유발시킬 수 있고, 여아는 남근을 선망하게 된다. 그러나 아동은 자기 부모와 동일시함으로 적절한 역할을 습득하여 양심이나 자아 이상을 발달시켜 나간다.

(4) 잠복기(latency stage, 6~12세)

잠복기는 리비도의 신체적 부위가 특별히 한정된 데가 없고 성적인 힘도 잠재된 시기이다. 리비도의 지향 대상은 친구 특히 동성의 친구로 향하고 동일시 대상도 주로 친구가 된다. 잠복기 아동의 에너지는 지적인 활동, 운동, 친구와의 우정 등에 집중된다. 잠복기에 고착되면 성인이 되어서도 이성에 대한 정상적인 친밀감을 갖지 못하고 이성과의 관계를 회피하거나 정서적 감정 없이 단지 공격적인 방식으로 성적 행동을 한다.

(5) 생식기(genital stage, 12세 이후)

생식기는 사춘기부터 성적으로 성숙되는 성인기 이전까지의 시기로 심한 생리적 변화가 특징이며 격동적 단계로 불린다. 호르몬과 생리적 요인으로 인해 그동안 억압되었던 성적 감정이 크게 강화되면서 잠복기 동안 억제되었던 성적, 공격적 충동이 자아와 자아의 방어를 압도할 정도로 강해진다. 따라서 이전의 방어 양식은 적절치 않게 되고 광범위한 재적응이 요구된다. 이 시기에 성격발달을 위해서는 근면을 배워야 하고 즉각적인 만족을 지연시켜야 하며 책임감이 있어야 한다.

6) 정신분석적 상담의 과정과 방법

(1) 상담의 목적

무의식에 근거하고 있는 내담자의 문제 행동에 대한 각성과 통찰을 도와서 건설적인 성격으로 변화시킴으로써 진정 사랑할 수 있고 일할 수 있는, 잘 적응하는 개인으로의 성장을 돕는 데 있다.

(2) 상담의 목표

내담자로 하여금 자신의 행동의 동기를 각성, 통찰할 수 있어서 의식 수준에서 행동할 수 있게 돕는 것이다.

(3) 상담의 기술

① 자유 연상(free association)

내담자의 무의식에 억압되어 있는 욕구나 갈등, 그리고 감정을 의식화시키기 위하여, 내담자로 하여금 떠오르는 생각이나 느낌을 의식적으로 검열하지 말고 떠오르는 대로 모두 이야기하도록 하는 것이다. 중요한 목적은 내담자가 자유 연상을 하는 동안 연상의 흐름을 살펴서 무의식 속에 억압되어 있는 내용을 찾아내는 것이다. 그리고 이것을 내담자에게 설명해 줌으로써 무의식적인 심리과정을 점차 이해할 수 있도록 터전을 마련해 주는 것이다(Hall, 1994).

② 꿈의 분석(dream analysis)

프로이드는 꿈을 소원성취의 일차적 기능으로 보았다. 수면 중에는 자아의 방어 능력이 약화되어 억압된 욕망과 감정이 꿈으로 표면화된다. 프로이드는 "꿈은 무의식에 이르는 왕도"라고 하였다. 꿈의 분석은 이러한 꿈의 속성을 이용하여 꿈의 내용을 분석하고 무의식적 자료를 발굴하고 정리함으로써 내담자로 하여금 자신의 내면세계에 대하여 통찰을 얻도록 도와주는 중요한 절차이다.

③ 전이(transference)

내담자가 과거에 중요한 인물, 예를 들면 부모, 형제 또는 주위 사람에게 나타냈던 애정, 적개심, 욕망, 기대 등의 감정을 치료자에게 옮겨 나타내는 것을 전이 라고 한다. 상담 과정에서는 이와 같은 억압된 감정을 치료자에게 전이시켜 나타나게 함으로써 자신의 전이된 감정이 부적절하다는 것을 이해하고 내담자로 하여금 과거의 영향으로부터 벗어나 현재의 올바른 자아를 발견하도록 도움을 준다.

④ 저항(resistance)

상담과 치료의 진전을 방해하고 치료자에게 협조하지 않으려는 내담자의 무의식적 행동을 저항이라고 한다. 저항은 자신의 억압된 감정이나 충동을 스스로 알아차렸을 때 느끼게 되는 불안으로부터 자아를 보호하기 위해 나타나는 일종의 심리적 역동의 결과이다. 따라서 내담자의 갈등을 근본적으로 해결하기 위해서 치료자는 내담자에게 왜 저항하는지에 대하여 지적해 주어야 한다.

⑤ 해석(interpretation)

정신분석학에서 해석은 자유 연상, 꿈, 저항, 전이 등을 분석하고 그 속에 담긴 행동상의 의미를 내담자에게 지적해 주고 설명하는 것을 말한다. 해석을 통해 내담자는 이제껏 의식하지 못했던 심적 내용을 분명히 이해할 수 있게 된다. 해석이 효과를 거두기 위해서는 해석의 시기 선정이 적절해야 한다.

7) 사회복지실천과의 연관성

정신분석이론은 사회복지실천가에게 인간발달의 과정과 특징, 그리고 인간행동을 이해할 수 있는 틀과 클라이언트가 자신의 문제에 대해 통찰하거나 해결할 수 있도록 돕는 개입 기법을 제공하였다(이인정 · 최해경, 2007). 특히, 아동기 발달에 대한 중요성을 입증하고 체계화하였으며, 성과 무의식에 대한 논의를 이끌어 내었다는 점에서 그 의의를 인정받고 있다. 구체적으로 정신분석이론이 사회복지실천에 제공한 유용성은 다음과 같다.

첫째, 심리 내적 상황에 대해 관심을 집중시켜 무의식의 존재, 무의식이 퍼스낼러티에 미치는 영향, 퍼스낼러티의 구조 및 무의식과의 상관관계, 자아와 방어기제의 역할 등에 많은 관심을 가지게 하였다.

둘째, 유아기 아동에 대한 영향을 강조하여 아동 심리를 다루는 사회복지 영역에 큰 영향을 주었다.

셋째, 가족 내의 상호 인간관계에 대한 주의를 환기시킴으로써 부부간, 부모 자녀 간, 형제자매 간의 관계에 관심을 가지게 하였다.

넷째, 사회복지사의 감정과 그것이 클라이언트와의 관계에 미치는 영향에 대해 관심을 가지게 하여 사회복지사의 자기 인식과 클라이언트와의 상호 관계의 중요성을 인식하도록 하였다(이영실 외, 2013).

다섯째, 사회복지사는 정신분석학의 이론과 기법을 깊이 이해함으로써 내담자의 저항을 해석하고 이해하게 된다.

그런데 정신분석 기법을 적용하는 데 있어서 실제적인 제한점은 대부분의 내담자는 시간과 경제적인 이유 등으로 장기적인 치료에 집중하기가 어렵다는 점이다(Goldman & Milman, 1978). 즉, 일반적으로 시간, 비용, 치료자의 훈련기간 등을 고려할 때 정신분석은 많은 한계가 있어 위기상담에는 적합하지 않다. 정신분석이론은 건강한 사람이 아닌 신경증적 사람의 연구에 기본을 둔 이론으로 인간의 생물학적, 성적인 면을 강조한 만큼 사회적, 문화적, 인간 간의 관계 요소에 대해서는 소홀하여 개인 문제의 사회적, 문화적, 정치적 요인을 알아내지 못한다는 비판을 받기도 한다. 그럼에도 불구하고 프로이드의 정신분석은 인간의 성격 구조를 전반적이고 구체적으로 밝혀 치료자에게 클라이언트의 행동을 탐색하고 증상의 근원과 기능을 이해할 수 있는 개념의 틀을 제시하였다. 또한, 치료관계에서 일어나는 전이의 가치와 치료자의 역할을 이해할 수 있도록 하였고, 자아 방어가 효과적인 인간의 기능을 어떻게 방해하는가에 대해 이해할 수 있도록 하였다. 아동 발달에 있어 무의식의 중요성과 함께 무의식에 접근할 수 있는 절차를 제시하여 초기 아동기 사건의 역할과 이것이 클라이언트의 현재의 문제에 미치는 영향에 대한 역동적 이해의 틀을 제공하여 치료자는 클라이언트의 전 생애를 걸친 주제와 실마리를 찾을 수 있게 해 주었다.

사회복지사는 클라이언트와 신뢰적인 관계를 맺는 것이 가장 중요하며, 관계 형성의 중요성은 사회복지실천에서 가장 핵심적인 기법으로 인식되고 있다. 정신분석이론은 초창기의 사회복지실천과 정신분석적 심리치료가 동일한 것으로 인식될 만큼 사회복지사에게 유용한 실천이론으로 활용되어 왔으며, 현재에도 사용되고 있다. 그러나 이 이론은 인간과 사회환경 간의 상호작용을 중시하는 사회복지실천의 관점과는 상반되는 견해로 인해 사회복지사 간의 내적 갈등과 분열을 조장하기도 하였다. 그러나 이런 문제점에도 불구하고 정신분석이론은 아직도 사회복지실천뿐만 아니라 상담심리학이나 정신의학의 기본적인 심리이론으로 활용되고 있다.

표 2-1 정신분석적 접근 방법의 실무 원칙

- 모든 행동은 의미가 있고 설명이 가능하다는 점을 수용하라.
- 원조관계에서 내담자가 제시한 재료가 지니는 의미를 파악할 수 있도록 경청하라.
- 현재의 박탈된 행동을 관찰하고 분석함으로써, 심리성적 발달 단계의 결과를 평가하라.
- 자아 방어기제의 활용 유형과 활용 정도, 성숙 수준뿐만 아니라 융통성, 취약성을 평가하라.
- 치료자 자신의 동기와 감정에 주의를 기울여라.
- 내담자가 치료자에게 보이는 반응에 대해 해석하라.
- 비강요적인 상태에서 내담자가 감정, 사고, 행동을 돌이켜 볼 수 있도록 하라.
- 내담자의 환상, 감정, 사건에 대해 해석하고 해석이 효율적인지에 대해 환류할 수 있는 기회를 부여하라.

출처: 권중돈 · 김동배(2008), 재인용.

2 에릭슨의 심리사회적 발달이론

에릭슨의 중요한 이론은 자아의 성장(growth of the ego)에 관한 것이다(정옥분, 2004). 프로이드 학파의 학자는 자아의 발달 과정에 관심을 두었다. 프로이드는 이 문제에 대해 언급한 부분이 거의 없었으나, 후대의 학자들, 특히 에릭슨은 프로이드의 자아 이론을 바탕으로 자아의 성장에 대한 연구를 하였다. "만약 인간을 그의 본능적인 추구를 하도록 내버려 둔다면 인류는 멸망으로 운명 지어진다."는 프로이드의 숙명론적 경고는 에릭슨의 모든 개인적·사회적 위기는 오히려 위기를 극복하고 성장으로 유도하는 도전감을 갖게 한다.

에릭슨은 인간이 여러 가지 중요한 인생 문제를 어떻게 극복해 가는가 그리고 초기 문제를 부적절하게 처리하면 이것이 어떻게 그가 성장한 후 문제를 처리하는 데 어려움을 갖게 하는지를 앎으로써 우리의 삶을 더욱더 잘 이해할 수 있다고 생각했다.

에릭슨은 스스로를 정신분석적 사고의 주류라고 단호히 말하고 있다. 이러한 에릭슨의 주장에도 불구하고 많은 성격·심리학자는 에릭슨은 인간의 적응적이고 창조적인 힘을 강조하고, 인간은 천성적으로 선하다는 견해를 갖기 때문에 인간의 삶의 주기에 대해 프로이드와 전적으로 다른 견해의 이론적인 추구를 하고 있다고 보았다.

1) 생애

에릭슨은 독일 프랑크푸르트에서 태어났다. 실제로 그의 부모는 덴마크 사람이었으나, 에릭슨이 출생하기 전 부모가 별거한 몇 달 동안 그의 어머니는 친구들이 있는 프랑크푸르트에 와서 있다가 아기를 낳았다. 얼마 후 아버지가 사망하여 그의 어머니는 에릭슨이 3살 때 유대인 소아과 의사와 재혼했다. 덴마크계의 혈통을 가지고 유태계 계부 밑에서 성장하게 된 에릭슨은 어쩌면 운명적으로 자아 정체

Erik Homburger Erikson
(1902~1994)

감(뚜렷한 자신의 가치관, 신념 및 목표에 대한 성숙한 자기 개념(최경숙, 2000)의 문제에 골똘히 파고들었는지도 모른다(서봉연 외, 1984). 그의 심리적 갈등은 아주 어린 시절부터 발생하였으며 청소년 시절에 절정에 달하게 되었다. 개인의 정체감 형성에 있어서 사회환경이 어떤 영향을 미치는가 하는 점을 에릭슨은 주목하였다. 에릭슨은 사람의 병리 현상보다는 모든 사람이 겪는 보편 현상에 대해서 관심을 보였다(김용태, 2007).

에릭슨은 프로이드가 밝혀내지 못한 다양한 문화권에서 성장하는 정상적인 아동의 삶을 찾아내려고 하였다. 1949년 개인의 자유와 학문의 자유를 위협하는 충성서약서 서명 거절로 캘리포니아 대학교 당국으로부터 추방당한 후 메사추세츠의 오스틴 릭스 센터에서 수석자문위원으로 1960년까지 일했다. 비록 공식적인 학위는 갖지 않았지만 하바드 대학교의 교수로 임명되었고, 은퇴할 때까지 그곳에서 일했다(송명자, 2007).

2) 인간관

에릭슨은 인간을 창조적 존재로 보았다(Erikson, 1985). 인간은 발달 단계마다 존재하는 양극의 갈등 속에서 스스로 합리적인 방법으로 생각하고 그 갈등을 창조적으로 해결한다. 인간의 행동을 통제하는 자아는 주변 환경과의 지속적인 관계 속에서 발달한다. 그렇기 때문에 인간의 어떤 행동은 성장에 의한 반응만이 아니라 사회관계의 영향도 받는다.

그리고 에릭슨은 인간을 가변적인 존재라고 보았다. 즉, 인간은 끊임없이 새로운 발달 과업을 통해 더 나은 자아를 획득하려 하고, 발달 과업의 갈등을 통해 변화하고 성장하는 존재로 보았다. 인간은 전 생애를 통하여 지속적으로 변화하며, 발달하는 존재로 이해하고 있다. 그렇기 때문에 생애주기 가운데 어느 하나 중요하지 않은 단계가 없다. 인간은 자아 통합의 단계에 이르기까지 끊임없이 변화하고 성장해 간다고 보고 있다.

3) 성격발달단계

(1) 에릭슨 이론의 특징

에릭슨의 주요 개념은 자아 정체성의 발달이다. 그는 확고한 자아 정체성을 확립하기 위해서는 일생을 통해 여덟 가지 위기를 성공적으로 해결해야 한다고 하였다. 에릭슨의 심리사회적 발달 단계와 각 단계에서 성취해야 할 발달 과업과 극복해야 할 위기에 관한 주요 개념은 다음과 같다(노안영, 2003).

첫째, 자아 심리학이다. 에릭슨의 이론은 자아 발달과 매우 관련이 깊다. 에릭슨은 자아야말로 인간행동과 기능의 기초가 된다고 여겼다. 자아 심리학에 따르면, 인간은 의사결정을 하고 문제를 해결하는 데 합리적이고 의식적인 존재이다. 에릭슨은 인생의 심리사회적 위기를 극복할 수 있는 인간의 능력에 관심을 두었다.

둘째, 발달의 위기이다. 에릭슨은 인간이 각 단계에서 겪어야 하고 겪어 낼 수밖에 없는 발달의 위기를 경험한다고 하였다. 발달적 위기는 단계마다 서로 대립되는 양극의 개념으로, 긍정적 발달과 부정적 발달로 제시된다. 각 단계에서 특정한 발달 과업을 성취하느냐 못하느냐에 따라 그 위기의 극복 여부가 결정된다(손병덕 외, 2005).

셋째, 점성원리이다. 점성적 원리는 인간발달이 유전적 요인에 의존한 일련의 단계에 의해 지배된다는 생각이다. 즉, 점성원리란 유기체는 고유한 발달 이정표에 따라 발달해 가는데, 먼저 발달된 부분을 바탕으로 그다음 발달이 이루어진다는 것이다.

(2) 에릭슨의 심리사회적 8단계

에릭슨은 인간 생애의 발달 과정을 8단계로 나누고 매 단계마다 성취해야 할 발달 과정과 극복해야 할 위기를 개념화하였는데, 그 내용은 다음과 같다(손병덕 외, 2005).

① 유아기: 기본적 신뢰감 대 불신감(출생~1세)

프로이드의 구강기에 해당하며, 이 시기의 긍정적 결과는 신뢰감의 획득이다. 유아는 어머니로부터 따뜻한 보살핌을 받게 되면 이 사회에 대한 신뢰를 발달시킬 수 있다. 그러나 춥고 배고플 때 욕구충족이 되지 않고 기저귀가 젖었는데도 갈아 주지 않는다면 유아는 세상에 대한 불신의 감정을 가지게 될 것이다. 아동이 갖게 되는 궁극적인 신뢰감과 불신감은 어머니-아동의 관계의 질에서 결정된다. 에릭슨은 이 시기를 인생의 가장 중요한 시기로 보았고, 건강한 발달을 위해서는 불신감의 경험보다는 신뢰감의 경험이 더 많아야 한다고 보았다. 또한, 신뢰감은 심리적으로 건강한 사람을 만들며, 이 시기에 형성된 기본적 신뢰감은 생의 후기에 맺게 되는 모든 사회관계에 결정적인 영향을 미친다고 보았다. 신뢰감과 불신감이 균형 있게 형성되면 영아는 '희망(hope)'이라는 덕목을 발전시키게 된다. 희망은 부모가 지금 당장은 반응을 보이지 않는다고 할지라도 곧 영아의 요구에 응해 줄 것이라는 믿음이다(정옥분, 2004).

② 초기 아동기: 자율성 대 수치심 및 의심(1~3세)

프로이드의 항문기에 해당되며, 유아가 모든 것을 스스로 해결하려고 애쓰는 독립성을 보이는 시기다. 이 단계의 쟁점은 '자율적'이고 창조적인 사람이 되느냐, 아니면 의존적이고 '자기 회의'로 가득 찬 '부끄러운 인간'이 되느냐 하는 것이다. 이 시기에 유아는 여전히 다른 사람에게 의존하고 있지만 자유로운 선택의 자율성도 경험하기 시작한다. 자율성을 향한 투쟁은 완강한 거부나 떼쓰기 등으로 나타날 수도 있다(정옥분, 2004). 이 단계의 중요한 과업은 자기 통제인데, 아동은 배설 관련 근육의 통제력뿐만 아니라 일반적인 충동 또한, 어느 정도 통제할 수 있을 것으로 기대된다. 이러한 변화는 통제력 부족으로 인한 '수치심'에 반대되는 성공적인 '자율성'에 이르게 한다(정옥분, 2004). 만약, 아동에게 새로운 것을 탐색할 기회가 주어지고 독립심이 조장되면 건전한 자율성이 발달할 것이다. 반면, 아동에게 자신의 한계를 시험해 볼 기회가 주어지지 않고 아동이 지나친 사랑을 받고 과잉보호를 받게 되면, 세상사에 효과적으로 대처할 자신의 능력에 회의를 느끼고 수치심을 갖게 될 것이다(정옥분, 2004). 이러한 자율성과 수치심 사이의 위기 극복 양상은 일생 동안 지속되는 자기 통제력의 기초가 된다(김제한, 1988). 자율성 대 수치심과 회의감의 갈등을 성공적으로 해결한 결과로 나타나는 덕목이 '의지(will)'이다.

③ 놀이기: 주도성 대 죄책감(3~6세)

프로이드의 남근기에 해당하며, 유아가 오이디푸스 콤플렉스를 느끼는 시기이다(손병덕 외, 2005). 이제는 활동, 호기심, 탐색의 방법으로 세상을 향해 돌진하는 것과 두려움이나 죄책감으로 인해 주저하는 것 사이에 갈등이 발생한다. 이 단계는 언어발달이 급격히 이루어지는 시기이기도 하다. 이 단계의 초기에 아이는 끊임없이 질문을 한다. 아이의 장난감을 해체하거나 자신과 타인의 몸을 탐색하는 것을 놓고 죄책감을 느끼게 하는 것처럼, 새롭게 발달되고 있는 주도성을 부모가 억제하고 반대하여 처벌한다면 부정적인 결과가 나타나기 쉽다. 즉, 아동의 탐색과 주도성이 가혹한 질책과 직면하게 된다면 그 결과는 죄책감으로 나타난다(정옥분, 2004). 주도성 대 죄책감의 균형 잡힌 발달은 '목적(purpose)'이라는 덕목을 가져온다.

④ 학동기: 근면성 대 열등감(6~11세)

아동이 초등학교에 다니는 시기로 프로이드의 잠복기에 해당된다. 에릭슨은 이 단계를 역동적이고 활동적인 시기로 보았다. 에릭슨은 이 시기가 아동의 근면성 형성에 결정적인 시기라고 믿는다. 이 시기는 학교 교육이 시작되는 시기로 읽기,

쓰기, 셈하기 등 중요한 인지적 기술과 사회적 기술을 습득해야 한다. 만약, 이러한 기술을 개발하지 못하게 되면 아동은 열등감을 느끼게 된다. 만일 아동이 성공에 대한 느낌이나 일을 잘 처리해서 인정을 받고자 하는 과업에 실패한다면, 근면성이 결여되고 무력감이 나타날 것이다. 근면성과 열등감의 균형적인 발달은 '실력(competeence)'이라는 덕목을 낳는다.

⑤ 청년기: 정체성 대 정체성 혼란(12~18세)

프로이드 이론의 생식기에 해당한다. 생리학적인 혁명에 직면하게 되면서 청년은 자신이 누구이며 어디에 적응해야 하는지 혼란에 빠진다. 에릭슨(1968)은 청년기의 가장 중요한 발달 과업이 자아 정체성의 확립이라고 보았다. 청년기에 많은 청년은 가장 근본적이고도 어려운 문제로 고민하게 되는데, "나는 누구인가?"라는 물음이 바로 그것이다. 또한, 청년기에는 정체성의 위기를 경험하게 된다고 에릭슨은 주장한다. 왜냐하면 이 시기는 아동기에서 성인기로 옮겨가는 과도기이며, 이 시기에 급격한 신체적 변화와 성적 성숙이 이루어지고, 진학 문제, 전공 선택 문제, 이성 문제 등 수많은 선택과 결정을 해야 하는 때가 바로 이 시기이기 때문이다. 정체성 탐색에 실패한 청년은 정체성 혼미를 경험하게 된다. 그런 사람은 다른 사람의 견해에 병적으로 열중하거나, 아니면 또 다른 극단에 치우쳐 다른 사람 의 생각은 더 이상 아랑곳하지 않고, 정체성 혼미 상태가 영구적이 되면 만성적 비행이나 병리적 성격장애를 가져올 수 있다(정옥분, 2004). 정체성 대 정체성 혼미의 위기를 제대로 극복하면 '충실(fidelity)'이라는 덕목을 갖게 된다.

⑥ 초기 성인기: 친밀감 대 소외감(성인 초기)

성인기가 시작하는 단계로서 이 시기에는 타인과의 관계에서 친밀감을 이룩하는 일이 중요한 발달 과업이다. 친밀한 관계란 타인을 이해하고 깊이 공감을 나누는 수용력에서 발달한다. 만약, 이 같은 친밀한 관계를 형성할 수 없거나 그렇게 하는 것이 두렵다면, 그들은 고립되고 자기 몰두에 빠지게 된다. 정체성을 확립한 후에야 다른 사람과 진정한 친밀감을 형성할 수 있다. 친밀감은 자신의 정체성과 다른 사람의 정체성을 융합시킬 수 있는 능력이며 다른 사람을 사랑할 수 있는 능력에서 나온다. 친밀감 대 고립감의 위기로부터 성숙한 '사랑(love)'이라는 덕목이 형성된다.

⑦ 성인기: 생산성 대 침체성(성인 중기)

앞의 여섯 단계를 성공적으로 통과한 사람은 인생의 모든 활동(직업, 가족, 지역사회 활동 참여)에서 의미와 기쁨을 발견할 것이다. 그렇지 않은 사람에게는 인생의 허무를 발견하고, 그래서 그들은 침체된 느낌과 분개를 느낀다(김제한, 1988). 생산성이란 성숙한 성인이 다음 세대를 구축하고 이끄는 데 관심을 기울이는 것을 말한다. 침체성은 다음 세대를 위해서 자신이 한 일이 아무것도 없다는 것을 깨닫는 것이다. 생산적인 중년은 다음 세대와의 연결을 통해 사회의 존속과 유지를 위해 헌신한다(정옥분, 2004). 생산성 대 침체성의 위기에서 '돌봄(care)'이라는 덕목이 나타난다.

⑧ 노년기: 통합성 대 절망감 및 혐오감(성인 후기)

마지막 단계는 노년기로서 이 단계의 발달 과업은 자아 통합감과 절망감의 위기를 극복하는 것이다. 자신의 삶을 의미 있고, 만족스러운 것으로 인식하고, 지금까지 살아온 인생을 별다른 후회 없이 그대로 받아들이며, 인생의 피할 수 없는 종말로 죽음을 받아들이게 되면 통합감이라는 정점에 이르게 될 것이다. 반면, 자신의 삶이 무의미한 것이었다고 후회하면, 이제는 시간이 다 흘러가 버려서 다른 삶을 다시 살아볼 수 있는 기회가 없다는 느낌에 직면하게 되어 절망감에 빠지게 된다. 자아 통합감 대 절망감의 갈등을 성공적으로 해결하는 경우에 나타나는 덕목이 '지혜(wisdom)'이다. 지혜는 자신의 죽음에 직면하여 얻게 되는 인생의 의미에 대한 통찰이다. 이와 같은 지혜는 노년기의 지적인 힘일 뿐만 아니라 중요한 심리적 자원이다(정옥분, 2004).

4) 사회복지실천과의 연관성

에릭슨은 성인기의 병리나 증상은 각 개인이 심리사회적 발달 단계에서 야기되는 신체적, 심리적, 사회적 측면이 융합되어 있는 갈등과 긴장에 적절히 대처하지 못하여 자신의 정체감에 대해 혼란을 겪기 때문에 야기된다고 보고 있다(이영실, 2013). 따라서 내담자의 발달 및 역사적 왜곡에 대한 정확한 사정의 중요성을 강조하고 있다. 프로이드와 마찬가지로 정신치료의 일차적 목적을 통찰(insight)이라고 보고 있다. 내담자가 속한 연령대의 규범적 위기와 발달 단계를 이해하는 것이 중요하다고 보았다. 치료에서는 내담자가 자아 인식을 근거로 환경과 활발하고 긍정적인 상호작용이 가능하도록 돕고, 자아 기능을 회복, 왜곡과 망상, 방어 등과 같은 병리적 증상에서 벗어날 수 있도록 강조한다.

에릭슨이 주로 사용한 기법은 치료자가 자유로운 입장에서 주의를 집중하여 경청하는 것, 부적절한 추론을 억제하고, 내담자가 치료적 명확화를 추구할 수 있도록 허용, 해석하는 것이 포함된다. 내담자의 자기 분석을 통해 발달 역사를 재구성할 수 있다는 에릭슨의 치료적 전제는 노인에 대한 치료와 서비스에 많은 영향을 미쳤다.

에릭슨의 이론은 정상적인 인간을 대상으로 수집된 자료를 기초로 하여 구축된 이론이므로, 정상적인 인간이 사회적 관계 속에서 성장·발달되는 과정을 설명하였다. 그러나 에릭슨의 이론도 몇 가지 비판을 받고 있다(정은, 2010). 첫째, 이론 구축의 방법상 문제 때문에 애매하고 모호한 개념이 많다는 것과 둘째, 각 발달 단계의 구분에서도 과학적인 근거가 제시되지 못한 점, 셋째, 인간발달을 수동적이고 비관론적으로 보았다는 것이다.

표 2-2 자아 심리학적 접근 방법의 실무 원칙

- 내담자의 일생에 걸친 성격발달 과정을 이해하라.
- 내담자가 자기 분석에 참여하도록 하여 발달적 역사를 파악하라.
- 내담자가 심리사회적 위기를 해결하는 과정에서 경험한 성공과 어려움을 구분하라.
- 현실을 왜곡시키고 자아 기능을 축소시킨 발달영역을 결정하라.
- 내담자의 발달상의 왜곡을 해석하고, 내담자에게 해석을 확인하도록 요구하라.
- 내담자가 해결되지 않은 규범적 위기와 그 위기의 현재 및 역사적 함축성을 통찰하고 이해하도록 하라.
- 내담자가 자신의 환경에 보다 효과적으로 대처하기 위하여 자아 강점을 활용하는 방법을 파악하라. 이러한 대처전략이 어떻게 행동화되는지를 파악하라.
- 다양한 사회제도가 어떤 방식으로 내담자의 심리적 안녕을 지지하고 방해하는지를 명확화하라.
- 내담자에 대한 사회적 지지를 증진시킬 수 있는 수단을 찾아라.
- 내담자가 환경 속에서의 자신의 위치에 대해 새로운 인식을 갖도록 하라.

출처: 권중돈 · 김동배(2008), 재인용.

3 아들러의 개인심리학

'개인심리학'은 아들러에 의해 개발된 성격이론과 심리치료 이론체계이다. 그는 인간을 총체적이고 창조적이며, 책임 있고 형성되어 가는 개인으로 보았다. 아들러가 그의 이론체계를 '개인심리학'으로 부른 것은 인간을 단일하며 더 이상 분할할 수 없고 그 자체로서 통합된, 즉 총체적인 존재로 보았기 때문이다(Mosak & Maniacci, 1999). 인간의 개개인의 행동은 그가 총체적으로 선택한 생활양식의 관점에서 보아야 한다. 인간이 어떤 요소로 구성되고 형성되느냐 하는 점보다 그가 어떻게 자기 자신을 창조적으로 조직해 나가느냐에 따라 외계에 대한 반응이 결정된다. 인간은 선천적으로 사회적 관심을 발달시킬 능력을 갖고 태어났다고 한다. 이러한 사회적 관심은 훈련에 의해 개발될 수 있으며, 정신 건강의 준거가 된

다. 인간은 유전과 환경을 능가하는 제3의 힘, 즉 창조력을 가지고 있으며, 무한한 가능성 가운데서 선택한 목표를 향해 크고 많은 도전을 뚫고 나아갈 수가 있다. 이때 필요한 것이 바로 용기이다. 용기는 기꺼이 모험을 감행하려는 의향이 있음을 말하는데, 이것이 있음으로 해서 인간은 창조할 수 있고 선택할 수 있으며 자기 결정을 내릴 수 있다. 한 개인을 옳게 이해하기 위해서는 그의 독특한 인지적 조직을 이해해야 한다. 개인의 인지적 틀인 생활양식은 개인으로 하여금 인생에 대처할 수 있게 하는 구체적인 행동을 선정한다. 또한, 생활양식은 인생목표뿐 아니라 자아 개념, 타인에 대한 감정, 세상에 대한 태도를 포함한 개인의 독특한 특징을 나타내며 생의 목표에 도달하기 위해 스스로 설계한 독특한 좌표라 할 수 있다.

1) 생애

아들러는 오스트리아의 비엔나 근교의 펜지히에서 중·하층의 유태인 곡물상인 아버지와 전형적인 비엔나 가정 주부인 어머니 사이에서 4남 2녀 중 셋째이며 차남으로 태어났다. 그러나 그가 차남이었기 때문에 부모로부터 별로 인정받지 못하고 자랐다는 사실은 그의 생애뿐만 아니라 그의 이론에도 매우 중요한 의미를 주며 영향력 있는 개인심리학 체계를 세운 그는 열등감이라는 용어를 도입했다. 일생을 통해서 그는 사회적 문제를 강하게 인식하고 있었고 이것은 그의 연구를 위한 주요 동기로 작용했다(이형득, 1984).

Alfred Adler
(1870~1937)

아들러는 어린 시절 큰 형의 질투심으로 고통스러운 경험을 했기 때문에 어린 시절을 불행한 시기로 기억한다(이훈구 역, 1983). 또한, 그는 갓난아기 시절에는 어머니로부터 따뜻한 사랑을 독차지하는 응석받이였으나 동생이 태어나자 응석받이의 위치를 잃는 슬픔을 앓아야만 했다. 어릴 때의 이런 기억은 후에 아들러가 출생순위 가설을 만들게 하는 결정적인 계기가 된다. 아들러가 어려서는 매우 병약했고 학업에서도 크게 성공하지 못했던 점은 그가 차남이었다는 사실과 함께 열등감을 느끼게 하는 근거가 되고 이를 극복, 보상하기 위해 끊임없이 노력하는 그의 생활양식이 가능하도록 하였으며 결국 그는 질병에 대한 보상으로서 의사가 되었다. 이러한 그의 경험은 열등감과 우월성의 추구라는 개념이 주가 되는 그의 독특한 이론체계가 가능하게 하였다.

아들러는 1902년에서 1911년까지 프로이드의 곁에서 연구하는 활동적인 일원이었으나 서로의 견해 차이로 1911년 아들러와 그의 추종자들은 프로이드를 비판하면서 프로이드 학파와의 유대를 끊었으며 결국 정신분석학회를 떠나 자유로운 정신분석 연구회를 결성하였고 1912년에는 자신의 이론을 개인심리학(individual psychology)이라 명명하고 개인심리학회를 창설하였다.

1935년 나치스를 피해 아들러는 미국에 정착하나 1937년 5월 강연 여행도중, 스코틀랜드의 애버딘에서 심장마비로 생을 마감한다. 그의 이론은 신정신분석학파 로저스, 매슬로, 엘리스(Ellis) 등 실존주의 심리학에 크게 영향을 주었다.

2) 인간관

아들러의 인간관은 프로이드의 생물학적이고 본능적인 결정론을 편협하다고 보는 것에서 출발한다. 프로이드와 마찬가지로 그도 한 개인을 형성하는 데 있어 생의 초기 6년 동안의 영향이 크다고 믿었으나 단순히 과거의 사건 자체가 아니라 그 개인의 과거 사건에 대한 지각과 해석이 어떻게 지속적인 영향을 미치는지에 대해 더 관심이 있었다. 인간은 단순히 유전과 환경에 의해 결정되는 존재가 아니고 사건을 해석하고 영향을 주며 창조하는 능력을 가진 존재라고 생각했다(이훈구 역, 1983). 아들러가 강조한 것은 우리가 무엇을 가지고 태어났느냐 가 중요한 것이 아니고 우리의 능력으로 무엇을 하는지가 더 중요하다는 것이다. 생물학적, 환경적 조건이 스스로 선택하고 창조할 수 있는 능력을 제한한다는 것을 인정하고 있다는 것이다(이훈구 역, 1983).

아들러는 열등감을 창의성의 원천으로 보았다(노안영, 1998). 인간은 유능함, 우월, 완전을 추구하기 때문에 열등감을 느끼게 된다는 것이다. 그리고 동시에 더 나아지려고 노력하게 된다는 것이다. 아들러는 개인을 재교육하고 사회를 재형성하는 데 초점을 맞추는 성장 모델을 지향한다.

그의 인간관을 구체적으로 제시해 보면 다음과 같다.

첫째, 총체적 존재는 아들러 심리학의 가장 중요한 가설로서 인간이 통일되고 자아 일치된 유기체라는 것이다. 인간을 더 이상 분류하거나 분리, 분할할 수 없는 그 자체로서 완전한 전체로 보았다. 아들러는 이러한 자아 일치된 통합된 성격 구조를 개인의 생활양식이라 부르고 있다(이훈구 역, 1983).

둘째, 아들러는 성격 형성에 있어서 유전과 환경의 중요성을 인정하면서도 개인은 분명히 이 두 요인 이상의 산물이라고 하였다. 그래서 사람이란 창조적인 힘을 가지고 자기 인생을 좌우할 수 있는 존재로 묘사한다. 즉, 자유롭고 의식적인 활동이 인간을 정의하는 특징이다(이형득 외, 1984).

셋째, 아들러가 보는 주관성은 현상학적인 관점을 수용하여 개인이 자신과 자신이 적응해 나가야 하는 환경을 어떻게 보느냐에 따라 그의 행동이 결정된다고 하였다. 아들러는 생물학적인 본능보다는 사회적인 면을, 무의식적인 면보다는 의식적인 면을 강조했다. 아들러의 개인심리학적 접근에서의 인간은 원래 선한 방향으로 나아가도록 되어 있다고 강조한다. 인간의 본성에서 아들러는 사람이 거의 무기력하게 태어나서 유년기에 상당히 오랜 기간 동안 이 상태가 지속되기 때문에 모든 인간은 열등감을 발달시킨다고 생각했다(김영숙·이재연 편역, 1993).

3) 주요 개념

아들러의 개인심리학은 전체적으로 인간을 단일하고 분해할 수 없는 자아 일치된 그리고 통합된 실체로 본다. 이 성격이론에서는 개인은 어린 시절의 열등의식을 경험하고 이를 보상하려는 것으로 서술된다. 이 열등감 때문에 사람은 우월에 대한 추구로 그들의 삶을 보내게 된다. 사실 모든 사람은 완전이나 우월을 포함한 가상적인 최종 목표를 위해 노력하는 자기 고유의 생활양식을 발달시킨다. 그리고 아들러는 한 개인의 생활양식은 세 가지 주된 인생 과제, 즉 직업, 우정, 사랑과 결혼에 관한 그의 태도와 행동에서 가장 잘 드러난다고 믿었다.

(1) 열등의식(inferiority complex)

아들러는 사람은 출생 직후 누구나 무력감을 갖는데 불행한 환경에 놓이거나 부적당한 취급을 받거나 신체장애 때문에 그 무력감이 증가되어 열등감이 생겼다고 주장했다. 또한, 인간은 특정 신체 기관이 다른 신체 기관에 비해서 더 약한 상태로 태어날 수 있는데 이때 그 신체 기관이 병에 걸리기가 쉽다. 그래서 사람은 이러한 신체적 열등성을 극복하려고 훈련과 연습을 통한 보상적 노력을 하게 된다. 이러한 노력은 한 개인에 있어 괄목할 만한 성공을 가져다 주기도 하는데 이러한 시도가 성공적으로 이루어지지 못했을 경우 병적 열등감에 머물게 된다. 이러한 보상 과정은 심리학적인 면에도 적용될 수 있다고 하였는데, 즉 개인은 신체의 열등감뿐 아니라 심리적인 또는 사회적인 무능감으로부터 생기는 주관적인 열등의식도 보상하고자 한다(노안영, 1998).

(2) 우월감 추구(striving for superiority)

열등감에 대한 보상의 노력은 결국 우월성의 추구라는 개념으로 연결된다. 아들러는 인간이 추구하는 궁극적인 목적을 바로 우월성의 추구라고 보았는데 이는 단지 '열등감을 극복한다.'라는 소극적인 입장에서 한 단계 넘어서서 보다 적극적으로 '향상과 완성으로 나아가는 것'이라고 하였다.

한편, 사람은 지배당하는 것보다 남을 지배하기를 좋아하는 성향이 있다. '소꼬리보다는 닭 머리가 낫다.'는 성향은 인간이 열등감을 극복하는 과정에서 빚어지는 우월 콤플렉스 때문에 나타난다. 아들러에 따르면 사람이 추구하는 자기 성취, 성장, 능력 함양 등을 위한 모든 노력의 근원은 결국 열등감이지만 사람은 단순히 열등감을 극복하려는 것 이외에 세상을 창조하고 고난을 극복하려는 동기도 가지고 있다. 이것이 바로 인간의 기본적인 동기 중 하나인 우월추구 동기이다. 우월추구 동기는 누구나 가지고 있는 향상 욕구와도 같아서 아래에서 위로, 미완성에서 완성으로 나아가려는 인간의 동기로 작용한다. 그러나 현실을 무시한 과도한 목표 설정이나 열등감을 감추기 위한 어색한 태도는 자신이 우월하다는 착각 속에 과장된 몸짓과 언어로 나타나기도 하는데 이 과정이 바로 우월 콤플렉스의 발현인 것이다(설영환 역, 1987). 아들러는 이러한 목표를 달성하기 위한 개인의 노력을 생활양식이라는 개념에서 다룬다.

(3) 생활양식(life style)

생활양식은 사람이 자신의 삶의 목표를 추구하기 위해 선택한 고유의 방식을 말한다. 자신과 세계를 보는 관점과 독특한 행동, 습관으로 이루어지며 전반적으로 삶에 적용되고 있는 상호작용하는 통합된 양식이다. 생활양식은 개인의 성격을 움직이는 체계적 원리로서 부분에 명령을 내리는 전체의 역할을 한다. 어떤 사람도 남과 똑같은 생활양식을 나타낼 수는 없다. 개인의 독특성, 즉 삶의 목적, 자아 개념, 가치, 태도 등을 포함하는 것으로 삶의 목적을 달성하는 독특한 방법이다. 이러한 생활양식은 우리의 독특한 열등감을 극복하기 위한 노력을 나타내며 4~5세경에 그 틀이 형성되어 그 후에는 거의 변화하지 않는다. 가족 안에서의 경험과 형제 관계가 생활양식을 형성하는 데 영향을 준다. 그러나 아동기의 경험 자체가 중요한 것은 아니고 이런 사건에 대한 현재의 해석이 중요하다. 따라서 우리의 모든 심리적 과정의 의미는 개인의 생활양식의 내용을 보아야만 비로소 알 수 있다(홍숙기 역, 1987).

아들러는 생활양식의 진정한 형태는 생활 과제(일, 사랑, 우정)에 접근하고 이를 해결하는 태도에 따라 구별된다고 하였다. 아들러는 생활양식을 사회적 관심과 활동 수준이라는 두 가지 차원을 중심으로 다음과 같은 네 가지 유형으로 구분하였다.

① 지배형

사회적 관심이 거의 없으면서 활동 수준이 높아 공격적이고 주장적이다.

② 획득형

획득형의 사람은 기생적인 방법으로 외부 세계와 관계를 맺으며 다른 사람에게 의존하여 욕구를 충족하는 형이다.

③ 회피형

회피형은 사회적 관심도 적고 활동도 적다. 이들의 목표는 인생의 모든 문제를 회피함으로써 한 치의 실패 가능성도 모면하려는 것이다.

④ 사회형

사회형은 심리적으로 건강한 사람의 표본이 된다. 활동 수준과 사회적 관심이 높아 자신의 욕구는 물론 다른 사람의 복지를 위해서 협력하려는 의지를 가진다(설영환 역, 1987).

(4) 사회적 관심

사회적 관심은 인류와 동일시하는 감정과 인류 각 구성원에 대한 감정이입을 의미하는 것이다. 사회적 관심의 개념은 개인의 우월추구나 생활양식의 개념과 대립되는 것이 아니며 인간이 사회적 동물이라는 아들러의 강한 신념을 반영하고 있는 것이다. 즉, 사회적 관심은 사회를 살아가는 개인의 태도를 의미하며 보다 나은 미래를 추구하는 관심을 포함한다. 아들러는 사회적 관심은 선천적으로 타고나는 것이긴 하나 의식적인 개발을 필요로 한다고 보았다. 그리고 적절한 지도와 훈련으로 이 사회적 관심이 열매를 맺도록 키워져야 한다. 개인의 사회적 관심을 발달시키기 위하여 최초에는 어머니, 다음에는 다른 가족 구성원(부), 그리고 마지막으로 가족 이외의 사람이 참여한다. 아들러에 의하면 사회적 관심이 발달함 에 따라 열등감과 소외감이 감소된다.

(5) 창조적 자아(creative self)

창조적 자아는 인간이 스스로 자신을 만든다는 데에서 연유한다. 인간은 누구나 그들 자신의 생활양식이나 생활 목표를 창조하며 사회적 관심을 발달시키는 데 기여한다고 한다. 창조력은 지각, 기억, 상상, 공상, 그리고 꿈에도 영향을 미치며 인간을 자유롭게 만들기 때문이다. 창조적 자아는 개인심리이론 중에서 가장 잘 정리된 개념이다. 결국 아들러가 오랫동안 추구해 왔던 인생의 생생한 원리, 즉 생의 의미를 제공해 주는 원리가 바로 창조적 자아이다. 그는 "개인의 창조적인 힘에 의해 생활양식이 발달한다."라고 주장했다. 아들러는 생활양식도 창조한 것이며 그 후부터는 어릴 때의 생활양식을 특징적으로 표현하면서 살아간다고 믿었다. 즉, 생활양식은 개인의 창조적 행동이며 환경에 대한 그의 독특한 해석이라고 본 것이다. 창조적 자아는 생활 목표를 관조하는 능력이며 목표에 맞는 선택과 결정을 행하는 능력을 말한다(이형득, 1992).

(6) 가상의 목적론(fictional finalism)

아들러는 우리의 궁극적인 목표는 현실에서 검증되거나 확인될 수 없는 가상의 목표라고 하였다. 가상적 목표는 미래에 실재할 것이라기보다는 주관적으로 또는 정신적으로 현재의 행동에 영향을 주는 이상으로 지금, 여기에 존재한다. 각 개인은 삶의 목표를 발전시켜 나간다. 이 삶의 목표는 개인적인 경험, 가치, 태도, 그리고 성격의 영향을 받는다. 우리의 행동을 이끌고 동기를 부여하는 삶의 목표는 아동기 초기에 성인의 세계에서 느끼는 열등감, 불안전감, 무력감에 대한 보상으로 형성되며 다소 모호하고 무의식적이다. 인간의 모든 심리 현상은 이 가공적 목적을 이해함으로써 설명될 수 있다. 이는 결국 우월성의 추구 및 생활양식의 지침이 된다(이형득, 1992).

4) 성격의 발달

아들러는 사람이 태어나서 최초의 교육을 받는 곳이 가정이며, 가정에서 인간의 기본적인 성장과 발달을 위한 가장 기초적인 양육과 교육이 시작되는 곳으로 가정교육의 중요성은 부모교육에서 비롯된다고 하였다. 왜냐하면 인간관계에서 나타나는 자율성과 독립성, 신뢰와 애착심, 그 사람이 갖고 있는 가치관과 일에 대한 태도와 같은 것은 주로 가정에서 처음으로 길러지기 때문이다. 특히, 가치관을 살펴보면 아동은 부모의 생각과 양육 태도를 바탕으로 하여 형성되는데, 이것은 부모의 양육 태도가 얼마나 중요하게 작용하는지 알 수 있는 대목이다(정영진, 1996).

(1) 열등감의 극복을 위한 부모의 역할

건강한 사람과 달리 건강하지 못한 사람의 특징은 열등감을 극복하기 위한 노력을 포기하고 현실적 어려움을 회피하며 이런 감정을 자신에게 보상하기 위해 터무니없는 자신만의 환상 세계로 빠져든다(이훈구 역, 1983). 하지만 용기를 갖고 현실에 바탕을 두고 자신의 열등감에 당당하게 맞선다면, 그 열등감은 오히려 성숙한 인격과 뛰어난 업적으로 나아가게 하는 원동력이 된다는 것이 아들러가 우리에게 들려주고픈 이야기이다(설영환 역, 1998). 그러면 부모는 어떤 방법을 통하여 자녀가 가진 열등감을 이해하고 극복하고 또한, 자신감을 증진시킬 수 있을지에 대해 다음과 같은 대안을 제시할 수 있다.

첫째, 자녀를 긍정적으로 양육해야 한다. 자녀에게 자신감을 심어 주는 계기는 부모의 긍정적인 양육 태도이기 때문이며, 자녀의 신체적 열등감을 극복하게 만들기 때문이다.

둘째, 자녀를 양육할 때 독립심을 배양해야 한다. 자신감을 갖게 하는 요인이 자녀의 독립심과 연결되기 때문이다. 자녀를 지나치게 보호하고 자녀의 독립심을 발현시키지 못하면, 이것은 부모의 책임으로 봐야 한다(노안영, 1998).

셋째, 자녀의 기준으로 성실하게 양육해야 한다. 부모의 성실한 양육의 태도는 자녀를 건강하게 성장시키고 부모의 성실한 기준은 자녀의 양육이 기준이 되는 것을 전제로 해야 한다. 사회의 급격한 변화로 인한 이혼 증가, 여성의 사회참여로 자녀 양육과 교육을 소홀히 하여 자녀는 부모에게 버림을 받았다고 생각할 수 있다. 부모에게 버림받은 자녀는 심한 열등감을 경험할 뿐 아니라 다른 사람에 대한 불신감까지 갖게 되어 올바른 아이로 성장하지 못한다.

(2) 출생 순위

아들러는 사회적인 요인이 성격에 미치는 영향을 강조하면서 개인의 출생 순위가 생활양식의 형성에 중요한 영향을 미친다고 주장했다. 부모가 같고 거의 같은 가정환경에서 자란 아이일지라도 그들이 동일한 사회적 환경을 갖는 것은 아니다. 어린 시절 가정환경은 한 아동의 생활양식 형성에 큰 영향을 준다. 그 환경이란 한 아동이 자기 형제, 자매보다 나이가 위이거나 아래인 경우, 동생이 많이 생기는 경우, 또 부모의 교육 수준이 높거나 특별한 환경에 처해 부모의 태도나 가치관이 달라지는 상황 등이다. 즉, 가족의 성격 유형, 정서적 거리, 나이 차이, 출생 순위, 상호 지배 및 복종 관계, 가족의 크기 등은 가족자리를 결정해 주는 요소가 되며 개인의 성격발달에 영향을 미친다. 특히, 출생 순위는 중요한 의미를 가지며 각 출생 순위에 수반되는 상황에 대한 지각이 중요하다. 일반적으로 어떤 특정한 출생 순위에 태어난 아이는 다음과 같은 특징을 가지고 있다.

맏이는 잠시 동안 부모의 사랑을 독차지하지만, 동생이 태어나면서 사랑을 빼앗기게 되고 그것을 되찾으려고 노력하나 실패한다. 그 결과 그는 스스로 고립해서 적응해 나가며 다른 사람의 애정이나 인정을 얻고자 하는 욕구에 초연해 혼자 생존해 가는 전략을 습득해 간다. 그래서 일반적으로 다른 성인과 좋은 관계를 맺으며 타인의 기대에 쉽게 순응하고 사회적인 책임을 잘 감당하는 특징을 보인다.

둘째 아이는 날 때부터 형이나 누나라는 경쟁자를 가지고 있으므로 그들의 장점을 능가하기 위한 자극과 도전을 받는다. 이러한 이유로 첫째보다 훨씬 빠른 발전을 보이기도 한다. 그 결과 아주 경쟁심이 강하고 대단한 야망을 품은 성격이 되기 쉽다. 그의 생활양식은 자신이 형보다 낫다는 것을 증명하기 위해 노력하는 것이다.

막내는 동생에게 자리를 빼앗기는 자리를 경험하지 않고 귀염둥이로 자라게 될 수도 있지만 때로는 전혀 관심을 받지 못할 수도 있다. 또한, 자기보다 크고 힘이 세고 특권이 있는 형에게 둘러싸여 독립심의 부족과 함께 강한 열등감을 경험하기 쉽다.

외동아이는 경쟁할 형제가 없으므로 응석받이가 되기 쉽고 아버지와 강한 라이벌 의식을 가지며 이러한 생활양식으로 인해 의존심과 자기중심성이 현저하게 나타난다(김충기 · 강봉규, 2001).

5) 사회복지실천과의 연관성

다양한 클라이언트에게 진정한 서비스를 제공하기 위해 사회복지사는 개인의 고유한 생활양식에 맞추어 적절한 개입을 전개해야 하듯이, 아들러의 주요 개념은 사회복지의 가치와 실천원리를 뒷받침해 주고 이론적 근거를 제시해 준다(정은, 2010). 개인심리학적 관점에서 볼 때 신경증 환자는 비겁한 욕심쟁이다. 욕심(우월의 목표)은 큰데 용기는 없으므로 억지 또는 편법(잘못된 생활양식)을 쓰는 것이다. 개인심리학자는 내담자에게 그의 생활양식이 어떤 점에서 잘못인지를 인식시키고 삶의 과제를 더 이상 회피하지 않고 도전할 수 있도록 용기를 준다. 즉, 내담자의 잘못된 목표 설정과 생활양식을 파악했으면 그것을 고치도록 도와야 한다. 심리치료는 일종의 교육이고 용기 주기(격려)가 치료자가 지녀야 하는 기본적인 태도가 된다.

치료자는 내담자와 토론하는 분위기에서 개인심리에 관한 것, 즉 지금까지 살아온 삶, 사랑, 우정, 일이라는 삶의 과제에 임하는 태도 등을 배우며 열등감과 우월추구, 생활양식의 발달에 대해 알게 되면서 내담자 자신에게 고통을 주는 증상에 목적이 있음을 점차 깨닫게 된다. 열등감이 강하면 '나'를 벗어나지 못하므로 '공동체'를 생각하지 못하는데 열등감이 줄어들면 공동체감이 커지지만 공동체감을 키워도 열등감이 줄어든다는 것을 알게 된다. 이러한 개념은 사회복지에서 추구하는 공익성, 사회적 인식개선 및 참여 의식 확대와 같은 맥락에 있으며, 사회복지 현장에서 클라이언트의 사회적 기능을 지지하기 위한 이론 구축에 활용될 수 있다(박희숙 · 박영아, 2010).

프로이드가 사회적 요인을 무시한 것은 아니지만 부나 가난, 성별, 출생 순위 등 특수한 사회적 요인의 영향을 고려하지는 않았다. 아들러는 이론에서 이 요인은 개인이 어떤 위치에서 인생을 출발하느냐 하는 데 큰 영향을 미치며, 이 위치가 일반적 열등감의 수준을 정하게 된다고 하였다(이영실, 2013). 프로이드가 중요시한 것은 음경의 존재 여부, 즉 생물학적 성별(sex)이지만 아들러에게 중요한 것은 사회적 위치의 차이, 즉 사회적 성별(gender)이다. 프로이드의 인간상은 스스로 의식하지 못하는 성적, 공격적 충동에 지배되는 존재였지만 아들러의 인간상은 일거수일투족 개인적 우월의 목표를 추구하는 존재이다.

이러한 아들러의 관점은 프로이드의 무의식과 결정론을 부정했다기보다는 의식과 자아에 프로이드보다 더 큰 재량권을 인정하고 어린 시절의 경험의 결과로 인생목표가 정해진다고 본 것뿐이다. 생물학적 추동과 내적 갈등을 강조한 프로이드보다 사회적 요인과 개인적 목표추구를 강조한 아들러는 보다 낙관주의적이다. 사회복지학에서 인간을 기본적으로 자신의 삶을 스스로 창조해 나갈 수 있는 능동적이고 적극적인 존재로 바라보는 것과 동일한 입장이라고 할 수 있다(정은, 2010).

표 2-3 개인심리이론의 실무 원칙

- 인간은 통합적 존재이므로, 모든 행동을 전체적 관점(holistic view)에서 이해하라.
- 인간행동을 목적론적인 개념의 맥락에서 이해하라. 즉, 내담자의 행동을 이해하기 위해서는 개인의 독특한 인생목표와 이의 추구 방법을 이해하여야 한다.
- 내담자가 자신이 지닌 열등감을 직시하고, 용기를 가지고 문제에 직면할 수 있도록 격려하라.
- 내담자의 생활양식을 이해하라.
- 과거를 이해하려고 노력해야 하지만, 현재를 변화시키고 미래의 행동과 목표를 선택하고 추구하는 것에 강조점을 두라.
- 내담자의 환경에 대한 반응양식과 지각을 이해하고, 왜곡된 지각을 해결하라.
- 내담자의 우월성 추구를 방해하는 환경적 요소를 찾아 해결하라.
- 내담자의 사회적 관심을 증진시켜라.
- 치료과정에서 해석뿐만 아니라 설득, 변화를 위한 제안을 하라.

출처: 권중돈 · 김동배(2008), 재인용.

4 융의 분석심리학

융은 일생을 초현실적인 생활과 자아성찰을 통하여 분석심리학(analytical psychology)의 이론을 형성한 사람이다. 프로이드가 정신분석학에서 주장한 성욕 위주의 성격발달단계이론에 반발하여 자신만의 독특한 이론체계를 형성한 것이다. 융의 분석심리학은 인간 심리를 해석하는 데 있어서 그 해석이 이론적으로 타당한가의 여부보다는 그 해석이 당사자에게 어느 만큼 효과적인가에 역점을 두고 있다. 융에게 있어서의 진실은 '정신적인 어떤 것이 작용할 때'였다. 그러므로 융은 자신의 이론을 포함해서 그 어떤 이론도 고통을 받는 한 사람의 문제를 해결하는 데 도움이 되는 하나의 가설로 머물러야 함을 강조한다. 융은 보편타당한 하나의 이론보다는 개인 개인의 삶의 체험과 실제를 더 중요시한다. 그러므로 융은 항상 '경험'에 홍미를 가졌던 것이다. 융의 심리학적 방법의 또 다른 특징은 그의 인간심성 이해의 관점이다. 융에게 있어서 인간심성에 대한 이해는 '개성화'라는 개념을 삽입함으로 더욱 발전되었는데, 융은 그 개성화를 '인간의 내면의 숨겨진 모든 가능성을 실현하는 과정'으로 설명한다. 즉, 개성화란 "무의식 속에 잠재되어 있는 가능성을 자아의식 세계에 수용하여 실천에 옮기는 능동적 자기실현"이라고 할 수 있다(이부영, 2003).

또한, 융은 태초로부터 내려오는 개인적, 사회적 문화 원형을 찾아서 그 인과관계를 연구한 바 있다. 아울러 단어연상 검사와 꿈의 해석 등에 근거한 많은 개인임상사례 연구를 통하여 인간의 마음과 행동을 이해하는 관점을 제기하고 있다(조경덕 외, 2012). 융은 프로이드와 학문적 교류의 결별을 선언한 바로 그 해인 1912년 『무의식의 심리학』에서 무의식을 개인 무의식과 집단 무의식으로 세분화하여 인간의 마음인 심리구조를 의식·개인 무의식·집단 무의식의 세 가지 영역으로 보는 새로운 관점을 제시하게 된다. 따라서 프로이드 정신분석학 이론의 발전적 계승자라고 볼 수 있다. 또한, 1919년 집단 무의식의 핵심 개념인 원형(archetype)이라는 용어를 처음 사용하면서 분석심리학 이론체계 형성에 박차를 가하게 된다. 아울러 1921년 『심리학적 유형(*psychological type*)』에서 두 가지 심리태도와 네 가지 심리기능을 결합한 인간의 여덟 가지 심리유형을 제시하면서 현대 심리학의 새로운 지평을 열게 된다(김형섭 역, 2006). 융의 분석심리학은 인간의식 밑에 잠재해 있는 무의식의 존재를 인정하고, 인간의 표현을 의식의 결과만으로 보지 않는다는 점에서 프로이드 정신분석학과 공통의 바탕 위에 있다(정혜원, 2007).

1) 생애

융은 스위스 개혁파 목사의 장남으로 태어났다. 융은 어린 시절부터 상당히 예민한 기질의 소유자였고, 심령 현상에 관심이 많았다.

Carl Gustav Jung
(1875~1961)

1900년 12월 10일 융은 취리히 부르크휠츨리 정신병원의 조수로 취직이 됨으로써 전문가로서 첫발을 내딛게 되었다. 부르크휠츨리는 유럽에서 가장 유명한 정신병원이었다. 그 후 취리히 의과대학 교수로도 일하게 되었다. 융은 정신질환자의 정신 반응에 관해 연구하기 위해 연구소를 개설했다. 감정과 생리적 현상의 연관성을 연구하기 위해 그는 단어연상 검사를 이용했다. 단어연상 검사는 일련의 단어를 한 번에 하나씩 피험자에게 보여 주고 피험자의 머릿속에 떠오르는 최초의 단어를 대답하도록 하는 것이다. 만약, 피험자가 반응하기 전에 너무 오래 망설이거나 마음의 동요를 나타내면 이는 그 단어가 융이 말하는 피험자의 콤플렉스와 깊은 연관이 있음을 의미했다.

융은 프로이드를 만나기 전에 수년 동안 무의식을 연구하고 있었다. 융은 프로이드의 연구에 흥미를 느꼈는데, 그 이유는 정신장애의 심리적인 기원이 탐구되고 있었고, 융은 이것이 미지의 마음 영역을 밝힐 수 있을 것이라고 느꼈기 때문이다. 칼 구스타프 융과 지그문트 프로이드, 존경과 우정에서 시작되어, 사상적 갈등을 거치고, 결국 결별과 반목으로 마무리된 두 사람의 관계는 정신분석학은 물론이고 현대 지성사에서도 가장 유명한 일화 가운데 하나이다.

2) 인간관

융은 인간의 무의식이 생물학적인 지배를 받지 않고 정신적이고도 자율적인 존재로서 자기 완성의 목표를 지닌 인간형이라고 파악했다. 융은 리비도를 '생명력'이나 '정신적인 에너지'로 보다 일반화할 것을 제안했다. 그는 성애적인 것과의 관계에서만 보거나 거기에 한정적인 성격을 부여하는 프로이드의 이론에 반론을 제기하고 어떠한 종류의 활동영역에라도 전달될 수 있는 정신적 에너지의 리비도 개념을 상정한다(정혜원, 2007). 융의 논리에 따르면 무의식은 인간심리의 근원적 유형이 모여 있는 정신의 심층이며 무한한 가능성을 내포하고 있는 정신에너지의 저장고라고 할 수 있다.

융은 의식과 무의식의 통합을 인간 삶에 있어서의 정신의 온전한 회복으로 보았다. 무의식은 개인의 평정성을 목적으로 움직이며 보다 나은 삶에 이르게 하기 위하여 무엇을 행해야 하는지 보여 줌으로써 치료의 기능을 수행하는 것이다. 이처럼 융은 무의식의 존재를 자기 완성을 이루기 위해 끊임없이 미래를 향해 움직이는 존재로 보았다.

융은 각 개인에게 나타나는 부적응적이거나 역기능적인 측면에 대해서도 부정적이고 나쁜 관점을 취하지 않았다. 오히려 그러한 부적응적이고 역기능적인 모습이 나타나도록 하는 내면의 원인과 동기를 찾고자 했고, 그런 면에서 그것은 그 사람이 적응하고 생존하기 위한 하나의 수단일 뿐, 거기에 병리적이거나 심리·정신적인 문제가 있는 것이 아니라는 긍정적인 관점을 취한 것이다.

3) 정신의 구조

융은 인간은 태어날 때부터 이미 하나의 전체로서의 인격에 해당하는 정신(psyche)을 갖고 있다고 보고 있다. 정신은 의식적, 무의식적인 모든 사고, 느낌, 행동 등 의식과 무의식 전체를 포괄한다. 정신은 개인이 속한 사회적 물리적 환경에 대해 자신을 조절하고 적응하도록 지침 역할을 한다. 인간이 일생을 통해 해야 할 일은, 이 타고난 전체성을 가능한 한 최고도로 분화시키고, 일관성과 조화가 이루어지도록 발전시키는 것이다(김형섭, 2006). 융은 정신세계를 육체 못지않게 실제적인 것으로 취급하고 있다(Clift, 1984). 실제적이라는 의미는 그것을 직접적으로 경험하고 관찰하는 대상으로 삼고, 그것은 그 자체로 고유의 표현수단을 갖고 있으며 독립된 법칙에 의해 통제를 받는다고 믿고 있는 것이다. 융은 성격을 완전히 생득적인 것으로 보았다. 다만, 일생을 통해 분화, 통일, 조화를 이루도록 발전하는 것으로 생각한다. 그는 이 성격을 의식, 개인 무의식, 집단 무의식 세 부분으로 나누고 있다.

즉, 융의 심리구조는 성격의 선천적 요인인 집단 무의식과 후천적 환경영향 요인에 해당하는 의식과 개인 무의식을 모두 아우르는 관점을 제기한 것이다. 아울러 인간은 집단 무의식의 영역에서 개인 무의식을 거쳐 의식화하는 과정을 거쳐서 자기실현이라는 총체적인 인격형성 및 발달을 이루게 된다는 심리구조의 메커니즘을 확인할 수 있다.

융이 제시한 인간의 마음인 심리구조를 야코비(Jacobi)는 [그림 2-2]와 같이 제시하고 있다.

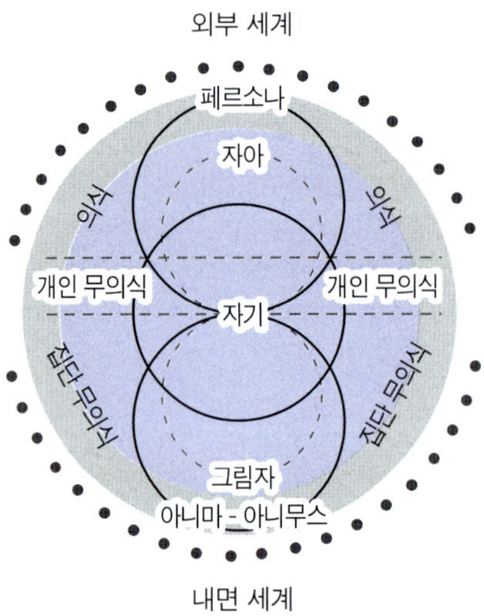

그림 2-2 융 심리학 마음의 구조

출처: 최왕규(2014), 재인용.

(1) 의식과 자아

의식이란 무의식에서 최근에 분화되어 나온 산물이며 인간정신의 극히 작은 일부에 지나지 않는다(Jacobi, 1982). 의식은 각 개인이 직접적으로 알 수 있는 심리영역이다(조경덕 외, 2012). 융은 의식이 출생 이전부터 생성되는 것이라는 믿음을 갖고 있으면서도 인간이 실제적으로는 네 살 전후에 비로소 자아 감각인 '나', '나 자신'이라는 자아의식이 발달하는 것이라고 생각한다(이부영, 2003). 의식은 네 가지 정신적 기능인 사유(thinking), 감정(feeling), 지각(sensing), 직관(intuiting)의 적용을 통해 성숙해지며 실제적으로는 무의식의 내용을 의식함으로써 성숙해지며 성장해 가는 것이라고 할 수 있다. 개인의 의식화가 진행 되면 종국에는 개성화에 도달하게 된다.

의식 중 가장 중요한 부분은 자아이다. 자아란 의식의 중심이며 의식과 무의식을 결합시키는 원형적인 심상이라고 할 수 있다. 본질적으로 자아는 의식화된 인식, 기억, 사상, 감정으로 구성된 '의식조직'이라고 할 수 있는 것이다. 이것은 전체 성격의 작은 부분을 차지하지만 의식의 문지기 역할을 하며 개인의 성격에 있어서 심리적 자료의 선택과 여과를 통해서 동일성과 계속성을 부여한다. 이렇게 해서 고도로 개성화된 자아는 보다 많은 일을 의식 속으로 개방시킨다. 융은 자아가 외적 실재를 감지하고 반응하는 방법은 각 사람의 기질적 차이 때문이라고 해서 심리학적 유형론을 제창하기도 하였는데, 이 심리학적 유형론은 내향적 또는 외향적이라는 두 가지 태도의 유형과 사유, 감정, 지각, 직관이라는 네 가지 기능적 유형으로 구조되어 있다(Jung, 1996).

(2) 무의식

융에 의하면 무의식이란 우리가 가지고 있으면서 아직 모르고 있는 정신의 모든 것이다(Hall & Lindzey, 1970). 무의식에는 무한한 가능성으로 향하는 에너지와 자율성을 가지고 있으므로 미래의 잠재적 가능성을 제시한다고 볼 수 있다. 그것은 생명의 원천이며 창조적 가능성을 지닌 것이다. 그것은 방어해야 할 위험한 충동이 아니라 체험하여 의식의 것으로 동화해야 할 것이다. 한편, 무의식의 특징 중 하나인 자율성이란 의식작용에 구애받음이 없이 무의식 스스로의 법칙에 따라서 움직여 가고 있다는 견해이다. 그런 의미에서 무의식은 의식작용보다 더 항구적이며 때론 의식을 능가하는 특징을 가진다고 볼 수 있다. 그러나 이 자율성은 창조적 자율성이므로 의식을 구속하는 의미가 아니라 의식에서 여러 가지 미래에 가능성을 제시한다고 볼 수 있다. 무의식은 의식에 결여된 것을 보충하는 역할을 함으로써 그 개체의 정신적인 통합을 꾀한다. 융은 무의식을 개인 무의식과 집단 무의식으로 설명하고 있다.

① 개인 무의식

'개인 무의식'이란 한 사람이 이 세상에서 살아가는 동안에 겪은 체험 내용 가운데 잊어버리거나 억압해 버린 것이다. 이것은 현실 세계의 도덕관이나 가치관 때문에 현실에 어울리지 않아 억압된 여러 가지 내용으로 반드시 성적인 것에만 국한되지 않는다. 그러므로 개인 무의식은 특수한 생활체험과 관련되고 개인의 성격상의 특성을 이루고 있다고 할 수 있겠다. 개인 무의식의 흥미 있고 중요한 특징은, 여러 내용이 뭉치고 떼를 지어서 한 그룹을 이루는 경우가 있다는 점이다. 융은 그것을 '콤플렉스'라고 불렀다. 융은 무의식 속에 감정, 생각, 기억의 연합군 콤플렉스가 있을 것이라고 생각하였다. 그것은 자립적이며 그 자체의 추진력을 가지고 있고 우리의 생각과 행동을 매우 강력하게 지배할 수 있다고 생각했다. 강한 콤플렉스의 경우 당사자는 모르고 있더라도 남들은 용이하게 알아내는 경우가 많다. 융의 정의에 의하면, 콤플렉스는 "의식의 통제를 벗어나 격리되어 마음의 어두운 심층에 살고 있는 심리적인 실체"이다. 융이 말한바 콤플렉스는 꿈과 증상을 만들어 내기 때문에 무의식으로 통하는 길은 꿈이 아니라 콤플렉스라고 한 것이다. 그러므로 콤플렉스를 의식화한다는 것은 인격 성장에 중요한 과제가 되며 필수적 과제인 것이다(이부영, 2003).

② 집단 무의식

'집단 무의식'은 개인의 특성과는 상관없이 인간 누구에게나 보편적으로 존재한다. 인간은 자신이 어렸을 때뿐만 아니라 더 중요한 인류의 태고 및 유기체의 진화가 시작된 먼 과거와도 연결되어 있는 것이다. 집단 무의식은 융이 원시적 이미지라고 부르는 잠재된 이미지의 저장고이다. 인간은 이런 이미지를 과거의 조상에게서 대대로 물려받고 있다. 생물학적인 인간의 뇌의 구조처럼 이미 주어진 여러 가지 '원초적 체험'의 가능성, 혹은 그 가능성을 산출하게끔 하는 조건이 곧 '집단 무의식'이다. 원형적 유형 또는 원형이란 지리적 차이, 문화나 인종의 차이와 관계없이 존재하는 인간의 가장 원초적인 행동 유형을 말하는데, 이것은 신화를 산출하는 그릇이며 우리 마음속의 종교적 원천이다(이부영, 2003). 이들 원형의 에너지를 조정하는 심리적 기제로 콤플렉스가 있다.

가. 그림자(shadow)

심리학적인 의미에서 그림자란 바로 '나'의 어두운 면, 즉 무의식적 측면에 있는 나의 또 다른 모습이라고 할 수 있다. 그림자는 다른 어떤 원형보다도 인간의 기본적인 동물적 본성을 많이 포함하고 있다. 그림자는 의식되어 햇빛을 보는 순간 그 내용은 곧 창조적이며 긍정적인 역할을 하게 된다. 융은 자기실현의 첫 번째 단계를 이 그림자를 의식화하고, 분화시키는 것이라고 주장하였다. 그림자는 자아의식이 강하면 강할수록 그 어둠이 짙어지게 된다. 위선자라든가 이중인격자란 바로 자기 마음속의 검은 그림자를 의식하지 못하는 데서 오는 것인데, 만일 개인이 위기나 어려운 생활 장면에 부딪치면 그림자의 나쁜 요소는 이 기회를 이용해 자아에 힘을 뻗친다. 그림자를 억압할 때 그것은 위기의 상황에서 갑작스럽게 튀어나오기도 하고 대개는 외부에 투사된다. 이것은 남의 눈의 티를 보면서 자기 눈의 들보를 보지 못하는 것과 같은 이치이다(이부영, 2003). 그림자가 긍정이건, 부정적이건 이것은 우리의 무의식 속에 있는 우리 자신의 한 부분이다. 그러므로 우리는 이 그림자를 의식화하고 분화시켜야 한다. 그림자가 무의식에서 의식화되어 분화되면 창조적이고 긍정적으로 변화하게 된다.

나. 페르소나(persona)

본래 '페르소나'는 연극에서 특정한 구실을 하기 위해 쓴 탈을 가리킨다. 페르소나란 한 사람이 그의 외계와 관계를 맺을 때, 그 외계에 대하여 보여 주는 그의 인격을 말한다. 이 페르소나는 우리가 우리 자신을 밖에 보여 주고자 하는 측면도 있지만 더욱 많은 경우 우리가 이미 다른 사람으로부터 규정되어 있는 자기상에 적응하고자 하는 측면을 말한다(이부영, 2003). 이것은 개인이 공적으로 보이는 가면 내지는 겉보기이며, 사회에 받아들여지기 위한 좋은 인상 주기를 목적으로 한다. 그것은 '대세에 순응하는' 원형이라고 볼 수도 있다. 이처럼 페르소나에 압도된 사람은 자기의 본성에서 소외당하게 되며, 지나치게 발달한 페르소나와 퍼스낼러티의 미발달 부분의 갈등 때문에 긴장 상태 속에서 살게 된다(Hall & Norby, 1980).

다. 아니마와 아니무스(anima and animus)

아니마와 아니무스란 무의식에 있는 내적 인격의 특성을 말한다. 남성의 무의식 속에 여성적 요소를 '아니마', 여성의 무의식 속에 들어 있는 남성적 특성을 '아니무스'라고 부른다. 융에 의하면 아니마와 아니무스는 인류가 조상 대대로 이성에 관해서 경험한 모든 것의 침전물이다(이부영, 2003). 아니마상은 남성에게 있어서 제일 먼저 어머니로부터 받으며, 그 후 긍정적이었든 부정적이었든 그에게 환상을 불러일으켰던 여러 여성으로부터 받게 된다. 여성에게 있어 아니무스의 최초 투사는 아버지에 대해 이루어진다. 아니마와 아니무스가 의식화되어 분화되지 못할 경우, 그것은 부분 인격이기 때문에 열등성을 나타내게 된다. 그리하여 인간의 의식에 열등한 남성, 열등한 여성으로 나타나 사람을 자극한다. 그리고 이것이 의식되지 않아 외계에 투사되었을 때 사람은 그 아니마와 아니무스상을 자신의 속에서 찾으려 하지 않고 관심을 계속 외부로 돌리게 된다(이부영, 2003). 그러나 인격의 성숙은 자기의식에 부족한 것을 자기 안에서 찾아 그것을 자기의 것으로 정화시키는 데 있다. 이것은 우리가 자신 속에 있는 아니마와 아니무스를 찾아 그것과 친숙해지고, 그 영향력에 휩싸이지 않게 할 때 더욱 성숙한 인격을 갖추게 된다. 페르소나가 자아와 외계 사이를 중재하는 기능이 있듯이 아니마와 아니무스는 자아와 내면세계를 중재해 주는 기능을 가지고 있다.

라. 자기(self)

인간으로 하여금 '그 사람 자신'이 되게 하는 것이 바로 자기 원형의 기능이다. 그러므로 자기는 모든 것을 포괄하는 힘이 있다. 융은 인생에서 정신적 삶의 목표는 이 자기실현을 달성하는 데 있다고 하였다. 그러나 자기실현이 되느냐 되지 않느냐는 대부분 그 개체의 자아의 태도 여하에 달려 있다. 자아가 자기의 원형으로부터의 메시지를 무시한다면, 자기의 평가와 이해는 불가능할 것이다. 따라서 자아가 무의식에 관심을 두고 그 뜻을 이해하려는 노력과 의지가 필요하다(김기인, 1987). 왜냐하면 개성화는 무의식을 의식화함으로써 가능하기 때문이다.

③ 개성화

이상적인 심리적 건강은 무의식의 힘에 대한 의식의 감독과 지도이며 의식의 세계와 무의식의 세계가 융화되어 양편이 모두 자유로이 발달되도록 허용하는 상태이다(김기인, 1987).

이러한 성격의 융화가 일어나는 과정이 개성화 또는 자기실현이다. 개성화란 "무의식 속에 잠재되어 있는 가능성을 자아의식 세계에 수용하여 실천에 옮기는 능동적인 자기실현"이라고 할 수 있다(이부영, 2003). 자기실현이란 한 인간이 진정한 의미에서 자신이 되는 것, 즉 자신과의 연합을 의미한다. 그것은 내면적 삶과의 일치이며 페르소나와 내면의 소리, 즉 무의식의 소리를 인식하고 구분하는 데서 시작되며 삶의 방향이 어긋났음을 주관적으로 인식함으로 본격화된다(김기인, 1987). 교육은 개성화가 잘 이루어질 수 있도록 돕는 역할을 하는 것이라 할 수 있다. 개성화된 인간의 특징은 최고 수준의 자기 인식과 자기 수용, 자아 통합, 자기 표현 그리고 보편적 성격을 갖게 되는 것이다. 개성화된 인간은 심리적으로 성숙하고 건강하며 온전한 인간성에 도달할 수 있게 될 것이라 생각된다. 융은 개성화란 완전함이 아니라 비교적 온전해지는 것임을 분명하게 지적해 주고 있다.

4) 심리유형이론

융은 1921년 『심리학적 유형』에서 약 20년간 임상심리연구 결과를 토대로 두 가지 심리 태도와 네 가지 심리 기능을 결합하여 인간의 여덟 가지 심리유형을 제시하게 된다. 융의 심리유형론의 가장 큰 핵심은 세상을 보고 받아들이는 관점과 이를 통한 판단의 양식에는 사람마다 차이가 있다는 것이다(이부영, 2003). 다시 말해, 인간 상호 간의 의사소통에서 비롯되는 많은 오해와 갈등, 편견의 근원은 사람들 간에 사람과 세상을 보는 관점과 입장에 대한 차이가 있기 때문이라는 것이다. 상대방이 나와는 전혀 다른 방식으로 말하고 생각하며, 다른 의견을 가진 또 다른 사람이라는 것을 알고 인식하는 것은 매우 중요하다.

융은 심리학적 유형을 크게 두 가지로 나누어 생각하였다. 하나는 일반적인 태도상에 보이는 유형으로 '외향형'과 '내향형'의 두 가지로 분류하였고, 다른 하나는 정신의 각 특수 기능을 중심으로 하여 가장 흔히 쓰이는 분화된 기능(사고, 감각, 감정, 직관)에 따라 구분하는 유형으로 이를 기능 유형이라 하였다. 일반적 태도의 유형인 외향형과 내향형의 구별은 그 개체의 주체와 객체에 대한 태도에 따라서 정의될 수 있는데, 그 사람의 태도가 객체를 주체보다 중요시하면 외향적 태도, 즉 외향성을 보인다고 할 수 있고, 그 반대로 객체보다 주체를 중요시하면 그는 내향성, 내향적 태도를 취한다고 하였다.

정신의 네 가지 기능의 구분은 다시 합리적 기능으로 '사고'와 '감정', 비합리적 기능으로 '감각'과 '직관'으로 구분하였다. 사고와 감정은 모두 합리적인 판단에 의해 이루어지고, 감각과 직관은 직접적인 인식이므로 비합리적인 면이 있기 때문이다(이부영, 2008).

이상적으로는 네 가지 태도와 네 가지 기능을 동등하게 발달시켜 훌륭하게 사용하는 것이 바람직할 것이다. 그러나 실제로는 그렇게 되기 힘들다. 왜냐하면 정신은 하나의 전체로서 조화와 균형을 추구하지만 정신의 여러 요소 사이에는 항상 불균형이 존재하기 때문이다. 사람마다 자신의 태도와 기능에 독자적인 패턴이 있다. 융은 개인의 태도와 기능의 패턴은 선천적으로 타고난 요인에 의해 결정된다고 보고 있다. 어린이의 인생 초기부터 모습을 드러내는 이 타고난 패턴은 후천적으로 부모나 학교, 사회적 영향 등에 의해 물론 수정될 수는 있다. 융의 여덟 가지 심리 유형을 모태로 판단(judging), 인식(perceiving)의 두 가지 태도를 추가하여 1957년 MBTI 열여섯 가지 성격유형검사법 개발에 성공하게 된다(김정택 외, 2009).

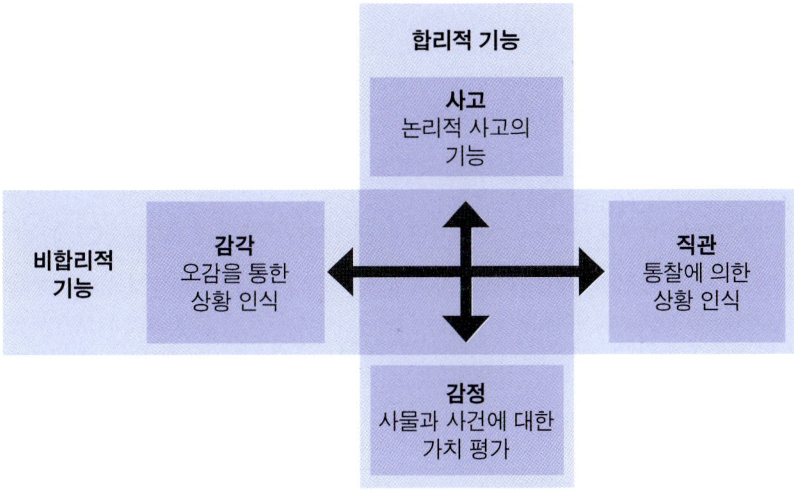

그림 2-3 심리학적 유형론

출처: 최왕규(2014).

표 2-4 심리학적 유형론

구분		특성	일반적인 태도에 의한 정신의 4기능	
합리적 기능	사고	주어진 관념 내용을 고유의 법칙에 따라 서로 연관시키는 정신 기능	외향적 사고형	내향적 사고형
			객관적 기준에 따라 진행되는 사고 기능으로 남성에게서 많이 나타남	객관적 사실보다 이념, 관념에 의해 영향을 받는 사고 기능. 맹목적이고 분별력이 없음
	감정	평가의 기능으로 어떤 관념이 쾌·불쾌의 감정을 일으키는가에 의해 관념의 수용 여부를 결정	외향적 감성형	내향적 감성형
			객체에 기준을 두고 객관적 상황이나 보편적 가치에 순응	많이 분화된 감정을 갖고 있으며, 내적인 기준에 의해 움직이므로 표출이 되지 않고, 객체에 작용도 하지 않음
비합리적 기능	감각	감각기관의 자극에 의해 생기는 모든 의식적 경험	외향적 접근형	내향적 감각형
			가장 현실적 유형. 객관적 사실을 감득하는 능력이 뛰어남	객관적 자극에 의해 생긴 주관적 감각 부분에 따라 행위가 결정되어 객관적 현실과는 거리가 멀어지게 됨
	직관	무의식적인 방법으로 인식을 유도하는 심리 기능. 무이성적, 무판단적인 경향	외향적 직관형	내향적 직관형
			객체가 가진 가능성을 파악하고 객관 세계에서 실행될 수 있는 계기를 만들 수 있는 능력	직관 기능이 객체가 아닌 내적인 세계로 향하는 유형으로 현실의 가능성보다는 정신세계에서의 가능성을 중요시하는 특징. 현실감의 결여

출처: 김회용(2009).

5) 사회복지실천과의 연관성

융의 분석심리이론은 의식과 무의식의 구조를 밝히고 그 요소에 대한 개념정의를 함으로써 인간의 정신을 구체화하였다. 또한, 무의식에 대한 사고를 프로이드가 생각한 개념보다 확장시켜 성 본능론에 국한되지 않고 다른 분야의 이론을 받아들이거나 반대로 응용할 수 있는 계기를 만들었다. 따라서 사회복지사는 분석

심리학을 활용하여 클라이언트의 무의식 세계를 탐색함으로써 정신의 전체성을 회복할 수 있도록 돕고 클라이언트의 무의식을 의식화하는 과정을 통하여 자신에 대한 정확한 인식과 지각으로 자기 성격의 주인이 되고 자기실현을 할 수 있도록 돕는다(이영실, 2013). 분석심리이론에서 치료의 목표는 개성화로 가는 길을 안내하는 것으로 치료자는 자기발견과 자기실현으로 가는 길의 동반자이다. 한편, 융학파의 치료자는 각각의 환자를 올바로 이해하기 위해서는 인간에 관한 '보편적 지식'을 가져야 한다. 융의 이러한 접근이 바로 사회복지실천 분야에서 추구하는 통합성과 동일한 맥락에 있다(정은, 2010).

표 2-5 분석심리학적 접근 방법의 실무 원칙

- 내담자의 일생에 걸친 성격발달 과정과 내담자가 속한 사회의 역사 문화적 속성을 이해하라.
- 내담자가 지닌 정신의 자기 조절체계와 무의식적 창의성과 치유 능력을 적극적으로 활용하라.
- 내담자의 의식 상태에 대한 철저한 탐색을 통하여 자기 인식을 확립하고, 무의식이 보상하고자 하는 바를 이해하라.
- 내담자의 발달 단계에 적합한 융통성 있는 치료목표를 설정하라. 즉, 인생 전반기에 속한 내담자는 사회적 적응 그리고 인생 후반기에 속한 내담자는 내적 적응을 강화하되 개인에 따라 융통성 있게 치료목표를 설정하라.
- 내담자의 병리보다는 건강한 측면을 더욱 중시하라.
- 치료자는 행동의 주체가 되기보다는 내담자와 함께 있어 주는 사람이 되라.
- 내담자가 자신의 무의식 세계를 인식하고 자기를 실현할 수 있도록 도와야 한다.

출처: 권중돈 · 김동배(2008), 재인용.

이처럼 프로이드의 정신분석이론과 그에 기초한 인간의 성격발달에 관한 이론 등은 사회복지의 교육, 실천에 가장 기본이 되는 이론으로서 치료자나 사회복지사로 하여금 개인행동의 역동적인 이해를 가능케 하였으며 동시에 효과적인 치료나 서비스를 제공할 수 있게 하였다.

CHAPTER 3

인간행동에 관한 주요 이론: 인지이론

1 피아제의 인지발달이론

1) 생애

1896년 스위스 뇌샤텔에서 태어난 피아제는 중세학자인 아버지로부터 매우 엄격한 가정교육을 받으며 성장했다. 그는 어린이가 이해력을 획득하는 과정을 체계적으로 연구한 최초의 학자였다. 많은 사람은 그를 20세기 발달심리학의 대표자로 생각한다. 피아제는 어린 시절에 동물학에 관심을 뒀다. 10세 때 그는 백색종 참새에 대한 관찰 결과를 논문으로 발표했고, 연체동물에 대한 논문을 여러 편 발표해 15세 때에는 이미 유럽 동물학자들 사이에서 명성을 얻게 되었다. 뇌샤텔 대학교에서 동물학과 철학을 공부하고, 1918년에 동물학 박사

Jean Piaget
(1896~1980)

학위를 받았다. 그러나 그 직후 생물학 지식과 인식론에 대한 흥미가 결합되어 심리학에 관심을 두게 되었다.

그는 우선 취리히로 가서 융과 블로일러(Bleuler) 밑에서 공부한 다음, 1919년에 파리의 소르본 대학교에서 2년 동안 공부했다. 그는 파리에서 학생을 대상으로 한 독해력 검사를 고안해 실시했고, 학생이 범하는 실수의 유형에 관심을 두게 되어 그 어린이의 추론 과정을 연구하기 시작했다. 그는 1921년에 연구결과를 발표하기 시작했고, 같은 해에 스위스로 돌아가 제네바의 루소(Rousseau) 연구소 소장으로 임명되었다. 1926~1927년에 뇌샤텔 대학교에서 철학교수로 재직했으며, 1929년에는 제네바 대학교의 아동심리학 교수가 되어 죽을 때까지 이 대학교에 남아 있었다. 1955년 그는 제네바에 유전인식론 국제연구소를 세우고 소장이 되었다.

피아제는 파리에서 처음 발견한 주제, 즉 어린이의 정신은 일련의 정해진 단계를 거쳐 성숙한다는 생각을 50권이 넘는 저서와 학술 논문을 통해 계속 발전시켰다. 그는 어린이가 자신의 독자적 현실 모형을 끊임없이 창조하고 재창조하면서, 한 단계가 지날 때마다 단순한 개념을 통합해 좀 더 높은 수준의 개념으로 조직화함으로써 정신적으로 성장한다고 생각했다(최덕경 외, 2013).

그는 다른 어린이만이 아니라 자신의 자녀를 직접 관찰하고 그들과 대화를 나눔으로써 아동발달에 대한 결론에 도달했다. 그는 아이에게 자신이 고안한 단순한 문제에 대해 교묘하고 계발적 질문을 던진 다음, 아이의 잘못된 반응을 분석함으로써 아이가 세계를 보는 방식을 생생하게 묘사했다.

2) 인간관과 가정

피아제는 인간을 탐색적이고 능동적인 존재로 여기며, 환경과 상호작용하고 그 환경에 적응하는 과정에서 스스로 인지를 발달시킨다고 설명한다. 인지는 개인적인 경험을 통해 자발적으로 인지구조를 창조·수정·확장하는 과정을 통해 발달한다고 보았다. 즉, 인간의 내적 성숙 혹은 유전적 요인으로 발달 과정을 설명한 정신역동이론이나 외부의 훈련과 교육에 중점을 둔 행동이론과 구별되는 설명이다.

그는 인지발달은 미리 정해진 순서에 따라 전개되며, 한 단계를 건너뛰어 그다음 단계로 진행되거나 그 순서가 바뀌지는 않는다고 하였다. 또한, 이전 단계는 그 상위 단계에 통합되어 더 복잡한 사고와 추리가 가능하게 되며, 이 일련의 과정은 인종이나 문화에 상관없이 보편적이라고 보았다.

하지만 피아제는 한 가지 중요한 전제로 단계마다 나타나는 사고의 특성이 본질적으로 다르며, 각각의 단계 자체는 완전하다고 설명하였다. 즉, 그는 아이의 사고방식은 어른과 다르지만, 그 차이가 아이의 지적 수준이 낮다거나 느리다는 것을 의미하는 것은 아니라고 보았다.

3) 주요 개념과 특성

(1) 적응 과정

피아제는 유기체가 환경과 상호작용하는 적응 과정을 통해 인지발달이 이루어진다고 하였다. 적응 과정은 동화(assimilation)와 조절(accommodation)이라는 두 가지 하위 과정으로 이루어진다. 동화는 무엇을 먹거나 소화시킬 때처럼 흡수하는 것으로, 자기 나름대로 이해의 틀에 대상을 맞춰 이해하고 해석하는 것을 의미한다. 조절은 대상이 기존의 틀로써 이해되지 않을 때 그 틀을 변화시키는 것으로, 이를 통해 인간은 외부세계에 대처하는 방법을 더욱 효율적이고 정교하게 구성할 수 있다.

예를 들면 다음과 같다. 한 아이가 네 발 달린 짐승을 개라고 이해한다면, 그 아이는 네 발로 다니는 동물을 모두 개로 이해하는데, 이것이 동화이다. 그러나 네 발이긴 하지만 뿔이 있는 것은 개가 아니라 사슴이라는 것을 알게 되면서 '네 발로 다니더라도 뿔이 있는 것은 사슴이다.'라고 받아들여 이해의 틀을 변화시키는데, 이것이 조절이다.

다시 아이는 네 발로 다니며 뿔이 있는 모든 것을 사슴으로 이해하는 것이 동화이다. 그러나 네 발로 다니고 뿔이 있지만, 다리가 짧고 수염이 있는 것은 염소임을 알게 되면서 다시 기존 이해의 틀을 변화시키는 조절을 경험하게 된다. 그는 이처럼 동화와 조절을 통하여 인간의 인지가 점점 발달한다고 보았다(Crain, 1983).

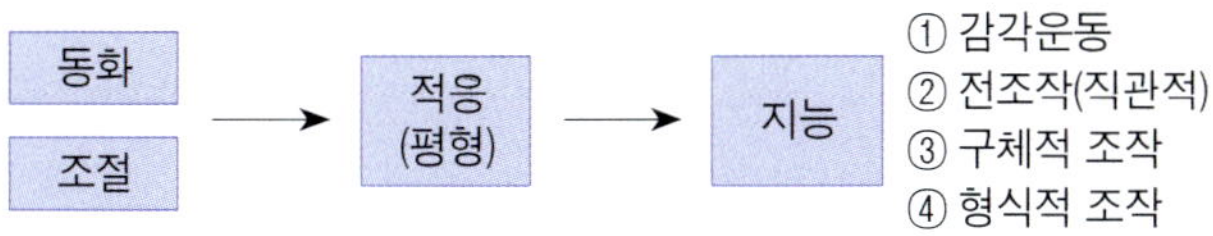

그림 3-1 지능발달의 개관

(2) 도식

도식(schema)은 사건이나 자극의 특징에 대한 추상적 표상이다. 즉, 사건이나 자극을 인식하고 그것에 대응하는 데 사용되는 기본적 이해의 틀이다. 다시 말하면, 보기, 쥐기, 때리기, 차기 등과 같은 외부 환경에 대처하기 위해 인간이 반복하는 경험을 말한다. 이러한 도식이 분화·통합됨에 따라 더욱 복잡하고 고차원적 도식이 획득된다.

예를 들어, 인간의 도식은 '빨기 도식'이다. 영유아는 배가 고프지 않아도 입에 닿는 모든 것을 빨아댄다. 이후 자라면서 빠는 것 이외에 쥐기, 보기 등의 도식이 합쳐지면서 영유아의 행동은 점점 다양해진다. 따라서 도식은 타고난 것이 아니라 환경과의 접촉을 통해 형성되는 것이다.

4) 인지발달단계

피아제는 지능발달에 대한 일반적 이론뿐 아니라 도덕적 발달, 사회적 발달, 정서적 발달 등에 관한 이론을 정밀하고 교묘하게 발전시켰다. 그는 아이들이 특정 질문에 대해 같은 유형의 오답을 제시하는 것에서 인지 과정에 관심을 가지게 되었으며, 출생부터 청소년기에 이르기까지의 인지발달단계를 제시하고 있다. 각각의 발달 단계에서는 새로운 기능과 능력이 성숙해짐에 따라 심리적 재구조화가 이루어진다.

아동이 발달하면서, 세계를 알게 됨으로써 나타나는 기본적 구조와 과정의 발달·변화를 통해 사고가 변화·변형되고, 다음 인지발달단계로 옮겨가게 된다. 앞 단계에서 다음 단계로의 진보는 생물학적 성숙과 아동의 환경 속에서의 경험과 활동으로 이루어진다. 인지발달, 정서발달, 사회적 발달 등은 분리될 수 없고 병행하여 발달하며, 각 단계에서의 인지적 발달은 개인의 내적 사고뿐만 아니라 대인관계에도 영향을 미친다(Cowan, 1978; Piaget & Inhelder, 1969).

발달 단계는 감각운동기, 전조작기, 구체적 조작기, 그리고 형식적 조작기로 각 단계에서 나타나는 사고의 특성과 정상적 발달 연령 등은 다음과 같다.

(1) 감각운동기

출생부터 약 2세까지 지속하는 이 단계에서의 지능과 인식은 영아의 반사적이고 급격히 발달하는 감각과 운동 능력의 결과다. 영아는 성숙과 자신의 환경에 대한 탐색을 통해 더 높은 수준의 심리적 성장에 기반이 되는 개념을 발달시킨다. 또한, 물리적 세계의 속성에 대한 기초적 이해를 얻게 된다. 이러한 특성이 있는 감각운동기는 여섯 개의 세부 단계로 구분되는데, 각 단계의 특성은 〈표 3-1〉과 같다.

표 3-1 감각운동기의 세부 단계별 특성

세부 단계		대략의 나이	인지발달
1	반사작용	출생~1개월	• 빨기, 파악반사, 웃음, 미소반사 등 타고난 반사행동을 통하여 환경과 접촉하고 적응적 방향으로 수정됨
2	1차 순환반응	1~4개월	• 우연히 어떤 행동을 하여 흥미 있는 결과를 얻었을 때 이러한 행동을 반복함(예 손가락 빨기) • 점차 대상의 특성을 발견하고 그 물체의 요구에 따라 반응을 수정해 가는데, 이를 위해서는 감각체계 간의 협응이 이루어져야 함
3	2차 순환반응	4~8개월	• 활동 자체의 흥미에서 벗어나 환경변화에 흥미를 느끼고 활동을 반복함(예 딸랑이 흔들기) • 자신의 행동과 예상되는 결과를 예측하며, 자신의 욕구충족을 위하여 의도적으로 행동함 • 그러나 예상하지 못한 행동결과가 나타나면 놀라기도 함
4	2차 도식의 협응	8~12개월	• 친숙한 행동이나 수단을 통해 새로운 결과를 얻으려고 하므로, 이 단계의 행동은 의도적이고 목적적임 • 일차 도식(예 엄마의 옷을 잡아당기기)과 이차 도식(예 엄마를 다른 곳으로 데려가기)의 협응이 이루어짐
5	3차 순환반응	12~18개월	• 친숙한 행동으로 목표에 도달할 수 없을 때는 전략을 수정하여 사용함 • 도식 자체가 크게 변화하게 되고, 능동적으로 새로운 수단을 발견함 • 시행착오적 행동을 함(예 높은 곳의 물건을 내리는 것에 실패할 때는 의자를 가져다 놓고 높은 곳에 있는 물건을 내림)
6	사고의 시작	18~24개월	• 행동하기 전에 생각함으로써 돌연한 이해와 통찰을 얻을 수 있음 • 수단과 목적의 관계에 대한 정신적 조작이 가능해짐 • 몸으로 행동하는 대신 마음속으로 행동의 결과를 예측함

(2) 전(前)조작기

전조작기(pre-operational period)에 해당하는 2~7세의 영유아는 언어를 사용하게 되면서 사물이나 사건을 기억하고 표현하는 능력이 가능해진다. 하지만 조작 능력에는 한계가 있어 변형된 경험을 논리적으로 환원시키지 못하고, 지각에 의한 직접적 경험으로 사물이나 사건을 이해한다. 조작(operational)이란 정보의 전환을 이해하는 정신 능력, 즉 처음으로 되돌아갈 수 있는 능력을 의미한다. 이러한 특성이 있는 전(前)조작적 사고 단계는 전(前)개념적 사고 단계와 직관적 사고 단계로 구분된다.

① 전(前)개념적 사고 단계

2~4세까지의 전개념적 사고 단계는 도식이 내적으로 표상되는 전환기로서, 상징적으로 사물을 조작할 수 있도록 해 주는 표상 기술을 획득하게 된다. 즉, 이 단계에서는 마음속으로 사물의 이미지를 만들 수 있으므로 모방, 심상, 상징화, 상징놀이, 언어 기술 등이 획득된다. 따라서 유아는 더는 만지거나 보지 않아도 되며, 표상 기술을 사용하여 과거에 일어났거나 미래에 일어나기를 원하는 사건을 표현할 수 있다. 상징놀이를 통해 사회, 신체, 내적 세계를 실험하고 이해하며, 현실적으로 불가능한 것도 나를 수 있고 언어적 제한성을 보충할 수 있게 된다.

② 직관적 사고 단계

5~7세까지의 직관적 사고 단계는 여러 사물과 사건을 표상하기 위해 많은 개념을 형성하지만, 아직 불완전하며 부분적 논리를 통해 추론한다.

이러한 직관적 사고 단계의 특징은 다음과 같다.

첫째, 유아는 상위 개념과 하위 개념을 완전히 구분하지 못하므로 분류 능력이 불완전하다.

둘째, 사물이나 사건의 개별적 특성만을 고려해 추리하고, 특수한 것에서 특수한 것을 추리하는 전도추리 경향(예 낮잠을 자지 않았으니 오후가 아니다.)이 나타난다.

셋째, 전체 상황 중에서 하나의 차원이나 측면만을 주의를 기울이고, 다른 중요한 차원은 무시하는 중심화 경향이 나타난다.

넷째, 일련의 논리나 사건을 원래 상태로 역전시킬 수 없는 불가역적 사고 특성이 나타난다.

다섯째, 다른 사람의 관점과 역할을 고려하지 않은 채 자신의 견해에서 세계를 지각하는 자기중심적 사고 특성이 나타난다.

(3) 구체적 조작기

7~11세까지 지속하는 구체적 조작기(concrete operational period)는 비논리적 사고에서 논리적 사고로 전환된다. 보존(conservation), 가역성(reversibility), 연속성(seriation), 분류(classification) 등과 같은 기본적 논리체계가 획득된다. 보존은 형태와 위치가 변하더라도 물질의 양은 같게 유지된다는 것을 의미한다. 가역성은 시작한 곳까지 합리적으로 거슬러 올라갈 수 있는 능력을 의미한다. 연속성은 크기가 증가하고 감소함에 따라 요소를 정상적으로 배치할 수 있는 능력을 의미한다. 분류는 대상을 구분하고 동시에 두 개 이상의 계층을 고려할 수 있는 능력을 의미한다. 아동은 구체적 조작을 성취함으로써 논리적으로 사고할 수 있지만, 이러한 논리를 언어나 가설적 문제에 적용하지는 못한다.

(4) 형식적 조작기

형식적 조작기(formal operational period)는 11~15세까지 지속한다. 이 단계에서는 자신의 지각이나 경험보다는 논리적 원리의 지배를 받는다. 또한, 추상적 사고가 가능하기 때문에 경험하지 못한 사건에 대한 가설적이고 추상적 합리화를 통해 과학적 사고를 할 수 있게 된다.

이 단계에서 나타나는 인지발달의 특성을 요약하면 다음과 같다.

첫째, 구체적 상황을 초월해 상상적 추론을 할 수 있다.

둘째, 가설 설정과 미래 사건을 예측할 수 있다. 또한, 제시된 문제가 자신의 이전 경험이나 신념과 어긋난다 할지라도 처리할 수 있다.

셋째, 있을 수 있는 모든 개념적 조합을 체계적으로 고려하고 검증할 수 있다.

넷째, 관련된 모든 변인의 관련성을 파악해 적절한 문제 해결 방법을 찾아낼 수 있다.

이러한 형식적 사고는 이질적 구성원으로 구성된 동년배 집단에 참여할 때 더욱 촉진되는 것으로 나타났다. 또한, 교과과정을 통한 학습이 형식적 사고의 발달을 촉진하는 것으로 나타났다. 그리고 이 단계에서는 다양한 사회적 경험을 통해 자아중심성이 감소하고, 학교나 단체생활을 통해 다른 사람을 배려할 수 있는 사회적 인지가 발달한다. 따라서 자기 성찰이나 자기 개발을 할 수 있게 된다(Looft, 1971).

5) 이론의 평가

피아제의 인지발달이론은 아동의 과학적·수학적 추리 능력이 어떻게 발달하는지, 그리고 아동이 부족해서가 아니라 어른과 다르게 사고한다는 것을 잘 밝혀 주고 있다. 특히, 아동의 인지발달에 대한 폭넓은 관점은 아동에 대한 이해를 넓혀 주었다. 피아제는 아이의 인지 수준이 어른보다 낮은 것이 아니라 완전히 다르다는 관점과 인생 초기에 주변 환경과 상호작용의 중요성에 대한 인식을 확고히 하도록 도왔다. 그래서 20세기 발달심리학 분야에 가장 지대한 공헌을 한 사람 중의 하나로 피아제를 꼽는다.

이 이론에는 다음과 같은 몇 가지 한계가 있다.

첫째, 모든 인간의 사회적·정서적 성장과 발달이 고정된 과정을 거친다는 피아제의 인지발달모델에 대한 의문이 제기되고 있다. 이러한 모델은 문화적 차이를 고려하지 못하고 있으며 과도하게 결정론적이다(Germain, 1987). 물리적 세계와 관련된 아동의 개념적 사고에서의 단계별 차이는 실험적 조건에서만 확인할 수 있으며, 광범위한 사회적, 정서적 현상까지 일반화될 수 없을 것이다(Radke-Yarrow et al., 1983).

둘째, 감각운동기와 형식적 조작기에서는 나이에 따른 인지발달 개념의 타당성이 입증되고 있다. 그러나 중간의 두 단계, 즉 전조작기와 구체적 조작기에서는 연령에 따른 인지발달 개념의 타당성이 명확하게 입증되지 않고 있다. 플라벨(Flavell, 1985)은 피아제와 다른 학자들이 생각하는 것처럼 유아기 이후의 인지체계 변화가 기본적이고 중요하며, 질적이고 단계에 따라 구분되는지에 대해 많은 의문이 제기되고 있다고 하였다.

셋째, 피아제의 인지발달이론에서는 청소년기 초기까지의 인지발달만을 소개하고 있으나, 최근 대부분 인지이론에서는 신체적 성숙이 이루어진 이후에도 지속적 성장과 발달이 일어난다고 가정하고 있다. 인지이론에서는 중재와 상호 영향의 가정은 인지체계가 개발적이고 역동적 체계이며, 성장과 변화의 잠재력이 항상 존재한다는 점을 기본 전제로 하고 있다. 바람직한 환경이 조성되고 생리적 장애가 없다면, 기본적 인지구조와 가정은 아동기에 주로 발달한다. 이와 관련하여 인지이론은 특정 시점에서 새롭고 다른 개인적 현실을 구성하는 개인의 능력에 대해 낙관적이고 비(非)결정론적 관점을 취하고 있다(Goldstein, 1982).

넷째, 이와 동시에 "늙은 개에게 새로운 재주를 가르칠 수 없다."라는 속담에 나타난 바와 같이, 개인의 인지 기능은 변화시키기 어렵다. 논리적 분석을 방해하는 어긋나고 비합리적 사고임에도 고수하는 신념체계와 새로운 정보를 무시하는 다른 사람에 대한 지각이 이러한 예에 속한다. 인지가 개인적 현실을 구성하고 의미를 부여하기 때문에, 선호하는 사고방식을 고수함으로써 자기 유지 기능을 존속시킬 수 있게 된다. 게다가 개인이 생각하고 아는 것 중의 많은 것, 즉 행동과 감정을 중재하는 인지는 초기 학습의 산물이다. 케이건(Kagan, 1984)은 아동과 성인 모두

가 과거에 효과적이었던 가설을 포기하지 않으려 한다고 하였다. 그러므로 일련의 다른 환경에 적응적이었던 신념은 새로운 환경에 대해 새로운 방식으로 사고하는 것을 방해한다.

다섯째, 인지 기능의 변화에 이바지하는 과정과 기제는 아직도 정확히 밝혀지지 않고 있다. 인지 불일치로 불리는 인지 갈등과 불안정을 만들어 내는 환경은 아마도 변화를 유발하는 동기적 요소로서 작용할 가능성이 높다(Markus & Zajoni, 1985).

여섯째, 노년기에 인지 기능의 쇠퇴는 피할 수 없는 것이라고 보는 것이 공통적 가정이다. 따라서 노년기의 정상적 인지 기능의 일반적 특성을 이해하는 것은 대단히 중요하다. 동시에 인지 기능에 중대한 변화를 일으키는 알츠하이머형 치매(dementia of the Alzheimer type)와 다른 치매와 같은 만성적 질병이 노년기에 특히 많이 나타나는 것 또한 사실이다.

2 콜버그의 도덕성발달이론

1) 생애

콜버그는 1927년 뉴욕 브롱스빌에서 부유한 가정의 아들로 태어났다. 제2차 세계대전이 종전될 무렵에 매사추세츠에 소재한 명문 사립고등학교인 앤도버 아카데미를 졸업하였다. 그러나 곧바로 대학교에 진학하지 않고 이스라엘 난민을 돕는 일에 앞장서게 되었다. 하지만 그는 영국 군대에 의해 곧 체포되어 키프로스에서 2년간 감금생활을 하면서 자신을 되돌아볼 수 있는 기회를 얻었다. 이런 경험이 콜버그에게는 도덕성발달이론과 도덕적 딜레마(dilemma)를 심리적으로 연구하는 데에 많은 영향을 미쳤다.

그는 1947년 시카고 대학교에 아주 좋은 성적으로 입학했기 때문에 대학교를 졸업하기 위해서는 몇 과목만 수강하면 되었다. 따라서 4년간의 학업과정을 2년만에 우수하게 마칠 수 있었다. 그는 거기서 심리학 과정을 마치고 임상심리학자가 되려고 하였으나, 곧바로 피아제에 흥미를 느끼게 되었다. 그래서 아동과 청소년을 대상으로 도덕성에 대해 면담을 하였고, 그 연구 결과로 1958년 박사학위를 받게 되었다. 그의 박사학위 논문은 연구 대상자를 20년 동안 추적·조사해 도덕성발달의 종단적 연구를 수행한 특별한 논문이다.

콜버그는 보스턴에 소재한 소아병원에 레지던트(Russell Sage Resident)로 잠시 머무르고 나서 1959~1961년까지 예일 대학교에서 심리학과 조교수로, 1968년 이후로는 하버드 대학교 교육학과 사회학 교수로 연구와 후진 양성을 하였다.

Lawrence Kohlberg
(1927~1987)

콜버그는 솔직하고 겸손한 사람으로 도덕성을 중심으로 철학 논제에 대해 심리학과 연계시켰으며, 교육자이자 철학자인 루소, 듀이(Dewey), 볼드윈(Baldwin) 등 선구자의 사상을 재평가하고, 그들을 이해하기 쉽게 소개하는 데도 크게 이바지했다. 그러나 60세에 불치의 열대병을 비관해 자살함으로써 자신의 생애를 마감하였다.

2) 주요 개념과 특성

콜버그는 피아제 이론에 대한 관심에서 출발해 종단연구와 비교문화연구로 도덕성발달이론을 더 세분화·체계화하였다. 즉, '하인즈의 딜레마' 같은 가상적인 도덕적 딜레마를 아동에게 제시하고 연령별로 개인이 그러한 상황에 부닥쳤을 때 어떻게 행동할 것인지, 그리고 왜 그러한 판단을 하게 되었는지 아동의 도덕적인 추론적 사고에 중점을 두었다.

사례 하인즈의 딜레마

유럽의 한 부인이 특수한 종류의 암을 앓아 거의 죽어가고 있었다. 그 부인의 병을 치료하는 데는 오직 한 가지 약밖에 없는 것으로 알려졌다. 이 약은 같은 마을에 사는 어느 약사가 최근에 발명한 라듐 종류의 약이었다. 그 약을 만드는 데는 원가가 상당히 비싼데다가, 그 약사는 약값을 원가의 10배나 요구하였다. 라듐을 2,000달러에 사 가지고 그 조그만 약을 20,000달러에 팔려고 한 것이다.
병든 부인의 남편인 하인즈는 돈을 구하기 위해 아는 사람을 모두 찾아다녔으나 그 약값의 절반밖에 안 되는 10,000달러밖에 마련하지 못하였다. 할 수 없이 하인즈는 그 약사에게 가서 자기 부인이 죽어가고 있다고 설명하고 그 약을 10,000달러를 받고 싸게 팔거나, 아니면 외상으로라도 자기에게 팔면 다음에 그 돈을 갚겠다고 간청했다. 그러나 그 약사는 "안 됩니다. 그 약은 내가 발명한 약인데, 나는 그 약으로 돈을 벌어야 합니다."라고 대답했다. 절망에 빠진 하인즈는 결국 약방을 부수고 들어가서 자기 부인을 위하여 그 약을 훔쳤다.

출처: 장휘숙(2001). 『아동발달』. p. 378.

그는 도덕적 딜레마를 해결하는 데 옳고 틀린 내용보다는 사고의 틀이나 추리양상에 따라 도덕성발달단계가 결정될 수 있다고 보았다. 왜냐하면 아동의 도덕성발달은 인지발달 수준에 따라서 그 단계가 결정되기 때문이다. 10~11세 아이는 결과에 따라 도덕적 판단을 내린다. 그러나 나이가 든 아이는 행동의 동기를 근거로 잘못을 판단한다. 예를 들어, 엄마를 도우려다 접시 다섯 개를 깬 아이와 과자를 훔치려다 컵을 한 개 깬 아이의 이야기를 통해 "누가 더 나쁜 아이인가?"라고 질문을 하면, 어린 아이는 첫 번째 아이라고 말하지만, 나이가 든 아이는 두 번째 아이라고 말한다.

3) 도덕성발달단계

피아제처럼 콜버그도 도덕성발달 역시 불변의 순서를 따른다고 보았다. 즉, 모든 아이가 최상의 수준까지 가는 것은 아니지만, 그 단계는 순서대로 진행되며 상위로 갈수록 분화되고, 추상적으로 진행된다는 것이다. 또한, 피아제 이론과 마찬가지로 도덕적 발달이 사회화의 산물이 아니라 아이의 자발적 행동의 결과라고 보았다. 물론 아이의 견해에 모순된 정보를 주어 그 견해를 자극하면, 더욱 포괄적 견해를 가질 수 있도록 격려할 수는 있으나, 기본적으로 변화가 일어나기 위해서는 아이의 자발적 호기심이 전제되어야 한다고 보았다.

이러한 전제를 가지고 콜버그는 도덕성발달 수준을 전(前)인습적 수준(4~10세), 인습적 수준(10~13세), 후(後)인습적 수준(13세 이상)으로 나누었다. 그리고 각 수준에 2단계씩 총 6단계를 거쳐 발달한다고 보았다.

첫째, 전인습적 수준(pre-conventional level)에서의 아이는 규칙이 내면화되어 있지 않으므로 벌을 피하기 위해, 혹은 보상(reward)을 받기 위해 외부에서 주어진 규칙을 따른다.

둘째, 인습적 수준(conventional level)에서는 다른 사람의 승인을 얻기 위해 혹은 사회적 질서를 유지하기 위해 규칙과 사회적 규범을 따르려고 한다. 이때는 외적인 벌과 보상 대신에 사회적 칭찬과 비난에 대한 회피가 도덕적 행위의 동기가 된다.

셋째, 후인습적 수준(post-conventional level)에서는 옳고 그름을 정의 원리에 따라 판단한다. 즉, 도덕적으로 옳은 것과 법적으로 타당한 것이 항상 같은 것은 아니라는 사실을 알게 되면서 법과 무관한 자율적이고, 독립적 사고를 하게 된다. 따라서 사람의 욕구와 복지가 중요하게 생각되면서 진전한 도덕성에 도달하게 된다(Crain, 1983; 서봉연·이순형, 1983; 최경숙, 2000).

각 단계의 구체적 내용은 다음과 같다(최덕경 외, 2013).

(1) 전(前)인습적 수준

① 1단계: 복종과 처벌 지향

1단계에서는 복종해야 하는 고정불변의 규칙이 있다고 생각한다. 따라서 규칙을 어겼을 때 벌을 받게 되고, 벌을 받는 것은 나쁜 것으로 생각한다. 그러므로 훔치는 일은 벌을 받기 때문에 하인즈의 행동이 나쁘다고 판단한다.

② 2단계: 상대적 쾌락주의

1단계가 처벌을 회피하고자 하는 단계라면, 2단계에서는 보상을 추구하는 단계이다. 이 단계에서는 도덕적 행위가 절대적인 것으로 생각하지 않는다. 따라서 하인즈의 훔친 행동은 아내를 구하기 위한 것이었으므로 정당하다고 생각할 수 있다. 그러나 약사의 처지에서 도둑질은 나쁘다고 생각할 수 있다고 본다. 즉, 어느 쪽의 처지에서 생각하느냐에 따라 결과가 달라질 수 있다.

(2) 인습적 수준

① 3단계: 착한 아이 지향

3단계에서는 사회적 승인과 사회질서를 염두에 둔 판단을 하는데, 행위자가 착한가에 따라 판단한다. 즉, 동기와 감정이 정의로운가에 비추어 생각하고, 다른 사람으로부터 얼마나 인정받을 수 있는가에 따라 판단한다. 따라서 하인즈에게는 동정을 보내고, 약사를 교도소에 보내야 한다고 생각한다.

② 4단계: 사회질서와 권위의 유지

4단계에서는 일반적 사회질서에 대해 광범위하게 사고하고, 사회질서가 유지되기 위해서는 법에 복종해야 한다는 것을 강조한다. 따라서 하인즈에게 동정적이긴 하지만, 약을 훔치는 행위는 나쁜 것이므로 그에 따른 처벌을 받아야 한다고 생각한다.

(3) 후(後)인습적 수준

① 5단계: 민주적으로 용인된 법

5단계에서는 법이란 사람이 화목하게 살기 위해 공동체(community)가 동의한 장치이므로 사람들이 요구하는 바를 충족시키지 못하면, 상호 동의나 민주적 절차를 통해 변경시킬 수 있다고 본다. 따라서 하인즈 아내의 살 권리가 중요하다는 것은 알지만, 그렇다고 도둑질을 한 행동을 옳다고 할 수 없어 옳고 그름을 분명하게 이야기할 수 없다고 말한다.

② 6단계: 보편적 원리

가장 높은 도덕 단계인 6단계에서는 옳고 그름을 개인의 양심에 비추어 판단해야 한다는 것이다. 이 양심의 원리는 구체적인 것이 아니고, 법을 초월하는 인간의 존엄성이나 정당성 등과 같은 보편적 정의의 원리이다. 따라서 하인즈가 도둑질할 법적 권리는 없지만, 더 상위의 도덕적 권리를 갖고 있다고 말한다. 그러나 보편적 정의의 원리인 6단계에 도달하는 사람은 많지 않다고 본다.

4) 이론의 평가

콜버그 이론은 도덕성발달단계의 대표이론으로 나이와 도덕적 추리의 상관관계를 입증하는 중요한 가치가 있으나, 다음과 같은 점에서 비판을 받고 있다(Crain, 1983; 서봉연·이순형, 1983; 최경숙, 2000).

첫째, 길리건(Gilligan)은 콜버그가 남성만을 대상으로 하였다는 점을 비판하면서 실제 여성은 남성과 다른 도덕적 관점을 가지고 있다고 주장했다. 즉, 남성은 인간복지에 관한 관심이나 책임보다 법을 통한 정의에 초점을 두는 정의의 도덕성을 가진다. 하지만 여성은 법을 통한 정의보다 인간복지에 대한 책임이나 배려에 더 많은 초점을 두는 다른 사람 배려의 도덕성을 가진다.

둘째, 콜버그 이론은 개인의 가치와 권리를 높이 평가하는 서구사회의 문화적 편향성을 보인다. 실제 사회적 조화와 집단적 가치를 우선시하는 문화에서는 후인습적 수준을 발견할 수 없고, 그들은 대부분 인습적 수준에 있지만, 그것이 결코 낮은 개념의 도덕이라고 말할 수 없다.

셋째, 콜버그는 높은 단계의 도덕적 추리를 하는 사람이 낮은 단계의 도덕적 추리를 하는 사람보다 더 높은 도덕적 행동을 한다고 주장했다. 그러나 도덕적 사고와 행동 간의 관계에 대한 연구가 부족해 도덕적 추리 단계가 어느 정도 도덕적 행동을 예측할 수 있는지 알기 어렵다. 도덕적 행동은 일반적으로 도덕적 추리 이외에 개인의 다른 특성과 많은 상황적 요인에 의해 영향을 받기 때문이다.

3 벡과 엘리스의 인지치료이론

인지치료이론은 1960년대 벡(Beck)이 정신과학 임상에 인지치료를 도입하여 성과를 보게 되면서 그 활용도를 인정되게 되었다. 그리고 엘리스가 잘못된 신념을 합리적 신념으로 바꾸는 합리정서행동치료 모형을 제시하면서 구체적 실천이론으로 자리 잡게 되었다.

1) 벡의 인지치료이론

벡의 인지치료이론은 인지적 왜곡을 수정해 정서, 행동상의 문제를 해결하고자 하는 매우 적극적이고 직접적이며, 구조화된 접근 방법이다.

(1) 주요 개념과 특성

① 자동적 사고

자동적 사고(automatic thinking)란 한 개인이 어떤 상황에 대해 내리는 즉각적이고 자발적인 평가를 의미한다. 이 사고는 합리적으로 판단해 내리는 것이 아니라, 자동으로 그 상황에서 튀어나오는 생각이다.

② 도식

도식이란 한 개인이 자신의 인지구조에 따라 특정 자극에만 선택적으로 주의를 기울여 반응하는 것을 의미한다. 도식은 비교적 안정적인 인지 패턴으로 유사한 상황을 일정하게 해석하는 경향이 있다. 도식에는 핵심믿음과 중간믿음이 있다.

③ 잘못된 정보처리

심리사회적 문제를 가진 개인은 정보처리에 오류가 있어, 자신의 생각이 잘못된 것이라는 증거가 있음에도 자신의 생각이 옳다고 믿는다. 잘못된 정보처리에는 임의적 추론, 선택적 추상화, 과잉 일반화, 과장과 축소, 개인화, 그리고 흑백논리/이분법적 사고 등이 있다.

(2) 치료 방법

치료의 목표는 클라이언트가 더욱 건설적이고 목표 지향적인 활동에 참여하면서, 자신의 능력에 대한 부정적이고 파괴적 추론을 변화시키는 것이다. 따라서 사회복지사는 클라이언트에게 인지치료에 대한 이론적 근거를 설명하여 이해시킨다. 또한, 자동적 사고를 탐색해 유용한 사고와 유용하지 못한 사고를 구별하게 한다. 그리고 유용하지 못한 사고에 초점을 두어 사고에 따른 감정과 행동을 개념화하여 인지왜곡을 판별하게 한다. 이렇게 하고 나서 합리적 대안을 생각하도록 돕는다. 이러한 과정을 반복하면서 점차 중간믿음과 핵심믿음에 접근하도록 한다.

2) 엘리스의 합리정서행동치료이론

합리정서행동치료(REBT: Rational-Emotion Behavior Therapy)는 엘리스(Ellis)가 고안한 기법이다. 그는 인간의 문제는 외부 사건으로 만들어지는 것이 아니라, 인간 스스로 만들어 낸 비합리적 신념에 의해 일어난다고 하였다.

(1) 주요 개념과 특성

① 자기 언어

자기 언어(self-talk)란 일어날 사건에 대해 스스로 하는 일련의 평가 사고를 의미한다. 합리정서행동치료는 모든 정서적 문제의 주요 원인은 그 상황에 대해 스스로 말하는 자기 언어에 달렸다고 가정한다. 즉, 자기 언어에 따라 감정과 행동이 달라지므로 자기 언어가 변화되면, 감정과 행동도 변화될 것으로 본다. 엘리스는 이러한 자기 언어는 그 사람의 신념에서 나오는데, 비합리적 신념이 정서적 문제의 핵심 원인이라고 하였다.

② 합리적 신념

합리적 신념(rational belief)은 우리의 행동을 합리적이고, 효과적으로 통제하는 것을 말한다. 이는 객관적 현실에 근거해 다른 사람과의 불필요한 갈등을 피하고, 편안한 감정을 느끼게 하는 사고이다.

③ 비합리적 신념

비합리적 신념(irrational belief)은 우리의 삶을 방해하고, 많은 정서적·사회적 문제를 일으킨다. 이러한 신념(예 항상 다른 사람으로부터 사랑과 인정을 받아야 하고, 자신은 언제나 성공적이어야 한다.)은 주로 어린 시절부터 부모나 문화로부터 영향을 받아 형성된 것이다. 이러한 신념은 대부분 깨지기 쉽고, 그에 따라 여러 가지 정서적·행동적 문제를 일으킨다.

④ 성격 형성

사람은 어떤 사건이 일어나면 자동으로 익숙한 자기 언어를 보이게 된다. 이렇게 자기 언어가 반복되면서 성격, 즉 태도, 가치, 신념 등이 형성된다. 이것이 자신에 대한 개념에 영향을 주어 그 개인의 전반적 감정과 행동을 결정하게 된다.

(2) 치료 방법

합리정서행동치료 과정은 [그림 3-2]와 같이 ABCDE 모델로 설명될 수 있다. A는 선행 사건(activating event)으로 개인에게 혼란을 일으키는 어떤 사건을 말한다. B는 신념체계(belief system)로 어떤 사건이나 행위 등의 자극에 대해 개인이 갖는 태도 혹은 사고방식이다. C는 결과(consequence)로 그 사건을 신념에 따라 해석해서 느끼게 되는 정서적 결과이다. D는 논박(dispute)으로 클라이언트가 가진 비합리적 신념이나 사고에 도전하고, 그것이 사리에 맞는지를 검토하는 것이다. E는 효과(effect)로 클라이언트의 비합리적 신념에 대해 논박해 합리적 신념으로 대체하고 나서 느끼는 수용적이고 긍정적인 감정이다.

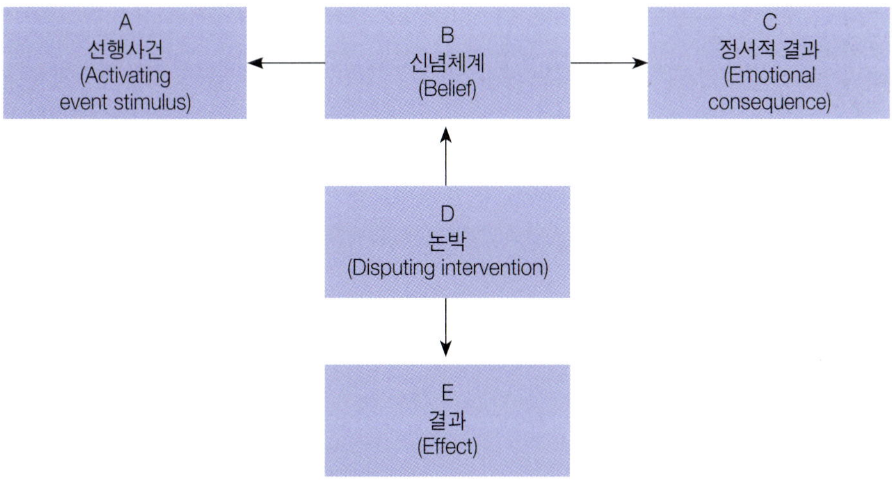

그림 3-2 ABCDE 모델

출처: 홍경자(1995).

3) 인지치료이론의 평가

인지치료이론은 클라이언트에게 스스로 삶에 대한 책임을 강조하며, 교육을 통한 능동적 변화 방법을 제시하였다는 점에서 이바지한 바가 크다. 이는 특히 우울증 환자나 낮은 자존감을 가진 클라이언트에게 매우 유용한 이론이나, 다음과 같은 한계점이 있다(Zastrow, 1995; 최덕경 외, 2013; 홍경자, 1995).

첫째, 치료 방법이 매우 지시적이고 교육적이므로 사회복지사의 가치와 철학을 클라이언트에게 강요할 수 있다. 따라서 사회복지사는 가치 중립적이어야 한다는 전문적 윤리 원칙과 갈등을 가져올 수 있다.

둘째, 인지와 신념에 대한 강조는 빈곤, 박탈, 학대, 차별 등의 사회적 사건이 인간행동에 영향을 미치는 사건 자체의 중요성을 소홀히 할 수 있다.

셋째, 자신의 인지구조와 불합리한 신념을 분석하는 것은 지적 수준이 낮거나, 현실감이 없는 클라이언트 혹은 사고가 지나치게 경직된 클라이언트에게는 효과를 기대할 수 없다.

넷째, 인지와 신념의 영향력에 한계가 있다. 예를 들어, 신체적 질병이나 유전적 영향까지 인지와 신념으로 설명할 수는 없다.

4 사회복지실천과의 연관성

일반적으로 인지발달이론과 인지치료이론을 합하여 인지이론이라고 한다. 인지발달이론은 투사법을 활용한 정신역동이론과 달리 직접적 관찰과 면접 등을 활용하여 과학적 발달이론을 제시했다.

이러한 인지이론은 사회복지실천가가 환경 속에서 인간이 어떻게 발달하고 사회적으로 기능하는지에 관한 폭넓은 이해를 제공한다. 나아가 클라이언트의 성격과 행동의 이해 및 더욱더 긍정적 방향으로의 변화를 위해 어떻게 노력해야 하는지에 대한 통찰력을 제공한다. 또한, 인간을 사고하는 합리적 존재로 보아 인지발달을 순전히 자발적 과정으로 본다. 우리는 앞서 피아제의 인지발달이론과 콜버그의 도덕성발달이론을 살펴보았다. 그리고 인간이 환경적 요인을 어떻게 지각하는가에 초점을 둔 벡과 엘리스의 인지치료이론도 살펴보았다. 이 이론은 잘못된 인지적 왜곡이나 비합리적 신념을 바꿈으로써 문제가 되는 정서와 행동을 통제할 수 있다고 가정한다.

이를 바탕으로 인지이론이 사회복지실천에 미친 영향을 다음과 같이 정리할 수 있다.

첫째, 인지이론은 개인과 환경의 상호작용을 강조한다.

둘째, 인지이론에서 인지는 현실을 해석해 정서와 행동에 영향을 주는 매개요인으로 작용한다.

셋째, 매우 위축되고 박탈된 집단이 모든 문제를 자신의 탓으로 돌리며 사회적 영향을 전혀 고려하지 못할 때, '자신이 부족하고 잘못되어 문제가 일어난다.'라는 인지와 신념을 변화시키는 권한부여(empowerment) 접근의 근거가 된다.

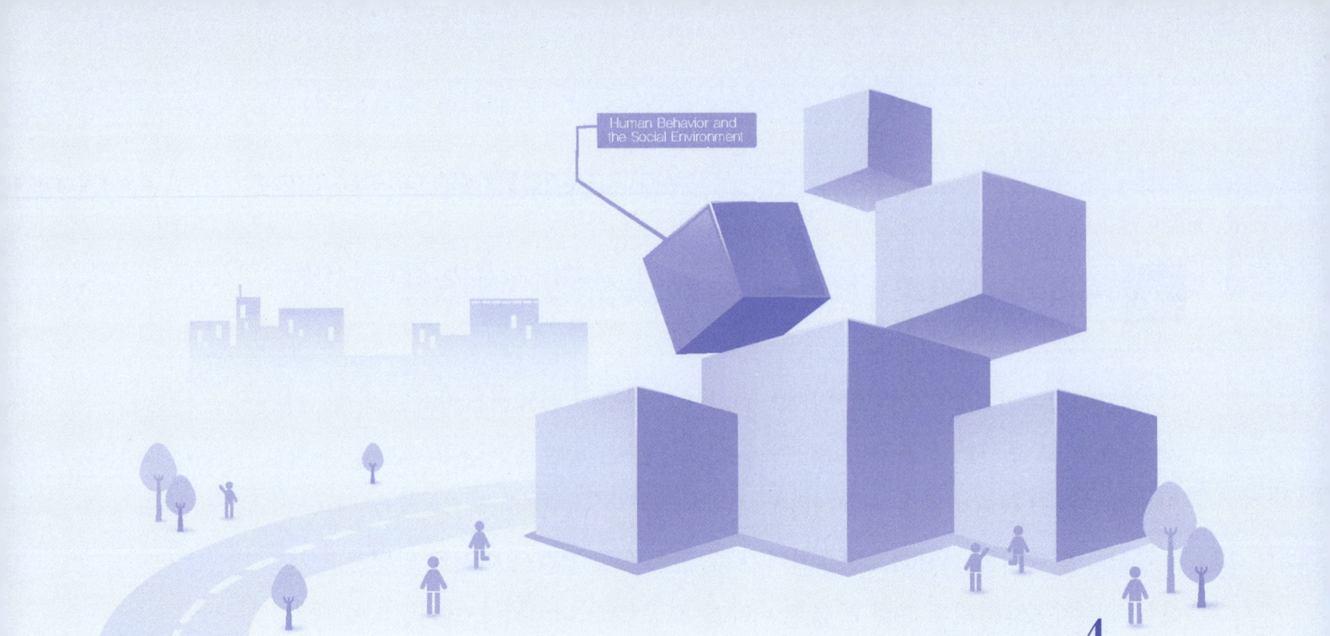

CHAPTER 4

인간행동에 관한 주요 이론: 행동주의이론

행동주의이론에서는 인간은 자극이 주어지면 그에 반응하는 존재로 인식하며 관찰이 가능한 자극과 반응을 중심으로 연구하는 것에 목적을 둔다. 때문에 의식이나 심리는 중요하게 여기지 않고 학습의 과정은 환경적 요인과 행동, 자극과 반응의 발달 과정이라고 본다. 행동주의이론은 학습을 관찰이 가능하고 설명할 수 있는 것에서 찾으려고 하였고, 측정 가능한 행동, 행동의 형성과정을 과학적으로 분석하였다(김은석, 1989). 행동주의이론가는 확인이 불가능한 성격 또는 발달 과정에 대해 언급하는 것은 중요하지 않으며 관찰이 가능한 성격발달과 변화과정을 지켜보는 것이 필요하다고 하였다(권중돈, 2014). 행동주의이론에서 인간의 행동은 내적인 힘이 아닌 외적인 요소에 의해 결정되고 행동은 자극에 종합되어 강화가 된 결과로 나타남을 설명하며, 사회학습이론에서는 인간이 사회적 환경 속에서 타인의 행동을 관찰하고 모방하면서 학습을 하게 되어 그 결과물이 행동으로 나타남을 강조한다.

이 장에서는 파블로프의 고전적 조건형성이론, 왓슨의 조건화이론, 스키너의 조작적 조건화이론, 반두라의 사회학습이론을 살펴본다.

1 파블로프의 고전적 조건형성이론

1) 생애

파블로프는 1849년 중앙 러시아 랴잔에서 출생하였다. 목사의 아들로 태어나 신학교에 다니던 중 상트페테르부르크 대학교에 입학하여 생리학 및 화학을 공부하였다. 1890년에 임피리얼 의학 아카데미 생리학 교수로 임명받아 1924년까지 실험의학연구소에서 소화선에 대한 연구에 전념하였고, 육군 군의관 생활을 하면서도 신경지배에 관한 연구를 지속하였다. 위와 췌장에서 분비하는 소화액이 신경계의 영향을 크게 받는다는 것을 발견하여 1904년에 러시아 출신으로는 첫 노벨 생리학상을 받았다. 소화샘 연구를 통해 조건반사를 통한 뇌 피질 기능을 분석하였고, 동물의 신경활동을 측정하기 위한 침샘 분비를 이용한 연구를 위해 노력했다.

2) 이론

파블로프는 1900년대 초반에 개의 침샘에서 먹이를 제공할 때마다 분비되는 침의 양을 분석하던 중 밥을 주는 사람의 발소리나 빈 밥그릇을 보기만 해도 침이 분비된다는 것을 발견하였다. 처음에는 침샘의 자극과 관계가 없는 발소리와 밥그릇이 개가 사람의 발소리, 그릇은 먹이와 같이 등장한다는 '연합'의 개념을 학습한 것인데 이를 고전적 조건형성이라고 한다.

Ivan Petrovich Pavlov
(1849~1936)

조건형성이라는 것은 특정한 자극을 통해 유발되는 반사적 반응을 상황과 전혀 관계가 없는 조건(중립)적 자극과 연합시켜 조건(중립)적 자극만으로도 반사적 반응을 유도하는 과정을 의미한다. 다시 말해 개에게 먹이를 주기 전에 종소리를 들려준 뒤 지속적으로 먹이를 제공하자 다음에는 종소리를 울린 후 먹이를 제공해 주지 않아도 침을 흘리는 효과를 관찰할 수 있는 것이다.

고전적 조건형성은 다음의 과정으로 정리할 수 있다(김문자, 1981).

표 4-1 고전적 조건형성 과정

무조건적 자극	무조건적 반응	조건적 자극	조건적 반응
UCS (Unconditional Stimulus)	UCR (Unconditional Response)	CS (Conditional Stimulus)	CR (Conditional Response)
• 생물학적인 반응을 자극하는 요소 • 먹이	• 학습되지 않은 상태의 동적 반응 요소 • 먹이에 대한 침 분비	• 무조건 반응을 유발하는 자극 요소 • 사람 발소리, 종소리	• 조건적 자극에 의해 새롭게 형성된 반응 요소 • 조건적 자극의 침 분비
• 개에게 먹이를 제공	• 먹이를 보면 개는 무조건 침을 흘리는 반응이 일어남	• 먹이를 연결시키는 조건적 행동적 자극	• 사람의 발소리나 종소리만 들어도 침 분비 반응이 일어남

파블로프는 개에게 무조건적 자극인 먹이를 제공할 때마다 조건적 자극인 종소리를 들려주었고, 반복적인 조건적 자극인 종소리를 지속적으로 들려주는 실험을 반복적으로 제공하자, 개는 먹이가 없어도 조건적인 반응이 일어나 조건적인 자극인 종소리만 들어도 침을 흘리는 사실을 발견할 수 있었다. 전에는 침을 흘리지 않았던 중성자극(NS: Neural Stimulus)인 종소리가 무조건적 자극(UCS)인 먹이와 결합하여 침을 흘리는 무조건적 반응(UCR)을 유도한 것이다. 고전적 조건형성은 무조건적 자극에 의한 무조건적 반응을 관계가 없는 조건적 자극을 연결시켜 조건적 자극에 의해서도 조건적인 반응을 일으키게 되는 학습과정으로 이해할 수 있는 것이다.

조건이 형성된 조건 반응은 무조건 자극이 주어지지 않은 상태가 되면 사라지게 되는데 이는 소거(extinction)라고 하며, 다시 조건적 자극을 부여하면 자발적

회복(spontaneous recovery)이 발생하게 된다. 그러나 이 자발적 회복은 처음에 경험했던 반응보다는 약하지만 완전히 상실된 것이 아닌 잠시 억압된 상태라고 할 수 있다. 개 실험에서도 볼 수 있듯이 무조건적 자극(UCS)인 먹이 없이 조건적 자극(CS)인 종소리만 들려준다면 개는 더 이상 조건적 반응(CR)인 침 분비가 일어나지 않을 것이며, 종소리가 나도 먹이가 없다는 것을 알아차릴 것이다. 그러나 다시 무조건적 자극(UCS)을 제공하면서 조건적 자극(CS)을 준다면 다시 조건적 자극(CS)인 종소리를 들으면 조건적 반응(CR)인 침 분비가 일어나게 될 것이다.

생활 속에서 접하게 되는 사건 간의 관계를 경험하여 직면하게 될 사건에 대한 준비를 해야 하기 때문에 고전적 조건형성은 인간이 환경에 적응하기 위한 필요성으로 작용하게 된다. 예를 들어, 천둥(CS)이 치면 비가 오고 몸이 비(US)로 흠뻑 젖게 되는 경험을 대비하여 우산을 사용하여(안다혜, 2004), 위험으로부터 자신을 보호하려는 준비를 하는 것처럼 인간의 적응적 기제로 중요한 과정이라 할 수 있을 것이다.

2 왓슨의 조건화이론

1) 생애

왓슨은 미국 캘리포니아에서 출생하여 퍼어먼 대학교를 졸업하고 시카고 대학원에서 공부하면서 전공을 철학에서 심리학으로 변경하였다. 1908년부터 1920년까지 존스 홉킨스 대학교에서 교수로 활동하면서 아동에 관한 연구를 진행하였고 발달 과정과 문제에 학습의 원리를 적용하며 행동주의를 최초로 설명하였다. 1929년

John Broadus Watson
(1878~1958)

존스 홉킨스 대학교에서 부인과의 이혼을 문제 삼아 해임하였고 연구활동도 중단하였다.

2) 이론

왓슨은 파블로프의 고전적 조건형성이론을 인간의 행동에 적용하였다(박희숙 외, 2014). 알버트(Albert)라는 11개월 된 유아를 대상으로 고전적 조건형성의 절차를 활용하여 실험을 진행하였다. 알버트에게 처음으로 흰 쥐를 보여 주었을 때에는 공포를 갖지 않았고 좋아하는 반응을 보였으나, 흰 쥐를 보여 주면서 큰 소리를 내자 알버트는 울음을 터트렸다. 이 과정을 지속적으로 반복하여 제공하였더니 그다음에 알버트는 흰 쥐를 보기만 하면 울어댔고 공포감을 나타내는 것을 발견하였다. 무조건적인 반응(UCR)인 공포를 발생시키는 큰 소리인 무조건적 자극(UCS)과 조건적 자극(CS)인 흰 쥐를 반복해서 제공하면 아이가 흰 쥐에 대해 공포를 가지게 될 수 있음을 확인한 것이다(김명선 외, 2008).

왓슨이 고전적 조건형성을 인간에게 적용한 결과 인간은 어떤 행동을 했을 때 결과가 어떻게 획득되는가와 그 대가는 무엇인가에 의해 영향을 받는다고 보았다. 사람의 행동이 적절한 보상이 주어지게 되면 그 행동을 유지하게 되고, 보상이 없거나 처벌을 받게 된다면 그 행동은 더 이상 하지 않으려고 한다는 행동에 대한 자극반응을 설명하였다. 이러한 행동은 자극에 반응하는 것이므로 지속적이고 새로운 자극과 반응을 발생시키고 인간은 이를 습득하여 또 다른 상황이 발생하게 될 때 그에 적합한 반응을 만들어 낸다고 본다.

그리고 얼마나 빈번하게 이루어지는가에 대한 빈도(frequency)와 최근의 행동을 자주 하게 된다는 최신성(recency)을 강조하며, 인간의 행동은 이 두 가지의 원리를 통해 이루어진다고 하였다. 자극이 주어지게 되면 그 자극에 자주 반응하게 되고 반복된 자극이 주어지게 되면 그 반응이 나타날 확률이 높고, 최근에 한 반응에 또 다시 자극이 주어지면 그 반응을 할 확률이 높아지게 되는 것을 의미한다.

표 4-2 공포 조건형성 과정

무조건적 자극	무조건적 반응	조건적 자극	조건적 반응
UCS (Unconditional Stimulus)	UCR (Unconditional Response)	CS (Conditional Stimulus)	CR (Conditional Response)
큰 소리	공포, 울음	흰 쥐	공포, 울음

- 1단계: 흰 쥐(NS: 중립적 자극) ⇨ 공포감이나 울음을 유발하지 않음. 알버트가 좋아함 ⇨ 조건형성 이전
- 2단계: 흰 쥐(NS)와 큰 소리(UCS) ⇨ 공포와 울음 유발(UCR) ⇨ 조건형성
- 3단계: 흰 쥐(CS: 조건적 자극) ⇨ 공포와 울음 유발(CR) ⇨ 조건형성 이후

왓슨은 유아의 기질적인 특성과 관계없이 부모가 원하는 바에 따라서 양육할 수 있다고 믿었고, 환경의 영향을 강조하면서 "12명의 영아를 나만의 방식으로 훈련시켜서 다양한 분야의 사람으로 키워 내겠다."는 믿음을 표출할 정도로 조건형성을 통해 인간의 행동을 조정할 수 있다고 하였다(박희숙 외, 2014).

인간의 생활 속에서도 이 이론의 설명이 가능한데, 예를 들어 과거 유아 시절 자전거 바퀴에 다리가 걸려 다쳤던 경험이 있었던 경우에는 자전거 바퀴에 대한 두려움으로 굴러가는 물체에 공포감을 갖게 되거나, 어릴 적 교통사고를 경험한 아이는 성장해서도 운전면허를 획득하지 못하고 운전에 대한 두려움이 내재되어 있게 되는 행동 양상은 고전적 조건형성에 의한 행동의 결과물이라고 할 수 있다. 이처럼 인간은 가정에서 또는 학교에서 지도하는 사람이 기대하는 바에 부응하기 위한 조건으로 형성되고 그 과정에서 실패를 경험하게 되면 포기하거나 새롭게 도약하며 학습해 나가는 것이다. 이러한 자극과 행동을 수정하고 변화시켜 나가면서 성장하게 되고 각기 다른 개개인의 성격을 형성해 나가게 된다.

3 스키너의 조작적 조건화이론

1) 생애

스키너는 미국 펜실베니아에서 출생하였다. 변호사였던 아버지는 스키너가 같은 길을 걷기를 희망했으나 해밀턴 대학교에서 작가 공부를 하다가 하버드 대학교 대학원에서 심리학을 공부하였다. 심리학을 공부하며 동물행동 연구로 학위를 취득하였고 미네소타 대학교, 인디애나 대학교, 하버드 대학교에서 교수를 역임하며 여러 연구활동을 하였다. 스키너는 인간은 외부의 자극에 의해 동기화되는 존재라는 것을 강조했다. 조작적 조건형성에 원리로 많은 강의와 저서를 출판하였고 행동주의 심리학자로 인정받다가 1990년 백혈병으로 사망하였다.

Burrhus Skinner
(1904~1990)

2) 이론

스키너는 왓슨의 이론을 확대하여 인간은 행동의 결과에 따라 그 행동을 지속할 것인지 아니면 중단할 것인지를 결정한다는 조작적 조건화이론을 설명하였다. 스키너가 개발한 '스키너의 상자(Skinner box)' 실험에서는 상자 속에 지렛대, 먹이 연결통을 두고 상자 바닥에는 전기충격 장치를 설치하여 그 안에 쥐를 넣었다. 상자에 들어간 쥐는 이리저리 돌아다니다가 우연하게 지렛대를 눌러 먹이를 획득하게 되었고, 그 후부터 행동을 반복하여 먹이를 획득하였다. 그런데 지렛대를 누를 때 바닥에서 전기가 흘러 충격을 받게 되자 먹이를 획득하는 방법임에도 불구하고 쥐는 더 이상 지렛대를 누르지 않았다.

스키너는 파블로프와는 다르게 유기체가 반응을 먼저 하도록 조건을 만들어 준 다음에 강화를 주면서 행동을 유도하였다(이선옥, 2006). 쥐 스스로가 지렛대를 누르는 반응을 반복하면서 먹잇감을 획득한다는 점은 유기체의 능동적인 행동을 강조한 것이며, 지렛대를 눌렀을 때 먹잇감만을 획득하는 것은 긍정적인 행동을 강화(reinforcement)시키는 것이다. 지렛대를 눌러서 전기 충격이 가해졌을 때에는 부정적인 반응을 일으켜 지렛대를 누르는 행동을 하지 않는 벌(punishment)이라는 개념을 정립하였다.

능동적인 행동을 통해 반응을 유도하는 접근 방법은 행동주의이론이 좀 더 발달된 학습이론으로 성장하는 데 기여하였고, 반응을 통해서 자극을 조정할 수 있다는 면이 고전적 조건화의 능동적인 측면을 더 강조하고 있다(임수현, 2010). 인간을 자극–유기체–반응(S–O–R)의 연결고리로 설명하였고 인간이 나타내는 부정적인 행동은 적절치 못한 보상을 받았거나 새로운 행동을 학습하는 데 있어 미흡한 형성 과정을 겪은 경우라고 보았다(구혜영, 2015).

또한, 인간의 행동은 측정이 가능해야 함을 강조하였고, 클라이언트의 문제를 확인하는 데 있어서 가장 중요한 것은 문제 행동이 계속되는 경우 행동을 유발하는 조건과 강화시키는 원인이 무엇이고 빈도가 어느 정도인지를 확인하여 사회복지실천 개입 계획을 세우는 데 적용 가능한 이론적 배경을 제공하였다(최순남, 2002).

스키너는 인간행동의 선택은 어떤 행동을 한 후에 강화물이 제공되면 그 행동을 더 빈번히 하게 되고, 처벌을 받게 되면 행동을 더 이상 하지 않는다는 조작적 조건형성 과정을 설명하였다. 고전적 조건화와는 달리 강화물을 통제할 수 있고, 특정적인 자극이 주어진다는 조건에서 반응과 결과를 유도하고, 행동반응이 일어난 후에는 강화물을 제거하여 강화물이 주어졌을 때 비슷한 자극이 나타나면 유사한 반응이 일어난다는 것을 강조한다.

예를 들어, 아동이 엄마의 가방을 갖고 놀다가 가방에서 사탕이 나오는 것을 발견했다면 그 아동은 다음에도 엄마의 가방을 갖고 노는 행동을 하게 된다는 것이다. 그러나 가방에서 더 이상 사탕이 나오지 않는다는 것을 학습하게 되면 아동은 더 이상 엄마의 가방을 갖고 노는 행동은 감소하다가 없어지게 될 것이다. 이때 반응을 유지하고자 한다면 아동의 행동을 강화시킬 수 있는 사탕을 가방 속에 지속적으로 넣어 둔다면 아동의 행동반응은 유지할 수 있게 된다.

표 4-3 강화와 벌, 소거

<table>
<tr><td rowspan="2">강화</td><td>긍정적 강화
(positive reinforcement)</td><td>• 긍정적인 자극을 주어 행동을 증대시키는 것
예 책 정리를 잘한 아이에게 사탕을 제공해 주는 것</td></tr>
<tr><td>부정적 강화
(negative reinforcement)</td><td>• 부정적인 자극을 감소시켜 행동을 증대시키는 것
예 귀가시간을 잘 지키게 하기 위해 방청소를 줄여 주는 것</td></tr>
<tr><td rowspan="2">벌</td><td>긍정적 벌
(positive punishment)</td><td>• 어떤 행동에 대해 좋지 않은 자극을 주는 것
예 약속을 어겼을 때 체벌을 가하여 약속을 지키도록 하는 것</td></tr>
<tr><td>부정적 벌
(negative punishment)</td><td>• 어떤 행동에 대한 좋은 자극을 제거하는 것
예 약속을 어겼을 때 용돈을 안 주고 약속을 지키도록 하는 것</td></tr>
<tr><td colspan="2">소거</td><td>• 행동에 대한 반응에 강화가 제공되지 않을 때 반응이 없어지는 것
• 부정적인 행동을 소거시키는 데 유용한 방법
예 아이가 울음을 그치지 않을 때 부모의 무관심한 태도는 아이가 자신의 행동이 소용없게 됨을 깨닫게 되고 우는 양상이 없어지게 되는 것</td></tr>
<tr><td colspan="2">자발적 회복</td><td>• 소거된 조건적 반응에 다시 조건적 자극이 투입되면 없어졌던 것처럼 보였던 조건적 반응이 다시 일어나게 되는 것</td></tr>
</table>

〈표 4-3〉에서 살펴본 바와 같이 학습의 원리는 강화, 벌, 소거, 자발적 회복으로 설명할 수 있다. 강화는 긍정적 강화와 부정적 강화로 구분된다. 긍정적 강화는 인간이 행동을 할 때 긍정적인 자극인 보상을 제공하므로 행동이 증가하게 된다. 편식을 하는 아동이 학교에서 점심식사를 다 먹었을 때 교사가 칭찬 스티커를 제공하자 스티커를 더 받기 위해 그 이후에도 지속적으로 식사를 다 먹는 경우는 긍정적인 강화라고 할 수 있다. 부정적 강화는 인간이 행동을 할 때 부정적인 자극이 감소 또는 제거되어 행동이 증가하는 것이다. 평소 어지럼증이 있는 사람이 잠

을 청하면 증상이 완화되는 것을 경험한 경우에 다시 어지럼증이 생기면 잠을 자려고 하는 것이 부정적 강화라고 볼 수 있다.

벌은 원하지 않는 행동을 제거할 때 적용되며 긍정적 벌과 부정적 벌로 구분된다. 긍정적 벌은 인간에게 싫어하는 자극을 주거나 늘려 주는 것이며, 부정적인 벌은 인간이 좋아하는 자극을 없애거나 줄여 주는 것이다.

소거는 강화물이 주어지지 않을 때 반응이 없어지는 양상을 의미하며 부정적인 행동을 줄이고자 할 때 활용할 수 있는 방법이다. 자발적 회복은 없어졌던 반응에 자극을 다시 투입하면 반응이 다시 일어나는 것으로 조건적 반응을 다시 발생시키고자 하는 것을 의미한다. 스키너는 인간의 강화된 행동은 인간의 습관으로 형성되고 이는 성격이 된다고 하였다.

3) 개입 기법

(1) 이완훈련 기법

클라이언트에게 편안함을 유도하기 위해 호흡과 명상을 유도하여 긴장된 근육을 이완시켜 긍정적인 생각을 하게 하여 불안한 상태를 안정화시키는 기법이다. 주기적으로 적용하게 되면 자신의 행동을 조절할 수 있도록 도와줄 수 있다.

(2) 토큰경제 기법

클라이언트의 어떤 행동에 대해 토큰으로 보상한 후에 클라이언트가 원하는 물건과 교환할 수 있도록 하는 것으로, 토큰을 강화 요인으로 활용하여 행동을 발달시키거나 토큰을 다시 되돌려 받음으로써 부정적 행동을 소거할 수 있다.

(3) 타임아웃 기법

클라이언트가 부정적인 행동을 하면 강화물을 받을 수 있는 기회를 없애 부정적인 행동을 소거하는 기법이다.

(4) 자기주장훈련

클라이언트가 자신의 의사 표현을 명확히 하고 행동이 가능하게 하는 데 목적이 있으며, 수행할 수 있는 행동과업을 증가시킬 수 있다.

(5) 혐오 기법

부정적인 행동이 표출될 때마다 좋지 않은 자극을 제공하여 문제 행동을 소거하는 기법이다.

(6) 우연적 강화

실제로 효과가 있을지 모르지만 어떤 행동을 했을 때 우연한 기회를 통해 결과가 발견되면 그 행동을 지속적으로 하는 경우이다. 매일 기도하면 어떤 결과가 일어날지 모르지만 기도를 하던 중에 우연히 좋은 일이 발생하게 되었다면 기도를 계속하게 되는 것을 예로 들 수 있다.

(7) 홍수법

클라이언트가 갖고 있는 문제적 사건에 깊게 빠져들게 하는 기법이다. 클라이언트가 극한의 상황에서 벗어날 수 있는 행동 기술을 교육하여 새로운 행동을 습득하여 변화를 도모할 수 있게 해 주는 방법이다.

(8) 체계적 둔감화

부정적인 행동을 분석하여 그 행동이 발생되는 상황을 목록화하여 훈련을 제공하고, 부정적인 행동을 일으키는 상황적 문제를 적게 느끼는 것부터 많게 느끼는 것까지 상상하도록 제시한 후 개입하는 방법이다.

4 반두라의 사회학습이론

1) 생애

반두라는 캐나다에서 출생하였고 가정형편이 어려워 힘들게 학업을 진행해야만 했다. 브리티시 컬럼비아 대학교를 졸업하고, 미국에 아이오와 대학교에서 박사학위를 취득한 후 1953년부터 스탠포드 대학교 심리학과에서 교수로 활동하고 있다. 모방학습에 관한 개념을 논문과 저서에서 발표하면서 내용을 발전시켰고, 관찰학습에 대한 대표 이론가로 꼽힌다.

Albert Bandura
(1925~)

아동의 경우 부모가 자녀에게 모든 것을 훈육하는 것은 무리가 있으며, 발달하는 과정에서 여러 타인의 행동을 관찰하고 학습하는 데서 배운다고 하였다. 어른의 언어적 표현, 수행하는 행동, 태도 등이 아동에게는 훌륭한 모델링이 되는 것이며 이는 결국 생활양식으로 발전해 나간다고 하였다.

2) 개요

반두라는 스키너가 제시하였던 행동에 대한 보상, 벌이 제공되지 않아도 타인의 행동을 관찰, 모방, 경험하는 과정을 통해 학습된다고 하였다. 인간이 관찰을 통한 학습을 습득함에 있어서 부모, 교사, 친구, 형제 등 모델이 되는 대상이 직접적인 영향을 주기 때문에 모방학습(imitative learning)이라고 하며, 자신의 관찰대상이 되는 사람의 행동이 강화를 받을 때 모방을 하고 싶어진다고 하여 대리학습(vicarious learning)이라고도 명명한다(박희숙 외, 2014). 즉, 긍정적인 자극을 받았을 때 동기가 부여되고 그 행동을 하고 싶은 욕구를 극대화하므로 모델의 대상과 같이 행동하도록 하기 위해서는 보상이 주어지는 것이 필요하다.

성격을 구성하는 데는 개인이 갖고 태어난 유전적인 성향(기질), 행동에 대한 보상과 벌, 모방 등이 중요한 영향을 미치게 되며, 대상의 상징을 보존하고 활용하는 학습을 통해 행동을 좀 더 발달시키고 개인의 판단 과정을 통해 적절히 유지하거나 강화시킨다. 스스로 수행해야 할 행동의 기준을 갖고 요구되는 기대에 따라 어떻게 성취할 것인가를 결정하며, 그 과정에서 개인의 사고방식과 사회학습이론에서 제시하는 개념을 선택하여 학습을 획득하게 되는 것이다.

중요한 것은 개인이 자신의 행동을 통제할 수 있고 좋은 결과를 낼 수 있다는 스스로에 대한 신념과 행동을 지속할 것인가, 중단할 것인가에 대한 인지 과정 그리고 행동결과의 효율성을 판단하여 행동으로 옮겨 자신에 대한 평가, 자기 존중감을 구성하여 발달한다는 것이다(Bandura, 1989). 즉, 반두라는 행동에 대한 강화의 제공보다는 행동의 결과에 대한 긍정적 피드백이 그 행동을 유지할 수 있도록 인지활동에 영향을 주기 때문에 모델을 통한 관찰학습은 긍정적인 자극이나 피드백이 주어질 때 동기부여가 될 수 있다고 본다.

따라서 자신이 효율적이지 않다고 판단하거나 행동의 결과에 대한 보상이 주어지지 않는 환경에 있다면 자신을 발전시키지 못하고 무관심해지거나 수행해야 할 과업을 포기하는 부정적인 결과를 도출하게 될 것이고, 자기 효율성이 충만한 사람이 보상이 가능한 환경에 있다면 자신감을 갖고 능동적으로 행동할 수 있어 긍정적인 결과를 가져오게 될 것이다.

반두라는 인간이 평생 동안 갖고 사는 습관은 타인을 관찰하면서 모방하게 된 결과이며 사회적 학습이 인간의 성격을 결정한다고 하였다. 많은 사람을 관찰하면 할수록 더 많은 경험을 습득하게 되고 그에 따른 반응을 획득해 나가면서 성격은 발달된다.

개인이 타인의 행동을 학습하기 위해 관찰하고 행동하는 4단계를 제시하면 다음의 표와 같다(Bandura, 1977, 김현택 외, 1997, 재인용).

표 4-4 학습의 4단계

1단계	2단계	3단계	4단계
집중 단계	보유 · 강화 단계	자기 수정 단계	동기화 단계
• 행동과 상황이 관찰자의 주의를 끄는 단계 • 집중을 하는 대상은 주로 관찰자와 성별이 같거나 유능하거나 존경받는 대상일 경우가 됨	• 관찰을 통해 학습된 정보를 기억하는 단계 • 모델의 인상을 인지적으로 분석하고 보유하여 표상하고 형상화하는 것	• 저장된 기억을 재생하고 행동이 일치 되도록 자기 수정을 하는 단계 • 모델의 행동을 실제적으로 수행시키면서 자신을 관찰하고 행동을 수정하고 조절하는 것	• 학습의 내용을 행동으로 하기 전에 기대감을 갖게 하는 단계 • 모델을 선택하여 자신이 학습한 것과 같이 자신도 타인으로부터 기대감을 받을 수 있다는 믿음을 갖고 학습을 행동으로 옮기는 동기 역할을 하는 것

출처: 김현택 외(1997), 재인용.

관찰학습을 통한 인간의 행동은 단순한 모방 과정만을 포함하는 것이 아니라 스스로 인지하여 행동을 취하게 되었을 때 발생할 수 있는 결과를 예측하는 과정이다. 따라서 학습의 4단계 과정을 통해 학습을 실제 행동으로 옮길 수 있는 원동력을 갖게 한다.

좋은 환경에서 자녀를 양육하고 싶어 하는 부모의 양상도 반두라의 사회학습이론에서 설명할 수 있다. 좋은 학교, 지역 분위기는 긍정적인 사회적 학습모델이 가능하기 때문에 그 환경과 사람 사이에서 행동을 배우고 발달시켜 나가는 데 있어 중요한 영향을 받기 때문이다.

3) 주요 개념

사회학습이론에서의 주요 개념인 모방, 자기 강화와 자기 효능감, 상호 결정, 관찰학습, 자기 조정, 인지 등은 다음과 같다(Bandura, 1977).

(1) 모방(modeling)

타인의 행동을 보고 똑같이 하려는 행동이다. 주로 좋아하거나 나도 저렇게 되고 싶다고 생각하는 대상의 행동을 모방하게 되고, 이성보다는 동성을, 사회·경제적으로 나보다 더 높은 위치에 있는 대상을 모방하려는 경향이 있지만 부정적인 행동을 하는 대상을 모방하려고 하지는 않는다. 부모나 중요하다고 생각되는 대상은 더 강한 모방의 대상이 된다.

(2) 자기 강화(self-reinforcement)와 자기 효능감(self-efficacy)

자기 강화는 자신의 행동을 강화하여 현재를 유지하거나 더 나은 방향으로 변경하는 과정이다. 자기 효능감은 자신의 행동을 성공적으로 이끌 수 있을 것이라는 신념이며, 자신이 해낼 수 있다는 기대감과 이를 이행하기 위한 강화는 행동을 변화하는 데 중요한 계기가 된다.

(3) 상호 결정(reciprocal determinism)

개인, 환경, 행동 간의 상호작용을 의미한다. 개인은 환경의 영향을 받지만 단순히 영향을 수용하는 것이 아니라 행동을 통한 사고과정을 하며 활용할 수 있다. 개인의 내적 요인과 환경의 외적 요인이 상호작용하며 행동에 영향을 미치게 된다.

(4) 관찰학습(observational learning)

다른 사람의 행동을 모방하며 학습하는 과정이다. 모방하는 과정에서 개인이 선택하여 취하고자 하는 행동을 따라 하고, 그에 부가하여 새로운 행동을 창조해내기도 한다. '주의 과정 단계 → 보존 과정 단계 → 재생 과정 단계 → 동기 과정 단계'ㅋ를 거치며 대상의 행동을 주의 깊게 관찰, 모방 대상의 행동을 기억, 행동을 재생하여 실행에 옮길 준비, 행동을 수행할 의지와 관련된 동기부여 과정으로 학습이 이루어지게 된다.

(5) 자기 조정(self-regulation)

개인의 행동을 수행하는 과정에서 어떠한 행동을 취했을 때 보상을 받을 것인지 아니면 벌을 받을 것인지를 판단하는 과정을 통해 습득된다. 이 과정을 거치면서 자신의 행동을 조절하며, 행동의 결과를 예상하며 어떤 행동을 해나갈지를 결정할 수 있다.

(6) 인지(cognition)

무엇인가를 학습하는 것은 인지 과정이며, 인간이 사고를 통해 판단하는 능력을 의미한다. 스스로의 행동을 조절하고 수행하는 것은 인지를 통해 가능하다.

반두라는 자기 효능감이 높은 사람일수록 문제 행동을 변화시키는 데 적극적이라고 보았고, 흡연 문제나 알코올 문제, 당뇨 문제, 비만 문제 등을 가진 클라이언트도 문제 해결 프로그램에 참여했을 때 자기 효능감이 낮은 사람보다 효과가 더 높았다고 하였다. 클라이언트의 자신감은 내재된 자신감을 더 향상시킬 수 있고 이를 활용한 사회복지실천 개입에 중요한 기반이 되었다.

5 사회복지실천의 적용

갬브릴(Gambrill, 1995)는 사회복지실천에서 행동주의적 개입을 적용하는 데 있어 다음과 같이 주요 특징을 제시하였다.

① 클라이언트가 속해 있는 환경을 사회복지사가 조정하고 개입하는 과정에서 클라이언트에게 나타나는 행동에 미치는 요인이 무엇인지를 파악하게 되면 문제를 확인할 수 있다.

② 사회복지사는 클라이언트를 직접적으로 관찰함으로써 문제 해결에 대한 개

입 기술을 적용하여 확인된 문제 행동을 변화시켜 나갈 수 있다.

③ 행동주의는 클라이언트와 주변 환경, 관계하는 사람에게 관여하는 부정적인 행동에 초점을 두며, 행동에 변화가 일어나면 부정적인 행동도 소거될 수 있다.

④ 사회복지사는 클라이언트가 긍정적인 행동을 성취하는 것에 관심을 갖는다.

⑤ 사회복지사는 클라이언트의 변화된 행동이 지속적으로 유지될 수 있도록 하는 데 목적을 둔다.

⑥ 사회복지사는 클라이언트의 환경 속에서 자원을 발견하고 활용한다.

⑦ 개입 이전과 이후의 행동변화를 모니터링하며 변화를 이끌어 낸다.

위의 내용을 정리하면 사회복지실천에서 행동주의이론의 적용은 클라이언트의 환경조건과 행동을 변화시키는 데 관심을 두고, 행동변화를 위해 클라이언트의 자원을 활용하고 개입 기술을 적용하여 문제를 해결하는 데 목적을 둔다.

행동을 변화시킨다는 것은 기존의 부정적 환경을 소거하고, 새로운 긍정적인 환경을 만들어 준 후 효과적인 기술을 제시하여 바람직한 행동으로 이끌어 내는 방법으로, 클라이언트의 문제 해결에 도움을 주는 것이다. 그러나 클라이언트는 각기 다른 기질을 가지며 처한 환경이 다르기 때문에, 정확한 사정을 통해 문제 행동을 명확히 파악하여 개별화된 개입 목표를 설정하여 기술을 적용하는 것이 바람직하다. 이때 사회복지사는 교사, 전문가의 역할을 수행하면서 변화시키고자 하는 구체적인 행동을 표적으로 삼고 개입 계획을 세우고, 클라이언트가 직접 자신의 목표를 설정할 수 있도록 도와야 한다. 그리고 클라이언트가 목표를 수행하는 데 있어서 방해되는 환경이나 요인을 사정하여 목표가 성취될 수 있도록 기술을 활용하여 효과적인 결과를 도출할 수 있도록 원조해야 한다.

그리고 사회복지사는 클라이언트 스스로가 자신이 변화될 수 있다는 신념을 갖게 하고, 여러 가지 개입 기법을 활용하면 변화가 생길 수 있다는 믿음을 주는 것이 중요하다. 자신이 지금까지 수행해 온 부정적인 행동이나 상황이 긍정적으로 변화되고 나아질 수 있을 것이라는 경험을 제공해 줄 수 있어야 한다(이명재 외, 2005).

CHAPTER 5

인간행동에 관한 주요 이론: 인본주의이론

인본주의이론은 "행동의 선택권이 전적으로 우리에게 있다."는 관점을 가진 로저스와 매슬로에 의해 정립되었다. 인본주의적 관점(humanistic view)은 정신분석이나 행동주의와 대조적인 입장을 취한다. 무의식적 갈등에 사로잡힌 존재로서의 인간을 바라보는 정신분석학적 관점이나 수동적으로 환경에 반응하는 존재로서 이해하는 행동주의 관점이 아닌, 인간 자체를 대상으로 본다. 이는 실존주의적 시각을 이어받은 것으로 인간은 자신의 행동을 책임질 수 있는 존재이기 때문에, 상담의 목적이 내담자의 타고난 경향성을 실현하도록 그와 그의 모든 세계를 있는 그대로 보고 이해하려고 한다.

인본주의이론은 인간이 지닌 창조성, 자아실현, 성장과 의미부여 등을 핵심 개념으로 한다. 인간의 이러한 자아 정체성 확인과 생의 의미부여를 위해서는 인간에게 주어진 자유를 활용해야 하며, 인간 본인의 느낌과 해석을 통해 스스로 잠재력을 실현하도록 도와주어야 한다고 주장하였다. 인본주의이론은 정신분석이론, 행동주의이론과 함께 미국 심리학의 주류를 이루고 있다.

1 로저스의 인본주의 현상학적 이론

미국의 심리학자 로저스는 개인적인 경험과 성장을 강조하는 인본주의적 현상학자이다. 로저스의 인본주의적 현상학은 두 가지 인간관에 근거한다.

첫째, 인간은 성장을 위해 내재된 잠재력을 사용할 수 있다는 것을 강조하는 인본주의(humanistic)이론이다. 인본주의이론에서는 인간은 선하고, 미래 지향적이고 자아실현의 의지를 가지고 있어서 자신의 삶을 긍정적이며 낙관적으로 인도할 것이라고 믿는다. 로저스는 인간중심 치료법(person-centered therapy), 내담자중심 치료법(client-centered therapy)을 통해 클라이언트가 가지는 미래 지향적이고 성장중심적인 속성을 활용하여 자신의 자원을 탐색하고 발견하여 실현할 수 있도록 치료자가 환경을 조성하고 도와주는 기능을 수행해야 한다고 본다. 즉, 클라이언트의 능동성을 강조하며, 자신의 행동에 책임질 것을 요구한다.

둘째, 개인이 지각하고 해석하는 주관적 경험 세계를 중요시 여기는 현상학적 이론이다. 동일한 환경에서도 개인에 따라 다른 지각과 경험세계를 갖게 되기 때문에 객관적인 현실은 존재할 수 없고, 그가 현재 여기에서의 현상을 어떻게 지각하고 해석하는가라는 현상학적 장을 중요시 여긴다. 즉, 현상학적 시각은 정신분석이론에 의한 과거의 산물로서의 결정론적 시각을 취하지 않으며, 행동주의이론처럼 관찰 가능한 행동과 행동의 영향 입장에서만 인간을 이해하지 않는다. 인간은 의식적, 무의식적인 지각에 의해 현실을 재구성하고 해석하여 받아들이며, 같은 상황에서도 각 개인마다 다른 현상의 장에 입각하여 행동으로 반응한다.

1) 생애

Carl R. Rogers
(1902~1987)

로저스는 시카고 교외에서 6남매 중 넷째로 태어났다. 아버지는 성공한 토목기사로서 경제적으로 매우 안정적이었다. 그의 집안은 기독교 근본주의(chriatian fundamentalism) 가정으로 19~20세기 자유주의 신학을 거부하고 엄격하고 비타협적인 신앙생활을 강조하는 분위기에서 성장하였다. 고등학교 때까지 친구와 사귀기보다 대부분 혼자서 독서하면서 시간을 보냈다. 대학은 과학적 농학 분야에 입학하였다. 대학교 3학년인 1919년에 세계 기독교 학생연합회 대표로 6개월간 중국 북경에 머무르면서 자기와는 크게 다른 철학적, 사상적 태도를 지닌 외국인을 만나면서 부모님으로부터 물려받은 신앙과 교리에 회의를 품게 된다. 그 후 사학과와 신학과를 거쳐 임상심리학 박사학위를 받게 된다.

초기 뉴욕에서 아동상담소 연구원으로 활동하던 중 프로이드의 정신분석 심리치료가 내담자에게 부적합함을 발견하고 독자적인 심리치료 방법을 구축하게 된다. 1945년부터 1957년까지 시카고 대학교 심리학 교수와 상담소장, 위스콘신 대학교 교수를 역임하면서 『내담자중심 요법』을 발간하였다. 특히, 1942년 『상담과 심리치료(*Counseling and Psychotherapy*)』를 발간하여 그 시대 심리학의 중심인 정신분석 혹은 지시적 상담과는 다른, 치료자의 온화함과 내담자의 자유로운 감정표현을 허용하는 반응적인 치료적 입장을 표명하였다. 그는 1956년 미국심리학회 우수과학공로상을, 1972년에는 미국심리학회 우수공로자상을 수상하였다. 1964년 교수직을 사임하고 개인중심 접근 방법을 학계와 산업체에 응용하여 활용하는 일에 기여하였다. 그는 인생 마지막 15년 동안 갈등 집단을 훈련하여 정치에 인간중심적 접근을 적용함으로써 인종 간 긴장 완화와 세계평화에 기여하였으며, 죽기 얼마 전 노벨평화상 후보에 지목되기도 하였다.

2) 인간관

로저스의 인간관은 인간이면 누구나 더 완전하게 기능하고자 하는 지향성을 갖고 있으며, 완전한 기능 상태가 어떤 것이냐가 중요한 것이 아니라 현재의 상태보다 더 성숙되고 더 완전한 인간으로 나아가고자 하는 지향성을 중요하게 여긴다. 또한, 모든 유기체는 항상 성장을 추구하고, 무엇인가를 시도하며, 현재 상태를 유지하는 것으로 만족하지 않고 성장하면서 완전성을 향한다. 인간의 기본적 동기로서 실현화 경향성을 가정하며, 성격을 변화시키고 향상시킬 능력이 각 개인 내에 있다고 하였다.

3) 주요 개념

로저스의 이론은 프로이드, 융, 아들러와 마찬가지로 개인을 치료하면서 얻은 자신의 경험에 근거하고 있다. 로저스는 내담자와의 관계를 통해 치료의 의미, 대인관계 역동성, 성격 구조와 기능에 대한 깊은 통찰력을 갖게 되었고, 심리치료와 성격에 대한 이론을 발전시켰다.

(1) 유기체(organism)와 자기

로저스는 인간은 하나의 유기체로서 지금 여기에서 보고, 느끼고, 생각하는 모든 것이 기초가 되어 의식을 통해 상징화된다고 한다. 즉, 유기체란 모든 경험이 존재하는 소재지이자 '경험의 장'으로 이루어져 있으며, 개인의 의미부여에 따라 개인의 내적 참조틀이 형성된다. 이런 개인의 주관적 세계는 그 자신만이 알고 있고, 타인은 공감적 추론을 통해서만 알 수 있다고 하였다.

로저스는 개인이 의식적, 무의식적으로 느끼는 것을 '유기경험(organic experience)' 또는 '감각과 본능적 경험(sensory and visceral experience)'이라고 하였으며, 이런 경험은 과거의 경험이 축적된 것이 아니라 현재 그 순간에 느끼는 경험 세계를 바탕으로 한 것이라고 하였다(Rogers, 1959). 그러나 개인이 현상학적 장(phenomenal field)에서 지각하는 경험세계는 '실제(real)' 경험과는 다를 수 있다. 한 장면에서 현상학적 장은 의식적으로 경험되는 것과 무의식적으로 경험되는 것으로 나타날 수 있으며, 같은 상황도 유기체에 의해 자각되고 편집되는 것이 다르기 때문에 동일 사건에 대해 사람마다 다른 생각과 특성을 보이게 된다.

현상적 장의 일부분은 점점 '자기(self)'로 분화된다. 자기 개념은 '나(I)'가 지니는 특징에 대한 지각, 타인과 여러 가지 생활 측면에 대한 '나(I)'의 관계성의 지각 등으로 구성되어 있는 체계화되고 일관성 있는 개념적 형태이며 이들 지각에 대해 부여된 가치와 결합되어 있다. 로저스는 인간의 목적은 '실재적 자기(real self)'가 되는 것이라고 하였다.

(2) 자아실현의 경향(the actualization)

유기체는 경험하는 것을 유지하고 향상시키고자 하는 근본적인 경향성을 가지는데, 이를 자아실현 경향성이라고 하였다. 유기체는 특별한 영향을 받지 않는 한 긍정적이고 건강한 방향으로 성장하며, 이를 실현(actualization)이라고 하였다. 자아실현 경향성은 살아있는 모든 유기체 안에 공통적으로 나타나며, 유기체는 환경의 좋고 나쁜, 내적·외적인 자극에 대해 반응한다. 이런 반응은 자기 자신을 강화하고 세분화하며, 유연하고 융통성 있는 변화를 유지하려는 방향으로 나아가려는 것이다. 로저스는 이를 어린 시절 감자 싹에 관한 일화를 통해 설명한다. 햇볕이 들지 않는 깜깜한 창고 안에서도 실낱같이 가느다란 햇볕을 따라 감자는 싹을 틔우려 한다. 이렇게 싹을 틔우는 감자도 지향성장을 보여 주며, 이는 최악의 상황에서도 최선을 다하고 포기하지 않는 생명의 존재를 설명한다고 하였다. 이처럼 생명은 번성하지 못하더라도 포기하려고 하지 않는 적극적인 특성을 가지며, 이는 로저스의 인간중심 상담의 바탕을 이루고 있다.

자아실현 경향성은 인간을 움직이는 가장 큰 원동력이다(Rogers, 1969). 자아실현 경향성은 인간의 잠재력을 최대한 이끌어 내며, 어린 시절 부적절한 사랑과 지지를 받은 아이일수록 자신의 생각과 감정을 믿고, 스스로 의사결정을 내릴 수 있는 힘을 갖게 된다. 이 힘은 자기 만족감과 성취감을 이룰 수 있게 해 주는 원동력이 된다.

(3) 무조건적인 긍정적 관심

로저스는 상담 과정에서 내담자를 무조건적인 긍정적 관심(unconditional positive regard)을 가지고 비심판적 태도와 존중, 수용, 따뜻함으로 대하며 독립된 인간으로서 자신의 모든 감정을 인식하고 체험하도록 배려할 것을 강조하였다. 이것은 영아기 부모가 아기에게 보여 주는 관심과 사랑, 수용과 같은 것이다. 치료자는 "나는 당신을 어떤 때에만 받아들이는 것이 아니라, 당신을 있는 그대로 받아들이겠다."는 태도를 취하는 것이다. 이는 내담자의 의견에 찬성하거나 반대하지 않으며, 해석하지 않는다는 의미이다. 이런 수용의 과정에서 내담자는 이전에는 허용되지 않았던 부정적 감정을 허용하면서 자신을 긍정적으로 수용하게 된다는 것이다. 자신이 온전히 있는 대로 받아들여지고 판단되어지지 않는다고 느낄 때 인간은 자신을 긍정하고 완전히 기능하는 사람이 될 수 있다는 것이다.

(4) 완전히 기능하는 사람

인간중심 상담은 내담자가 타인의 판단에 의존하기보다 자기 개념과 행동이 현실에 더 적합하다는 것을 수용하는 것이 목표이다. 따라서 치료자는 내담자의 말에 귀 기울이고, 판단을 중지하고 수용함으로써 내담자가 완전히 기능하는 인간(The fully functioning person)으로서 자아실현을 성취할 수 있다고 하였다. 로저스는 완전히 기능하는 사람이 가지는 다섯 가지 중요한 특질을 다음과 같이 설명하고 있다(Hijelle & Ziegler, 1981; 이훈구, 2000).

① 경험에 대한 개방성(openness): 완전히 기능하는 사람은 모든 느낌과 태도에 대해 개방하여 자신의 내면의 목소리를 들을 수 있으며, 자신의 내면에서 일어나는 일을 느끼며 자신의 감정을 억압하지 않는다. 그는 자신의 감정에 충

분하게 합리적으로 인식하고 판단하여 상황에 적절하게 반응할 수 있다.

② 실존적인 삶의 양식(existential life): 완전히 기능하는 사람은 매순간을 충분히 느끼고 반응하며 실존적인 삶을 산다. 그들은 자신의 과거에 얽매여 미래를 예측하지 않고 순간마다 새로운 것을 경험한다.

③ 유기체에 대한 신뢰(one's own organism): 완전히 기능하는 사람은 타인의 판단에 의해 행동하는 것이 아니라 자신의 평가를 중요시하여 행동한다. 그는 자신을 신뢰하는 것을 통해 가장 만족스러운 행동을 취한다.

④ 자유로운 느낌(sense of freedom): 완전히 기능하는 사람은 자기가 선택한 인생을 자유롭게 살아간다. 자신의 행동과 그에 따른 결과에 책임을 지며, 인생에서 자신의 선택을 통해 원하는 삶을 살아간다.

⑤ 창조성(creativity): 완전히 기능하는 사람은 자신의 문화 안에서 건설적으로 살아가며, 사회 속에서 얽매이지 않고 자신의 깊은 요구를 만족시키며 살아간다. 여기에는 어릴 때 중요한 타자(significant others)에 의해 받아들여진 무조건적 사랑과 애정이 중요한 요소로 작용한다.

4) 인간중심 접근 방법의 기본 가정

로저스는 내담자와의 치료적 관계를 성장시키기 위한 지침으로서 다음의 기본 가정을 제시하고 있다. 인간은 자아실현과 성장에 대한 욕구가 있다.

① 인간은 믿을 수 있으며, 능력이 있고 자기 이해와 자아실현을 위한 잠재력이 있으며, 이런 능력의 발현을 통하여 점진적으로 되어 가는 존재(becoming)이다.

② 인간행동은 각 개인의 주관적 경험 또는 내적 준거체계에 따라 달라진다.

③ 인간행동의 궁극적 목표는 자아실현이다.

④ 치료적 관계나 다른 관계에서 신뢰와 존경의 분위기가 조성된다면 인간은 긍정적 방향으로 성장하고 발달할 것이다.

⑤ 진정한 관심과 수용, 감정이입적 이해 등을 포함한 원조자의 긍정적 태도는 효과적 원조관계의 필수적 조건이다.
⑥ 내담자의 주관적 경험을 존중하고, 자유와 개인적 책임성 및 자율성을 고양하고 선택권을 부여함으로써 내담자의 성장을 촉진시킬 수 있다.
⑦ 치료자는 권위적 인물이 아니다. 치료자는 존경과 긍정적 관심을 통하여 내담자의 긍정적 성장을 고양하여야 할 사람이다.
⑧ 내담자는 자아 인식을 할 수 있는 능력이 있고, 더욱 적절한 행동을 할 수 있는 능력을 가지고 있다. 모든 사람과 마찬가지로 내담자는 부적응적 상태에서 심리적으로 건강한 상태로 옮겨 갈 수 있는 성향을 가지고 있다.
⑨ 치료자는 원조관계에서 나타나는 현재 행동에 초점을 두어야 한다. 원조관계에서는 내담자가 자신의 세계를 다루는 방법을 강조하여야 한다.
⑩ 원조관계의 목적은 진정한 자아에 대한 인식을 획득하고 내담자가 더욱 독립적이고 통합된 상태로 변화하게 하는 것이다.

5) 이론의 시사점

로저스의 인본주의적 현상학은 인간중심의 접근을 강조한다. 상담 과정에서 내담자와 치료자는 독특한 인간관계와 대화를 통해 내담자의 문제를 해결해 간다. 인본주의적 현상학에서는 내담자가 현재 자신이 느끼고 해석하는 현상을 강조하기 때문에 내담자가 자신의 문제에 대한 열쇠를 가지고 있다고 본다. 따라서 내담자에 대해 무조건적인 긍정적 수용, 공감적 이해, 따뜻함, 비지시적 접근을 시도한다. 치료자는 진단이나 치료하려고 하지 않고 내담자를 있는 그대로 받아들이며 인격적인 관계를 형성해 간다. 그럴 때 치료자와 신뢰와 친밀한 관계를 이루어 상담의 목표를 이루어 갈 수 있게 된다.

로저스 이론은 이론 자체보다는 인간중심 상담, 내담자중심 치료 등 치료기법에 더 많은 영향을 주었다. 로저스가 강조하는 사회적 책임, 자기 결정, 절대적 가치의 믿음은 사회복지의 철학과도 일맥상통한다. 효과적인 상담과 치료를 위해 따뜻함과 진실함 개방성은 치료자가 가져야 할 중요한 자세이다. 효과적인 상담을 위해 치료자가 가져야 할 무조건적인 긍정적 관심과 공감을 강조한다.

그럼에도 로저스의 인본주의적 현상학은 지나치게 인간 긍정에 치우쳐 있어 인간의 본질적인 부패와 악의 실재를 심각하게 직면하지 않으려는 것처럼 보이는 한계를 갖는다. 그리고 현재의 경험을 강조하면서도 정작 과거의 경험에 관심을 갖지 않는 것에 대한 적절한 답을 주지 못하는 것 역시 사실이다. 이는 내담자와의 관계에서 과거에 대한 진단이나 예비지식 없이 치료자의 솔직한 태도, 존중, 공감적 태도만으로 상담의 효과가 충분한지에 대해 회의를 갖게 한다.

2 매슬로의 욕구위계이론

매슬로의 인본주의이론은 인간에 대한 긍정적 시각을 기본으로 한다. 그는 인간이 가지는 무한한 잠재력에 관심을 가지며, 그 잠재력을 발휘했던 건강한 사람을 연구하여 그들에게 발견되는 특징을 밝히고자 하였다. 그것을 통해 건강하고 적극적이며, 긍정적인 인간의 전형을 보이고자 하였다. 건강하고 적극적인 사람은 자신과 다른 사람을 수용하고, 자신을 돌보면서도 다른 사람의 욕구와 기대를 인지하는 사람이다. 그는 상대방이 가진 독특한 특성과 그가 처한 상황을 인정하고 반응하며, 현실 세계의 다양성 속에서도 자신의 욕구와 주장을 합리적으로 펼칠 수 있는 사람이다. 매슬로는 이런 사람을 자아실현한 사람이라고 하였다. 이는 '성장', '무한한 잠재력', '자아실현'이라는 매슬로 이론의 기본 개념의 근간이 되었다.

매슬로는 인간은 진선미를 추구하며 자기실현의 동기를 가지고 있어서 이를 위해 자신의 독특한 능력을 최대한 발휘하는 경향이 있다고 한다. 인간이 가지는 강력한 성장동기는 인간의 행동을 추동한다. 인간은 항상 부족함을 느끼는 존재이며 하나의 욕구가 충족되면 다른 욕구가 충족되기를 기대하여, 항상 무엇인가를 갈망하는 특성을 가진다. 그는 동기의 관점을 발전시켜 욕구위계(hierarchy of needs)를 제시하였다.

1) 생애

매슬로는 1910년 러시아계 유태인 이민자 장남으로 뉴욕에서 출생하였다. 매슬로는 미국의 중심지 뉴욕에서 인종차별로 인한 고통 속에 외로움과 고립감을 느끼며 성장했다고 회고한다(Maslow, 2009). 그는 친구도 없이 하루 종일 도서관에서 책에 파묻혀 지냈다. 이로 인해 그는 많은 책을 가까이하며, 사색적이고 지적인 성장을 이룰 수 있었다. 또한, 그는 명석한 두뇌와 활발한 지적 탐구 속에 미국 행동주의이론의 영향을 받았다. 할로우(Harlow)와 손다이크(Thorndike)의 지도를 직접 받으며 행동주의 심리학에 크게 심취하였다. 그러나 결혼과 출산을 통해 행동주의의 한계를 발견한다. 즉, 자신의 아이가 성장하는 과정을 지켜보면서 인간이 통제 받지 않은 자유로운 상태에서 신비스러운 감각적 행동을 하는 것을 발견한다. 매슬로는 어린아이를 직접 키우며 관찰하는 것을 통해 행동주의에서 학문적 전환을 가져오게 된 것이다.

또한, 뉴욕에서 문화인류학자인 베네딕트(Benedict)와 형태심리학자인 베르트하이머(Wertheimer)의 인간에 대한 존경과 잠재력에 대한 믿음에 이끌려 자아실현에 관한 연구에 매진하였다. 즉, 1941년경 인간에 대한 무한한 잠재력과 긍정의 사고를 기반으로 한 제3세력 심리학을 표명하였다. 이는 매슬로가 자신의 심리학적 입장을 표명하기 위한 것으로 제1세력의 프로이드 학파와 제2세력의 행동주의이론과 구분하기 위한 명명이라 할 수 있다.

Abraham Maslow
(1908~1970)

2) 주요 개념

(1) 욕구

모든 인간은 선천적인 동기를 가지며, 이 선천적 동기 안에는 스스로 자기 자신이 될 수 있는 모든 것을 실현시키려는 일반적 동기가 내포되어 있다. 이런 선천적 동기는 인간이 인지할 수도 있고 인지하지 못할 수도 있다. 매슬로는 인간의 선천적 동기에 대해 다음의 함의를 도출한다.

첫째, 인간은 단 한순간도 동기가 유발되지 않는 상태로 존재하는 것은 불가능하다.

둘째, 동기는 임의로 발생하는 것이 아니며, 위계적으로 구조화되어 있다. 인간 동기는 위계적 구조 내에서 긴박성, 강도, 우선성 차원의 수준에 따라 작동하며, 그 순간 긴박하고 강력한 동기가 우선권을 가진다.

인간이 가지는 기본적 욕구(basic needs)는 배고픔과 갈증의 수준부터 사랑과 자아존중감 등 인간에게만 뚜렷하게 나타나는 욕구까지 매우 다양한 차원을 포함한다. 이런 기본 욕구는 두 가지 특징을 가진다.

첫째, 인간은 기본 욕구가 결핍되면 그것을 의식적·무의식적으로 바라거나 소망하고 그런 욕구가 결핍되어 있다는 느낌을 갖는다.

둘째, 인간은 부족한 욕구를 충족하기 위한 선호를 하게 되는 특성을 갖는데, 매슬로는 이를 결핍동기(deficiency motivation)라고 하였다. 결핍동기란 인간이 의식적·무의식적으로 충족되어야 한다고 느끼는 그 무엇에 대한 갈망이다.

이런 욕구를 충족시키지 못할 때 질병이 생길 수 있다. 또한, 그런 욕구충족을 통해 질병을 예방하거나 질병이 나을 수 있다. 복잡하고 자유롭게 선택할 수 있는 상황에서 기본 욕구가 결핍된 사람이 결핍동기 충족에 대한 욕구를 더 갖게 되며, 건강한 사람에게는 기본 욕구가 거의 나타나지 않는다(Maslow, 1970).

기본 욕구가 충족된 사람은 더욱 상위의 욕구로 동기화되며, 이는 기본 욕구의 다음 단계의 상위 동기를 인식하고 실현시켜 나가는 것으로 이어진다. 건강한 사람은 생리적, 안전, 소속 및 애정, 존중의 욕구가 충족되었기 때문에 그 다음 단계인 자아실현의 욕구로 동기화된다. 이를 성장동기(growth motivation)라 한다. 성장동기는 인지적, 심리적, 자아실현 욕구를 포함한다.

매슬로는 결핍 욕구에 의해 동기화된 사람과 성장 욕구에 의해 동기화된 사람의 삶은 큰 차이가 있다고 보았다. 결핍동기에 의해 행동하는 사람은 결핍의 동기가 행동을 지배하고 지각과 인지 상태를 왜곡시킨다. 동기가 충족되면 더 이상 왜곡현상은 일어나지 않는다. 이런 사람은 높은 수준의 잠재력을 자유롭게 실현시켜 나갈 수 있다. 성장 욕구를 통해 자아실현을 한 사람은 실제로 삶의 모든 측면을 향유하는 반면, 그렇지 못한 사람은 간혹 발생하는 성공과 성취의 순간, 최고조의 순간만을 즐긴다. 자아실현을 한 사람은 성장동기와 성장 욕구로의 지향이 강한 반면, 그렇지 못한 사람은 결핍동기의 충족에 만족한다.

(2) 욕구위계이론

매슬로는 인류는 자신의 존재를 보호하기 위하여 인간생존의 기본욕구를 가지고 있다고 하였다.그는 인간의 욕구는 다양한 위계로 구성되어 있어 하위 단계에서 상위를 실현하는 복잡한 동태적 체계로 구성되어 있다고 설명한다. 매슬로는 1954년『동기와 인격』을 출판하였는데, 그는 1970년 임종하기 직전까지 수정·발표하여 욕구의 문제를 시종일관 연구의 초점으로 다루었다. 매슬로의 욕구위계이론은 한 번에 완성된 것이 아니라 끊임없이 수정·발전시킨 것이다. 매슬로는 인간의 다양한 욕구는 상호 연관성이 있어서 출현 순서, 강도, 단계에 따른 일정한 규칙을 따른다고 설명한다. 이러한 일정한 규칙에 따라 기본 욕구를 하위 욕구와 상위 욕구로 나누었다. 매슬로의 욕구위계이론은 다음의 특징을 가진다.

첫째, 인간은 부족한 존재(man is wanting being)이고, 인간은 항상 무엇인가를 원하고 있으며, 한 가지 욕구를 충족하면 또 다른 욕구를 원하게 된다.

둘째, 이미 충족된 욕구는 인간행동의 동기를 유발하는 요인은 아니다.

셋째, 인간의 욕구는 위계(hierarchy)에 의한 일련의 단계를 가진다.

사람에게 보편적으로 충족되어야 할 공통적인 욕구는 계층적으로 구조화되어 있다는 것이 매슬로의 시각이다. 매슬로의 욕구위계는 개인의 단순하고 비조직적인 동기와 욕망의 목록이 아니라 구조화된 욕구의 질서라는 입장에서 욕구의 계층이 존재하는 것으로 파악한다. 이러한 욕구 수준을 하위에서 상위로 정리한 것이 욕구위계이론인데, 이러한 욕구 수준은 생리적 욕구, 안전의 욕구, 사회적 욕구, 자존 욕구, 자아실현의 욕구 순서대로 발전하며, 그 위계는 다음 그림과 같다.

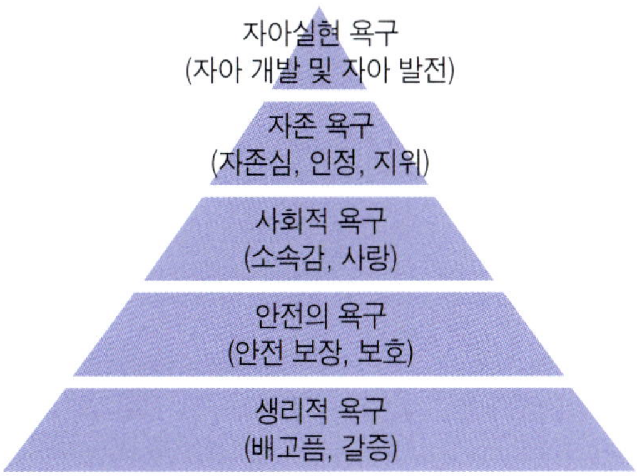

그림 5-1 매슬로의 욕구위계이론

① 생리적 욕구

생리적 욕구(physiological needs)는 인류의 가장 기본적인 욕구로서 의식주, 결혼 및 생존에 필요한 음식, 물, 공기 등에 대한 욕구이다. 인간은 이런 기본적 욕구가 충족되지 않으면 더 높은 수준의 욕구를 충족하려는 시도를 하지 않는다. 생리적 욕구는 인간행동을 이해하는 데 가장 중요한 요소이다.

② 안전의 욕구

안전의 욕구(safety needs)는 신체안전 보장, 질서에 대한 욕구, 공포로부터의 자유, 정치의 안정 등을 의미한다. 안전 욕구를 충족하기 위해 안정성과 보호, 질서, 불안으로부터의 보호가 요구된다. 인간은 누구나 자신의 삶이 안정되고 예측할 수 있는 삶을 원한다. 유아의 안전에 대한 욕구가 성인에 대한 의존성으로 나타나지만, 성인이 되어서는 전반적인 삶의 영역에 대한 안전 욕구로 나타난다. 즉, 직업 안정성, 주거 안정성, 재정적 안정성 등에 대한 욕구로 표현된다.

③ 애정과 소속의 욕구

애정과 소속의 욕구(love and belongingness needs)는 동료 간의 우의를 유지하고 타인과의 우정과 사랑이 지속되기를 바라며 자신이 어떤 단체의 일원이 되고 배려나 관심을 받기를 바라는 욕구이다. 이러한 욕구는 사회적인 고독, 소외, 배타성을 경험할 때 특히 강하게 나타난다. 인간은 사랑을 받고 수용되는 것을 통해 자신의 존재 가치를 경험하며, 사랑받지 못할 때 공허감과 적대감 등을 경험하게 된다.

애정과 소속의 욕구는 사랑과 인정을 받는 것뿐만 아니라, 타인에게 사랑을 주는 것도 포함한다.

④ 자아존중의 욕구

자아존중의 욕구(self-esteem needs)는 자존감을 유지하며 다른 사람의 존경을 받는 것에 대한 욕구로서, 자존심과 자신감을 포함한다. 이는 자신의 능력, 지식, 성취와 명예 지위에 대한 타인의 인정과 존중에 대한 욕구를 의미한다. 자아존중의 욕구는 자기 자신이 스스로에 대해 느끼는 존중감과 타인으로부터 주어지는 존중을 포함한다. 인간은 자기 자신이 만족할 수 있는 수준의 유능감과 성취, 독립, 성공과 자유를 갖는 것을 통해 자신의 힘을 느끼고 자존감을 형성할 수 있다. 자아존중의 욕구가 충족되지 못하면 자기 비하, 열등의식을 경험하게 된다. 타인으로부터의 존경은 자신이 있는 그대로 수용되며, 긍정적인 평가를 통해 자신을 가치 있는 사람이라고 느끼는 것이다. 따라서 건전한 자존감을 형성할 필요가 있다. 건전한 자존감이란 타인으로부터의 존경과 인정보다는 자신에 대한 존중감이 더 중요하고, 개인의 실제 능력을 근거로 다른 사람으로부터 받는 존경을 받는 것이 필요하다.

⑤ 자아실현의 욕구

자아실현의 욕구(self-actualization needs)는 개인의 이상과 포부를 실현하려는 욕구이다. 이는 잠재력을 발휘하여 자신의 목표를 이루도록 하고 그러한 과정에서 만족을 찾게 된다.

그 외에도 매슬로는 인지와 이해의 욕구와 심리의 욕구를 더하여 욕구위계 7단계를 제시하기도 하였다. 6단계인 인지와 이해의 욕구는 지식 습득, 인지, 이해, 체계화, 조직, 분석, 연관성과 의미 찾기, 자유표현 등의 욕구로 인지 욕구라고도 한다. 마지막 7단계인 심미 욕구는 아름다운 사물에 대한 감상, 예술작품 창작과 체험 등에 대한 욕구로, 이는 자아실현의 주된 목표이다.

(3) 자아실현을 한 사람

매슬로는 자아실현을 한 사람이라고 여겨지는 48명을 대상으로 그들의 애정관계를 면접과 자유 연상, 전기와 자서전을 분석하였다. 자아실현을 한 사람의 특징을 다음과 같이 제시한다(Allen, 2003).

- 현실을 명확히 지각하며 타인과 편안한 관계를 맺는다.
- 자신과 타인, 자연을 수용한다.
- 자발성, 단순성, 자연스러움을 유지한다.
- 문제를 적극적으로 해결한다.
- 독립적인 생활을 할 수 있다.
- 강력한 의지를 갖고 있으며 환경으로부터 상대적인 독립성을 갖는다.
- 지속적으로 감사의 마음을 갖는다.

- 신비한 경험, 절정의 경험을 한다.
- 인류에 대해 동일시하며 친밀감을 갖는다.
- 타인과 사적으로 깊이 있는 관계를 맺는다.
- 민주적인 성격구조를 가진다.
- 목적과 수단, 선과 악 간에 윤리적 차별성을 갖는다.
- 철학적이며 유머 감각을 가진다.
- 창의성이 있다.
- 모든 문화를 포용한다.

3) 이론의 시사점

매슬로의 욕구위계이론은 인간이 가지는 긍정성과 성장에 대한 인정으로 시작한다. 인간은 자신의 삶을 결정할 수 있는 창조자이며, 본능이나 환경에 의해 지배될 수 없는 그 자체로서 존중받아야 할 존재로 인식한다. 인간이 가지는 무한한 잠재력이 발휘되지 못하는 것은 사회화 과정에서 주어지는 욕구충족의 결핍의 결과이다. 하지만, 그가 자신의 생에 대한 책임을 기꺼이 수용하고 결핍 욕구를 성장 욕구로 변화시킬 수 있다면 이는 극복될 수 있다.

매슬로 욕구위계이론이 사회복지에 끼친 시사점은 다음과 같다.

첫째, 인간 욕구는 위계적 특징은 사회복지 서비스의 긴급성을 결정하는 중요한 근거를 제시한다. 따라서 사회복지서비스 설계 시 서비스 효율성 제고를 위해 낮은 수준의 욕구충족부터 높은 수준의 욕구충족을 이루어 가야 한다.

둘째, 사회복지사는 서비스 대상의 욕구 수준을 이해하고, 그 수준에 적합한 서비스를 제공할 수 있어야 한다. 또한, 그 단계의 욕구가 충족되었을 때 다음 단계의 욕구로 이동할 수 있도록 하여야 한다.

셋째, 인간 욕구의 완전한 충족은 현실 사회에서 이루어질 수 없고 인간은 누구나 일생 동안 끊임없이 높은 수준의 욕구충족을 위해 노력하고 있는 것이다. 따라서 사회복지 서비스 대상자에 대한 사정은 성장적 관점에서 지금 여기에서 그가 어떤 욕구를 지향하는가에 관심을 가져야 할 것이다.

매슬로 욕구위계이론의 한계점은 다음과 같다. 매슬로가 이야기하는 인간의 자아실현은 매우 유의미함에도 불구하고 매우 감상적이며 자의적 해석을 포함하고 있다. 또한, 그가 제시한 자아실현인에 대한 연구는 정밀성이 부족하고 검증이 어렵다. 매슬로의 욕구위계이론의 한계는 다음과 같이 설명할 수 있다.

첫째, 인간은 항상 하나의 욕구가 아닌 두 가지 이상의 복합적인 욕구가 하나의 행동을 유발한다.

둘째, 인간행동이 항상 욕구충족을 위해 수행되는 것은 아니고, 개인이 가지는 습관과 다양한 성격과 관련된 행동 중에 욕구와 관계없는 행동에 의해 이루어지는 경우도 있다.

셋째, 인간 욕구는 항상 하위에서 상위로 진행되는 것이 아니라 욕구충족이 좌절될 때에는 후진적으로 진행될 수 있다.

그럼에도 불구하고 매슬로의 인간에 대한 긍정성과 성장의 관점은 인간에 대한 긍정적 시각을 견지하는 긍정 심리학(positive psychology)에 영향을 주었으며, 문제보다는 강점을 중요시하는 강점중심 사회복지에도 영향을 주었다. 또한, 매슬로의 욕구위계이론은 사회복지서비스 설계는 물론, 다양한 분야의 마케팅, 다양한 직종의 인간 이해와 조직관리에도 응용되어 사용되고 있다.

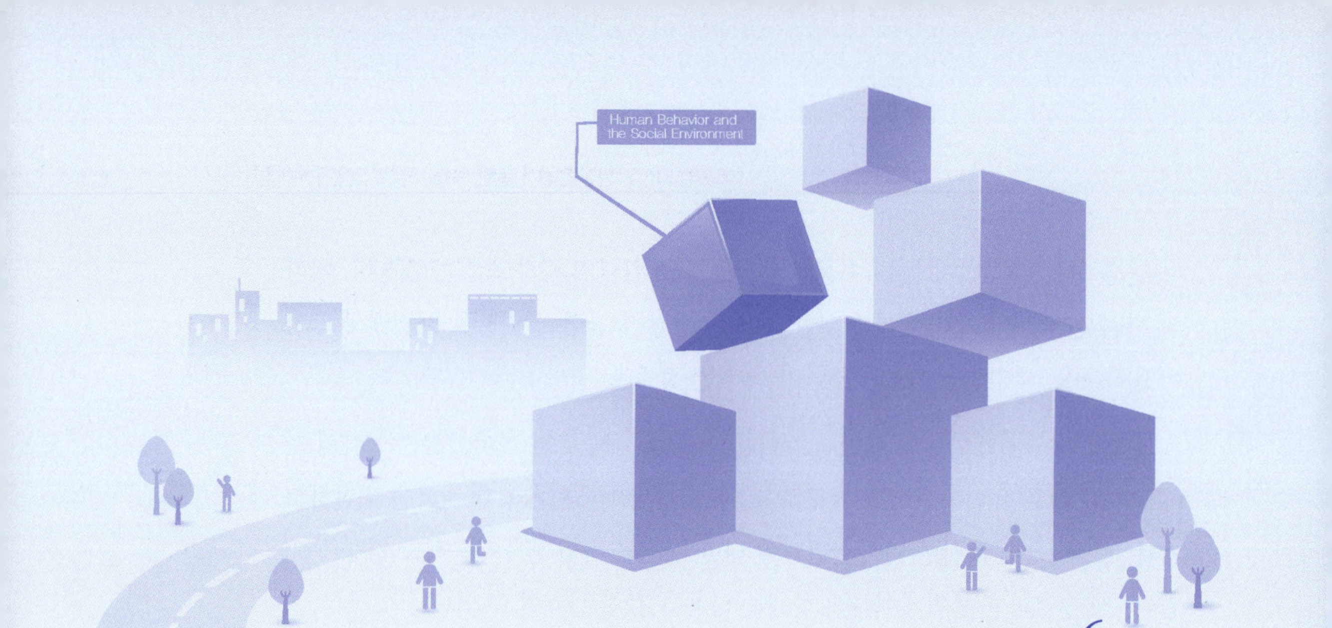

CHAPTER 6

인간행동에 관한 주요 이론: 사회체계이론과 생태체계이론

1 사회체계이론

1) 개요

체계(system)의 사전적 의미는 일정한 원리에 의해 각각의 부분이 짜임새 있게 조직된 전체, 즉 각각의 부분이 상호 의존적이고 상호작용하는 부분으로 구성된 단위이다(Von Bertalanffy, 1967). 체계이론의 주요 이슈는 부분의 복잡한 관계는 전체에서 벗어나서 이해할 수 있고 사회체계 내에서 존재하는 다양한 차원의 관계망을 강조한다.

월터 버클리(Walter Buckley)는 체계이론을 사회학에서 어떻게 선택하여 적용할 수 있는지를 구체적으로 제시하였는데 내용은 다음과 같다.

첫째, 체계이론은 행동과학, 사회과학에 적용되어 보편적인 언어를 제공한다.

둘째, 체계이론은 사회의 각 분야에서 볼 수 있는 다양한 관계망을 강조하기 때문에 단편적인 분석을 넘어서 다각적인 분석이 가능하다.

셋째, 체계이론은 사회에서의 관계를 미시적, 거시적 측면 그리고 주관적, 객관적인 측면까지 적용할 수 있는 이론적 다양성을 갖고 있다.

넷째, 개인과 사회는 분리된 존재가 아닌 다양한 피드백을 통해 상호적으로 관계한다(Buckley, 1967). 따라서 사회에 속한 개인은 하나의 개체로써 체계라는 단위로 간주되고 환경과 영향을 주고받으며 구성되기 때문에 체계는 기능적, 발달적이며 개체 사이의 정보, 에너지를 투입하고 산출의 양을 균일하게 주고받으면서 안정 상태를 유지하고 균형을 이루려는 특성을 가진다. 즉, 체계이론에서 인간은 신체적·심리적·사회적으로 분리된 존재가 아닌 통합된 존재로서 사회의 상황 속에 포함되어 살아가는 존재로 설명한다.

이러한 맥락에서 볼 때 사회체계는 사회를 하나의 체계로 보고 사회 안에 있는 특성의 조화와 협동이 이루어져야 함을 강조하며, 사회조직의 모형으로 구조 기능이론과 일반체계이론을 적용한 것이라고 할 수 있다. 사회체계는 개인 내적 체계, 개인, 가족, 집단, 지역사회, 국가를 포함하며, 상호 관계를 맺고 영향을 주고받는다. 인간은 삶을 살아가는 데 있어서 여러 가지 체계에 속해 있고, 그 체계는 인간 환경의 부분이 되므로 인간을 이해하기 위해서는 체계의 흐름을 이해하고 각 체계의 욕구를 파악하는 것이 중요하다.

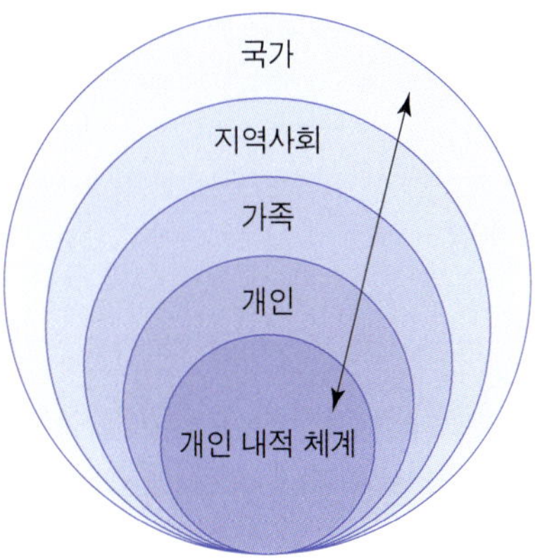

그림 6-1 체계 간 관계모형

2) 기본 가정

사회체계는 개인 환경의 일부분이며 체계 내에서 발생하는 변화과정은 기능적이고 탄력적이라고 간주하기 때문에 다음과 같은 가정을 제시한다(Greene, 1991; 이인정 외, 2001).

첫째, 체계가 만들어지면 존속하고자 하는 욕구가 생겨 적응적이며 목표 지향적이다.

둘째, 사회체계는 하나의 단위체계와 전체의 단위체계를 이루는 상호 연관된 구성원으로 이루어진다.

셋째, 사회체계에서는 안정된 관계의 구조를 가지며 각 개인의 활동이 기초가 된다.

넷째, 사회체계는 상호작용과 상호 의존을 통해 성장하고 발달한다.

다섯째, 체계에서의 환경은 그 체계의 경계선 외부에 존재한다.

여섯째, 사회체계에서 한 개인의 변화는 전체 사회체계에 영향을 주며, 불균형이 발생하면 균형을 유지하기 위한 시도가 이루어진다.

일곱째, 사회체계와 외부 환경과의 상호작용은 체계의 적응과 능력에 영향을 준다.

3) 주요 개념

(1) 일반체계의 주요 개념

① 경계(boundary)

경계는 체계와 환경을 구분하며 에너지의 투입과 산출의 교환이 이루어지는 테두리이자 선을 의미한다. 사람으로 비유하면 사람의 피부가 외부의 침입으로부터 몸속 기관을 보호하는 역할을 하면서 비타민D의 흡수를 통해 이로운 영양소를 흡수하는 것과 같이 경계는 투입과 산출을 하는 속성을 가진다(Chess & Norlin,

1991). 그리고 체계와 환경과의 내·외적 교환을 조절하고, 체계의 정체성을 명확하게 하는 기능을 담당한다.

② 개방체계(open system)

개방체계에서는 체계 내·외적으로 에너지와 자원의 교환이 자유롭게 이루어지기 때문에 외부 환경으로부터의 변화에 적응하고 발달이 용이해 체계의 기능을 지속적으로 발전시킬 수 있다. 따라서 인간의 발달은 이러한 개방체계에 의해 이루어지며, 사회가 발전하기 위해서는 개방체계와 같이 투입과 산출이 원활히 이루어져야 한다.

③ 폐쇄체계(closed system)

폐쇄체계는 다른 체계와의 교류가 없는 상태로 환경에서 고립되어 있고, 투입과 산출이 이루어지지 않는다. 때문에 에너지의 흐름이 없어 기능이 소실되며, 효과적인 기능이 어렵다.

④ 상위체계(subject system)

상위체계는 대상이 되는 체계의 외부에 속해 있으면서 연계되어 영향을 주는 상위의 사회 단위이며, 부부, 형제, 자녀는 가족이라는 상위체계 내에 속해 있다.

⑤ 하위체계(supra system)

하위체계는 대상이 되는 체계의 내부에 속해 있으면서 하위에 있는 단위이다. 가족은 하위체계를 갖고 있으며 부부체계, 형제체계, 부모와 자녀체계로 구분할 수 있다.

⑥ 네겐트로피(negentropy)와 엔트로피(entropy)

네겐트로피는 개방체계에서 발생하는 것으로 체계에서 사용하는 것보다 더 많은 에너지를 유입하여 발달하는 과정이다. 엔트로피는 체계에 에너지가 유입되지 않으면 기능하지 못하고 체계가 소멸되는 과정을 말한다.

⑦ 투입(input)

체계가 욕구의 충족이나 문제를 해결하기 위해 환경으로부터 필요한 에너지와 기회를 다른 체계에서 영입하는 것이다. 투입은 과업에 연관된 투입과 유지에 연관된 투입으로 구분되는데, 과업에 연관된 투입은 사회체계 내에서의 문제나 욕구를 의미하며, 클라이언트에게 발생된 문제는 여기에 해당한다. 유지에 연관된 투입은 문제가 있는 클라이언트를 도와주기 위한 자원을 동원하는 것을 말한다.

⑧ 전환(transference)

투입된 자원을 체계가 활용할 수 있도록 전환하는 과정이며, 체계의 투입과 산출이 이루어지면서 가지게 되는 순서를 구조라고 하고 체계 내에서 이루어지는 활동을 상호작용이라고 한다. 구조는 체계 내에서의 역할이나 시간, 공간, 체계 간의 유대감을 일컫는 것이고, 상호작용은 체계 간에 교류하며 발생할 수 있는 행동을 말한다. 형제 간은 수평적인 상호작용을 하고, 자녀와 교사 또는 직장 상사와는 수직적인 상호작용을 한다.

⑨ 산출(output)

투입이 처리되어 문제가 해결된 결과물이다. 사회복지사가 자원을 투입하여 클라이언트의 문제가 해결되었을 경우에는 과업산출이라고 하고, 클라이언트가 접촉한 사회복지 관련 기관과의 연계와 학습한 기술은 유지산출이라고 한다.

⑩ 피드백(feedback)

체계의 유기적인 상호 조화를 위해 필요하며, 새로운 것을 창출하는 것이 아닌 원활한 에너지의 흐름을 위한 자극이다. 정보나 에너지의 투입을 통해 문제를 수정하고 새로운 결과물을 도출하기 위한 반응이다. 긍정적인 피드백은 체계가 원활한 목표를 위해 제대로 된 행동을 하고 있는지를 확인하고 조정하는 것이며, 부정적인 피드백은 체계가 잘못된 행동을 하고 있다는 것을 확인시켜 주고 수정할 수 있도록 조정하는 역할을 한다.

⑪ 항상성(homeostasis)

안정과 균형을 유지하려는 체계의 성질을 의미한다. 체계는 지속적으로 변화하지만 반대로 균형을 찾고자 하는 성질이 있다. 체계가 외부에 의해 균형이 흐트러지는 경우가 발생한다면 안정시키기 위한 노력을 하게 될 것이다. 즉, 이를 유지하고자 하는 반응이 항상성이다.

(2) 사회체계의 주요 개념

① 개인체계

개인은 자신의 성격과 행동양식을 주체적이고 역동적으로 도출해 내는 사회체계의 일부이다. 성장과 발달을 위해 외부의 환경과 상호작용하며, 사회의 문화와 규범을 습득하고 전달하는 과정을 통해 사회체계에 통합되는 체계이다.

② 가족체계

개인체계에 가장 밀접한 영향을 주는 사회적 환경이며 가족체계는 개인의 욕구와 가족들의 상호작용이 이루어지는 환경이다. 개인의 가족, 친인척을 포함하며 상위체계는 친인척, 가족 구성원이 관계하는 사람이나 직장 동료가 될 수 있고, 하위체계는 가족 내에서 관계적으로 얽혀 있는 부모, 형제, 부부체계로 사회와 상호작용하면서 에너지를 주고받으며 발달하는 체계이다.

가족체계 내에서 경계는 친밀할 수도 있고 분리될 수도 있다. 분리된 가족체계는 다른 가족 구성원과의 유대관계 및 상호작용이 원활하지 않고 가족이 아닌 타인과 더 친밀할 수도 있다. 반면, 친밀한 가족체계는 가족 내 상·하위체계에서 자율성을 갖고 교류가 원활하지만, 가족 구성원에 대해 지나친 관여가 이루어질 수도 있다.

③ 집단체계

집단체계는 집단 구성원 공통의 목적을 중심으로 같은 집단 내에서 소속감과 집단의식을 갖고 소통하며 상호 의존 및 보완을 통해 발달해 나가는 조직화된 체계이다. 구성원 사이에는 집단의 규범이 존재하며 이는 개인의 행동과 정체성에 영향을 준다.

집단은 분류에 따라 구분되는데 혈연을 중심으로 이루어지는 집단을 일차 집단(가족, 또래), 목적을 위해 인위적으로 만들어진 집단을 이차 집단(직장, 모임)이라고 한다. 그 외에도 집단의 가입과 탈퇴가 자유롭게 이루어질 수 있는 개방집단과 새로운 유입자 없이 처음부터 함께 구성된 구성원이 지속되는 폐쇄집단으로 구분할 수 있다. 자조집단은 특정한 목표를 위해 자율적으로 구성된 집단으로, 질환을 가진 사람이 상호 지지를 목적으로 구성하는 지지모임을 예로 들 수 있다. 치료집단은 개인의 문제를 회복하거나 해결하기 위해 신체적 또는 정신적인 문제를 가진 사람으로 구성된 집단이다.

이러한 집단체계는 사람들 간의 상호작용을 중심으로 의견을 교류하고 문제를 해결하고 응집할 수 있는 역동을 가질 수 있지만 갈등의 소지가 발생하기 때문에 부정적인 문제가 발생할 수도 있다는 단점이 있다.

④ 지역사회체계

지역사회체계는 동일한 지역, 같은 공간에서 생활하는 개인이 모인 구성체계이다. 공통의 유대감을 갖고 지역사회에 살고 있는 사회 구성원 간의 발달을 유지해

가면서 사회를 연결하는 매개체로서 역할을 하는 체계이며, 개인의 영역을 넘어서 지역개발, 주민의 삶에 초점을 둔다.

(3) 사회복지 관련 체계의 주요 개념

사회복지사가 현장에서 클라이언트의 문제를 해결하기 위해 활용할 수 있는 기초 체계를 다음과 같이 분류하고 있다(Pincus & Minahan, 1973).

① 변화매개 체계

클라이언트가 문제를 해결하고 변화를 도모하기 위해 개입하는 사회복지사, 사회복지기관, 그 외 문제 해결 관련 기관이 포함된다. 예를 들어, 뇌출혈로 병원에서 수술 및 재활치료를 마치고 가정에서 사회로의 복귀를 위해 지역사회 장애인복지관의 도움을 받으려고 하는 경우 복지관이 변화매개 체계가 될 수 있다.

② 클라이언트 체계

문제 해결을 위해 사회복지사에게 도움을 요청하고 계약을 통해 사회복지개입을 시작한 클라이언트가 클라이언트 체계이다. 예를 들어, 남편의 구타문제로 관련 사회복지사에게 도움을 받고자 할 때, 부인은 클라이언트 체계가 된다.

③ 표적 체계

변화매개체계가 문제 해결을 위해 변화시켜야 할 대상을 표적 체계라고 한다. 예를 들어, 구타하는 남편 자체가 표적 체계가 되면서 남편에게 부적절한 영향을 준 부모, 주변 환경 등이 표적 체계가 될 수 있다.

④ 행동 체계

클라이언트의 문제를 해결하고 달성하기 위한 사회복지사의 개입활동의 노력을 행동체계라고 한다. 예를 들어, 구타하는 남편의 경우 문제 해결을 위해 지원이 가능한 주변 사람을 동원할 수 있는데, 이때 남편의 친구, 친정 부모, 시댁 식구 등이 행동체계가 된다.

4) 사회복지실천의 적용

체계이론은 클라이언트의 문제를 사정하는 과정에서부터 유용하다. 즉, 문제를 개인 하나로만 보는 것이 아니라 복잡한 사회환경과의 상호작용에서부터 발생하는 것으로 보기 때문에 개인과 환경을 강조하면서 그 사이의 상호작용이 어떻게 이루어지는가를 분석하고 관찰함으로써 문제의 원인을 파악한다(구혜영, 2015). 핀커스와 미나한(Pincus & Minahan)이 제시한 것처럼 클라이언트는 자신의 문제해결 과정에 자발적이고 적극적으로 참여하는 대상이며, 사회복지사는 클라이언트의 문제 해결을 위해 클라이언트 개인뿐만 아니라 주변의 체계를 사정하여 문제를 파악하고 체계의 긍정적 피드백을 활용하여 개입의 목적이 달성될 수 있도록 체계를 활용해야 한다.

사회복지사가 적극적으로 체계를 활용한다는 것은 클라이언트의 문제 해결에 관계된 여러 사람과 다양한 상황에 적용 가능한 구조의 틀을 만들고 표적 체계에 영향을 주면서 문제 해결에 효율적인 행동체계를 찾아내어 관계중심적으로 접근하는 기술을 가지고 있다는 것이다(이종복 외, 2007). 따라서 사회복지사는 체계이론의 지식과 기술을 갖고 클라이언트의 변화를 이끌어 내야만 한다.

2 생태체계이론

1) 개요

생태체계(eco-system)이론은 일반체계이론과 생태학을 융합한 것으로 1960년대에 등장하였다. 생태학에서 개인과 환경과의 상호 적응(mutual adaptation)의 개념과 일반체계의 상호작용, 개방성, 형평성, 피드백 등의 개념을 가져왔다. 이는 체계적인 틀을 중심으로 생태학적으로 접근하며, 인간이 환경과 상호작용하는 관점을 포괄적으로 제시하고 있고, 인간의 행동을 이해하기 위해서는 인간이 가진 체계에서 이해해야 하며, 다양한 환경 속에서 고려되고 이러한 전체적 관점은 사회복지실천에서 클라이언트의 문제 해결을 위한 중요한 수단으로 활용 가능하다(박명숙, 1999).

생태체계이론의 가장 중요한 맥락은 '환경 속의 인간(person-in-environment)'이라는 관점이다. 개인을 바라보는 관점은 매우 긍정적이기 때문에, 환경에 적절히 반응하면서 스스로 환경을 창조해 내기도 하며, 자원을 이용하여 효과적으로 기능할 수 있는 능력을 갖고 있다. 또한, 환경 속에서 다른 사람과 관계를 맺으며 자신을 발달시키고 사회에서의 역할을 적절히 수행하며 성숙해지는 과정을 통해 효과적으로 기능하는 능력을 발달시켜 나간다고 본다.

생태체계관점은 사정에 유용하며, 가계도와 생태도를 시각적으로 보여 주면서 사정의 도구로 사용하여 가족 간의 관계와 환경적인 자원, 지지를 파악하는 데 초점을 둔다(서진환 외 역, 2001). 따라서 개인과 환경의 상호 관계에 초점을 두며, 인간을 하나의 독립적인 개체로 이해하기보다는 환경과의 상호작용적인 관계를 탐색하여 그 과정을 인간발달에 맞추는 것을 강조한다. 이는 사회복지에서 강조하는 개인의 능력과 환경의 욕구, 통제에 균형을 이루고자 하는 목적과 일맥상통하며, 현재 사회복지에서 중요하게 생각하는 관점이다.

2) 기본 가정

생태체계이론은 인간의 발달은 인간과 환경에 영향을 주는 상호 교류가 이루어지는 측면을 강조하기 때문에 다음과 같은 가정을 제시한다(Greene, 1991; 이인정 외, 2001).

첫째, 개인과 환경은 상호 영향을 주는 호혜적 관계이다.

둘째, 개인이 환경에 적응하고 환경이 개인을 지지해 주는 관계를 통해서 이루어지는 호혜적 과정은 적합성을 가진다.

셋째, 개인은 환경 속에서 이해되어야 한다.

넷째, 개인의 변화는 생활에서 겪는 경험에서 발생한다.

다섯째, 생활 속에서 겪는 개인의 문제는 전체적 환경에서 이해되어야 한다.

여섯째, 개인이 환경에 어떠한 의미를 부여하고 어느 정도 발달하는가에 달려 있다.

일곱째, 개인은 환경 속에서 유능해지기 위해 노력하며 목표 지향적이다.

여덟째, 개인의 성격은 환경과의 오랜 시간 동안 관계한 결과물이다.

아홉째, 사회복지사가 클라이언트를 원조하기 위해서는 클라이언트 개인의 환경체계 모두를 개입할 준비가 되어 있어야만 한다.

3) 주요 개념

(1) 적합성(goodness-of-fit)

개인의 욕구와 환경과의 작용 사이에서 상호 조화와 이익을 이룰 수 있는 정도와 실제적인 적합성을 의미한다. 개인 및 집단의 욕구, 권리, 목표, 능력, 문화, 역사적 맥락 속에서 지속적인 발전과 사회적 기능을 강화하고 환경을 유지하려는 적합의 상태이다. 개인과 환경 간 교류의 평형이 깨지면 부적응적이 되고 발달과 사회적 기능의 손상을 초래할 수 있다.

(2) 적응성(adaptiveness)

환경에 적응하고 유지시키고, 변화시키는 개인의 적응 수준을 의미한다. 개인이 환경에 스스로 적응하기 위한 인지적·감각적·행동적인 과정이다. 부적응 자체를 문제로 보지는 않고 개인의 욕구와 환경의 자원이 일치되지 못하면 적응이 이루어지지 않았다고 본다.

(3) 유능성(competence)

개인이 환경과 효율적·효과적으로 작용할 수 있는 능력을 의미한다. 환경과 성공적으로 상호작용하면 개인의 발달 과정에서 더욱 확대되고 유용해질 수 있다고 본다.

(4) 변화(change)

개인의 목표달성을 위한 변화는 가능성을 의미한다. 생태체계는 변화에 개방적이며, 개인의 강점에 초점을 둔다. 따라서 사회복지사는 클라이언트 개인과 환경의 변화를 도모하기 위해 목표를 설정하고 개입해야 한다.

(5) 스트레스(stress)

개인과 환경 간의 불균형 상태를 의미한다. 개인이 변화, 사건, 생활문제 등을 겪으면서 활용 가능한 자원을 초과하면 스트레스가 발생하는데, 스트레스 대처가 긍정적으로 이루어지면 개인의 적응 수준을 향상시킨다.

(6) 상호 교류(transaction)

개인과 환경 간의 상호적 관계이며, 하나의 체계로 합쳐져 융합이 가능한 상태를 의미한다. 발달의 과정과 시간이 지나면서 발생하는 관계라 할 수 있다.

(7) 상호작용(interaction)

개인과 환경이 각각의 정체성을 갖고 서로에게 영향을 주는 것을 의미한다. 체계 간 함께 작용하는 역동적인 관계이다.

(8) 거주 환경(habitat)

인간이 생활하고 있는 물리적·사회적 환경을 의미한다. 거주 환경 내에서 개인은 생활양식을 배우고 문화에 적합한 방식으로 인간관계, 가정생활, 직장생활 등을 습득할 수 있다. 생태체계적 관점은 거주 환경이 개인에게 주는 영향을 강조한다. 즉, 유해 환경으로 가득한 지역에서의 물리적 환경은 개인에게 생활상의 문제를 발생시킬 수 있다.

(9) 적소(niche)

특정 집단이 사회구조에서 차지하는 지위와 환경을 의미한다. 사회체계 내에서 수용 가능한 장소는 한정적이고 수용한계를 넘어서면 선택의 압력이 발생하게 되어 부적응적인 개인은 다른 적소로 이동하는 것을 선택하게 된다.

4) 사회복지실천의 적용

생태체계이론은 개인과 환경의 상호작용과 사회에 적응하기 위한 개인의 적합성에 대한 지식을 제공해 주기 때문에, 사회복지실천에서 클라이언트의 문제를 해결하고자 할 때 환경을 조정하고 개선해 주는 목적에 적용 가능하다. 또한, 개인과 가족 전체를 파악하기 위해 사정(assessment)하는 도구로써 유용하며, 개인과 체계의 상호 교류와 연관성을 파악하여 역동성, 기능성 등을 확인할 수 있는 기준을 제공한다. 사회복지사는 사정 평가를 할 때 클라이언트가 갖고 있는 인적 자원, 물적 자원의 흐름을 파악할 수 있고 가족 및 사회적 관계를 맺는 사람과의 역동성과 생활양식, 성장하면서 경험한 과거력을 확인하여 문제의 근원을 발견하고 개입 계획의 선택에 중요한 정보를 줄 수 있다.

장인협(1999)에 의하면 생태체계적 관점은 일반체계이론에서 설명하지 못했던 체계 간의 공유 가능한 영역을 생태학적인 접근으로 상호 교류, 적응을 강조하였고, 체계의 변화와 유지 기능을 함께 중시하며, 일반체계이론보다 실제 개인이 생활 속에서 겪는 문제에 관심을 가져 인간중심적이며 실천을 중요시한다고 하였다. 그러나 사회복지사가 생태체계이론을 구체적으로 어떻게 활용하여 개입하는지에 대한 가이드라인은 제시하고 있지 않아 적용의 한계가 있다.

개인의 주변 체계를 확인하기 위해 한 개인이 어떤 사회체계와 연관되어 있고 이를 수행하기 위해 사회복지사는 어떠한 역할을 제공할 것인지에 대한 지침을 마련할 수 있고 가계도, 생태도, 사회적 관계망의 도구를 활용하여 체계를 파악하는 방법을 적용한다.

5) 실천도구

(1) 가계도(genogarm)

가계도는 허트먼(Hartman, 1978)이 개발한 3대(代)의 가족관계를 파악하는 도구이다. 가족 구성원의 개별적인 특성과 과거력을 구체적으로 설명하고, 각각의 구성원의 거주지, 성격, 관계, 학력, 직업, 종교 등을 제시하여 관계의 본성에 대해 이해할 수 있도록 도와준다. 이는 가족의 특징과 역동성을 파악하고 유전적인 요인은 존재하지 않는가를 파악하기 위함이다. 가계도는 상징적인 기호를 활용하여 작성하고, 간단하고 요약적으로 기호 하단에 특성을 기입할 수 있다.

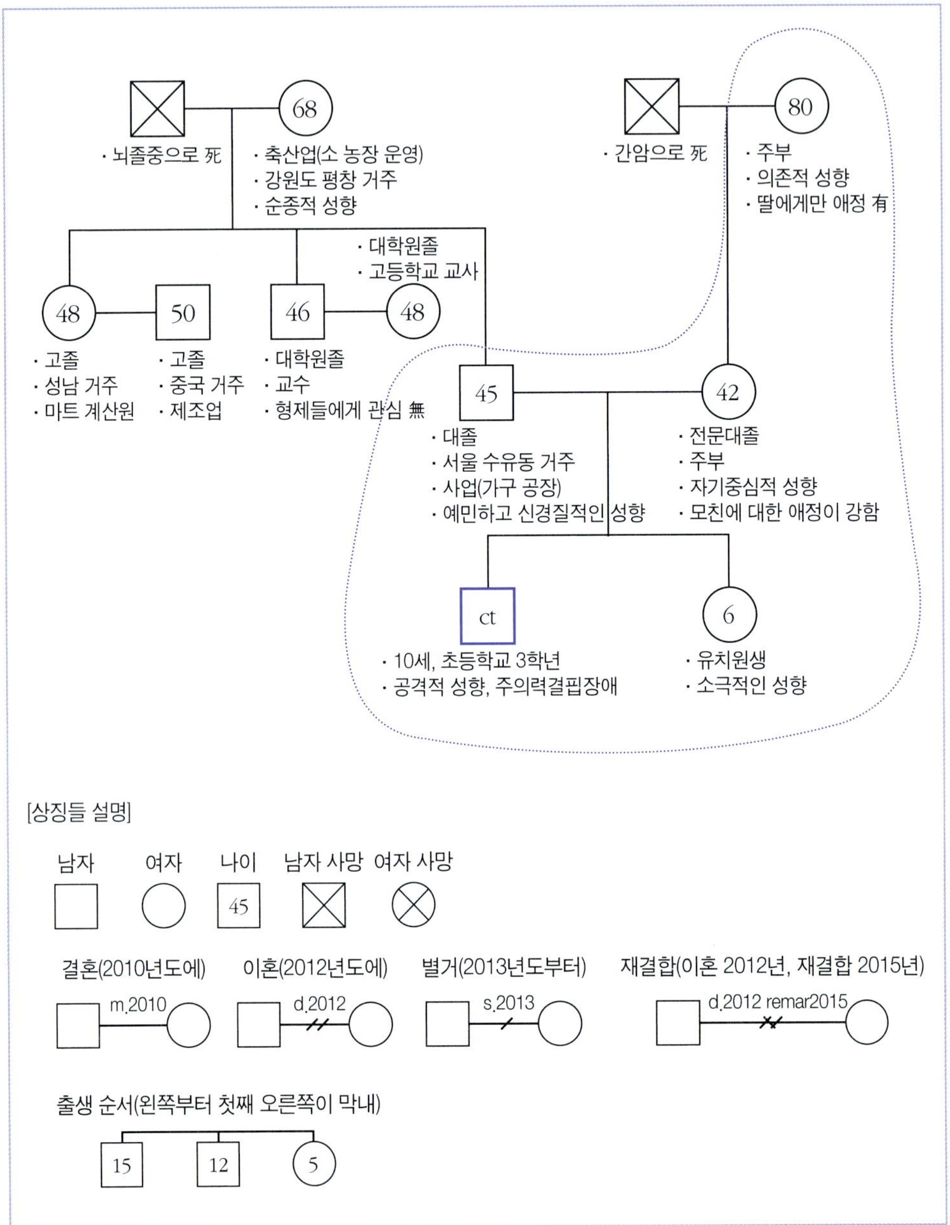

68
· 뇌졸중으로 死
· 축산업(소 농장 운영)
· 강원도 평창 거주
· 순종적 성향
80
· 간암으로 死
· 주부
· 의존적 성향
· 딸에게만 애정 有
· 대학원졸
· 고등학교 교사
48
50
46
48
· 고졸
· 성남 거주
· 마트 계산원
· 고졸
· 중국 거주
· 제조업
· 대학원졸
· 교수
· 형제들에게 관심 無
45
42
· 대졸
· 서울 수유동 거주
· 사업(가구 공장)
· 예민하고 신경질적인 성향
· 전문대졸
· 주부
· 자기중심적 성향
· 모친에 대한 애정이 강함
ct
6
· 10세, 초등학교 3학년
· 공격적 성향, 주의력결핍장애
· 유치원생
· 소극적인 성향
[상징들 설명]
남자
여자
나이
남자 사망
여자 사망
45
결혼(2010년도에)
이혼(2012년도에)
별거(2013년도부터)
재결합(이혼 2012년, 재결합 2015년)
m.2010
d.2012
s.2013
d.2012 remar2015
출생 순서(왼쪽부터 첫째 오른쪽이 막내)
15
12
5

그림 6-2 가계도 예시

(2) 생태도(eco-map)

허트먼(Hartman, 1978)이 개발한 생태도는 개인과 가족을 둘러싼 사회체계와의 상호작용을 그림으로 표현하는 도구이며, 생태체계적인 관점에서 역동을 파악하는 데 도움을 준다. 생태도는 클라이언트의 가족환경, 문화적 환경, 자원, 강점, 체계 간의 에너지 흐름을 파악할 수 있기 때문에 상호작용이 긍정적·부정적으로 이루어지고 있는지를 볼 수 있다. 밀착, 고립, 활동성, 생활, 주거, 스트레스, 교육 등의 외부체계와 교류하는 클라이언트, 가족의 이해와 연결고리를 이해할 수 있게 해 준다(이종복 외, 2007).

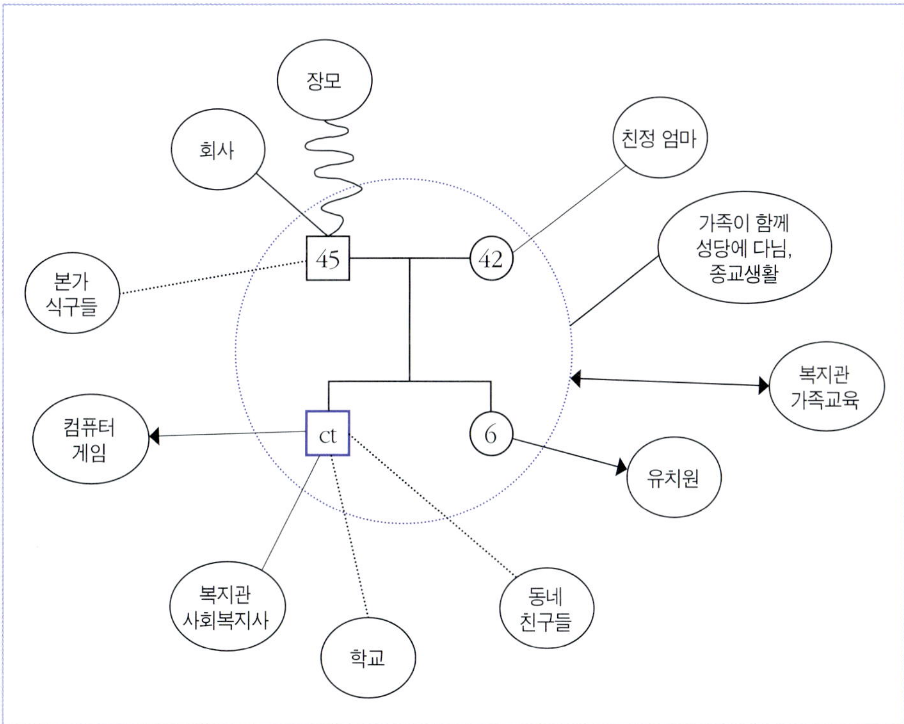

그림 6-3 생태도 예시

사회복지사는 개인과 가족을 사정하기 위한 도구로써 생태도를 활용하기도 하지만 개입 과정에서 변화를 확인하기 위해 생태도를 반복적으로 활용하게 되며, 도면을 그리고 분석할 때에는 가족이 함께 참여하여 작성할 수 있도록 하는 것이 중요하다. 생태도에서는 가족의 정보를 최소화하고 주변의 체계를 동그라미로 표시하고 관계를 선으로 그려 준다. 관계의 선이 굵을수록 강하면서 긍정적인 관계, 선이 얇으면 적절한 관계만 유지하는 수준, 점선은 미약한 관계, 지그재그 선은 갈등 관계를 나타내며, 자원이나 에너지의 교류는 화살표로 표시한다(Kaplan & Girard, 1994, 김혜란 외 역, 2001).

생태도는 가계도에서 제시하는 가족정보는 제외하고 동그라미 안에 나이, 대상을 구분하는 정도로 제시한다. 사회복지사는 생태도를 통해 클라이언트와 가족 자원의 흐름을 이해할 수 있고, 체계 간의 관례, 변화시켜야 할 체계는 무엇인지를 파악할 수 있다.

6) 사례 적용

다음은 30대 대장암 클라이언트(환자)에 대한 사회복지사 개입 사례이다.

(1) 클라이언트의 일반적 사항

① 성명: 손○○	② 성별: M
③ 연령: 38세	④ 학력: 대졸
⑤ 결혼 상태: 기혼	⑥ 종교: 천주교
⑦ 경제 상태: 中	⑧ 주거 형태: 전세
⑨ 의료보장: 국민건강보험	⑩ 주소: 서울시 송파구 잠실동

⑪ 입원일: 2014년 10월 29일 ~ 2014년 12월 1일

⑫ 진단명: 대장암(colorectal cancer)

(2) 정보 제공자

관계	성별/연령	직업	면담일	면담 횟수	면담 태도	학력
부인	F/36	교사	2014. 10. 30. ~ 2014. 12. 1.	5회	협조적	대졸

(3) 의뢰 경위

상기 클라이언트는 대장암 진단을 받고 대장반 절제술, 항암 및 방사선 치료를 시행하였지만 상태가 악화되었고 뇌, 폐, 뼈로 전이되었다. 호스피스 환자로 전환되어 본원 완화의학센터 호스피스 병동에 입원하였고, 담당 주치의로부터 클라이언트의 발달력 조사 및 심리사회적 상담을 목적으로 의뢰되었다.

(4) 의료적 상태

2012년 9월 복통으로 지역사회 병원에 방문하여 초음파 검사를 시행한 결과 대장암이 의심되어 ㅇㅇ종합병원에서 정밀검사를 받았다. 이후 대장암 진단을 받아 대장반 절제술을 시행받고 항암 및 방사선 치료를 병행하였다. 2014년 1월에 뇌, 폐로의 전이가 발견되었고, 8월에 뼈에 전이되어 10월 초까지 방사선 치료를 하다가 집에서 지내던 중 발열과 식이곤란으로 종합병원 응급실에 내원하여 입원하였다. 이후 말기 암 판정을 받고 통증 조절을 위해 2014년 10월 29일 본원 호스피스 병동에 입원하게 되었다.

(5) 가족 · 사회 문화적 배경

① 가계도

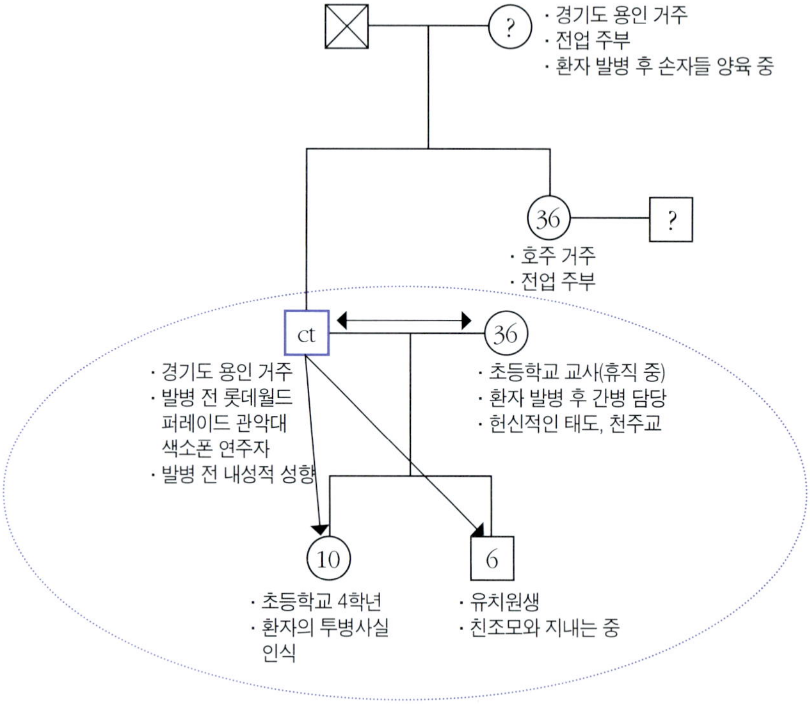

② 가족력

가. 모친(F/?)

- 클라이언트와 이웃 동네에서 지내고 있음. 경기도 용인 거주함
- 클라이언트가 발병한 후부터 손자들을 양육해 오고 있음

나. 여동생(F/36)

- 결혼 후 호주에 거주하고 있어 클라이언트와 왕래가 별로 없었음
- 클라이언트가 병원에 입원한 이후 귀국하여 만날 예정이었으나 귀국 전 환자가 임종함

다. 부인(F/36)

- 경기도 용인 거주, 천주교, 남편과 슬하에 1남 1녀를 둠
- 평소 동료와 어울려 술을 즐기는 클라이언트의 생활방식에 대한 불만과 서운함이 많았음
- 주말에도 친구와의 모임을 좋아하는 클라이언트를 대신하여 자녀를 양육해 왔다고 함
- 클라이언트의 고집이 강하고 편협한 성향으로 인해 투병 과정에서 잦은 분노감의 표출로 힘들지만 헌신적으로 간병하고 있는 상황임

라. 딸(F/10)

- 초등학교 4학년임
- 클라이언트의 투병사실에 대해서는 인식하고 있지만 임종과 관련된 사실에 대해서는 어른들로부터 정보를 받지 못한 상태라고 함
- 클라이언트의 거부로 병원에 방문하지 못하고 있음

마. 아들(M/6)

- 유치원생임
- 클라이언트가 아픈 모습을 보면서 성장하여 입원생활로 인한 클라이언트와의 분리에 대한 불안반응은 없으며, 친할머니와 애착이 강하게 형성되어 있다고 함

(6) 클라이언트의 발달력

① 청소년기(만 13~19세)

- 부모 슬하에 1남 1녀 중 장남으로 태어나 조부모와 함께 생활했다고 함. 특히, 조부모가 각별한 애정으로 양육하여 상대적으로 부모, 형제와 정서적으로 친밀하지 않다고 함
- 내성적인 성향으로 학창 시절부터 친구와의 교제보다는 홀로 지내는 시간이

많았고, 중학교 때부터 음악에 관심을 보이기 시작했다고 함

② 성인기(만 19세~현재)

- 고등학교 졸업 후 지방 소재 대학교의 실용음악과에 입학하여 음악공부를 시작했다고 함
- 대학교 졸업 후 소규모 음악 밴드 활동을 해 오던 중 지인의 소개로 현재의 부인을 만나 결혼하였고, 결혼 후 생계를 책임지기 위해 수입이 적은 밴드 활동을 정리하고 롯데월드 퍼레이드 관악대에서 색소폰 연주자로 근무함
- 직장 동료 연주자들과 주 4회 이상 폭음을 즐기는 생활을 해왔기 때문에 부인, 자녀와는 많은 시간을 함께 보내지 못했다고 함
- 내성적인 성향으로 소수의 동료 연주자와만 교류해 왔다고 함
- 발병 전까지 특별히 아픈 곳 없이 건강하게 지내던 중에 대장암이 발견되어 진단에 따른 심리적 충격이 매우 심했다고 함
- 부인은 환자의 심리적 충격이 클 것이라고 예상하여 말기 암이라는 사실은 환자에게 전달하지 않아 본원 입원 당시까지 환자 자신의 명확한 의료적 상황에 대해 인식하지 못하고 있는 상태였음
- 본원 호스피스 병동 입원 후 병동 내 분위기 및 동료 환자의 임종을 간접적으로 보면서 자신의 상태에 대해 짐작하기 시작함
- 간병 중인 부인에게 자주 화내는 모습을 보이고, 자녀의 병원 방문을 꺼려하며 방문을 원하지 않음

(7) 사정

① 강점

- 부인의 헌신적인 지지와 보살핌
- 사보험 의료 혜택이 가능함. 발병 전 가입한 암보험으로 보험금을 수령하고 있어 수입 중단에 따른 의료비 마련의 어려움이 없는 상황

② 문제사정

- 불안반응: 환자가 본원 입원 당시 암 말기 및 임종 가능성에 대한 진실 통고를 받지 못한 상태이며, 의료적 상태 악화에 대한 불안감으로 가족들에게 분노를 표현하는 것으로 보아 심리적 어려움이 내재되어 있음
- 건강문제, 장애, 상실의 적응: 환자가 지인, 자녀와의 만남을 거부하고 있어 임종에 대한 준비가 어려운 상황

③ 개입 계획

- 진실통고를 통한 임종 준비가 필요하여 의료진, 가족들과 협의하여 진실 통고의 시점과 전달자를 결정하여 환자가 자신의 의료적 상태를 정확하게 인지하고 임종 준비에 스스로 참여할 수 있도록 조력할 계획임
- 편안한 임종 준비를 위한 가족 및 주변 지인과의 의미 있는 시간을 마련하기 위해 특별한 이벤트를 추진할 계획임

(8) 개입 과정

① 목표 1: 진실 통고에 의한 주도적인 임종 준비

개입 내용	• 주치의, 부인과 진실 통고에 대해 협의한 결과 부인이 직접 환자에게 말기 암이라는 사실을 전달하기로 결정하고 환자의 컨디션을 고려하여 전달함
개입 결과	• 진실 통고 직후 이미 자신의 의료적 상태에 대해 짐작하고 있었음에도 불구하고 당황하는 반응을 보였으나 정확한 상태를 전달받은 것에 대해 만족스러워 했고 막연한 불안감은 오히려 안정적으로 변화됨 • 얼마 남지 않은 시간을 편안하게 보내고 싶다는 의지를 표출하며 부인에 대한 신경질적인 태도도 완화되고 가족들을 만나 정리하고 싶다고 함

② 목표 2: 편안한 임종 준비를 위한 가족 및 지인과의 의미 있는 시간 마련

개입 내용	• 직장 동료, 자녀들, 부인과의 의미 있는 시간을 마련하기 위해 클라이언트가 발병 전 함께 근무하였던 동료 연주자들에게 요청하여 클라이언트를 위한 소규모 콘서트를 준비하여 진행함
개입 결과	• 깜짝 이벤트를 계획한 전날 클라이언트의 의료적 상태가 악화되면서 계획했던 장소에서 진행하지 못하고 임종 직전 클라이언트를 위해 마련된 1인실에서 진행하였음. 클라이언트가 연주를 들으면서 눈물을 흘리며 자녀들과 기념사진을 찍으면서 의미 있는 시간을 가짐

(9) 평가

상기 클라이언트는 입원 당시 자신의 암 말기 상태에 대한 인식이 없었고 가족들이 원하는 상태에서 입원했기 때문에 점차 악화되어 가는 의료적 상태에 대한 불안감이 있었다. 이로 인해 부인을 힘들게 하고 자녀 및 지인들과의 만남을 거부해 임종에 대한 준비가 되지 않고 있는 상황이었다. 이에 주치의와 보호자 면담을 통해 진실 통고 시점과 전달자를 정하여 사실을 알린 후 클라이언트가 임종을 준비할 수 있도록 하였고, 이벤트를 통해 가족 및 지인들과 정리할 수 있는 시간을 가질 수 있도록 개입하였다.

이 사례의 한계점은 클라이언트의 예민함이 극도로 심해 개별면담을 진행하지 못하여 클라이언트의 직접적인 욕구를 명확하게 사정하는 데 어려움이 있었다. 그러나 의료진과의 협조를 통한 진실 통고와 가족들과의 시간을 마련해 줌으로써 수용적인 임종을 맞이할 수 있었다는 점에서 개입이 긍정적으로 이루어졌다.

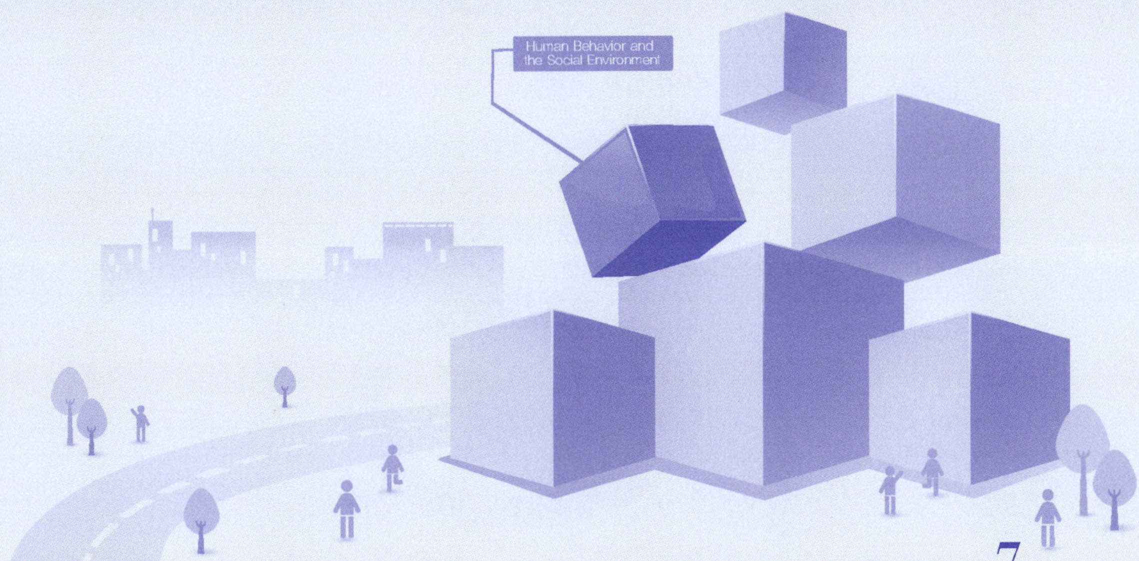

CHAPTER 7

사회환경의 수준: 미시체계

생태학적 체계이론에서는 인간을 둘러싼 환경을 미시체계(microsystem), 중간체계(mesosystem), 외체계(exosystem), 거시체계(macrosystem), 시간체계(chrono system) 등으로 나누었으며(그림 7-1), 인간은 각 체계와 서로 상호작용하므로 각 체계로부터 영향을 받을 뿐 아니라 체계에 적극적으로 영향을 미치는 존재라고 보았다. 이러한 환경체계 수준에서 가장 가깝고 직접적인 영향을 미치는 미시체계에는 가족, 친구, 이웃, 교육기관, 종교 단체 등이 포함된다.

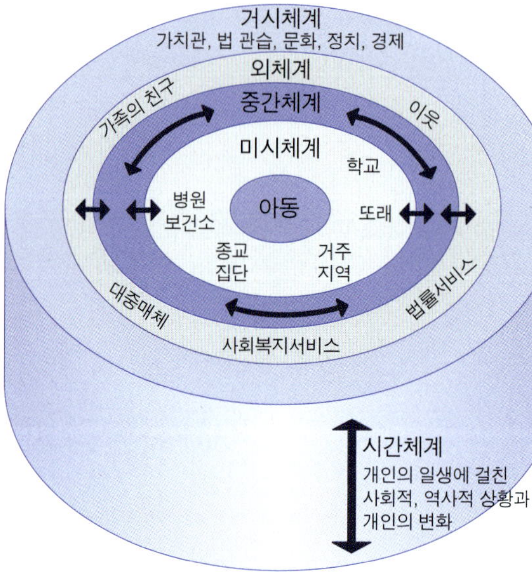

그림 7-1 체계의 수준

1 가족체계

1) 가족체계의 개념

가족은 개인이 성장하고 발달하는 데 가장 친밀하고 영향력 있는 사회적 환경이다. 또한, 모든 체계 중에 구성원 사이의 복합적인 상호작용 및 관계가 가장 뚜렷한 것이 가족일 것이다. 가족체계는 가족을 하나의 사회체계로 보고 가족 구성원으로 이루어진 하위체계가 특정한 위계를 이루어 전체로 유지되며, 가족 간 정서적인 유대감을 나타내는 가족 응집성과 가족의 발달적·상황적 변화에 대처하는 가족적응성으로 정의한다(김유숙, 2006).

체계로서의 가족은 항상 동적이어서 변화하고 성장하며 항상성을 유지하려는 속성을 지니고 있다. 가족체계는 체계 유지를 위해 구조 유지와 구조변화 간에 역동적 평형을 취하려 한다. 가족 구성원은 가족 내의 다양한 위치에서 상호 의존적인 관계를 유지해야 함으로써 한 구성원의 역할 변화는 다른 구성원에게 행동 변화를 가져오게 되며, 상당한 기간에 걸쳐 가족 구성원 사이에 형성된 독특한 상호작용 패턴으로 가족체계의 적응과 균형을 통한 안정성을 추구하고, 외부체계와 구분되는 경계를 형성하기도 한다. 따라서 한 개인의 문제는 그 개인의 내적인 문제라기보다는 그 개인을 둘러싸고 있는 전체로서 가족이라는 맥락에서 문제를 이해하려고 한다.

사회체계론적 관점에서 가족의 특징은 다음과 같이 이해할 수 있다(Barker, 1986, 김유숙, 2006, 재인용).

① 가족은 각 부분의 특성을 합한 것 이상의 특성을 지닌 체계이다.
② 이러한 체계의 움직임은 어떤 일반적인 규칙에 의하여 지배되고 있다.
③ 모든 체계는 경계를 가지고 있으며, 이와 같은 경계의 특성은 체계가 어떻게 기능하는가를 이해하는 데 중요하다.
④ 체계 한 부분의 변화는 가족체계 전체의 변화를 초래할 수 있다.
⑤ 가족체계는 완전하지 않으므로 항상 비교적 안정된 상태를 유지하려는 경향이 있다. 따라서 성장이 가능하여 여러 가지 방법으로 변화를 일으키거나 촉진시킬 수 있다.
⑥ 체계 기능 중 체계 간의 의사소통이나 피드백 기능이 중요하다.
⑦ 가족 내에서의 개인의 행동은 어떤 원인이 곧 결과가 된다는 직선적 인과관계보다는 원인이 결과이며, 결과가 원인이 될 수 있다는 순환적 인과관계로 보는 것이 이해하기 쉽다.
⑧ 다른 개방체계와 마찬가지로 가족체계는 목적을 추구한다.
⑨ 체계는 하위체계에 의해서 성립되며, 그 체계는 보다 큰 상위체계의 일부분이다.

2) 가족체계의 특성

어떤 가족체계가 열린 체계로서 운영되지 못하고 자신들의 체계를 닫힌 체계로 운영할 경우, 그 가족체계는 혼란이 일어나 체계로서의 기능을 다하지 못할 것이다. 그러므로 가족치료 입장에서는 개인에게 증상이 나타나면 그것은 한 개인의 문제라기보다 가족의 체계가 역기능적이기 때문에 가족체계 자체를 고려해서 진단해야 한다는 것이다(김유숙, 2006). 이러한 가족의 기능과 구조를 사정하는 데 있어서 기본적으로 고려해야 할 가족체계의 특성을 구체적으로 살펴보면 다음과 같다(Goldenberg & Goldenberg, 1985).

(1) 가족규칙

가족규칙은 서로의 행동을 규정하고 제한하는 관계상의 합의로 시간의 흐름에 따라 대개의 가족은 일련의 규칙체계를 갖게 마련이다. 즉, 규칙은 가족 구성원의 반복되는 상호작용을 통해 조직화되어 은연중에 불문율이 된다. 이 규칙을 통해 가족생활의 응집력이나 안정성 등이 유지되며, 가족의례나 기념식 등은 가족의 응집력과 지속감은 물론이고, 개인의 정체성 형성에도 중요한 역할을 한다. 따라서 가족치료에서는 가족의 성장과 성숙을 방해하는 가족의 역기능적인 규칙을 찾아내어 이를 수정시킴으로써 가족 구성원의 자유로운 성장을 도울 수 있다.

(2) 가족의 항상성

항상성은 비교적 안정적이고 지속적인 균형 상태를 유지하기 위한 체계의 경향을 말한다. 즉, 가족체계가 외부 자극으로 인해 평형상태로부터 벗어나려 할 때 일탈을 통제하여 체계 스스로 자신의 상태를 조절·회복하려는 작용이다. 가족의 항상성은 가족 내에서 일어나는 내적이고 지속적인 관계를 유지시켜 주는 상호작용과정을 통하여 내적인 균형을 보장해 준다. 그러나 항상성은 단지 현상 유지를 의미하기 때문에 가족이 가장 효과적으로 기능하고 있다는 뜻은 아니다.

(3) 가족의 신화

가족 신화란 근본적으로 가족 구성원 간에 지켜지는 어떤 신념 내지 기대로 구성된다. 즉, 이는 모든 가족 구성원에 의해 의문의 여지가 없는 공통적 신념 내지 기대로써 자동적 동의로 귀결된다.

(4) 가족의 하위체계

가족체계는 여러 하위체계로 구성되어 있다. 가족의 하위체계는 가족의 역할을 수행하기 위해서 가족 구성원 간의 상호작용에 의해 만들어진 일정한 형태를 말한다.

① 부부 하위체계

부부 하위체계는 서로 다른 성을 가진 두 성인이 생리적·심리적·사회적 욕구를 만족시키기 위해 합해질 때 형성된다. 부부는 가족체계의 시작이고 핵심이므로 부부 하위체계의 정서적 안정과 원활한 기능은 가족체계의 안녕을 좌우한다.

② 부모 하위체계

부모 하위체계는 자녀가 출생하면서부터 부부는 부모로서 기능하게 된다.

③ 형제 하위체계

형제 하위체계는 자녀들 간의 협동·경쟁심·협상·지지를 배우고 동료관계를 배우는 체계이다.

(5) 가족의 경계

가족의 하위체계에는 규정과 다양한 규칙 및 의사소통 채널, 행동 패턴 등이 있으며, 이를 '경계'라는 용어로 설명한다.

① 밀착된 경계선

밀착된 경계선은 가족 구성원 간의 상호작용에서 그 관계가 지나치게 밀착되어 있고 강력하여 서로의 생활에 지나치게 관여하고 과잉 염려를 하는 것을 일컫는다.

② 유리된 경계선

유리된 경계선은 가족이 유리된 경우 가족 내의 경계가 심하게 분리되어 가족 구성원 사이의 경계가 경직되어 있고, 지나치게 분명하며, 가족 구성원 간에 상호 교류를 하지 않는 것을 의미한다.

③ 분명한 경계

이 체계는 하위체계 사이에 이상적인 경계로 분명하고 명료한 경계선을 갖고 있다. 분명한 경계선은 안정되고 융통성이 있는 것을 의미한다.

3) 가족의 유형

가족을 이해하기 위해 인류사회에 존속하여 온 수많은 가족은 어떠한 모습으로 모여 살고 있는가를 알아본다. 가족의 구성형태와 생활모습은 가족의 외형뿐만 아니라 그들의 문화와 정신구조를 나타내 주기도 한다. 현대사회는 급속한 사회 변화와 함께 가족의 형태도 매우 다양하며, 가족형태에 따라 가족은 개인에게 많은 영향을 미치게 된다. 가족의 다양한 변화는 가치관의 변화, 인구동태의 변화, 종교관의 변화, 생태계의 변화, 노동형태의 변화 등 여러 가지 사회적 요인에 의해서 발생하게 되었다(이영실 외, 2013).

(1) 핵가족

가장 보편적인 가족형태로 산업구조의 변화에 따른 주거와 직장의 분리에서 비롯된 바가 크다. 부부와 미혼인 직계자녀로 구성된 가족이다. 자녀는 결혼하면 부모의 집에서 분가하는 것이 원칙이다. 핵가족화는 가족의 보호 및 부양 기능의 약화를 초래할 수 있다. 가정 내·외의 문제점을 살펴보면 핵가족이 가족 구성원 개인에게 미치는 영향을 알 수 있다. 가정 내적 문제점으로는 가족 기능의 축소, 가족결합의 약화, 가족 구성원 생활태도의 개성화, 가족 구성원 상호 간 사회적 관심과 생활태도에서의 차이로 인한 갈등 증가가 두드러진다. 가정 외적 문제점은 사회문화적 배경이 다른 배우자 선택으로 인하여 가족성립 조건이 불안정하고 주위 친족 및 지역사회에서의 지원이 없으므로 위기 시 가족이 쉽게 해체되어 버리는 점이다.

(2) 확대가족

한 집에서 여러 세대가 사는 가족을 말한다. 확대가족은 핵가족이 종적 혹은 횡적으로 연결되어 형성되며, 자녀가 결혼한 후에도 부모와 동거하는 가족형태이다. 우리나라에서는 전통적으로 가부장제도에 근거한 확대가족이 이상적인 가족형태였으나, 사회가 산업화됨에 따라 점차 변화하여 핵가족이 현저히 증가하는 것에 비해 확대가족은 점점 감소하고 있다.

(3) 무자녀 가족

과거에는 불임이나 사고로 인해 비자발적인 무자녀 가족이 자녀를 갖기 위한 노력을 하였지만, 점차 자발적인 무자녀 가족이 증가하고 있다.

최근 아이가 없는 신세대 맞벌이 부부, 딩크족(DINK: Double Income No Kids)이라는 신조어가 생겼듯이 자발적 무자녀 가족은 신체적 문제없이 사회적 의도성으로 자녀를 갖지 않는 무자녀 부부 형태로 여성의 취업증가와 교육 수준·생활수준의 향상 및 부부중심으로 생활하고자 하는 점을 그 원인으로 들 수 있다.

(4) 노인가족

산업화에 따른 사회구조와 가치관의 변화에 따른 핵가족화의 경향으로 노인만으로 구성된 가족이 증가하고 있다. 우리나라는 급속한 산업화 과정 속에서 출산율 감소 및 평균수명의 연장으로 유년 인구는 감소하고 노인 인구는 증가하여 200년에 고령화 사회에 접어들은 가운데 자녀와의 동거를 원치 않는 노인 및 부모와의 동거를 원치 않는 자녀의 증가 등의 이유로 점점 노인가족이 늘어나고 있는 현실이다.

(5) 한부모가족

한부모가족은 부 또는 모의 사망이나 실종·별거·이혼·미혼모 등의 사유로 인하여 부모 중 한쪽만 있는 가족 형태로 우리나라도 점점 늘어나고 있는 추세이다. 한부모가족의 경우 부모 중 한쪽이 부재함으로 인한 복합적인 문제에 처할 가능성이 높아 사회복지적 지원이 절실히 필요하다.

(6) 혼합가족

혼합가족은 재혼가족으로 이전 결혼에서 자녀가 없는 사람이 재혼하는 경우와 이전 결혼관계에서 최소 한 명의 자녀를 둔 사람이 재혼하는 계부모 가족 형태가 있다. 요즘 이혼녀와 총각과의 재혼이 신풍속도로 등장하는 등 재혼유형이 다양화되는 추세이다.

일반적으로 혼합가족은 자녀가 포함됨으로써 복잡한 가족형태를 이루고 있다. 재혼한 부부와 그 자녀 사이에 발생할 수 있는 가치관의 차이를 해결하지 못하면 일상생활에서 갈등을 일으키는 많은 요구와 자원의 제한이라는 어려운 상황에 처하기 쉽다.

4) 가족생활주기와 발달 과업

개인의 발달과 마찬가지로 가족에도 주기가 있다. 가족생활주기(family life cycle)란 사람이 가족생활에서 경험하는 미혼 – 결혼 – 출산 – 육아 – 노후의 각 단계에 걸친 시간적 연속을 말한다. 가족은 결혼으로 형성되고 자녀의 출산으로 발전, 확대되었다가 자녀의 결혼, 분가로 축소되면서 사망으로 그 종말을 맞이한다.

이러한 가족주기를 파악하는 것은 가족생활에 관한 장기적인 안목을 갖는 방법이다. 이것은 가족생활이 지속되고 연속된다는 인식을 기초로 하고 있으며, 생활주기의 관점은 한 가족의 주기상에 나타나는 각 국면의 문제와 잠재적인 문제, 취약점과 강점을 시간적 차원과 계속적인 발달의 과정으로 연구하는 데 도움을 준다.

이러한 가족주기는 시대의 흐름에 따라 변화되고 있다. 최근에는 점점 출산율과 단산연령이 낮아져서 그만큼 마지막 자녀의 독립이 빨라지고 있으며 사람의 수명은 증가하고 있다. 따라서 가족주기에서는 부부만 남게 되는 시기부터 은퇴 후 부부 모두 사망하기 전까지의 기간이 전 보다 훨씬 길어졌다. 가족주기의 후기 부분이 연장되고 있어 이에 대한 중요성과 관심이 증가되고 있다.

한국보건사회연구원(2000)에서 가족생활주기 변화 양상을 분석한 바에 따르면 우리나라 부부의 평균 초혼 연령은 점점 늦어지고 신혼부부기간과 자녀양육기간은 줄어드는 반면, 노부부로 생활하는 노년기의 기간이 연장되는 경향을 보이는 것으로 나타났다. 이러한 경향은 여성의 사회참여 증가와 소자녀 가치관 및 낮은 출산율, 가족의 노인보호 부양 기능의 약화에서 그 원인을 찾을 수가 있다.

가족생활주기에 대한 분류는 학자마다 약간씩 다르나, 서구의 대표적인 듀발과 밀러(Duvall & Miller, 1984)는 8단계로 나누어 ① 부부만의 시기, ② 자녀출산 및 양육기, ③ 미취학 아동기, ④ 학동기, ⑤ 청소년기, ⑥ 진수기(독립기), ⑦ 중년기, ⑧ 노년기로 구별하였다(류종훈, 2005). 가족생활주기의 이해는 가족의 이해와 더불어 가족의 발달 과업이 무엇인가를 알려 주기 때문에 가족평가의 기초선을 제공해 준다고 할 수 있다. 가족치료 입장을 취하는 카터와 맥골드릭(Carter &

McGoldrick, 1980)의 가족생활주기와 발달 과업을 정리하면 다음과 같다(류종훈, 2005).

표 7-1 가족생활주기 및 발달 과업

가족생활주기	주요 발달 과업	가족에게 요구되는 기능
결혼 전기	자신에 대한 정서적 · 재정적 책임감을 받아들임	• 원 가족과의 관계에서 자아 분화 • 친밀한 동료관계의 발달 • 재정적인 독립과 자아의 확립
결혼 적응기	새로운 가족체계에 대한 적응과 확신	• 부부체계의 형성 • 배우자와의 성숙한 관계를 유지하기 위해 친구와 확대가족과의 관계 재형성
자녀 아동기	체계 내의 새 가족 구성원을 받아들이고 체계변화에 적응	• 자녀에게 공간을 주기 위한 부부체계의 조정 • 자녀양육 · 재정 · 가사에서 협력 • 부모 · 조부모의 역할을 포함하기 위한 확대가족과의 관계 재조정
자녀 청소년기	자녀의 독립과 조부모 노쇠를 수용하기 위한 가족 경계선의 융통성 필요	• 사춘기 자녀가 가족체계의 안과 밖으로 이동하는 것을 허락하기 위한 부모-자녀 관계의 변화 • 중년기 사회적 역할추구와 부부생활의 위기에 대한 점검 • 노부모를 함께 보살피기 위한 변화 시작
자녀 독립기	가족체계로부터 가족 구성원의 잦은 출입을 받아들임	• 두 사람만의 부부체계로서의 재협상 • 성장한 자녀와 부모 간에 성인 대 성인관계로 발전 • 인척과 손자를 포함하기 위한 관계의 재조정 • 부모(조부모)의 신체적 노쇠와 죽음을 다룸
노년기	세대 역할의 전환을 받아들임	• 생리적인 쇠퇴에 직면하여 자신 또는 부부간의 기능과 관심을 유지하는 것, 새로운 가족의 사회적 역할에 대한 탐구 • 중간 세대의 더 많은 중심적인 역할에 대한 지시 • 노인의 지혜와 경험을 위한 자리를 내어 드리는 것과 노인세대를 지지하는 것 • 배우자 · 형제 · 동료의 사망을 다루는 것과 자신의 죽음에 대한 준비 및 삶의 회고와 통합

출처: 류종훈(2005).

2 집단체계

1) 집단의 개념과 특성

(1) 집단의 개념

집단은 서로가 동일한 집단에 소속되어 있다는 집단 의식이 있고 공동의 목적이나 관심사가 있으며 이들 목적을 성취함에 있어서 상호 의존적이며 의사소통, 인지 그리고 반응을 통하여 상호작용하며 단일한 행동을 할 수 있는 능력이 있는 2인 이상의 사회적 집합체로 정의된다(권중돈 · 김동배, 2006).

집단은 하나의 사회체계로서 구성원의 상호작용을 바탕으로 개인의 사회적 관계를 증진시키며, 다양한 욕구를 충족시키고 문제를 해결한다. 집단은 구성원의 활동에 따라 구성원 각자와 사회에 유익하기도 하지만, 부정적인 영향력을 미치기도 한다. 한편, 집단은 다른 집단에 의해 영향을 받으며, 지역사회나 국가의 기대, 가치관, 문화 등에 의해 영향을 받는다.

인간은 성장해 가는 동안 다양한 집단을 경험하며 집단은 인간의 성격 형성과 발달에 다음과 같은 많은 영향을 준다. 예를 들면, 유아기에는 또래와의 연합놀이와 협동놀이를 통해 사회생활에 필요한 기초적인 도덕성이나 사회적 역할 분담을 학습하며 의미 있는 지도력을 경험한다. 아동기에는 학급 집단이나 또래집단의 구성원으로서 여러 가지 집단활동을 경험하는데 이를 통해 규범준수, 상호 협력, 자기 욕구의 통제와 관련된 기술을 습득하며, 근면성과 열등감이라는 성격적 특성이 형성된다. 특히, 청소년기는 또래 및 성인과의 긍정적인 관계 경험을 통해 자신에 대한 관점을 발전시킴으로써 자아 정체성 형성의 기반을 마련할 수 있다. 성인기 이후에 의미 있는 집단 경험이 없으면 고독, 소외감, 우울증 등과 같은 다양한 정신장애를 보일 가능성이 커진다.

(2) 집단의 특성

집단은 일정한 목적을 갖고 움직이는 체계로서 내적으로는 구성원을 통제하기 위한 독특한 규범과 문화를 발전시키고 외적으로는 환경체계와 영향을 주고받는다(김종옥 · 권중돈, 1993). 이를 구체적으로 살펴보면 다음과 같다.

① 일정한 구성원을 갖는다

구성원 상호 간의 상호작용으로 인해 제한을 받으며 상호작용이 이루어지지 않을 정도로 규모가 큰 경우에는 더 이상 집단이라고 말할 수 없다. 집단 구성원의 역할을 다음과 같다.

가. 과업 역할

- 집단의 문제 해결에 초점을 두고 활동함
- 주로 문제를 해결하는 기발한 생각이나 해결책을 제안함
- 집단이 다른 구성원에게 정보를 요청하고 사실을 파악하는 데 열중하고, 스스로도 문제 해결에 필요한 정보를 제공함
- 이 외에도 하위 집단의 활동조정, 집단평가 등을 함
- 주도자, 정보수집가, 의견제공자, 촉진자, 평가자 등의 역할을 함

나. 사회정서적 역할

- 집단의 대인관계에 초점을 두고 활동함
- 다른 구성원을 칭찬하고 격려하며 수용하는 등 주로 긍정적 의사소통을 주도함
- 집단 구성원의 의견 차이를 중재함
- 격려자, 타협자, 중재자, 촉진자, 추종자 등의 역할을 함

다. 개인적 역할

- 집단이나 대인관계에는 관심이 없고 개인적인 문제에만 관심이 있음
- 권위적이고 의사소통을 독점으로 하려고 함

- 공격자, 방해꾼, 인정추구자, 지배자 등의 역할을 함

② 공통된 목적이 존재한다

구성원이 함께 공유하고, 실제로 달성할 수 있는 목적이 있어야 한다. 목적은 체계를 유지하고 과업을 성취하는 기능을 한다.

③ 정체성을 갖는다

다양한 집단활동을 통해 형성되는 '우리 의식'이라 할 수 있다.

④ 집단은 개인의 행동에 영향을 미친다

사회화의 기능을 수행한다. 집단규범이 형성되면, 이 규범은 구성원이 각자의 자아 인식으로 내면화된다.

⑤ 상호작용은 일차적으로 정서적 맥락에서 이루어진다

집단 내 상호작용은 구성원의 내적 혹은 자연적인 상태를 기반으로 한다. 집단 관련 활동은 일차적으로 이성적이기보다 감정적이다.

⑥ 집단참여에는 한계가 있다

일정한 관심과 흥미에 기초하여 자발적으로 결정한다. 집단은 구성원에게 상호작용을 요구하고 구성원의 힘과 에너지를 필요로 한다. 자연적으로 한 개인이 집단에 참여하는 정도와 수는 제한적이기 때문에 집단참여에는 한계가 있기 마련이다.

2) 집단의 역동성

집단은 구성원의 상호작용을 통해서 구성원 각자에게는 물론 집단 전체에 영향을 미치게 된다. 이러한 상호작용에 의해 집단변화에 미치는 힘을 집단의 역동성이라 한다. 집단의 역동성은 구성원의 의사소통, 집단의 목적과 규범, 구성원의 역

할과 정서적 유대 등 다양한 요소에 의해서 영향을 받으며, 이러한 요소를 적절히 활용하게 되면 집단의 발전은 물론 구성원에게 긍정적 결과를 가져올 수 있다(김혜영 외, 2010).

(1) 의사소통(communication)

집단 내에서 구성원 간의 의사소통은 그들의 정보, 감정, 태도 등을 다른 구성원에게 전달하는 것으로, 집단활동에서 가장 중요한 요소이다. 의사소통은 언어를 통해 분명하게 전달되는 언어적 의사소통과 몸짓, 표정 등에 의해서 전달되는 비언어적 의사소통이 있으며, 공식적 또는 비공식적으로 이루어진다.

집단 구성원은 의사소통을 통해 상호 간에 영향을 주고받으며, 의사소통의 정도는 집단참여, 생산성, 만족감, 목적 달성 등에 영향을 미치게 된다. 또한, 의사소통은 집단 구성원의 유대를 강화 혹은 약화시킬 수 있고 집단의 발전에 영향을 미치므로, 구성원 간에 효과적으로 의사소통할 수 있게 해야 한다.

(2) 집단 목적(group goal)

집단활동의 바람직한 결과가 집단 목적이다. 모든 집단은 모호하든 명확하든 간에 존재 이유가 있는데, 이것을 집단 목적이라고 한다. 집단 목적은 집단에 관여한 모든 사람의 상호작용의 산물이자 기대가 융합된 결과로, 집단의 존립 이유, 기대, 희망 등을 포함하며, 하나일 수도 있고 복합적일 수도 있다(김동배 · 권중돈, 2008).

집단 구성원 각자의 목적이 집단의 목적과 일치될 때도 있지만, 일치하지 않아 갈등관계에 놓일 때도 있다. 따라서 집단 구성원 각자의 목적을 분석하여 개인의 목적과 집단의 일반적인 목적 간의 일치성, 집단 목적의 구속력, 목적 달성에 따른 갈등 등을 파악할 필요가 있다. 집단의 효율성과 구성원의 만족도는 구성원 각자의 개인적 목적이 집단의 목적에 의해서 발전된다고 느끼거나 두 가지의 목적이 조화를 이룰 때 높아진다.

(3) 문화와 규범

규범은 집단 구성원이 지켜야 할 규칙이나 기준이다. 집단 속에서 허용되는 행동상의 법규를 규정하고 있으며, 집단의 주요한 통제수단이다. 규범은 집단 구성원의 상호작용 과정을 통해 형성되고, 구성원 전체에게 동일한 구속력을 가지며, 공식적일 수 있으며 비공식적일 수도 있다.

규범은 집단 구성원의 행동을 규제하기 때문에 규범의 발달과 수용은 집단의 생존에 영향을 미치며, 구성원을 집단에 순응하도록 압력을 가한다. 집단이 규범을 적용하는 절차와 형식에 너무 치우치게 되면 중요한 문제를 해결하는 일에 소홀할 수 있으며, 구성원에게 갈등을 불러일으킬 수 있다. 이와 같이 규범의 성격, 시행방식, 구성원과 집단에 대한 영향 등은 집단발달에 중요한 결정요인이 된다.

(4) 지위(status)와 역할(role)

지위란 집단 내에서 구성원 각자가 차지하고 있는 위치를 말한다. 이것은 집단 내에서의 평가과정을 통해서 개인에게 부여되며 고정적이지 않고 유동적이다. 지위는 집단 구성원 각자의 전문적 지식, 집단에 대한 책임, 개인적 매력 등에 따라 달라지며, 구성원의 행동, 책임, 통제 등에 영향을 미친다.

역할은 집단 내에서 개인의 위치에 맞는 행동유형을 말한다. 이것은 집단 내에서 개인의 행동을 이해하고 예측할 수 있게 하며, 기대된 역할, 지각된 역할 및 실행된 역할로 구분할 수 있다. 기대된 역할은 집단 내에서 일정한 위치를 차지하고 있는 사람으로서 기대에 부응하는 행동이며, 실행된 역할은 지위를 차지하고 있는 사람이 실제로 수행한 역할을 말한다. 집단에서 구성원 각자가 자신의 역할을 잘 수행할 수 있도록 하기 위해서는 각자의 역할에 대해 토의하며 현재의 역할에 따르는 책임과 권리를 명료화하고 구성원의 역할을 적절하게 변화시켜야 한다.

(5) 집단 지도력(leadership)

집단 지도력(리더십)은 모든 집단활동에 동기를 부여, 촉진하고 다양한 집단활동이 일정 목표를 향하도록 일체감을 조성하는 중요한 역할을 한다.

(6) 정서적 유대

집단 구성원이 서로에게 매력이나 반감을 갖게 되므로, 그들의 정서적 유대에 대해 관심을 가져야 한다. 집단 내의 의사소통을 통해 정보와 의견이 전달되기도 하지만, 긍정적·부정적 감정이 교환되기도 한다. 집단 내에서 매력과 같은 긍정적인 정서적 유대는 구성원 간의 상호작용을 증진시키지만, 반감과 같은 부정적 유대는 구성원 간의 결속과 상호작용을 감소시킨다.

정서적 유대는 집단 구성원에게 소속감을 갖게 한다. 정서적 유대가 높은 집단은 갈등과 긴장을 잘 극복하며, 구성원의 욕구를 충족시키고, 집단의 목적을 효과적으로 실현시킬 수 있다. 그러나 정서적 유대는 집단 전체에 동일하게 작용하는 것은 아니며, 구성원은 긍정적 또는 부정적인 유대를 갖기도 하고, 이러한 과정에서 집단 내에 하위 집단이 생성된다.

(7) 하위 집단

집단 구성원이 서로 간에 공통점을 발견하게 되면, 다양한 하위 집단이 형성되기 시작한다. 하위 집단은 집단의 규모가 커지게 되면 모든 집단에서 나타나며, 유사성, 공통의 속성, 공통의 관심사, 상호 간의 매력, 포함의 욕구 등에 의해서 형성된다. 하위 집단은 소수의 구성원으로 이루어지며, 그들 간에 정서적 유대와 조화가 나타난다. 하위 집단은 전체 집단에 참여하는 데 있어서 보람을 느끼게 하며, 집단 응집력을 향상시킨다. 이와 같이 하위 집단은 집단의 발전에 기여하기도 하지만, 집단 응집력을 약화시키는 경우도 있다. 하위 집단의 존재는 자연스러운 결과이기 때문에 이를 받아들여야 하며, 하위 집단이 전체 집단에 유리하게 작용할 수 있도록 원조해야 한다.

(8) 응집력

응집력은 집단 구성원이 집단에 대해 긍정적인 사고를 가지며 구성원끼리 상호간에 매력을 느끼는 힘을 말한다. 집단 응집력은 집단의 목적 달성에 중요한 요소이며, 응집력이 강할 때 구성원은 집단의 구조와 규범을 받아들인다. 이것은 구성원이 집단에 대해 부정적인 면보다 긍정적인 면을 더 많이 가지고 있을 때 생긴다.

집단 응집력은 구성원의 특성, 집단의 활동내용, 집단의 목적, 집단의 크기, 집단의 분위기, 집단참여의 필요성 등과 같은 다양한 요소에 의해 결정되는 복합적인 현상이다. 이는 집단활동에 광범위하게 영향을 미치며, 집단을 유지하는 결정적인 영향 요소가 된다. 집단 응집력을 높이기 위해서는 구성원의 상호작용, 집단의 생산성, 만족도 등을 향상시키는 것이 필요하다. 그 밖에도 집단의 역동성에 영향을 미치는 요소로는 집단의 크기, 분위기, 참여도, 지도력, 갈등, 구성원의 역할, 동질성과 이질성 등이 있다.

3) 집단의 종류

집단은 구성원 사이의 상호작용의 형태, 집단구성의 방법, 집단의 배타성의 정도, 집단의 목적 등에 따라 다양한 유형으로 구분할 수 있다(이영실 외, 2013).

(1) 치료 집단

치료 집단(treatment group)은 구성원의 공통된 욕구나 관심사에 초점을 두고 개방적인 의사소통과 정서적 교류를 통해 변화를 추구한다. 이 집단은 지지 집단, 교육 집단, 성장 집단, 치유 집단, 사회화 집단으로 분류된다.

① 지지 집단(support group)

구성원이 현재의 생활사건에 대처하고 앞으로의 생활사건에 효과적으로 대처할 수 있는 대처 능력을 향상시키기 위해 지지개입 전략을 사용하는 것이 특징이다.

사회복지사의 지지자, 촉진자의 역할이 필요하고 참여자는 '도우면서 치료'하는 효과를 보게 된다(예 한부모 집단, 이혼자녀 집단 등).

지지 집단은 일종의 자조 집단(self-help group)으로 간주될 수 있지만 전문가의 역할 정도에 따라 구분될 수 있다. 지지 집단에서는 사회복지사가 적극적으로 참여하여 촉진자로서의 역할을 수행한다. 하지만, 자조 집단에서 사회복지사는 자문 및 의뢰, 물적 지원 등의 간접적 지원만 하고, 대부분 구성원에 의해 운영된다.

② 교육 집단(educational group)

집단 구성원에게 기술과 정보를 제공해 주는 것으로 사회복지사는 교육자 역할을 한다(예 부모교육 집단, 성교육 집단, 알코올 및 약물남용 예방교육 집단 등).

③ 성장 집단(growth group)

능력과 자의식을 넓히고 개인적인 변화를 이끌어 낼 수 있는 기회를 구성원에게 제공하면서 구성원의 자기 계발, 잠재력 계발, 인간관계 개선 등을 강조하는 집단이다. 사회복지사는 조력자 역할을 한다[예 퇴직 후 고령자 집단, 참 만남 집단, 청소년의 가치명료화(value-clarification) 집단 등].

④ 치유 집단(therapy group)

구성원의 행동을 변화시키거나 정신적 충격 후에 재활시키는 것이 목적이다. 주로 정서적 또는 대인관계적 문제를 다룬다. 정신질환, 약물복용, 외상 후 스트레스 장애, 성폭행으로 인한 사회적·정서적 어려움을 해결하기 위한 집단으로 실천모델에 따라 정신역동치료 집단, 인지치료 집단, 행동치료 집단 등으로 구분된다. 사회복지사는 치료자 역할을 한다(예 본드 흡입 청소년 집단, 마약중독자 집단 등).

⑤ 사회화 집단(socialization group)

구성원이 사회에서 수용할 수 있는 행동과 태도를 집단활동을 통해 습득하도록 돕는 것이 목적이다. 정신병원, 교도소 등에서 장기간 살다가 퇴소한 사람, 비행청소년, 장애인 등 사회적응 기술을 배워야 하는 사람에게 필요하다. 사회복지사는 사회적 기술을 가르치고 스스로 역할모델이 되어 주고, 참여를 유도하여 학습할 수 있도록 도와야 한다. 이때 사회복지사는 조력자, 교육자로서의 역할을 한다.

사회화 집단은 토론, 게임이나 레크리에이션, 다양한 활동 프로그램 등을 활용하여 집단 목적을 달성한다(예 공공시설 수용되었던 사람을 위한 사교 클럽 등).

(2) 과업 집단(task group)

과업 집단은 특정한 과제를 완성하거나 명령을 수행하는 것이 주요 목적이다. 위원회나 협의회, 행정 집단, 특정 프로젝트에 일정 기간 투입되는 TFT(Task Force Team) 등이 해당된다.

(3) 자조 집단

자조 집단은 마약이나 암 또는 비만과 같은 핵심적인 공동 관심사가 있다는 점에서 과업 집단과 구분되지만 치료 집단의 문제와 유사하다. 자조 집단이 강조하는 것은 대인 간의 지지와, 개개인에게 다시 한 번 자신의 삶을 책임질 수 있는 환경을 만들어 주는 것이다.

(4) 개방 집단과 폐쇄 집단

집단이 진행되는 과정 중에 언제든지 새로운 구성원이 참여할 수 있는가의 여부에 따라 개방 집단과 폐쇄 집단으로 구분한다. 사회복지사는 집단의 종류와 목적, 기관의 사정을 고려하여 집단의 개방 여부를 융통성 있게 결정하여야 한다.

① 개방 집단

계속해서 새로운 구성원에게 집단을 열어 둔다. 무제한 구성원을 받을 수 있다. 개방 집단은 새로운 구성원의 참여가 기존 구성원에게 활력을 불어넣어 주고, 새로운 관점을 제공할 수 있다는 장점이 있다. 그러나 구성원이 마음의 문을 열고 자기 노출을 하거나, 견고한 신뢰감을 형성하는 것에는 방해가 될 수 있다(예 동아리).

② 폐쇄 집단

구성원의 자격을 먼저 분명하게 설정하며 구성원 수가 제한되어 있다(예 조직 폭력배). 폐쇄형 집단은 계속해서 동일한 구성원끼리 활동하는 것이므로 분위기가 안정적이고, 과정이 진행됨에 따라 신뢰와 협동심이 높아질 수 있다. 그러나 일부 구성원이 중도에 탈퇴할 경우 집단에 남아 있는 구성원에게 부정적 영향을 미치게 된다.

(5) 사회적 관계에 기초한 집단 유형

퇴니스의 사회적 관계의 두 가지 기본적 유형과 쿨리의 집단에 따른 사회적 관계유형으로 나뉜다.

① 퇴니스(Tönnies)의 집단 유형

공동 사회(게마인샤프트: Gemeinschaft)와 이익 사회(게젤샤프트: Gesellschaft)로 나뉜다. 공동 사회와 이익 사회에 차이점은 공동 사회는 본질의지에 의해 형성되며, 이익 사회는 선택 의지에 의해 형성된다는 것이다.

② 쿨리(Cooley)의 집단 유형

일차 집단(primary group)과 이차 집단(secondary group)으로 나뉜다. 일차 집단(원초 집단)은 혈연과 지연을 바탕으로 한 자연발생적으로 이루어진 집단(가족, 친구 집단)을 말하고 인간관계가 정서적이다. 이차 집단은 목적 달성을 위해 인위적으로 계약에 의해 이루어진 집단(사회, 군대 집단)이다. 인간관계가 수단적이고 합리성을 강조한다.

4) 집단발달단계

집단발달은 집단 과정에서 나타나는 집단 및 구성원의 변화하는 역동에 의해 일련의 단계로 구분될 수 있다. 집단발달이론은 집단이 형성되어 종결할 때까지 단계별로 집단 지도자의 개입 과제를 제시해 준다는 점에서 유용하다. 다음 〈표 7-2〉에서 볼 수 있듯이 집단발달단계 구분에 대한 학자 간의 견해 차이가 있다. 여기서는 효용성이 뛰어난 것으로 인정받고 있는 갈랜드(Garland), 존스(Jones)와 콜로드니(Kolodny)가 주창한 발달단계모델을 살펴보기로 한다. 이 모델은 구성원 간의 친밀감을 기준으로 하여 회원가입 단계, 권력 및 통제 단계, 친밀 단계, 변별화 단계, 이별 단계로 구분하였다(남세진 · 조홍식, 2000).

(1) 회원가입 단계

집단 구성원 간의 관계가 아직 친숙하지 못하고, 집단활동에 참여하는 데 자신의 입장을 분명히 밝히지 않는 경향이 있다.

사회복지사는 집단 진행 과정에 대한 기본 사항을 구성원에게 알려 줌으로써 참여를 준비시켜야 한다. 즉, 집단 프로그램을 통해 달성해야 할 목적, 집단 과정에서 지켜야 할 규범, 구성원의 역할 등에 대해 말해 두는 것이 좋다. 또한, 아직 구성원끼리 친숙하지 못하므로 친밀감을 높일 수 있는 활동을 진행하는 것이 필요하다.

(2) 권력 및 통제 단계

구성원이 집단경험을 가치 있다고 판단하고 참여하기 시작하면 집단 내에서 권한, 통제, 지위에 관해 관심을 갖게 된다. 두 번째 단계는 집단의 분위기가 종종 갈등적인 시기로 접어들게 되는 과도기이다. 이 단계에서 구성원은 보다 친밀한 관계 형성으로 변화되기 직전의 과도기적 혼란을 경험하게 된다.

집단 내에서 지지와 보상을 받기 위해 하위 집단을 만들게 되고, 지위의 상하관계가 형성된다. 집단은 개인 혹은 하위 집단 간의 갈등, 집단 과정 및 활동에 대한 불평, 리더십에 대한 도전과 같은 문제에 봉착한다. 이 단계에서 구성원이 집단을 탈퇴하는 경우가 많은데, 특히 고립된 구성원이나 불만이 많은 구성원은 이탈하기 쉽다.

사회복지사는 집단 구성원이 서로 의견이 맞지 않는 것에 대한 적대감을 갖지 않도록 돕고, 상호 존중과 이해를 하도록 격려해야 한다. 사회복지사 자신이 모든 구성원의 의견을 존중하는 것을 보여 줌으로써 역할모델이 될 수 있다.

(3) 친밀 단계

구성원 사이의 갈등이 줄어들고 상호 의존적 욕구 만족을 추구하는 현상이 나타나는 단계이다. 집단 공동체 의식이 높아지고 집단 목적을 달성하려는 동기도 강해진다. 구성원이 자신의 삶을 고찰하고 변화시키고자 노력하는 가운데 집단경험의 중요성에 대한 인식이 증가한다. 집단에 대한 신뢰가 깊어짐에 따라 자신의 감정과 문제를 자발적으로 노출시키며 집단의 의견을 구하게 된다.

(4) 변별화 단계

집단 구성원이 서로의 개인적인 차이점을 수용하게 되고, 관계는 더욱 동등해진다. 리더십은 더욱 균등하게 공유되고 권력 갈등이 최소화된다. 개방적 의사소통, 강한 응집력, 안정감, 자유로운 감정표현이 나타난다. 구성원은 서로의 개별적 차이에 대해 수용하기 때문에 반대의견을 억압하기보다 토론을 통해 합의점을 이끌어 낼 수 있다.

집단을 이끄는 사회복지사는 구성원의 피드백 과정을 바람직한 방향으로 촉진시킬 필요가 있다. 구성원으로 하여금 어떤 문제 행동이나 장점에 대해 비심판적인 방식으로 구체적인 피드백을 주어야 한다. 이 단계에서는 집단 및 구성원의 목적이 달성되었는지를 점검하고, 구성원이 점차 분화해 나갈 수 있도록 지지해야 한다. 구성원이 자신의 욕구, 강점, 재능 등의 독특성을 인식하도록 격려해 줌으로써 집단 밖에서도 성공적인 삶을 추구해 나갈 수 있도록 돕는다.

(5) 이별 단계

집단 목적이 성취되는 단계로 구성원은 각자의 사회적, 정서적, 직업적 욕구를 충족시켜 줄 수 있는 새로운 자원을 찾아 집단을 떠나는 단계이다. 그러나 때로는 집단을 더 유지하고자 퇴행적인 행동을 보이기도 한다. 구성원은 불안감과 분노를 표현하거나 종결을 부정하기도 한다. 집단 사회복지사는 평가와 종결을 미리 준비해야 한다. 즉, 집단 과정에서 성취한 과업을 숙고하고, 새롭게 배운 것을 돌이켜 보면서 집단에 대한 피드백을 주고받는다. 평가를 통해 구성원이 성취감을 갖도록 하고, 다른 사회적 상황에서도 집단에서 배운 기술을 활용하도록 계획한다. 종결하기 몇 주 전부터 다가올 종결 시기를 알려 주고 과업을 완수할 수 있도록 남아 있는 시간을 효과적으로 활용해야 한다.

표 7-2 집단발달단계

발달단계	Northen(1969)	Trecker(1972)	Garland, Jones & Kolodney(1976)	Toseland & Rivas(1995)
초기	① 계획 및 오리엔테이션 단계	① 초기 단계 ② 집단감정 출현	① 회원가입 단계 ② 권력 및 통제 단계	① 계획 단계 ② 초기 단계 ③ 사정 단계
중기	② 탐색과 시험 단계 ③ 문제 해결 단계	③ 유대, 목적, 응집력 단계 ④ 집단의식 강화, 목적 달성 단계 ⑤ 집단의식 감소 단계	③ 친밀 단계 ④ 변별화 단계	④ 작업 단계 ⑤ 평가 단계
말기	④ 종결 단계	⑥ 종결 단계	⑤ 종결 단계	⑥ 종결 단계

출처: Toseland & Rivas(1995).

3 사회복지실천과의 연관성

1) 환경체계로서 가족과 집단

사회복지실천에서 말하는 '환경(environment)'이란 개인을 둘러싸고 있는 다양한 체계를 말한다. 이 체계는 개인에게 긍정적으로 혹은 부정적으로 영향을 미친다. 또한, 개인은 주변 체계로부터 영향을 받을 뿐 아니라 반대로 영향을 미치기도 한다. 이렇듯 영향을 주고받는 환경체계 가운데 가장 일차적이고 직접적인 환경이 바로 가족이고 집단이다. 특히, 인간의 성장과 발달에 있어 가족의 영향력은 모든 원조 전문직에서 중요하게 다루어 왔다. 또한, 개인은 유아기를 거쳐 성장해 가는 동안 다양한 집단을 경험하게 되는데, 즉 또래, 학급, 학교, 동아리, 사회단체, 직장, 그리고 지역사회에 존재하는 다양한 소집단이다. 이러한 집단은 개인의 성격 형성과 사회적 관계 형성에 직접적 혹은 간접적으로 영향을 미친다. 따라서 사회복지사는 가족 · 집단을 클라이언트 개인의 일차적이고 직접적인 환경체계로 이해하고 바라보는 것이 필요하다.

2) 도움이 필요한 클라이언트로서 가족과 집단

사회복지사는 건강하고 기능을 잘하는 가족과 집단만을 만나는 것이 아니라 때로는 건강하지 않고 기능적이지 못한 가족과 집단을 만난다. 즉, 도움이 필요한 클라이언트로서 가족과 집단을 만나는 것이다. 이때, 사회복지사는 그들의 문제를 정확히 사정하고 이를 해결해 줄 수 있는 전문적인 지식과 기술이 필요하다. 도움을 요청하는 가족의 문제는 매우 다양하다. 때로는 심리적, 정서적 상담만을 요구하는 경우가 있지만, 대부분의 문제는 매우 복잡하고 다면적이다. 인간관계의 변화뿐 아니라 경제적인 원조와 환경조정을 요구하거나, 가족과 관련되는 주변 체계를 동원하는 것을 요구하기도 한다. 따라서 사회복지사는 클라이언트인 가족이 겪고 있는 어려움에 대해 체계적인 시각에서 접근해야 한다.

또한, 사회복지사는 도움을 요구하는 다양한 집단과 일을 한다. 이때 사회복지사는 구성원의 요구와 목적에 따라 자연 집단을 활용하거나, 이차 집단 혹은 형성 집단을 만들어 개입해야 한다. 즉, 사회복지사는 지지 집단, 교육 집단, 성장 집단, 자조 집단, 치료 집단, 사회화 집단을 만들어 개방 집단 혹은 폐쇄 집단의 형태로 운영할 줄 알아야 한다. 나아가 효과적으로 집단을 운영하기 위해서는 구성원의 특성과 욕구, 그리고 문제를 정확히 파악하는 것뿐만 아니라 실제로 집단을 이끌어 갈 수 있는 기술과 능력을 갖추어야 한다.

3) 지지체계로서의 가족과 집단

개인에게 가족과 집단은 객관적인 환경체계로서만 존재하는 것이 아니며, 동시에 문제나 어려움에 처해 있을 때 다양한 도움을 줄 수 있는 지지체계(support system)로서 존재한다. 예를 들어, 정신장애인을 둔 가족을 바라보는 시각이 과거에는 병리적인 관점에 기초하여 정신장애의 발생에 부정적인 영향을 미치는 문제의 원인으로 간주하였지만, 최근에는 오히려 가족을 지지체계 혹은 자원으로 간주하고 가족을 적극 활용하려는 방안을 모색하고 있는 추세이다. 이와 마찬가지로 개인이 속한 다양한 집단도 유용한 지지체계로 활용될 수 있다.

CHAPTER 8

사회환경의 수준: 중간체계

중간체계(mesosystem)는 특정한 시점에서 미시체계 간의 상호작용을 의미한다. 즉, 이것은 개인이 하나의 미시체계에서 일어나는 일이 다른 미시체계와 상호 관련되어 있으며, 그들 간에 상호작용을 하는 것을 말한다. 예를 들면, 가정생활과 학교생활, 가정생활과 친구관계, 가정생활과 종교생활 등이 상호작용을 하는 것은 중간체계이다.

중간체계는 성장하는 개인을 포함한 둘 또는 그 이상의 미시체계 간의 연결점과 과정으로 구성된다. 이것은 각각의 미시체계에 존재하는 개인에게 적절한 환경적 관점 내에서 자신의 위치를 확보하도록 해 준다. 개인이 다양한 미시체계에 참여할 때 서로 다른 역할을 수행하게 되며, 미시체계 간의 상호작용의 질, 빈도, 영향력은 개인의 행동에 크게 영향을 미친다(정옥분 · 윤종희 · 도현심, 1999: 459).

1 조직의 개념 및 특성

1) 조직의 개념

조직은 특정한 목적을 달성하기 위해서 의도적으로 설립한 체계로서, 일정한 크기와 구조를 가지고 구성원이 업무에 의해서 상호 관련되어 있는 사회적 단위이다. 이것은 업무분담 및 권력과 통제가 필요하며, 적절한 지도력과 책임성이 부여되어 있어야 한다. 조직은 구성원의 활동을 통해서 목적을 달성하며, 구성원 각자의 행동에 영향을 미친다. 또한, 조직 구성원은 조직을 통해서 자신의 욕구를 충족시키며, 다른 구성원의 조직행동에 영향을 미친다(이근홍, 2015: 315). 또한, 조직은 계획적인 활동을 통해서 일정한 활동영역을 가지고 있는 관리구조인 것이다.

조직과 유사한 개념으로는 집단, 기관, 체계 등이 있으나, 조직의 개념과는 다소 차이가 있다. 집단은 공통적인 목적을 가진 사람이 모여 상호작용을 하는 집합체이며, 기관은 공공의 이익을 위해 설립된 공식적인 조직을 말한다. 체계는 상호의존적인 관계를 가지고 있는 구성요소로 이루어진 집합체인 것이다.

조직은 일정한 형태를 가지고 있으며, 구성원의 분업적인 업무를 통해서 특정한 목적을 수행한다. 이러한 조직은 개인적인 노력으로 해결할 수 없는 기능수행이나 문제 해결을 할 수 있도록 사람을 결합시킨 사회체계이다(Norlin & Chess, 1997: 263). 따라서 조직이란 일정한 크기와 형태를 가지고 있으며 구성원이 업무를 통해서 상호 관련되어 있는 사회적 단위로서, 계획적인 활동을 통해서 특정한 목적을 달성하기 위해 의도적으로 설립한 사회체계인 것이다.

조직은 다양하고 변화하는 기술적·경제적·사회적 정황에서 쇠퇴하고 발전하고 부상하는 매우 복잡한 역동적인 체계라고 할 수 있다. 파슨즈(Parsons, 1956)는 조직이 다른 형태의 사회체계와는 구별되는 특성을 가지고 있는데 그것은 바로 조직이 구체적이고 분명한 특정 목적을 성취한다는 점이라고 강조하였다.

샤프리츠와 오트(Shafritz & Ott, 2001)는 조직이 특정 목적을 가지고 있는 사회적 단위(social unit)라고 정의하였다. 이들에 따르면 조직은 목적을 가지고 있고 참여자를 유인하며, 목적을 성취하기 위해 자원을 할당하며, 활동을 조정하고 분리하기 위한 어떤 형태의 구조(structure)를 사용한다고 한다. 그리고 다른 사람을 인도하고 관리하는 데 있어 특정 사람에게 의존하는 조직의 속성은 조직을 둘러싸고 있는 환경에 크게 의존한다고 강조하였다(김동배 외, 2008).

조직과 유사한 개념으로는 집단, 기관, 체계 등이 있으나, 조직의 개념과는 다소 차이가 있다. 집단은 공통적인 목적을 가진 사람이 모여 상호작용을 하는 집합체이며, 기관은 공공의 이익을 위해 설립된 공식적인 조직을 말한다. 체계는 상호 의존적인 관계를 가지고 있는 구성요소로 이루어진 집합체인 것이다(이근홍, 2015: 315).

2) 조직의 특성

조직은 일정한 형태를 가지고 있으면서 특정한 목적을 달성하기 위해 설립된 집합체이다. 이러한 조직은 체계적인 업무수행을 위해 일정한 구조를 가지고 있으며, 구성원이 통제와 지도력을 바탕으로 분업을 통해서 각자의 책임을 수행한다.

조직은 사회적 실체로, 목표 지향적이고 계획한 구조와 통합적인 활동체계로 구성되어 있으며, 외부 환경과 연관이 있다(Daft, 1998: 11).

조직에 관한 정의를 바탕으로 하여 볼 때 목적, 분업, 위계구조 등이 조직의 특징적 모습이라고 할 수 있는데, 최옥채 외(2003)는 사회복지실천과의 관련성을 전제로 하여 조직의 특성을 여섯 가지로 규정하고 있다.

첫째, 조직은 특정한 목적을 갖는다.

둘째, 조직은 그 조직의 특성에 맞는 일정한 규범을 갖는다.

셋째, 조직의 유지와 운영을 위해서는 조직 외부로부터 합당한 투입이 있어야 한다.

넷째, 권위 수준이 다양한 조직은 반드시 권위의 수준을 계급화하는 위계구조를 형성한다.

다섯째, 조직은 상위 조직 혹은 하위 조직과 상호 의존적 관계를 형성한다.

여섯째, 조직은 나름의 독특한 문화를 갖는다.

표 8-1 조직의 특성

- 목표를 달성하기 위해 존재한다. 공동의 목표 달성을 위해 인위적으로 편성된 수단이다.
- 2인 이상의 협동체이다. 여러 사람으로 구성된 실체로서 기능 수행을 위해 서로 협동한다.
- 사회적 단위이다. 단순한 구성원의 합과는 달리 사회적 실체라는 것이다.
- 조직은 인간행동에 중요한 영향을 미치는 체계로서 목표 지향적이며 계획된 구조와 통합적인 활동체계로 구성된다. 외부 환경과 연관이 있다.
- 조직은 많은 개인으로 이루어지고 있으며 이 양자는 상호작용을 통해 서로에게 많은 향을 미친다.
- 조직은 계획적인 활동을 통해서 일정한 활동영역을 가지고 있는 관리구조이다.

3) 집단과의 유사점과 차이점

앞에서 살펴본 집단의 개념과 조직의 개념을 보면 서로 비슷한 점이 있어 집단과 조직을 이해하는 데 혼란스러운 면이 있다. 이에 집단과 조직의 유사점과 차이점을 정리해 보고자 한다. 실제로 사회복지실천에서 집단과 조직은 매우 중요한 개념이며 이 양자에 관한 구분된 이해 속에서 집단과 조직을 적절히 활용할 수 있기 때문에 사회복지실천가는 집단과 조직을 구분하여 이해할 필요가 있다(최옥채 외, 2002). 먼저 집단과 조직의 유사점을 정리하면 다음과 같다.

첫째, 집단과 조직은 인간에 의한 집합체로 특정 목표와 문화를 지닌다는 점에서 비슷하다. 즉, 집단이나 조직은 각각 일정한 목표를 가지며, 고유한 문화를 지닌다.

둘째, 집단의 목표가 뚜렷하고 집단 구성원의 결합과 집단역동이 강한 소집단은 조직과 유사한 점이 많다. 이 같은 소집단은 집단성원의 결속력과 책임의식,

집단 구성원의 집단 내 자유로운 의사소통, 집단의 기능을 평가하는 능력과 의지의 존재 등과 같은 특성을 지니기 때문에 조직과 크게 다르지 않다(Bakalinsky, 1995: 140).

한편, 집단과 조직의 차이점을 정리하면 다음과 같다.

첫째, 집단과 조직에 관한 각각의 정의에서 차이점을 찾아볼 수 있다. 집단은 공동목표를 달성하기 위해 구성원 간 상호 의존과 구성원에 의해 서로 잘 알면서 면대 면(face-to-face)으로 상호작용하는 두 명 이상의 개인(Schriver, 1995: 350, 재인용)으로, 조직은 목적이나 임무를 완수하기 위해 특화되고 상호 의존적인 행동에 관여하는 사람의 집합체(Schriver, 1995: 397, 재인용)로 정의되고 있다. 집단의 구성원은 조직의 구성원에 비해 한층 자율적으로 활동한다는 점에서 차이가 있다.

둘째, 조직은 단순한 인간 집합체에서 볼 수 없는 조직에서 강조하는 공식적 상하위관계, 노동의 정교한 분배, 투명하게 형성된 구조 등과 같은 특성을 지닌다(French et al., 1985: 19). 뿐만 아니라 조직의 형성은 일단의 사람이 특정한 계기를 거쳐 특정한 목표를 중심으로 위계적으로 결합한다(조희연, 1993: 61). 그러므로 일차 집단과 이차 집단, 자연 집단과 형성 집단, 개방 집단과 폐쇄 집단 등으로 구분되는 집단의 특성을 조직에서는 찾아볼 수 없다.

셋째, 집단과 조직이 각각 추구하는 목적의 성격이 서로 다르다. 집단의 목적은 개인적으로 성취할 수 없는 목적을 달성하기 위해 집단에 가담하고(Forsyth, 1991: 27), 조직의 목적은 조직이 실현하고자 하는 미래의 이미지로써 현재의 행동을 통제하고 현재의 행동과 반응에 강력한 영향력을 미치는 힘이 되어야 한다.

결국 강한 결속력과 지도력을 강조하는 소집단은 조직의 일종으로 볼 수 있을 정도로 조직과 유사한 점을 가지고 있으나, 조직은 집단보다 더욱 목표 지향적이며 관료적 성향이 강하다(최옥채, 2001b: 151)는 면에서 양자의 차이점을 발견할 수 있다. 특히, 사회복지실천에서 집단은 개인을 변화시키는 한 방법으로 활용하는 데 초점을 두며, 조직은 문제 해결을 위한 세력화의 한 수단 혹은 자원으로 활용된다. 사회복지실천가는 집단사회사업과 같은 사회복지실천 방법을 익히는 데 집단을, 사회복지실천의 자원으로서 혹은 지역사회실천방법을 익히는 데 조직을 이해할 필요가 있다.

(1) 특정 목적

조직은 구성원 간에 명시적으로나 묵시적으로 합의된 공통의 목적을 달성하고자 노력하며, 이러한 목적은 조직이 실현하고자 하는 하나의 바람직한 상태인 것이다. 특히, 조직은 특정한 목적을 명확하게 정해야 구체적인 활동에 대한 계획을 세울 수 있으며, 조직을 편성하거나 관리할 수 있게 된다. 조직에서 목표가 명확할수록 구성원이 조직을 위해 행동할 수 있다(조석준, 1999: 55).

(2) 분화

분화(differentiation)는 조직이 특정한 기능을 효율적으로 수행할 수 있도록 영역 별로 나눈 형태를 말한다. 조직은 구성원이 특정한 목적을 달성하기 위해서 노력하고 협동하는 체계이다. 조직이 목적을 달성하기 위해서는 구성원 간의 업무가 적절하게 분배되어 있어야 하며, 합리적인 조정이 있어야 한다. 조직은 구성원에게 업무를 수행할 수 있는 권한이 적절히 위임되었을 때 그들에게 안정감과 만족감을 갖게 할 수 있다.

(3) 권력과 통제

권력은 힘을 사회적 상황에 도입시키는 능력으로서 조직의 질서를 유지하는 데 필요하다. 즉, 권력이 없으면 조직이 있을 수 없으며, 질서도 있을 수 없다는 것이다. 조직이 다른 사회체계와 다른 특성 중의 하나는 권력을 명시한다는 것이다. 즉, 조직은 권력을 가시적으로 나타내고 제도화시킨다. 조직을 성공적으로 이끌기 위해서는 구성원에 대한 통제가 유지되어야 한다. 조직은 다른 사회체계보다 통제가 더욱 필요하며, 이것은 계획적이고 신중하게 이루어져야 한다. 통제에는 신체적 통제, 물질적 통제 및 상징적 통제가 있으며, 이러한 것은 조직환경에 적절하게 활용되어야 한다(Anderson & Carter, 1986: 148-149).

(4) 지도력

지도력(leadership)은 조직의 목적을 달성하기 위해서 구성원을 조정하여 활동하게 하는 기술이나 영향력을 말한다. 즉, 이것은 조직의 목표를 달성하고 수단을 효과적으로 활용하기 위해서 사용되는 권력과 통제를 포함하는 개념으로, 조직의 목적을 달성하기 위해서 구성원의 활동에 영향을 미치는 과정인 것이다. 지도력은 조직의 목적 달성과 구성원의 역할행동에 크게 변화를 가져올 수 있으므로, 조직환경에 적절한 지도력을 발휘할 필요가 있다.

(5) 구조

조직은 특정한 목적을 달성하기 위해서 체계적인 구조를 가지고 있다. 조직이 업무를 기획하고 수행하며 통제하기 위해서는 일정한 구조가 있어야 한다. 구조는 조직을 체계적으로 운영할 수 있도록 하는 기반이며, 구성원에게 전문적으로 업무를 분화하고 조직의 질서를 유지하기 위해서 필요하다. 특히, 조직이 전문적인 업무를 수행할 경우에는 일정한 구조가 있어야 한다.

(6) 책임성

조직은 목적을 달성하기 위해서 구성원에게 일정한 업무를 부여하며, 담당하는 업무에 대해서 책임지도록 한다. 조직은 구성원이 인간관계에 의한다기보다는 오히려 업무관계를 통해서 책임성을 바탕으로 상호작용을 하는 곳이다. 책임성은 구성원에게 그들이 조직을 위해서 무엇을 해야 하는가를 인식하도록 하며, 조직의 발전에 기여할 수 있는 기초가 된다.

2 조직의 유형

1) 사회적 기능에 따른 유형

파슨즈(1960)는 조직이 사회적 필요성을 충족시키기 위해서 어떠한 기능을 수행하느냐에 따라 경제조직, 정치조직, 통제조직 및 사회조직으로 구분될 수 있다고 하였다. 경제조직은 생산활동을 하는 산업체를 말하며, 정치조직은 정당, 국회, 행정기관 등을 뜻한다. 통제조직은 안정을 유지하고 일탈을 막는 사법기관, 경찰, 군, 정신병원 등을 말하며, 사회조직은 종교단체, 교육기관 등을 가리킨다. 한편 여기에서 말하는 사회적 필요성이란 환경의 문제를 해결하는 활동과 같은 적응, 사회적 목표달성, 사회적 통합 및 사회의 문화형태를 전승하는 것과 같은 형태유지를 말한다.

2) 통제형식에 따른 유형

에치오니(Etzioni, 1961)는 조직을 상위자가 어떤 방법으로 하위자를 통제하며, 하위자는 그 통제에 대해 어떤 태도를 보이는가에 따라 분류하였다. 그는 조직의 통제형식에는 강압적 통제, 보수적 통제 및 규범적 통제의 세 가지가 있다고 보고, 조직을 강제적 조직, 공리적 조직 및 규범적 조직으로 분류하였다(유종해, 1995: 19-20).

(1) 강제적 조직

강제적 조직(coercive organization)은 조직 구성원의 의사와 관계없이 조직의 목적을 달성하기 위해 강제적으로 통제하는 조직이다. 대부분의 조직 구성원은 높은 소외감을 느끼게 되며, 행동에 제약을 받는다. 강제적 조직에는 교도소, 군 등이 있으며, 통제방법으로 물리적 힘을 사용하기도 한다.

(2) 공리적 조직

공리적 조직(utilitarian organization)은 조직 구성원이 실리적인 목적을 위해서 소속되게 하며, 보수를 주된 통제의 수단으로 활용한다. 부분의 조직 구성원은 자신의 이익을 위해서 조직에 가입하기 때문에 타산적인 성향을 지니고 있다. 공리적 조직에는 회사, 경제단체 등이 있으며, 가입과 탈퇴가 비교적 자유롭다.

(3) 규범적 조직

규범적 조직(normative organization)은 조직 구성원이 자발적인 의지에 의해 소속되며, 규범을 주된 통제의 수단으로 활용한다. 부분의 조직 구성원은 조직에 대해 높은 귀속감을 가지고 있으며, 구성원이 가입과 탈퇴를 자유롭게 할 수 있다. 규범적 조직으로는 종교단체, 정당, 자원봉사단체 등이 있다.

3 조직의 역동성

1) 관료제

관료제(bureaucracy)는 현대의 대규모 조직에서 공통적으로 볼 수 있는 현상으로서, 계층적인 형태를 띠면서 합리적인 지배가 제도화되어 있는 대규모 조직을 말한다. 관료제는 고도의 과업전문화에 상응하는 분업화, 직책의 계층화, 작업결과의 균일성과 관련된 과업수행규칙, 직책수행의 비인격성(impersonality), 경력제도, 효율성, 업무의 서면화, 전문화 등의 특성을 지니고 있다.

관료제는 기능적인 측면에서 보면 합리적인 면을 강조하고 있지만, 병리적인 면도 동시에 지니고 있다. 관료제에서는 형식주의, 무사주의, 비능률, 사적 인간관계의 감소, 창의성의 감소 등의 역기능적 현상이 나타난다. 한편 관료제에서는 개인의 목적보다 조직의 목적을 더 중요시하며, 기본적인 헌신을 요구한다. 그러므로 관료제는 개인의 자율성, 주체성, 장점 등을 제대로 발휘하지 못하게 할 수 있으며, 긴장을 경험하게 할 수 있다.

2) Z이론

Z이론은 오치(Ouchi, 1981)가 일본의 기업이 미국의 기업보다 생산성이 월등히 높다는 것을 전제로 하여 미국에서 일본식 경영을 하는 것을 가리킨 말이다. Z이론은 집단적 가치와 전체에 대한 관심, 장기적인 평가와 승진, 순환보직, 종신고용, 상관에게 결재하는 품의 등과 같은 특성을 지니고 있다.

관료제가 지나치게 획일적이고 인간관계가 적은 반면, Z이론은 경영자와 근로자 간에 신뢰에 바탕을 두고 인간관계에 대한 민감성과 친근감을 강조하고 있다. 즉, Z이론은 근로자가 평생고용에 대한 회사 측의 공약으로 신뢰감과 강한 의무감을 갖고 일에 최선을 다하며, 작업환경을 집단화하고 근로자 간의 상호작용을 장려하여 소외감을 감소시킨다는 것이다(Ouchi, 1981: 34).

Z이론은 경영가족주의를 바탕으로 하여 조직 구성원 사이에 협력이 잘되고, 조직에 대한 강한 충성심을 유발할 수 있으며, 노사협력을 바탕으로 생산성을 향상시킬 수 있다. 그러나 이것은 조직 구성원의 자율성이 결여되고, 책임소재가 불분명하며, 승진의 기회가 적고, 낭비적인 요소가 많을 수 있다(조석준, 1999: 104).

3) 소진

소진(burnout)은 해소되지 않은 일의 긴장으로 인해서 조직 구성원에게 나타나는 쇠약한 심리상태를 말한다. 이것은 에너지의 축적이 고갈된 상태, 병에 대한 저항력의 저하, 불만과 비관의 증가, 결근과 일에 대한 비능률의 증가 등을 초래한다(Veninga & Spradley, 1981: 6-7). 소진은 특수한 형태의 조직에서의 소외로서, 개인적으로 심각하고 위험한 상태이다. 소진을 감소시키기 위해서는 업무공간의 개별화, 근무시간의 융통성, 의사결정 과정의 참여 등을 통하여 조직을 인간화시키려는 노력이 필요하다(Anderson & Carter, 1986: 161).

4 사회체계로서의 조직

조직은 개인들로 구성된 하나의 사회체계이다. 조직 구성원인 개인은 조직과의 상호작용을 통해서 다른 구성원뿐만 아니라 전체 조직에 영향을 미치며, 조직은 또한, 구성원 각자의 행동에 영향을 미친다. 즉, 개인은 조직을 통해서 자신의 욕구를 충족시키고 다른 구성원의 조직행동에 영향을 미치며, 조직은 개인을 활용하여 목적을 달성한다.

조직은 사회환경과 상호작용을 하면서 생존해 나간다. 즉, 조직은 끊임없이 환경변화를 선택적으로 흡수하면서 환경에 적응하며, 사회환경은 조직 내의 개인이나 집단의 행동에 직접적 또는 간접적으로 영향을 미친다. 이와 같이 조직과 사회는 상호 의존적이며, 조직은 사회를 떠나서 존립할 수 없고, 사회는 조직의 업적을 통해서 변화된다.

조직과 사회는 투입과 산출을 통해서 상호 교환 관계를 유지하고 있다. 사회는 조직이 필요로 하는 투입을 제공해 주며, 조직은 특정한 목적의 달성을 통해서 사회에 산출을 공급한다. 즉, 조직은 사회로부터 구성원, 금전, 물자 등을 공급받아 유지하고 발전하며, 산출물을 생산하여 사회에 공급한다.

조직은 구성원 간의 상호작용을 통해서 조직 분위기가 나타나며, 조직 분위기는 조직 구성원의 사기와 조직의 성과에도 많은 영향을 준다. 또한, 조직은 경제적 기능, 사회변화 기능, 적응 기능 등을 수행하여 사회에 유익하기도 하지만, 개인에게 소외감, 좌절감, 부적응 등의 역기능을 제공하기도 한다.

5 사회복지실천과의 연관성

1) 조직이 인간행동에 미치는 영향

개인은 조직을 통해서 자신이 바라는 욕구를 충족시키려 하고, 조직은 그 개인들을 통해서 조직 목적을 성취하고자 한다. 조직과 그 구성원이 공존하고 조화로운 관계 속에서 목적을 추구한다면 양자는 상호 간의 발전을 위하여 노력하게 될 것이며 적절한 균형을 이룰 수 있다. 그러나 조직이 목적 달성을 위하여 개인을 희생시킬 수도 있으며, 반대로 개인이 자신의 목적 달성을 위하여 조직의 목적을 무시할 수도 있다(김동배 외, 2006).

관료조직은 목표 달성에 공헌하는 인간관계만을 인정하고자 하며, 언제나 합리성만을 내세우고 구성원의 감정은 무시하며, 명령, 압력, 강요, 통제 등을 통하여 개인에게 영향력을 행사하려는 속성을 지니고 있다(김운태, 1984). 반면, 조직의 구성원인 개인은 조직 속에서 자신감과 안정감을 확보할 수 있는 기회를 추구하며, 개인에게 할당된 목적을 달성하고 이에 대한 인정을 받고 싶어 한다. 이와 같이 개인의 욕구와 관료조직이 추구하는 가치 사이의 불일치로 인하여 결과적으로 개인은 좌절감, 실패감, 갈등을 경험하고, 수동성, 순응성과 같은 부정적 성격 특징을 나타내거나 심할 경우 부적응의 증상을 보이게 된다. 톰프슨(Thompson, 1961)은 관료조직 내에서의 특징적인 인간행동을 관료병리(bureaupathology)라고 하면서, 규칙에 대해 과잉으로 의존하는 행동, 인간관계의 비인격성, 업무에서 사소한 권리나 특권을 주장하는 행동, 변화에 반대하는 행동 등이라고 하였다.

하지만 조직이 개인에게 부정적인 영향만을 미치는 것은 아니다. 조직은 조직의 목적을 우선시한다는 점에서는 이익 사회의 특성을 지니지만 그 목적을 달성하기 위해서 구성원 간의 결속과 협력을 중시하는 공동 사회의 특성을 동시에 지니고 있다. 그리고 현대사회에서 조직은 권력분배 기능, 적응 기능, 사회변화 기능, 사회적 결속 기능 그리고 정체성 부여 기능 등의 순기능을 수행한다. 개인은 조직에 소속됨으로써 혼자의 힘으로는 극복이 불가능한 불균형적 권력배분 구조를 변화시키고자 하는 동기를 증진시키고, 복잡한 사회적 현실에 적응할 수 있는 더 많은 기회를 갖게 되며, 대인관계에서의 소외를 극복하고 자율성과 자아 정체감을 확보할 수 있게 된다.

조직 구성원은 조직 내에서 수행하는 업무나 인간관계에 대한 불만족이 누적되어 감정의 고갈, 소외, 업무와 다른 사람에 대한 관심의 상실 등과 같은 소진증후군(burnout syndrome)을 경험하기도 한다. 이러한 소진현상은 조직에서 부과한 업무의 요구가 자신의 능력으로 감당할 수 있는 정도를 초월하거나, 업무에서 오는 압박감과 스트레스에 압도당한다고 느낄 때, 이런 느낌이 한계점에 도달하게 되어 신체적·정서적 고갈 상태를 경험하고, 자신과 환경에 대한 부정 등과 같은 일련의 증상을 야기한다. 이러한 소진증후군은 자신을 비인간화하게 되어 절망감과 무력감에 휩싸이고 조직 내에서 부적응 행동을 표출하며, 더 나아가서는 조직의 동료나 이용자에 해서도 부정적 태도를 보임으로써 업무나 서비스의 질을 저하시키는 주된 요인으로 작용하게 된다(Gates, 1980).

조직은 구성원 간의 상호작용을 통해서 조직 분위기가 나타나며, 조직 분위기는 조직 구성원의 사기와 조직의 성과에도 많은 영향을 준다. 또한, 조직은 경제적 기능, 사회변화 기능, 적응 기능 등을 수행하여 사회에 유익하기도 하지만, 개인에게 소외감, 좌절감, 부적응 등의 역기능을 제공하기도 한다(이근홍, 2015: 321-322).

2) 조직이 사회복지실천에 미치는 영향

인간이 조직과 불가분의 관계에 있듯이, 사회복지실천이나 서비스 역시 조직과 불가분의 관계에 있다. 사회복지실천에서 제공되는 서비스는 주로 조직이라는 세팅(setting)을 기본으로 하여 제공되며, 서비스가 이루어지는 조직에 따라 사회복지실천의 분야를 구분하기도 한다. 즉, 병원 등의 의료기관에서 이루어지는 의료복지사업, 기업체를 기반으로 하여 이루어지는 산업복지, 교도소 등의 교정기관을 기반으로 하는 교정사회복지, 학교를 기반으로 하는 학교사회복지, 그리고 종교기관을 기반으로 하는 종교사회복지, 군대 조직을 기반으로 이루어지는 군사회복지 등으로 실천 장소인 조직의 특성을 근거로 실천 분야를 구분한다(조흥식 외, 2000).

사회복지실천에서 조직은 지원체계로 간주한다. 사회복지실천에서는 조직의 속성을 지니고 있는 외부의 기관이나 단체로부터 재정 및 인적 자원을 동원하거나 지원을 받아 클라이언트에게 서비스를 제공한다. 그러므로 사회복지실천가는 자원체계인 조직의 속성을 정확히 이해해야만 보다 효율적으로 자원을 동원할 수 있게 된다.

효과적인 사회복지실천을 위해서는 사회복지조직의 합리적인 운영이 요구된다. 사회복지조직은 고객 서비스 조직(customer service organization)으로 클라이언트의 특성과 요구, 문제에 맞춰 개별화된 서비스를 제공하는 것을 1차적인 목적으로 삼고 있기 때문에 조직의 주된 활동이 일선 부서의 사회복지실천가와 클라이언트 사이에서 주로 이루어진다. 따라서 일선 부서에서 클라이언트와 직접적 관계를 맺고 서비스를 제공하는 사회복지실천가가 소진되어 있거나, 조직과의 부적응을 경험할 경우 사회복지조직 자체의 목적 달성이 어려워질 뿐만 아니라 클라이언트의 삶의 질에 부정적인 영향을 미칠 수 있다. 그러므로 사회복지조직에서는 조직이 어떻게 기능하는지를 정확히 평가하고 사회복지실천가가 조직의 일부분으로 조직과 조화를 이룰 수 있도록 조직관리 업무를 성공적으로 이행해 나가야 한다(김동배 외, 2008).

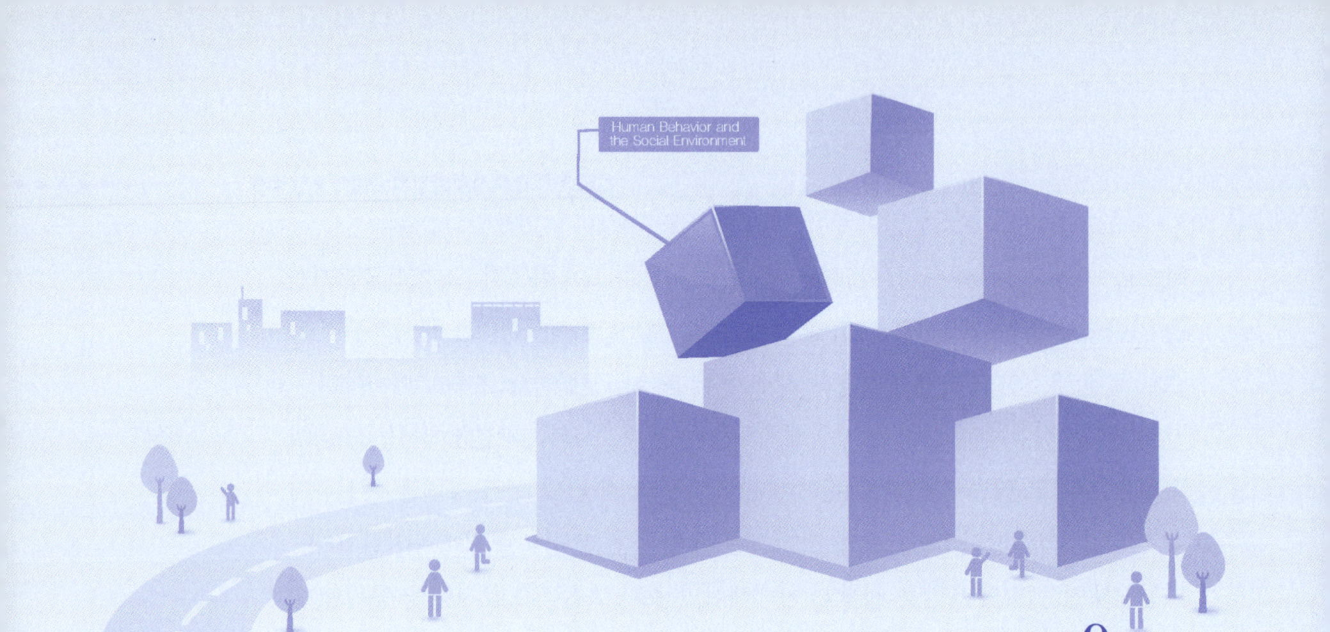

CHAPTER 9

사회환경의 수준: 거시체계

거시체계(macrosystem)는 개인이 속한 사회의 이념이나 제도의 일반적인 형태로서, 정치, 경제, 사회, 법, 문화, 관습, 가치관 등을 말한다. 거시체계는 법과 같이 명백한 형태를 가진 것도 있지만, 문화와 가치관과 같이 일정한 형태가 없는 것도 있으며, 이것은 인간의 행동발달에 지속적인 영향을 미친다.

거시체계는 개인의 생활에 직접적으로 개입하지는 않지만, 간접적이면서도 전체적으로 강력한 영향력을 발휘한다. 또한, 거시체계의 변화는 개인, 미시체계, 중간체계 및 외부체계에 영향을 미친다. 예를 들면, 경제적 위기는 개인생활, 가족생활과 학교생활의 관계, 직업세계 등에 크게 영향력을 미친다.

1 지역사회

1) 지역사회의 개념 및 특성

(1) 지역사회의 개념

지역사회(community)란 지리적 조건에 의해 형성된 공동체로서, 물리적 공간, 정치·경제활동, 지역공동체 의식, 문화 등을 공유하면서 살아가는 장소이다. 지역사회는 제한되고 인접된 지역 내에서 함께 거주하는 주민으로 성립된 인구의 집합체이며, 공동의 생활양식과 문화를 공유하고 통일된 지역사회 의식을 가지며, 주민끼리 상호 간에 협동하면서 생활하는 공동 사회인 것이다.

지역사회는 가족, 집단 및 조직과 같은 하위체계와 사회나 문화와 같은 상위체계의 사이에서 중간적인 역할을 하는 사회체계이다. 이것은 주민의 공통적인 욕구충족과 문제 해결에 기여하며, 주민에게 문화를 전달한다. 지역사회는 사회의 중요한 부분이며 그 자체가 하나의 사회로서, 가족, 집단 및 조직의 행동에 영향을 미치고 그들에게 영향을 받으며 변화하고 발전한다.

지역사회는 공통적인 물리적 공간을 점유하고 있는 것뿐만 아니라 공통적인 욕구를 가지고 있는 주민으로 구성된 인간 집단으로서, 주민의 욕구를 충족시키기 위해서 조직된 사회조직이기도 하다. 이와 같이 지역사회란 지리적 영역과 공동생활 요인을 동시에 가지고 있는 인간 집단이라고 볼 수 있다(김영모 편, 2001: 8).

따라서 지역사회란 지리적 조건에 의해 형성된 지역공동체로서, 일정한 지리적 영역을 공유하고 있는 사람들이 사회적 상호작용을 하면서 사회조직을 이루며, 문화를 공유하면서 지역공동체 의식을 가지고 생활하는 공동체라 할 수 있다.

지역사회는 제한되고 인접한 지역 내에서 함께 거주하는 주민으로 성립된 인구의 집합체이며, 공동의 생활양식과 문화를 공유하고 통일된 지역사회 의식을 가지며, 주민끼리 상호 간에 협동하면서 생활하는 공동 사회이다(이근홍, 2015: 323-324). 지역사회는 상호 연결되는 공통적인 어떤 것을 가지고 있는 사람의 집합체라고 할 수 있다. 구성원이 공유하는 특성은 지리적 위치, 관심사, 문화, 정체감, 또는 공통된 활동을 포함한다(Fellin, 1995; 이윤로, 2005).

지역사회는 공통적인 물리적 공간을 점유하고 있는 것뿐만 아니라 공통적인 욕구를 가지고 있는 주민으로 구성된 인간 집단으로서, 주민의 욕구를 충족시키기 위해서 조직된 사회조직이기도 하다. 이와 같이 지역사회란 지리적 영역과 공동생활 요인을 동시에 가지고 있는 인간 집단이라고 볼 수 있다(김영모 편, 2001: 8).

지역사회 또는 지역공동체로 번역되는 'community'라는 용어는 인간생활의 지역성과 공간성을 강조하는 의미와 공동의 가치, 문화 등을 공유하고 있는 공동체로서의 속성을 강조하는 의미를 동시에 내포하고 있다. 이러한 'community'가 지니는 이중적 의미의 문제를 해결하기 위하여, 커스트-에쉬만(Kirst-Ashman, 2000)은 지리적 지역사회와 비지리적 지역사회로 구분해 놓고 있다. 먼저 장소에 기반을 둔 지리적 지역사회(geographical community)는 도시, 중·소 도시, 도, 시, 군, 구, 읍 등을 말한다. 인구 규모와 집도, 구성원의 사회경제적 지위 등이 지리적 지역사회를 특징짓는 주요 변수이다. 같은 지역에 사는 사람은 공통된 관심사를 통해 연결되기도 하고 상호작용을 갖게 되기도 하며 이를 통해 유대를 강화하기도 한다. 한편, 비지리적 지역사회(non-geographical community)는 동성애자 집단, 외국인 노동자 집단, 특정 종교 집단, 특정 전문가 집단 등을 포함한다.

비지리적 지역사회 역시 구성원의 안녕을 향상시키는 목적을 추구한다. 이러한 지역사회는 각종 지지와 정보를 제공해 주고 소속감과 정체감을 제공해 주는 관계 형성의 장을 마련해 준다(김동배 외, 2008).

『콜린스 사전(*Collins Dictionary*)』에서는 지역사회를 "한 지역에 사는 사람들, 문화, 종교, 인종 또는 기타 공통된 특징을 가진 사람의 집단 유사성 또는 일치"라고 정의한다(한인영·김성천, 2007: 292).

워렌(Warren, 1978)은 심리적 측면에서의 지역사회는 사람이 공동 감정, 공동 이익을 추구하는 생활양식을 의미하고, 지리적 측면에서는 사람이 함께 모여 생활하는 특정 지역을 의미하고, 사회적으로는 이 두 가지 면이 결합된 것이라고 본다. 이러한 기존의 정의를 종합해 보면 지역사회란 지리적 조건에 의해 형성된 지역공동체로서, 일정한 지리적 영역을 공유하고 있는 사람이 사회적 상호작용을 하면서 사회조직을 이루며, 문화를 공유하면서 지역공동체 의식을 가지고 생활하는 공동체라 할 수 있다.

표 9-1 지역사회의 주요 개념

구분	주요 개념
정치적 실체	시·군·구 주택지구 등 지역사회는 많은 정치적·사회적 기능을 수행하며 정부와 개인 사이를 중재한다.
힘	어떻게 상위조직이 하위조직에 영향력을 미치고 통제하는가와 관련이 있다. 지역사회가 각기 다른 정도의 힘을 가진 정부의 하위체계인 것처럼, 주민도 다른 힘을 갖고 있는 지역사회의 하위체계이다.
지리적 구성	인구가 특정 지역에 집중하는가, 고르게 분포하는가, 상업지역과 주택지역은 어디인가, 지역사회 사이를 구분하는 경계는 무엇인가 등이다.
경쟁	어떻게 지역사회 구성원이 땅을 활용하며 상업이나 공업, 공공시설, 주거 용도로 더 나은 장소를 찾는가와 관련이 있다.
격리	사회적 억압이나 구속적인 법 또는 개인의 선택으로 특정한 공통된 특성을 가진 집단이 분리되거나 소외되는 것을 말한다.
통합	다양한 집단이 하나의 기능적인 전체로 합하여 섞인 과정을 의미한다.

(2) 지역사회의 특성

지역사회의 특성에 대하여 노린과 체스(Norlin & Chess, 1997: 348)는 다음과 같이 여섯 가지로 정리하고 있다.

첫째, 물리적 또는 지리적 장소에 의해 제한된 사회체계의 형태이다.

둘째, 공동의 장소에 거주하거나 그곳에서 동일시된 사람과 그들의 사회조직에 초점을 둔다.

셋째, 지역사회가 추구하는 최종 목적은 지역주민의 삶의 질을 향상시키는 것이다.

넷째, 지역사회에 거주하는 개인에게 서비스를 제공하는 집단이나 조직으로 구성되어 있다.

다섯째, 지역주민의 공통된 욕구와 문제의 해결, 성장과 발전을 위하여 상호 의존적인 사회체계이다.

여섯째, 지역사회는 개인과 사회를 연결시키는 중간체계이며, 전체 사회의 하위체계이다.

지역사회가 유지되고 발전되기 위한 지역사회의 구성요소로는 주민이 필요로 하는 물자와 서비스를 생산, 분배, 소비하고, 구성원에게 공유하고 있는 지식, 가치, 행동양태를 전달하고 학습시키는 사회화 기능을 수행하며, 구성원에게 사회규범에 순응하도록 행동을 규제하는 사회통제의 기능을 수행하고, 서로 충성하고 적정 수준의 결속력과 사기를 지닐 수 있도록 주민의 사회참여를 조장하고 지역사회를 통합하는 기능을 수행하며, 구성원 간에 서로 도울 수 있는 상호 지지의 기능을 수행해야 한다(최순남, 2002).

한편, 지역사회의 특성은 크게 지리적·경제적·심리적·문화적인 특성으로도 구분할 수 있다(정지웅 외, 2000: 17; 이근홍, 2015: 324).

첫째, 지역사회는 지역을 바탕으로 성립된 사회집단으로서 일정한 물리적 공간 위에 자리를 잡고 있는 공동체이다. 즉, 지역사회는 지리적으로 일정한 장소에 위치해 있으며, 주민끼리 공동으로 생활하는 공간을 가지고 그곳에서 사회적 상호작용을 하면서 다양한 활동을 전개하는 곳이다.

둘째, 지역사회는 경제적으로 협력하며 생활하는 공간이다. 즉, 지역사회는 주민이 사용할 물품을 생산하고 판매하며 구입하면서 자급할 수 있는 곳이다. 지역사회 내에서 주민은 자신의 욕구를 충족시킬 수 있는 물품을 획득하고 활용하며 살아간다.

셋째, 지역사회는 사회적으로 공동의식을 가지고 있는 사람으로 구성되어 있다. 지역사회는 주민 간에 일체감, 공통적인 관심, 공통적인 가치와 태도 등을 가지고 있는 사회집단이며, 주민이 서로 상호 관련되어 있다는 의식을 가지고 자신이 살고 있는 공간과 사람을 위해서 공동으로 노력하는 곳이다.

넷째, 지역사회는 전통, 언어, 생활습관 등과 같은 문화를 공유하고 있다. 즉, 지역사회는 주민끼리 공유하는 공동생활양식을 가지고 있으며, 일상생활 현장에서 그들이 오락, 사교, 여가활동, 예술활동 등을 같이 즐기고 있다. 지역사회의 문화는 주민이 효과적이고 보람 있는 공동생활을 영위하기 위해서 필요한 요소이면서 공동생활을 통해 얻어진 결과이기도 하다.

2) 지역사회의 유형

지역사회는 관점에 따라 다양하게 분류할 수 있다. 퇴니스(Tönnies)는 지역사회를 지역주민의 유대관계의 형태에 따라 공동 사회와 이익 사회로 구분하였으며, 로스(Ross, 1967)는 지역사회를 지리적 지역사회와 기능적 지역사회로 구분하였다. 또한, 지역사회는 크기와 기능에 따라 농촌 사회와 도시 사회로 구분할 수 있다.

(1) 공동 사회와 이익 사회

공동 사회는 지역주민이 서로 친하고 사적인 유대관계를 맺고 있는 곳이다. 주민은 공통적인 가치와 신념, 상호 의존, 존경 및 지위의 위계의식을 가지고 있다. 주민 간의 관계는 법규나 계약에 의해서 이루어지는 것이 아니라 문화적 전통과 사회적 역할기에 기초를 두고 있다(Anderson & Carter, 1986: 102). 이익 사회는 지역주민이 공식적이고 전문적인 유대관계를 맺고 있는 곳이다. 즉, 주민은 직업이나 조직과 같은 지역사회의 제도 내에서 공식적으로 구조화된 관계를 통해 관련을 맺고 있다. 이익 사회는 자연적으로 이루어진 것이 아니라 인위적으로 이루어지며, 주민 간의 인간관계는 계약에 기초하고 있다.

(2) 지리적 지역사회와 기능적 지역사회

지리적 지역사회는 주민이 일정한 지리적 영역 내에서 살고 있는 공간을 말한다. 이것은 주민의 공통적인 거주지역과 그 주변에 그들이 소유하고 있는 재산으로 이루어진다. 지리적 지역사회에는 부락, 근린지역, 읍·면·동, 시·군·구 등이 있으며, 최근에는 지역사회의 범위가 점차 확대되고 있다.

기능적 지역사회는 동일한 관심을 가진 주민으로 구성된 공동체를 말한다. 즉, 이것은 거주지역과는 관계없이 공동의 목표를 위해 결합된 공간을 의미한다. 기능적 지역사회는 주민 간의 합의, 일체감, 공동생활양식, 가치 및 공동 노력이 강조되며, 정당, 종교 단체, 전문적 단체 등이 여기에 속한다(최순남, 2002: 507).

(3) 농촌 사회와 도시 사회

지역사회는 인구 수, 산업구조 등에 따라 농촌과 도시로 구분할 수 있다. 그러나 지역사회의 성장 과정에서 농촌이 도시로 변화되고 있으며, 도시와 농촌을 통합하는 경향이 있기 때문에 농촌과 도시를 구분하기가 어려워지고 있다. 또한, 교통과 통신의 발달로 농촌과 도시 간에 교류가 빈번하며 기능상으로 구분하기가 어렵다.

농촌 사회는 인구가 적고 공간이 넓으며, 지역주민 간에 긴밀한 인간관계를 맺고 있다. 농촌 사회는 외부와의 교류와 사회적 이동이 적어 언어, 신념, 가치관, 행동양식 등이 동질적이며, 지역주민 간에 결속력이 강하고 협력적이다. 또한, 농촌 사회는 전통이 계승되고 권위에 대한 예의와 행동규범이 발달하여 스스로 사회통제기능을 가지고 있다. 그러나 산업화로 인해서 농업인구가 점점 줄어 농촌 공동화 현상이 일어나고 있으며, 공동체적 사회에서 볼 수 있는 특성이 사라지고 있다. 즉, 농촌 사회의 특성이 공동적·협동적·이타적·동질적인 것에서 개인적·경쟁적·타산적·이질적인 것으로 변화되고 있다.

도시 사회는 인구 밀도가 높고 복잡하며, 지역주민 간에 사회적 상호작용이 적은 공간이다. 도시 사회는 개인생활에 있어서 이동이 많고, 대인관계가 주로 이해관계를 통해서 이루어지며, 개인 간의 접촉과 관계가 일시적이고 부분적이다. 반면, 도시 사회는 풍요롭고 생활이 편리하며 개인의 익명성이 보장되고, 교육시설, 의료시설, 문화시설, 교통시설, 사회복지시설 등이 농촌 사회보다 더 잘 갖추어져 있다. 그러나 최근 도시의 인구가 급격히 증가하여 도시 사회에는 인간소외, 빈곤 문제, 교통 문제, 범죄 문제, 주택 문제, 환경 문제 등 다양한 사회 문제가 증가하고 있다.

표 9-2 지역사회의 유형

장소로서의 지역사회	• 지역사회와 지리적 위치를 결합시키는 것 (가장 전통적인 견해)
기능으로서의 지역사회	• 공동체의 기능 및 역할에 중점을 둠 • 사회 기능을 수행하는 사회 단위와 조직의 결합
중간지역, 매개체 또는 고리로서의 지역사회	• 지역사회를 개인과 사회가 만나는 중간 매개체 역할로 봄
정서를 공유하는 지역사회	• 지역사회 구성원의 상호작용이나 정서적인 면에 초점을 둠 (공동체 의식)
사회조직으로서의 지역사회	• 다양한 조직과 하부 조직의 영향력을 인식시켜 주는 입장으로 포괄적이고 역사적인 지역사회에 대한 견해를 제공
비공간으로서의 지역사회	• 구체적 공간이나 지리적 지역에 속한 부속물이 없으며 부속물은 지역사회가 존재하는 데 필수적이라고 여기지도 않음 • 관심사(흥미)의 지역사회

출처: Pillari & Newsomes(1998). p. 178.

3) 지역사회의 기능

지역사회에 관해서 워렌(1978)은 "지역성과 관련된 중요한 사회적 기능을 수행하는 사회적 단위와 체계의 결합"이라고 하면서, 지역사회가 생산·분배·소비, 사회화, 사회통제, 사회참여 및 상호 원조의 기능을 수행한다고 하였다. 이러한 기능은 지리적으로 동일한 사회적 단위와 사회체계에 의해서 수행되며, 상호 의존적으로 이루어진다는 것이다(Norlin & Chess, 1997: 375-376).

(1) 생산 · 분배 · 소비

생산·분배·소비는 지역주민이 일상생활에 필요한 재화와 서비스를 생산하고 분배하며 소비하는 과정과 관련된 기능이다. 이것은 지역주민이 필요로 하는 재화와 서비스를 만들어 내고, 주민에게 적절히 나누어 주며, 주민이 욕구충족을 위해서 재화와 서비스를 활용하는 과정이다. 이러한 기능은 지역사회의 산업체를 비롯하여 다른 다양한 전문기관을 통해서 이루어진다.

(2) 사회화

사회화(socialization)는 지역사회에 거주하는 개인이나 가족에게 사회의 가치, 지식, 기술, 바람직한 행동 등을 전달하는 기능이다. 즉, 이것은 지역주민에게 사회에 잘 적응할 수 있도록 지역사회의 문화와 가치를 내면화시키는 과정이다. 이러한 기능은 태어나면서부터 일생 동안 지속되며, 지역사회의 다양한 생활양식을 습득하게 하여 사회의 구성원으로 적절히 생활할 수 있게 한다.

(3) 사회통제

사회통제(social control)는 지역사회가 주민에게 사회 규범에 순응하도록 행동을 규제하는 기능이다. 즉, 이것은 사회화 기능의 한 측면으로서 지역사회의 가치와 규범적 행동에 최소한 순응하도록 하는 것이다. 사회통제는 다양한 사회적 단위에 의해서 공식적·비공식적으로 수행된다. 공식적으로는 사회통제가 경찰이나 법원과 같은 지역사회의 사법기관에 의해 수행되며, 비공식적으로는 가족, 종교 단체 등이 사회통제 기능을 수행한다.

(4) 사회참여

사회참여(social participation)는 지역사회가 사회적 목적을 성취하기 위해서 또는 주민의 개인적인 발전을 위해서 그들에게 제반활동에 참여할 수 있도록 기회를 제공하는 기능이다. 인간은 본질적으로 사회적이기 때문에 사회참여의 기회를 계속적으로 요구하며, 사회참여는 개인의 성장과 발전에 기여한다. 사회참여는 가족생활이나 종교생활뿐만 아니라 다른 다양한 지역사회의 단위인 시민 단체, 전문 단체, 문화 단체, 여가활동 단체 등에 참여하는 것을 말한다.

(5) 상호 원조

상호 원조(mutual support)는 지역주민이 자신들의 욕구를 스스로 충족할 수 없는 경우에 지역사회의 공식·비공식 지원체계로부터 필요한 서비스를 제공받는 기능이다. 공식 지원체계로는 지역사회의 병원, 보건소, 사회복지기관과 시설, 공식 협의체, 사회 단체, 복지 기업, 회원 조직 등이 있다. 비공식 지원체계로는 가족, 친척, 친구, 이웃, 동료, 종교 단체, 자조 집단, 자원봉사자 등이 있다.

4) 사회체계로서의 지역사회

지역사회는 가족, 집단 및 조직과 같은 하위체계와 사회나 문화와 같은 상위체계의 사이에서 중간적인 역할을 하는 중요한 사회체계이다. 지역사회는 주민의 공통적인 욕구를 충족시키고 문제를 해결하며, 그들을 사회화시키고, 그들에게 문화를 전달한다. 또한, 지역주민 각자는 지역사회와의 상호작용을 통해서 지역사회의 발전에 기여하며 지역사회로부터 영향을 받는다.

지역사회는 인간이 그곳을 떠나서는 살 수 없는 반드시 필요한 지리적 공간이며, 인간의 행동에 큰 영향을 미치는 사회적 단위이다. 특히, 지역사회는 종교단체, 학교, 대중매체 등을 통해서 개인의 행동에 중요한 영향력을 미치며, 산업체, 행정기관, 사법기관 등 다양한 지역사회 기관의 활동을 통해서 지역사회의 발전에 기여하고 사회통제의 기능을 수행한다. 지역사회는 사회의 중요한 부분이며, 그 자체가 하나의 사회이다. 지역사회는 그곳에 위치한 가족, 집단 및 조직의 행동에 영향을 미치며, 그들에게서 영향을 받으며 변화된다. 지역사회는 거의 모든 학문 분야와 전문 분야에서 주요한 관심사가 되고 있다.

2 사회복지실천과의 연관성

1) 지역사회가 인간행동에 미치는 영향

지역사회의 기능은 개인의 성격 형성과 행동발달에 많은 영향을 미친다. 먼저 개인은 사회화 과정에서 지역사회의 일반적 지식, 사회적 가치나 사회적으로 수용 가능한 행동양식을 전수받는 관계에 있으므로, 지역사회의 유산이 성격에 녹아들게 된다. 지역사회는 구성원에게 사회적 규범에 순응하도록 요구하게 되는데, 이 과정에서 개인은 규범을 내면화하고, 자신의 행동에 대한 통제력을 증진시킬 수 있게 된다. 그리고 지역사회 구성원 간의 협력, 결속, 사회적 지지를 통하여 사회적 소외를 극복하고 이타성이라는 성격적 특징을 발달시킬 수 있게 된다(김동배 외, 2006).

저메인(Germain, 1987)은 지역사회의 물리적 환경과 사회적 환경이 적절히 갖추어지지 못할 경우 그 속에 있는 인간은 환경과의 적합성을 확보하지 못하게 되므로 부적응이나 문제에 직면하게 된다고 하였다. 특히, 현대사회가 점차 이질적 문화를 가진 하위집단으로 분리되고, 계약에 의한 공식적 인간관계로 변화되어 가고, 협력보다는 경쟁, 결속보다는 분리, 상호 지지보다는 개인적 성취를 강조하는 사회로 바뀌어 감에 따라 개인은 더욱 소외되고 비인간화되며, 그로 인하여 사회적 부적응의 문제를 일으키는 경우가 많아지고 있다. 복잡하고 이질적이며 경쟁적인 도시 환경에서 생활할 경우에는 유의미한 정의적 관계를 형성하지 못하고 일시적이며 비인격적 교류가 많아짐으로써 사회적 소외현상을 경험할 가능성이 높아지며, 범죄, 자살, 정신병 등의 사회적 병리를 일으킬 가능성도 높아지고 있다. 그리고 공동 사회의 특성을 아직도 유지하고 있는 농촌에서 생활할 경우에는 마치 시대적 흐름을 쫓아가지 못하는 사회적 실패자라는 느낌을 갖게 되어, 부정적 자아 개념을 형성하거나 낮은 수준의 자아존중감, 유능성을 보일 가능성이 높다.

2) 지역사회가 사회복지실천에 미치는 영향

지역사회는 사회복지실천의 중요한 장(場)인 동시에 자원이며, 사회복지실천의 주요 대상이다. 클라이언트가 어떤 욕구가 충족되지 않거나 문제가 해결되지 않을 경우에 가장 먼저 가족에게 도움을 요청하며, 가족의 도움으로 문제가 해결되지 않을 경우 친구, 이웃 등의 순으로 원조를 요청하게 된다. 이러한 비공식적인 사회적 관계망의 원조로 문제가 해결되지 않을 경우 클라이언트는 사회복지기관에 원조를 요청하게 된다. 그러나 사회복지실천가의 개입과 원조만으로는 클라이언트의 문제를 해결하는 데 한계가 있을 수 있으므로 사회복지실천가는 지역사회 내에 존재하는 클라이언트의 사회적 관계망을 연계시키고 조직화하며, 그 역량을 강화하고, 사회적 관계망의 물질적, 도구적 그리고 정서적 지지 기능을 강화하여야만 클라이언트의 문제를 보다 효율적으로 해결할 수 있다.

지역사회는 사회복지실천의 중요한 장인 동시에 자원이지만, 지역사회 자체가 개입의 대상이 되기도 한다. 지역사회는 보다 안정된 상태를 유지하고, 긍정적인 변화를 도모하고자 하는 욕구와 해결을 필요로 하는 문제를 지니고 있다. 따라서 지역사회는 사회복지실천의 개입이나 원조의 대상이 되어야 한다. 지역사회복지실천은 이상적인 지역사회를 실현하기 위한 일체의 사회적 노력(박태영, 2003)으로서 지역 문제나 지역주민의 욕구충족을 지원하고 지역사회의 변화를 도모하고자 한다.

지역사회복지실천의 모형 중에서 지역사회개발(locality development) 모형에서는 주민이 스스로 문제를 해결할 수 있는 능력을 강화시키는 데 역점을 두고 문제 파악 및 해결 과정에 주민의 참여를 적극적으로 조장하고, 지도력을 개발하여 지역사회 문제를 주민이 해결할 수 있는 분위기를 조성해 나간다. 사회계획(social planning) 모형은 지역사회 내의 문제를 해결하기 위한 전문적인 기술 과정을 강조하는 모형이며, 지역사회 내의 하위 집단 간의 이해관계 갈등에 대해 전문적 지식과 기술을 활용하여 해결한다.

사회행동(social action) 모형은 사회적으로 소외되고 박해받고 있는 특정집단의 권익을 변하고 이들의 문제를 해결하고자 하는 모형으로서, 지역사회 내 또는 더 넓은 범위의 사회 내에 존재하는 권력관계와 자원의 변화를 도모하고, 기존 사회제도의 근본적인 변화를 추구한다.

사회복지실천 측면에서 조직과 지역사회가 관련하고 있는 연관성을 정리하면 다음과 같다(최옥채 외, 2003).

첫째, 개인환경으로서의 조직을 볼 때, 조직은 개인에 의해 만들어지기 때문에 조직 구성원의 생활환경으로서 중요한 의미를 갖는다. 인생주기에서 유아기를 제외한 모든 주기의 개인은 나름대로 자신의 형편에 따라 자발적 혹은 의무적으로 조직의 구성원이 된다. 예컨대, 아동기에서부터 노년기까지 각 시기의 아동, 청소년, 청장년, 노인은 학교, 직장, 군대, 사회단체 등에서 다양한 유형의 조직에 가입하여 활동한다. 뿐만 아니라 개인은 조직을 통한 활동으로부터 자신의 역량을 키워 나가기도 한다. 개인은 조직을 위해 의무를 수행하며, 조직은 개인에게 지위와 역할에 따라 합당한 보상을 한다.

조직은 개인에 의해 운영됨과 동시에 개인의 제반 생활에 적지 않게 영향을 미치고 있다. 이처럼 조직이 개인의 생활에 영향을 미치는 정도는 시민의 참여가 강조됨에 따라 앞으로 계속 확대될 것으로 예상된다. 결국 사회복지실천가가 접하는 클라이언트를 비롯하여 모든 개인에 관한 이해는 그 개인이 소속하고 있는 조직을 염두에 두고 이루어질 필요가 있다.

둘째, 조직화 기술의 토대로서 조직을 볼 때, 조직화는 지역사회실천방법의 한 기술이면서 다른 사회복지실천방법의 공조 기술로서 그 중요성을 강조하지 않을 수 없다. 특히, 지역사회실천은 지역사회주민의 조직화를 중심으로 이루어지기 때문에(최옥채, 2001), 조직화 기술은 사회복지실천가가 갖추어야 할 중요한 기초기술 중 하나라 할 수 있다. 예컨대, 지역사회의 욕구나 문제를 해결하기 위해 사회복지실천가는 먼저 지역사회 주민을 조직화해야 하며, 지역사회의 유용한 자원을 한층 더 효율적으로 활용하기 위해 조직화는 필수적이다. 이 조직화 기술은 조직을 토대로 형성되기 때문에 사회복지실천가는 조직화 기술을 익히기 위해 먼저 조직을 충분히 이해해야 한다.

셋째, 자원으로서 조직과 지역사회 사회복지실천의 관점으로 볼 때, 조직은 자원으로 활용된다는 점에서 중요한 의미를 갖는다. 사회복지실천에서 동원되는 자원은 개인, 단체, 기관 등에 의한 근로, 물품, 현금 등으로 구체화할 수 있다. 여기에서 단체는 대체로 조직의 성격을 띠고 있어 사회복지실천은 조직으로부터 특정 유형의 자원을 지원받게 되며, 특별히 단체가 근로봉사로 사회복지실천에 참여했다면 한 조직을 자원으로 활용한 셈이 된다. 또한, 사회복지실천가는 조직의 성향과 특성을 충분히 숙지해야 할 뿐만 아니라 조직을 보다 효과·효율적으로 활용할 수 있도록 조직의 운영 방법을 터득하고 있어야 한다.

한편, 지역사회는 사회복지실천의 중요한 자원으로서 깊은 의미를 지닌다. 물론 지역사회 자체가 순수하게 사회복지실천을 위한 자원으로 존재하는 것은 아니다. 지역사회는 욕구나 문제를 지니고 있는 집합체이며 아울러 사회복지 실천의 중요한 자원을 보유하고 있다. 그러므로 사회복지실천가가 지역사회에 산재해 있는 주요 자원을 효과·효율적으로 발굴하고 동원하기 위해서는 지역 사회를 중시할 수밖에 없다. 사회복지실천에서 필요로 하는 주요 자원은 인적 자원과 물적 자원으로 요약할 수 있는데, 이들 자원을 지역사회의 개인, 기관, 조직, 단체 등이 가지고 있기 때문에 지역사회는 사회복지실천의 자원으로서 이해되어야 한다.

넷째, 클라이언트의 관점으로 볼 때, 지역사회 유기체로서 욕구나 문제를 지니는 지역사회가 사회복지실천의 클라이언트가 되는 것은 당연하다. 이는 지역사회를 곧 주민으로 간주하기 때문이다. 따라서 지역사회는 보다 안정된 상태를 유지하기 위해, 혹은 긍정적 변화를 꾀하기 위해 욕구를 가진다. 뿐만 아니라 제때에 해결되지 못한 지역사회의 욕구는 문제의 상황으로 번지게 된다. 이들 지역사회의 욕구나 문제는 사회복지실천의 전문 지식과 기술 그리고 경험을 갖춘 사회복지실천가의 개입을 필요로 한다. 그러므로 사회복지실천가가 개인 클라이언트를 철저히 이해해야 하듯이 지역사회에 관해서도 일정한 틀에 의해 세밀하게 이해한 후 합당한 방법으로 지역사회의 변화를 위해 개입해야 한다. 특히, 사회복지실천가는 지역사회가 사회복지실천의 클라이언트라는 측면에서 지역사회의 구성요소, 특성, 유형 등을 철저히 이해할 필요가 있다.

다섯째, 사회복지실천 장으로서의 관점으로 볼 때, 지역사회는 사회복지실천의 장(場)으로서 중요한 의미를 갖는다. 사회복지실천은 클라이언트와 사회복지실천가, 그리고 참여자(자원봉사자, 후원자, 관련인)가 함께 어우러져 이루어진다. 예컨대, 부적응 청소년을 위한 프로그램에 사회복지기관의 사회복지실천가를 비롯하여 학생들이 자원봉사자로 참여하고, 이 프로그램을 위해 재정지원기관(예 공동모금회, 지방자치단체, 기업 등)이 후원하며 학교 등 여러 관련 기관과, 부적응 청소년과 이들의 부모 등 개인이 참여한다. 이들 기관과 개인의 활동이 전적으로 지역사회 안에서 이루어지기 때문에 사회복지실천에서 지역사회는 중요한 의미를 갖게 된다. 특히, 사회복지실천현장에서 장애인, 노인 등을 위한 장기적이고 다양한 서비스가 강조됨에 따라 다종다수의 기관과 개인의 참여가 불가피한 상황이 확대되고 있다. 사회복지실천가의 개인적 활동 못지않게 유용한 자원을 중심으로 사회연계망(social network)을 구축하여 활동하는 것도 사회복지실천가에게는 중요한 과제로 대두되고 있다. 이런 맥락에서 "지역사회가 사회연계망으로서 함의를 갖는다(Schriver, 1995: 460, 재인용)."는 주장과 일맥상통한다. 즉, 친척, 친구, 이웃 등으로 만들어진 사회연계망은 클라이언트를 위해 정서·관계적 자원을 제공함으로써 지역사회의 일부로 작용하고 있다.

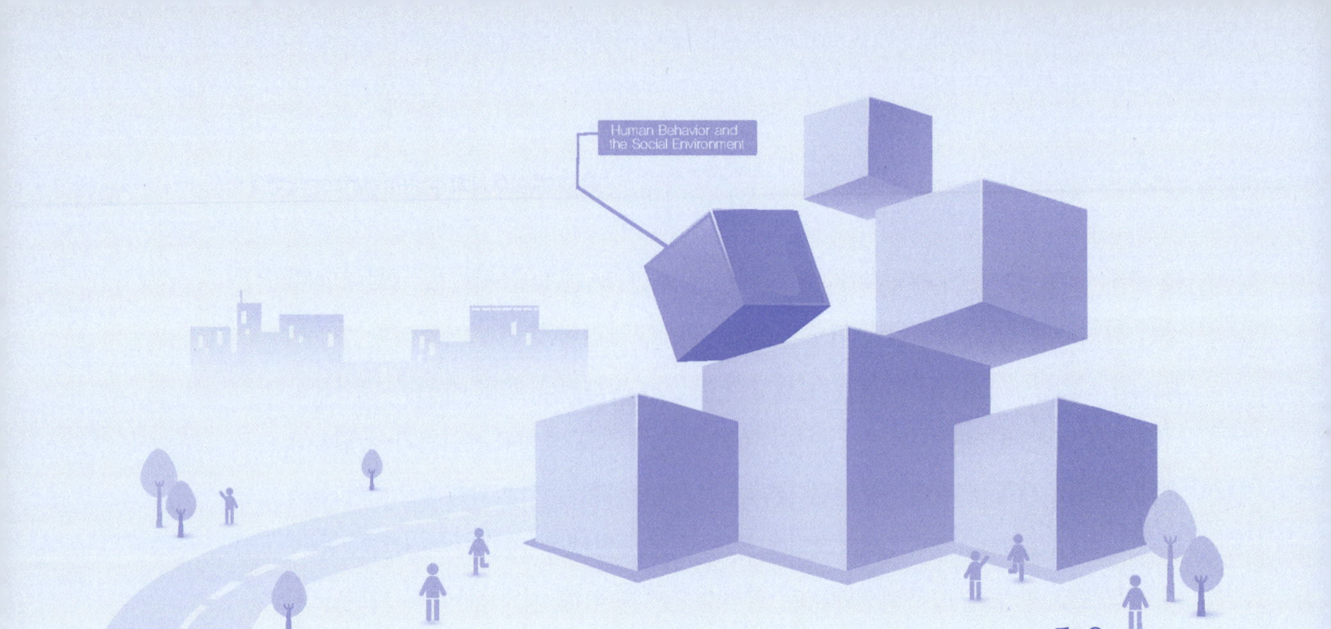

CHAPTER 10

인간의 성장과 발달: 태내기 ~ 유아기

1 태내기의 성장과 발달

1) 유전적 전달의 원리

유전(heredity)의 개념을 처음 들었던 때를 기억할 수 있는가? 유전 작용을 이해하기 위해서는 수태(conception)에서부터 출발해야 한다. 수태란 여성의 난소에서 방출되어 나팔관을 통해 자궁으로 가고 있던 난자가 남성의 정자[1]에 의해 수정(fertilized)되는 순간을 말한다. 우리는 수정 시점에서 무엇이 유전되는지를 알아야 유전자가 어떤 기제를 통해서 표현 특성에 영향을 주는지를 알아볼 수 있다

1) 생식세포로 납작한 아몬드 모양이며 길이 4~5㎛, 폭 2~3㎛ 정도이다. 머리 부분은 주로 세포핵으로서 염색체라고 하는 유전물질로 이루어져 있는데, 이 부분이 눈 · 머리 · 피부의 색깔과 같은 개인의 특수한 형질을 전달하는 역할을 한다. 정자의 머리 부분을 덮고 있는 첨체(acrosome)는 정자가 난자를 뚫고 들어갈 수 있도록 도와주는 화학물질을 함유하고 있다. 보통 사정 시에 3억~4억 개의 정자가 배출되지만 단지 1개의 정자만이 1개의 난자와 수정되며, 생성되는 모든 정자와 난자는 염색체 내에 조금씩 다른 유전정보를 지니고 있다. 그래서 같은 부모에게서 태어난 아이라도 약간의 차이가 있다.

(Shaffer, 1999, 송길연 외 역, 2000).

(1) 유전적 정보

수정 이후에 발생하는 가장 첫 번째 발달은 보호적이다. 하나의 정자세포가 난자의 막을 뚫고 들어오면, 생화학적 반응이 일어나서 다른 정자를 물리치게 된다. 정자세포는 몇 시간 내 유전물질을 방출하면서 분열되기 시작한다. 난자도 유전물질을 방출하고, 남자의 정자와 여자의 난자가 제공한 유전정보를 둘러싼 새로운 세포핵이 형성된다.

이 새로운 세포핵을 접합체(zygote)라고 하는데, 크기는 핀침 머리의 20분의 1 정도이다. 하지만 이 작은 세포핵은 단세포에서부터 인간으로 알아볼 수 있는 수준까지 발달하기 위한 유전적 정보, 즉 생화학적 처방을 하고 있다. 새로운 세포핵은 46개의 길고 실 같은 모양의 염색체를 가지고 있다. 각 염색체는 유전의 기본 단위인 수천 개의 유전자로 구성되어 있다. 한 가지 특이한 것은 염색체는 쌍으로 연결되어 있다. 한 쌍의 염색체를 구성하는 각각의 염색체는 크기, 모양, 유전적 기능이 서로 일치한다. 여자의 난자에서 온 염색체 한 개와 남자의 정자에서 온 염색체 한 개가 하나의 염색체 쌍을 이룬다. 따라서 부모는 자손에게 23쌍의 염색체를 주게 된다.

각 염색체의 유전자도 쌍으로 기능을 한다. 각 유전자 쌍의 두 유전자는 대응되는 염색체에서 같은 위치를 갖는다. 유전자는 사실은 DNA(Deoxyribonucleic Acid)가 길게 뻗어 있는 것이다. DNA는 복잡한 '이중 나선' 모양의 분자로 꼬인 사다리 모양을 하고 있고, 발달에 관한 화학적 '부호'를 제공해 주는 역할을 한다. DNA의 독특한 특징은 자신을 복제할 수 있다는 것이다. 사다리 모양 분자의 가로대가 중간에서 분할되어 지퍼처럼 열린다. 그리고 분자의 나머지 반이 잃어버린 부분의 복제를 안내한다. 자신을 복제하는 DNA의 특별한 능력 때문에 단세포 접합체가 경이로울 정도의 복잡한 인간으로 발달할 수 있게 된다.

(2) 쌍둥이(쌍생아)

여러분은 쌍둥이[2]가 어떻게 생긴다고 생각하는가? 그 대답은 다음과 같은 세 가지 상황에서 발생한다.[3]

① 일란성 쌍둥이

두 사람이 같은 유전자형을 갖게 되는 상황이 있다. 때로는 복제하기 시작한 접합체가 두 개의 같은 세포로 분열해 나중에 두 명의 사람이 되기도 한다. 이 경우를 단일 접합체 또는 일란성 쌍둥이라고 부른다. 그 이유는 그들이 단일 접합체에서 발달해 왔거나 같은 유전자를 가지고 있기 때문이다. 세계 출산 수의 약 250분의 1이 일란성 쌍둥이이다(Plomin, 1990). 만일 유전자가 인간발달에 막대한 영향을 끼친다면, 일란성 쌍둥이는 유전적으로 같아서 단일 접합체 쌍둥이는 유사한 발달적 진보를 보여 주어야 한다.

일란성 쌍둥이 유형은 다음과 같다.

- 여아 일란성 쌍둥이(자매)
- 남아 일란성 쌍둥이(형제)
- 남녀 쌍둥이(가장 희귀한 쌍둥이의 형태)

---

2) 쌍둥이는 2006년 현재 약 1억 2,500만 명으로 추산된다(대략 세계 인구의 1.9%). 이 중 일란성 쌍둥이는 1,000만 명 정도이다(대략 세계 인구의 0.2%, 쌍둥이의 8%). 2004년에서 2006년까지 미국에선 1,000번의 출산 중에 32번이 쌍둥이였다. 자궁의 크기 한계 때문에 스트레스를 받은 쌍둥이는 평균적으로 일반 단생아에 비해 3주 정도 빨리 출생한다. 이러한 미숙아는 건강에 이상이 생기기 쉽기 때문에, 종종 쌍둥이는 특별한 조치를 필요로 하기도 한다.

3) 현재 기네스북에 오른 최다 쌍둥이의 기록은 1971년 호주 여성이 낳은 것으로 총 9명이다. 그러나 불행하게도 9명 모두 영양 부족으로 말미암아 사망하였다. 1971년 9쌍둥이 이후 최다 쌍둥이는 2009년 1월에 태어난 8쌍둥이로, 미국 캘리포니아 주에 사는 나디아 슐먼(Nadya Suleman)이 낳았다.

② 이란성 쌍둥이

더 흔하게 발생하는 쌍둥이는 이란성 쌍둥이로 세계 출산 수의 약 125분의 1씩(임신촉진제를 사용하는 어머니는 20분의 1씩) 발생한다.[4] 이란성 쌍둥이는 어머니가 동시에 두 개의 난자를 방출하고, 이 두 개의 난자가 각각 서로 다른 정자를 만나 수정된 결과이다(Brockington, 1996). 이란성 쌍둥이는 함께 태어나긴 하지만, 다른 형제보다 같은 유전자를 더 많이 가지는 것은 아니다. 이란성 쌍둥이는 외모가 상당히 다르기도 하고, 심지어 동성으로 태어나지 않는 경우도 많다.

이란성 쌍둥이 유형은 다음과 같다.

- 이란성의 50%는 남녀 쌍둥이(가장 일반적인 쌍둥이의 형태)
- 여아 이란성 쌍둥이(자매)
- 남아 이란성 쌍둥이(형제)

③ 반쌍둥이

매우 희귀한 반쌍둥이는 어머니에게서 똑같은 유전자를 물려받고, 아버지에게서 다른 유전자를 물려받은 쌍둥이다. 정확한 수태 구조는 알 수가 없지만, 이론적으로 정자가 수정되는 난자와 두 번째 극세포 두 곳에서 모두 일어날 수 있다.

(3) 유전자의 역할

유전자가 어떻게 발달을 촉진한다고 생각하는가? 가장 기본적인 생화학적 수준에서, 유전자는 새로운 세포 형성과 세포 기능에 필요한 효소나 단백질의 생성을

4) 노산일 때 이란성 쌍둥이를 출생할 확률이 높다. 산모가 35세 이상이면 이란성 쌍둥이의 출생률은 두 배가 된다. 최근 의학 기술의 발달로 이란성 쌍둥이의 출생률이 눈에 띄게 높아졌다.

요구한다(Aldridge, 1996). 예를 들어, 유전자는 안구 홍채에서 멜라닌(melanin)[5] 이라고 불리는 색소의 생성을 조절한다. 갈색 눈을 가진 사람은 이 색소를 훨씬 많이 필요로 하는 유전자를 가지고 있고, 파란색 눈이나 초록색 눈을 가진 사람은 색소를 덜 요구하는 유전자를 가지고 있다.

유전자는 세포분화도 안내하는데, 일부 세포는 두뇌와 중추 신경계로, 일부 세포는 순환계, 골격, 피부 등으로 분화되도록 안내를 받는다. 유전자는 발달하는 동안 유전자 주변의 생화학적 환경에 의해 영향을 주고받는다. 예를 들어, 특정 세포는 초기 배아 발생시기에 어떤 세포가 그것을 둘러싸고 있는지에 따라 안구의 일부가 되기도 하고, 팔꿈치의 일부가 되기도 한다. 그러나 단세포의 접합체가 변형되어 살아서 숨을 쉬는 매우 복잡한 인간이 되는 과정을 완전히 이해한 사람은 이 세상에 단 한 명도 없다. 일부 유전자는 발달의 속도와 시기 조절을 책임진다. 이 조절 유전자는 특수한 발달 청사진을 가진 특수 유전자가 인생주기의 시점에 따라 작동하거나 정지하도록 만든다(Plomin et al., 1997). 예를 들어, 조절 유전자는 청소년기에는 성장급등에 책임 있는 유전자를 작동시키고, 성인기에는 이 성장 유전자의 작동을 막을 수 있다.

마지막으로 중요한 점이 있다. 환경요소는 유전자 안에 부호로 입력된 정보가 어떻게 전달되느냐에 따라 분명히 영향을 준다(Gottieb, 1996). 예를 들어, 큰 키(장신) 유전자를 받은 아이라 할지라도 이 아이가 성인이 되었을 때는 키가 클 수도 있고, 작을 수도 있다는 것을 생각해 보자. 그가 생의 초기에 오랫동안 낮은 수준의 영양공급을 받는다면, 그는 상당한 수준까지 키가 클 수 있는 유전적 잠재력

5) 멜라닌은 아미노산의 일종인 티로신의 대사과정 중 마지막 생성물로서 사람의 피부에 있는 점과 흑인의 피부 멜라닌 생성세포에서 관찰되며, 표피에서는 갈색의 넓게 퍼진 점으로 존재한다. 흑화는 살아 있는 동물의 조직 내에 멜라닌이 저장되는 것이다. 티로신이 부족하면 백피증, 즉 색소침착이 일어나지 않는 병에 걸리게 된다. 흑화는 멜라닌 색소 세포로 이루어진 암종양의 일종인 악성흑색종처럼 병리학적 증상이 나타날 수가 있다. 멜라닌 색소침착은 태양의 자외선으로부터 신체를 보호해 주며, 햇빛으로부터 열을 흡수하는 메커니즘은 냉혈동물에게 특히 중요한 기능이다. 일몰 후에 활동하는 특정 동물은 몸을 숨길 수 있게 해 주고, 눈으로 들어오는 빛의 입사를 제한하며, 안구 내에 산란된 빛을 흡수하여 시력을 높여 준다.

이 있다고 하더라도 평균이나 그 이하에서 키의 성장이 멈출 것이다. 환경적 영향은 유전적 영향과 결합해 유전형이 특정한 표현형(사람이 보고, 느끼고, 생각하고 행동하는 방식)으로 바뀌는 방법을 결정한다. 유전자가 발달에 영향을 주는 방법에 대한 수수께끼에 접근하는 또 다른 방법은 유전자 유전의 주요 패턴, 즉 부모의 유전자가 아동의 표현형으로 표현되는 방법을 알아보는 것이다.

(4) 성전형화와 성 역할

머니와 에른하르트(Money & Ehrhardt, 1972)는 남성적 성 역할 혹은 여성적 성 역할에 대한 최종적 선호에 영향을 주는 많은 결정적 일화나 사건이 있음을 제안한다.

최초의 결정적 사건은 아버지로부터 X 혹은 Y염색체를 받는 수정과정에서 발생한다. 수정된 지 6주 후에 태아는 단지 미분화된 성선(gonad)을 갖는다. 성염색체는 남성 고환과 여성 난소를 결정한다. 만일 Y염색체가 있다면 태아는 고환을 발달시키고, 그렇지 않으면 난소가 형성된다.

이렇게 새롭게 형성된 성선은 두 번째 일화의 결과를 결정한다. 남성 태아의 고환은 두 가지 호르몬을 분비한다. 두 가지 호르몬은 남성의 내부 생식체계의 발달을 자극하는 테스토스테론과 여성 기관의 발달을 제지하는 뮐러억제물질(MIS: Mullerian Inhibiting Substance)을 말한다. 만일 이런 호르몬이 없다면 여성의 내적 생식체계가 발달한다.

세 번째 결정적 지점인 임신 3~4개월 무렵에 고환에서 분비되는 테스토스테론은 음경과 음낭을 성장시킨다. 만일, 테스토스테론이 없거나 남성의 성호르몬에 대해 둔감하게 만드는 고환여성화증후군(TFS: Testicular Feminization Syndrome)이라 불리는 역행적 장애가 유전된다면, 남성 태아는 여성 외부 생식기, 즉 음순과 음핵을 형성한다. 테스토스테론은 뇌와 신경체계의 발달을 수정한다. 예를 들면, 남성의 뇌에 주기적으로 호르몬 분비를 중단하라는 신호를 보내 남성은 사춘기에 생리주기를 경험하지 않게 된다.

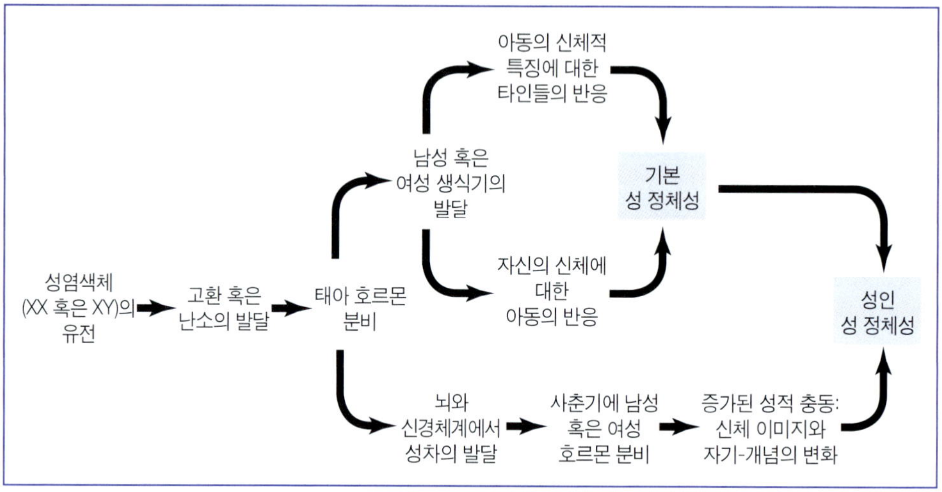

그림 10-1 성전형화의 결정적 사건

출처: Money & Ehrhardt(1972); Shaffer(1999). 송길연 외 역(2000: 504). 『발달심리학』, 재인용.

2) 태아의 발달에 영향을 미치는 요인과 원인

(1) 염색체 이상

배아세포가 감수 분열할 때 정자나 난자로 들어가는 46개 염색체의 분포가 가끔 똑같지 않다. 즉, 만들어진 생식세포 중 하나가 너무 많은 염색체를, 다른 생식세포는 너무 적은 염색체를 가지고 있을 수 있다. 이 대다수 염색체 이상(異常)은 치명적이라 한 개의 비정상적 생식세포와 한 개의 정상적 생식세포의 결합에 의해 생긴 접합체는 더는 발달하지 못하거나 자연 유산된다. 그러나 일부 염색체 이상(異常)은 치명적이지 않은데, 이는 약 200명의 아기 중 한 아기가 염색체를 하나 더 갖거나 적게 가지고 태어난다는 사실에 의해 예증될 수 있다(Plomin, 1990).

많은 염색체 이상이 성염색체인 23번째 염색체 쌍과 관련이 있다. 때때로 남아는 X나 Y염색체를 더 가지고 태어난다. 즉, XXY나 XYY형의 유전형을 가지고 태어난다. 그리고 여아는 하나의 X염색체(XO), 심지어 3(XXX), 4(XXXX), 5(XXXXX)개의 X염색체를 유전 받는다 하더라도 살아남는 경향이 있다.

〈표 10-1〉에 기술된 이상(異常)에 덧붙여서 1,000명 중 1명 정도가 깨지기 쉽고, 두 조각 이상으로 분리될 수도 있는 한 개의 X염색체를 갖는다. 이런 경우를 취약 X-증후군(fragile-X syndrome)이라고 부른다. 정신지체를 유발하는 유전적 원인으로 다운증후군 다음으로 이 증후군이 거론된다. 그리고 최근 연구는 초기 아동기 정서장애로 극심한 자기 몰입, 반복적 자기-자극행동, 언어와 사회적 기술의 지체 또는 부재 등이 특징인 유아 자폐증에도 이 증후군이 어느 정도 이바지할 것이라고 주장한다(Shaffer, 1999, 송길연 외 역, 2000).

표 10-1 일반적인 네 가지 성염색체 이상(異常)

<table>
<tr><th colspan="2">명칭/인자형</th><th>발생률</th><th colspan="2">발달적 함의</th></tr>
<tr><td rowspan="6">여성 이상</td><td rowspan="3">터너 (turner) 증후군 (XO)</td><td rowspan="3">1/2,500 여아 출생</td><td>외모</td><td>표현형은 여성이지만 키가 작고, 손가락과 발가락이 짧고 굵으며, 목은 거미집 모양이고, 가슴은 넓고, 유방은 작고 발달하지 않았다. 사춘기에 정상적인 성적 발달이 모자란다. 그러나 여성 호르몬 에스트로겐을 복용함으로써 더 여성적인 외모를 가질 수 있다.</td></tr>
<tr><td>생식력</td><td>불임이다.</td></tr>
<tr><td>지적인 특성</td><td>언어적 지능은 정상적이지만, 퍼즐 조립이나 도형의 정신적 회전과 같은 공간적 능력 검사에서의 점수는 평균 이하이다.</td></tr>
<tr><td rowspan="3">다중-X 또는 거대여성 (superfemale) 증후군 (XXX, XXXX, XXXXX)</td><td rowspan="3">1/1,000 여아 출생</td><td>외모</td><td>표현형은 여성이고 정상적 외모를 지니고 있다.</td></tr>
<tr><td>생식력</td><td>수정 가능(보통의 성염색체 수를 갖는 아이 출산)하다.</td></tr>
<tr><td>지적인 특성</td><td>언어추리 검사에서 가장 큰 결함이 있으며, 지능은 평균보다 약간 낮다. 지적인 결함은 걷기와 말하기 같은 발달적인 이정표에 늦게 도달하는 것으로, 2세 정도에 알아차릴 수 있다. 발달지체와 지적 결함은 가외의 X염색체 수가 늘어남에 따라 더 심해진다.</td></tr>
</table>

<table>
<tr><th colspan="2">명칭/인자형</th><th>발생률</th><th colspan="2">발달적 함의</th></tr>
<tr><td rowspan="6">남성 이상</td><td rowspan="3">클라인펠터 (klinefelter) 증후군 (XXY, XXXY)</td><td rowspan="3">1/500 남아 출생</td><td>외모</td><td>표현형은 남성이고 사춘기에 여성의 2차 성징(엉덩이와 유방이 크다)이 나타난다. 정상적인 남성(XY)보다 현저하게 키가 크다. 과거에 동양권 국가의 클라인펠터 남성은 운동경기에서 여성으로 출전했을지도 모른다. 그래서 올림픽에 출전하는 모든 여성 선수에게 성별 검사를 시행하는 것이 현재 관례가 되었다.</td></tr>
<tr><td>생식력</td><td>고환의 발육부진으로 불임이다.</td></tr>
<tr><td>지적인 특성</td><td>대략 20~30%가 언어적 지능에 결함이 있으며, 그들의 결함은 유전된 가외의 X염색체 수가 증가할수록 더 두드러진다.</td></tr>
<tr><td rowspan="3">거대남성 (supermale) 증후군 (XYY, XYYY, XYYYY)</td><td rowspan="3">1/1,000 남아 출생</td><td>외모</td><td>표현형은 남성이고 정상적인 남성보다 훨씬 키가 크고, 큰 치아를 가지고 있으며, 청소년기 동안 종종 심각한 여드름이 난다.</td></tr>
<tr><td>생식력</td><td>이들 남성 중 대다수가 비정상적으로 정자 수가 적긴 하지만, 대체로 수정이 가능하다.</td></tr>
<tr><td>지적인 특성</td><td>이전에는 지적으로 정상 이하이며, 폭력적이고 공격적 경향이 있는 것으로 생각하였지만, 이들 두 가지 가정 모두 최근에는 잘못된 것으로 입증되었다. 오히려 때로는 수줍어하고 내향적이라는 연구도 있다. 거대남성의 지능지수는 정상적 남성에게서 관찰된 것과 같은 범위에 있다.</td></tr>
</table>

(2) 염색체 이상의 원인

대부분 염색체 이상(異常)은 여성과 남성 배아세포의 감수분열기에 양쪽이 똑같게 나누어지지 않은 염색체 분리 때문에 발생하게 된다. 그러나 감수분열 시 오류가 염색체 이상을 만드는 유일한 원인은 아니다. 〈표 10-2〉에서 볼 수 있듯이 다운증후군과 다른 염색체 이상의 발생가능성은 산모의 연령이 많은 경우에 그 발생률이 극적으로 증가한다. 다운증후군 아이를 출산한 경험이 있는 어머니는 그들이 다시 출산하게 될 때는 같은 연령의 다른 여성보다 다운증후군 아이를 낳을 확률이 훨씬 더 크다는 사실에도 주목해야 한다.

산모가 30세 이전에 출산하면 아이가 다운증후군일 확률은 1,000분의 1이다. 하지만 30대 전반에는 700분의 1, 30대 후반에는 220분의 1로 높아지며, 40대 전반에는 65분의 1, 40대 후반에는 25분의 1로 현격하게 높아진다. 이를 근거로 태아에 대한 영향만을 고려했을 때, 바람직한 임신 나이는 23~29세로 본다. 바람직한 임신 나이 시작을 23세로 제시한 이유는 일반적으로 대학교를 졸업하는 연령이 23세 무렵이기 때문이다. 이러한 필자의 제시는 권중돈과 김동배(2005)가 주장한 23~28세와 뜻을 같이하는 것이다. 한편, 일부에서는 바람직한 임신 나이를 18~35세로 주장하고 있다. 그러나 이는 사회환경이나 〈표 10-2〉를 고려하지 않은 결과라고 생각된다(최덕경 외, 2013).

나이가 많은 산모가 염색체 이상을 가진 아이를 낳을 확률이 더 높은 이유는 무엇일까? 일반적으로 한 가지 설명은 '노화난자 가설(aging-ova hypothesis)'이다. 성적으로 성숙한 남성은 일생 정자를 만들어 내지만, 여성은 출생 시 난소에 이미 모든 난자를 가지고 태어난다. 그래서 45세가 된 여성의 난자는 45년 이상이 된 것이고, 노화나 방사능과 같은 독성 화학물질 같은 환경위험에 점점 많이 노출되면서 단순히 퇴화할 수 있다.

표 10-2 어머니의 나이에 따른 다운증후군과 다른 염색체 이상(異常)의 위험

아이가 다운증후군일 확률			출생 시에 어떤 염색체 이상일 확률
어머니의 나이	임신마다	다운증후군 아이의 출생 이후	
〈 29	〈 1/1,000	1/100	1/450
30~34	1/700	1/100	1/350
35~39	1/220	1/100	1/125
40~44	1/65	1/25	1/40
45~49	1/25	1/15	1/12

출처: Shafer & Kuller(1996); Shaffer(1999). 송길연 외 역(2000: 91). 『발달심리학』, 재인용.

(3) 유전적 이상

건강한 부모는 자식이 유전적 결함을 가질 수도 있다는 것을 알고는 놀라곤 한다. 대부분 유전적 문제는 친척 중에 누구도 갖지 않는 열성특질이기 때문에 그들이 놀라는 것은 당연한지도 모른다. 그뿐만 아니라 부모가 모두 해로운 대립유전자를 가지고 있지 않고, 아이가 부모로부터 특정 유전자를 유전 받지 않았다면 이런 문제는 나타나지 않을 것이다. 남자 아이가 자기 어머니로부터 유전 받은 X염색체상에 이런 특질에 대한 열성 대립유전자가 나타나면 남자 아이가 보이는 성 관련 결함은 이 규칙에의 예외이다.

또한, 유전적 이상은 돌연변이(mutation)에 의해서도 생길 수 있다. 돌연변이는 새 표현형을 만드는 한 개 이상 유전자의 화학적 구조 변화를 말한다. 많은 변이는 자연적으로 발생하고 해로우며, 심지어 치명적이기까지 하다. 변이는 독성 산업 폐기물, 방사능, 음식물에 들어가는 농업 화학비료, 가공식품 첨가물 등과 같은 환경적 위험 요인에 의해서도 발생할 수 있다. 그러나 돌연변이가 항상 해로운 것은 아니다. 자연환경에 존재하는 스트레스 유발인(誘發因)에 의해 유발된 어떤 돌연변이는 돌연변이 유전자를 물려받은 사람에게 '적응하는' 이점을 제공하여 이 개체가 생존하게 할 수도 있다. 예를 들어, 겸상적혈구(sickle-cell) 유전자는 아프리카, 동남아시아, 말라리아가 만연한 기타 열대지역에서 기원한 돌연변이이다. 하나의 겸상적혈구 대립유전자를 유전 받은 이형접합 아이는 돌연변이 유전자가 말라리아에 대한 저항력을 높여 줘서 이러한 환경에 더 잘 적응하며, 생존가능성도 커진다.

(4) 외부적 요인

외부적 요인은 임산부의 약물복용, 흡연과 음주, 질병, 분만횟수, 영양상태, 정서적 혼란, 아버지의 흡연과 나이, 그리고 환경오염 등을 들 수 있다. 여기서는 이 중 몇 가지만을 살펴본다.

① 임산부의 정서적 혼란

임산부가 오랫동안 스트레스나 흥분 상태에 처하게 되면 태아의 움직임이 많아진다. 임산부의 분노, 불안, 공포 등과 같은 스트레스는 태반 내의 혈액량을 감소시키며, 그로 말미암아 태아는 적절한 영양과 산소를 공급받지 못하는 결과를 가져온다. 고민을 많이 하는 임산부에게서 태어난 신생아는 발달이 느리며, 허약하고 이상행동을 보인다. 그리고 불안 수준이 높은 임산부에게서 태어난 신생아는 많이 우는 것으로 나타났다. 결국, 임산부의 정서적 혼란은 영아의 과잉행동과 급한 성격적 특징으로 나타난다.

② 임산부의 흡연과 음주

흡연을 하는 임산부는 그렇지 않은 임산부와 비교할 때 유산이나 사산할 가능성이 28% 정도 더 높으며, 태아는 만성적 산소부족 증상을 경험하게 되고 두개골이 작거나 저체중아를 출산할 가능성이 더 크다. 임신 후반기 무렵의 지나친 음주는 태아의 대뇌피질 성장을 방해하여 정신지체를 일으킬 가능성이 크고, 키와 몸무게의 성장을 저해하며 심장, 사지, 관절의 결함을 가져오기도 한다. 만약, 임산부가 흡연이나 음주 중 한 가지를 할 경우에 태아가 발달지체를 보일 확률은 두 배 정도 높아지며, 두 가지 모두를 할 경우에는 네 배로 증가하게 된다.

③ 임산부의 약물복용

임산부가 이뇨제, 항생제, 호르몬제, 안정제, 식욕억제제 등을 복용하면 선천성 기형이나 발달지체를 유발할 수 있다. 임신 초기에 신경안정제인 탈리도마이드(thalidomide)를 과다복용하면, 입천장파열, 심장이나 비뇨기계의 기형, 팔·다리가 없거나 청각손상을 가져올 수 있다.

임신 사실을 모르고 피임약을 복용하면 그렇지 않은 때와 비교하여 염색체 이상을 보이는 비율이 높으며, 항생제는 청각 결함을, 아스피린은 혈관장애를 일으킬 수 있다. 그리고 헤로인 복용으로 말미암아 수면장애나 신경계 혼란을 가져올 수 있으며, 분만 과정에서 마취제를 과다 투여하게 되면 지각 기술, 운동기 술, 주의력 등의 장애를 유발할 수 있다(Shafer & Kuller, 1996).

④ 환경오염

각종 환경오염은 태아에게 심각한 영향을 미칠 수 있다. 수은, 납, 카본 등의 중금속은 태아의 뇌신경계 발육장애와 정신지체를 가져올 수 있다. 해로운 화학물질은 태아의 신체발육을 저하하고 조산을 가져올 수 있으며, 출생 후에는 감각 기능의 저하, 지각변별장애, 단기기억장애 등을 일으킬 수 있다.

또한, 임산부가 하복부나 골반을 방사선에 노출했을 때 정신지체나 기형 신생아를 출산할 수 있다. 예를 들면, 체르노빌(Chernobyl) 원전 지역의 임산부에서 사산이나 선천성 장애아의 출산이 많이 나타났다. 체르노빌은 우크라이나 북부의 도시로, 1986년 체르노빌 북서쪽 14.5km에 있는 체르노빌 원자력발전소에서 생긴 사고로 말미암아 지금은 사람이 한 명도 살지 않는다.

3) 태아의 발달

수정 순간부터 접합체가 태어날 준비가 된 약 2,000억 개의 세포로 구성된 태아가 되기 위해서는 대략 38주(266일)가 걸린다. 임신기간은 개인에 따라 차이가 있으나 보통 34~40주 정도이다.

(1) 임신 제1분기

임신 제1분기는 임신 3개월까지를 말한다. 접합자는 수정된 지 6~10일에 자궁에 접근하면서 작고 옹이 같은 덩굴손이 외측 표피에서 나타난다. 이 덩굴손은 안쪽으로 파고들고 엄마의 혈액 공급을 뽑아낸다. 이것을 착상이라고 한다. 접합자의 58% 정도는 착상에 실패하며, 자궁 이외, 즉 난관, 난소, 자궁경부 등에 착상하게 되는데, 이를 자궁외임신이라 한다.

착상을 하고 나서 3주 동안 태아에 대한 외부 충격을 방지하고 적정 온도를 유지해 주는 역할을 하는 양수가 들어 있는 양막 주머니가 형성되며, 동시에 태반도 형성된다. 태반은 모체의 신체와 태아를 연결하고, 성인에게 적합한 상태로 되어 있는 물질을 태아에게 적합한 물질로 변형시킨다. 또한, 태아에게 해로운 물질이 들어오지 못하게 막아 준다. 이러한 태반은 탯줄을 통하여 수분, 산소, 혈액 등 태아가 요구하는 영양분을 공급하고, 배설물 등의 불필요한 노폐물을 배출하는 기능을 한다(김태련·장휘숙, 1998; 정옥분, 2004).

임신 약 3~8주를 배아기라고 한다. 빠르게 세포분열이 일어나는 이 시기에 발달을 방해하는 사건이 발생하게 되면, 영구적 손상을 입게 된다. 이 시기에 접합자의 외배엽은 피부의 표피, 발톱, 머리카락, 신경계, 감각기관으로 발달하고, 중배엽은 피부의 진피, 근육, 골격, 순환계, 배설기관으로 발달한다. 그리고 내배엽은 소화기관, 간, 췌장, 호흡기관으로 발달한다. 또한, 유사세포가 조직화되어 긴 원통형의 신체, 뇌와 심장의 원형이 형성된다. 임신 4주 말 무렵이 되면 뇌, 사지, 눈, 귀의 전구체가 발달하게 되며, 임신 2개월 말 무렵에는 입, 눈, 귀, 손발이 형성되어 인간의 모습에 가까워지고, 몸무게는 2.25g, 크기는 28mm로 성장하게 된다.

(2) 임신 제2분기

임신 제2분기라 불리는 임신 4~6개월 동안 발달은 빠른 속도로 계속된다. 16주에 태아의 크기는 20~25cm 정도이고, 몸무게는 약 170g 정도이다. 운동활동은 엄마가 느낄 수 있을 정도로 강력한 발차기, 손가락 빨기와 같은 세련된 활동을 한다. 태아의 심장박동을 청진기로 들을 수 있고, 단단해진 골격은 초음파에 의해 탐지된다. 임신 4개월 말 무렵에 이르면, 태아는 비록 자궁 밖에서 생존하기에는 부족할지라도 분명하게 인간의 외형을 갖춘다.

임신 5~6개월 동안 손톱이 단단해지고, 피부가 두꺼워지며, 눈썹, 속눈썹, 머리털이 갑자기 나타난다. 20주에는 땀선이 기능을 하고 심장박동은 엄마의 배에 귀를 대면 들릴 수 있을 정도로 강하다. 태아는 이제, 태지(vernix)이라고 불리는 하얀 치즈 같은 물질과, 배냇솜털(lanugo)이라고 불리는 얇은 체모층으로 덮여 있다. 가칠은 태아의 피부를 보호하고, 배냇솜털은 가칠이 피부로 고착되는 것을 돕는다. 제2분기 말 무렵이면 시각과 청각은 분명히 기능을 한다. 임신 25주 만에 태어난 미숙아가 큰 종소리에 놀라고, 불빛에 대한 반응으로 깜박이는 것에서 이 사실을 알 수 있다(Shaffer, 1999, 송길연 외 역, 2000). 임신 6개월의 태아는 거의 35~38cm의 크기에 몸무게는 900g 정도이다.

(3) 임신 제3분기

임신 제3분기는 임신 7개월부터 출산까지를 말한다. 태아는 약 50cm에 3.2kg 정도까지 성장하며, 중추신경계의 성숙도 함께 이루어진다. 임신 30주 정도가 지나면 신경계의 조절 능력이 생기고, 영아보육기(incubator)[6)]에서 생존할 수 있게 되므로 임신 210일을 생존 가능 나이라고 부른다. 일반적으로 체중이 1.5kg 정도이면 생존할 수 있고, 2.3kg 이상이면 조산아보육기에서 양육하지 않아도 된다.

임신 9개월 말 무렵에는 태반이 퇴화하기 시작하므로 엄마의 항체가 태아의 혈액에 유입되어 출생 후 몇 개월 동안 태아는 질병에 대한 저항력을 가지게 된다. 하지만 엄마의 혈액 중 해로운 성분이 태아의 혈액을 파괴할 수도 있다. 태반은 900g 이상 커질 수 없고, 태아의 머리는 자궁경부의 최대확장치 이상으로는 커질 수 없어서 대략 38주가 되면 출산하게 된다. 출산예정일은 최후 월경이 있었던 달에서 3을 빼고, 최후 월경 시작일에 7을 더하면 산출할 수 있는데, 분만예정일 전후 2주 정도를 정상적 분만으로 간주한다(김태련·장휘숙, 1998).

---

6) 영아보육기(嬰兒保育器)는 미숙아나 정상 체온을 유지하지 못하는 영아에게 따뜻한 환경을 만들어 준다. 영아보육기는 비교적 작은 유리벽으로 된 상자로 긴 고무장갑이 달린 구멍이 있어 간호사가 장갑을 끼고 영아를 돌본다. 보육기 안에 산소의 농도를 조절하는 특수장치가 되어 있는데, 이것은 영아가 특별한 질병으로 말미암아 산소를 더 많이 흡수하거나, 더 적게 흡수해야 할 때에 필요하다.

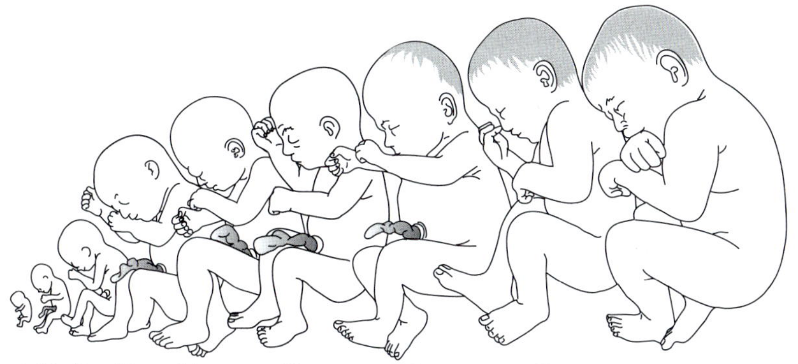

그림 10-2 태아의 태내기 동안 신체 성장비율

4) 출산 과정

출산은 [그림 10-3]과 같이 3단계 과정으로 구분된다.

첫 번째 분만 단계에서 엄마는 10~15분 간격으로 오는 자궁수축을 경험한다. 그리고 엄마의 자궁경관이 태아의 머리가 통과할 수 있을 정도로 충분히 팽창되었을 때 끝난다. 이 과정은 첫 아이 때는 평균 8~14시간 지속하고, 이후 아이 때는 3~8시간이다. 진통이 진행되면서 자궁은 더욱 빈번하고 강력하게 수축한다. 태아의 머리가 자궁경관 입구에 있게 되었을 때, 분만의 두 번째 단계가 시작될 준비가 된 것이다.

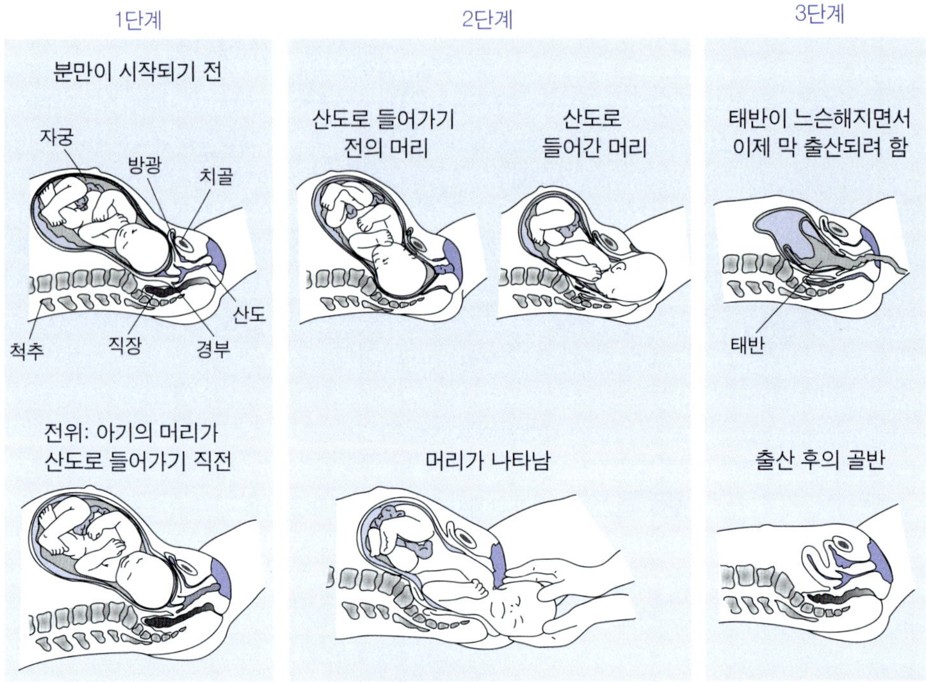

그림 10-3 출산의 3단계

분만의 두 번째 단계인 출산은 태아의 머리가 자궁경관을 지나 질을 통과하면서 시작되고, 아기가 엄마의 몸으로부터 떨어져 나왔을 때 끝난다. 이때 엄마는 아기가 산도를 통과하도록 돕기 위해 수축하여 밀어내라는 말을 듣는다. 신속한 출산은 30분 정도 걸린다. 반면, 오랜 출산은 한 시간 반 이상이 걸린다. 분만의 세 번째 단계인 후산(afterbirth)은 자궁이 다시 수축하고, 엄마의 몸에서 태반이 떨어져 나오면서 5~10분 정도 걸린다(Shaffer, 1999, 송길연 외 역, 2000).

2 영아기의 성장과 발달

영아기는 출생에서 2세까지 시기로, 신체적 성장이 매우 급격히 이루어지며, 기본적 운동 능력, 언어습득, 개념 형성 등의 인지적 발달이 이루어진다. 그래서 이 시기를 제1성장급등기라고 부른다. 또한, 이후의 사회성 발달에 큰 영향을 미치는 애착관계를 형성하여 다른 사람과 정서적 유대관계를 맺을 수 있게 된다.

1) 신체적 발달

영아는 생후 2년 동안 매우 빠르게 성장한다. 4~6개월에 출생 시 무게의 2배가 되며, 12개월 무렵에는 거의 3배(약 9.5~10.0kg)가 된다. 2세 무렵에는 어른이 되었을 때 신장의 반이 되며, 출생 시 몸무게의 4배에 가까운 12.2~13.6kg이 된다. 신생아의 머리는 어른 크기의 거의 70%이며, 신장의 4분의 1을 차지하여 다리와 같은 비율이다. 아이가 성장함에 따라 몸 형태는 빠르게 변한다. 특히, 생후 1년 동안은 몸통이 가장 빠르게 성장하며, 1년 후부터는 다리가 가장 빠른 속도로 성장한다. 2세 무렵에는 다른 신체 부분의 성장에 따라 머리가 신장에서 차지하는 비율은 [그림 10-4]에서 보듯이 5분의 1 정도로 변한다.

영아의 치아는 생후 6개월 무렵 아래 앞니부터 젖니가 나기 시작하여 1년이 되면 6~8개의 앞니가 난다.

(1) 골격발달

출생 시 영아의 뼈 대부분은 부드럽고 휘기 쉬우며 잘 부러지지 않는다. 신생아가 앉을 수 없거나 붙잡고 서게 해 주어도 균형을 잡기 어려운 이유는 그들의 뼈가 너무 작고 유연하기 때문이다. 신생아의 두개골은 자궁경부와 산도를 통과하기 쉽도록 눌려질 수 있는 몇 개의 부드러운 뼈로 구성되어 있어 엄마와 영아 모두에게 다행스러운 일이다. 두개골의 뼈는 6개의 부드러운 부분, 즉 이음새와 정수리로

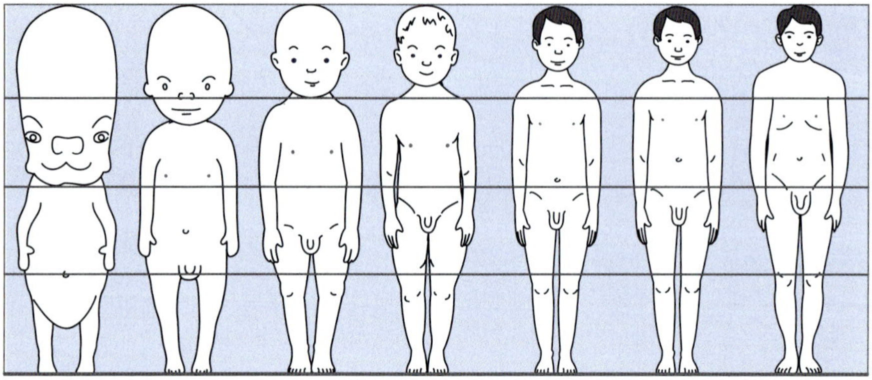

그림 10-4 태아부터 청년까지의 인체 비율

분리돼 있는데, 이들 부드러운 천문(fontanelles)은 점차 무기질로 채워져서 2세 무렵에 하나의 두개골을 형성한다. 이들 이음새, 즉 봉합선 때문에 두뇌가 성장할 때 두개골이 커질 수 있다.

(2) 운동발달

영아기의 운동발달은 신체성장, 뼈와 근육의 성장, 신경계 성숙의 결과로 획득된다. 영아의 골격은 성인의 골격보다 크기가 작고 수도 적을 뿐만 아니라 매우 유연하고 부드러운데, 사춘기까지 뼈가 단단해지는 경화(硬化) 또는 골화(骨化) 현상이 나타나게 된다. 골격과 마찬가지로 근육조직 역시 작고 약하다. 4개월 정도가 지나면서 엎드린 상태에서 목을 들어 올릴 수 있게 되지만, 첫돌이 되기 전까지는 다리 근육이 충분히 발달하지 못하는 관계로 걷지 못한다.

운동 기능은 특정 운동에 사용되는 근육의 부위와 신체부위에 따라 대(大)근육 운동과 소(小)근육 운동으로 나누어진다. 대근육 운동은 기기, 서기, 걷기, 뛰기 등과 같이 팔, 다리, 몸통과 같은 대근육을 사용하는 운동을 말한다. 소근육 운동은 손으로 물건 잡기, 손가락으로 글쓰기 등과 같이 몸의 소근육을 이용하는 운동을 말한다. 영아기의 운동발달은 독립적 운동 능력의 향상뿐만 아니라 다양한 환경과의 접촉을 통해 계획적 탐색을 할 수 있고, 자발적 목표추구가 가능하다는 점에서 의의가 매우 크다. 영아는 어떤 곳으로 급하게 가려고 할 때 자주 넘어지거나 고정된 물체를 넘어가곤 한다. 하지만 아이가 자람에 따라 도약하고 뛲으로써 이행운동 기술이 발전한다(Shaffer, 1999, 송길연 외 역, 2000).

(3) 두뇌발달

두뇌는 생의 초기에 놀라운 속도로 성장한다. 출생 시 영아의 뇌 무게는 성인 뇌의 25% 정도에 불과하다. 하지만 생후 1년 사이에 66%, 2세 무렵에는 75%, 5세 무렵에는 90% 정도에 이르게 된다. 태내기의 마지막 3개월과 생후 2년간을 두뇌성장급등(brain growth spurt)의 시기라고 부른다. 왜냐하면 성인 뇌 무게의 절반 이상이 이 시기에 생성되기 때문이다. 임신 7개월 때부터 생후 1년 사이에 뇌의 무게는 분당 1mg 이상, 매일 1.7g씩 증가한다. 하지만 뇌 무게의 증가는 전체적 지표에 불과하다. 뇌의 여러 부분이 언제 어떻게 성숙하며, 다른 측면의 발달에 영향을 미치는지는 거의 알려지지 않았다(Shaffer, 1999, 송길연 외 역, 2000).

뇌의 대뇌피질 부위는 좌반구와 우반구로 나누어져 있는데, 뇌의 분화는 매우 일찍 시작되어 3세 무렵이면 거의 완성되는 것으로 알려졌다. 뇌의 부위별 발달시기는 각기 다른데, 출생 시에 이미 반사운동과 소화, 호흡, 수면, 배설 등의 생물학적 기능을 담당하는 뇌간과 중뇌는 이미 완전한 기능을 한다. 생후 6개월 무렵에는 대뇌피질 부위의 운동영역과 감각영역의 발달이 본격화되면서 반사운동이 사라지고 의도적 운동이 나타난다. 2세 무렵에는 운동영역과 감각영역을 담당하는 뇌의 발달 수준이 비슷해지며, 운동영역과 감각영역을 통합하는 뇌의 발달은 더 늦게 이루어지고, 언어영역과 문제해결영역은 아동기와 청소년기까지 계속 발달한다(송명자, 1995).

뇌의 신경계는 신경원과 신경교로 구성되었다. 신경원 세포, 즉 뉴런(neuron)은 뇌의 한 부분에서 다른 부분으로 또는 신체의 특정 부분에서 다른 부분으로 정보를 받아들이고 전달하는 기능을 한다. 이런 뉴런을 인간은 1,000~2,000억 개 정도를 갖게 되는데, 임신 6개월 무렵에 이미 형성된다. 그러나 뉴런의 말초신경섬유와 다른 뉴런의 수지상돌기가 연결되는 부위인 시냅스(synapse) 대부분은 출생 후에 형성된다. 시냅스는 생후 1년 사이에 1만 개에서 10만 개로 증가하게 되며, 시냅스의 밀도는 생후 2세까지 급격히, 그 후부터 서서히 증가하여 7세 무렵에 성인 수준에 도달하게 된다(Rakic, 1991).

한편, 신경교는 정보전달을 촉진하는 수초(myelin)로 신경원에 영양을 공급하고, 신경원을 보호하는 기능을 한다. 신경교는 출생 후 급격히 발달하며 뉴런의 축색돌기 둘레에 막을 형성하는 수초화(myelination)의 기능을 담당한다. 수초화는 출생 후 2년 내에 성인 수준에 도달할 정도로 빠르게 진행되며, 고등사고 능력을 담당하는 뇌의 수초화는 청소년기와 성인기 무렵까지 진행된다(Feldman, 2001).

(4) 감각과 지각의 발달

영아의 감각과 지각 기능의 발달은 2세 무렵이면 운동발달과 비슷한 수준에 이르게 된다. 청각 능력은 출생 후 2주 정도가 지나면 사람의 목소리와 다른 소리를 구분할 수 있고, 3주 무렵에는 낯선 사람이나 부모의 목소리에 민감하게 반응한다. 생후 4~6개월 무렵에는 소리가 나는 방향을 정확하게 알며, 낯익은 목소리를 구별할 수 있고 음악을 들으면 좋아한다. 그리고 생후 1년 무렵이면 작은 소리에도 예민하게 반응하고 소리의 높고 낮음도 안다.

감각 정보의 80% 정도를 받아들이는 시각은 인간의 감각 능력 중 가장 늦게 성숙한다. 시각은 출생 시부터 녹색과 적색을 구분할 수 있고, 생후 1개월 무렵에는 사물에 초점을 맞추고 응시하는 것도 가능해진다. 생후 4~5개월 정도가 되면 붉은색 계통이나 푸른색 계통 등 기본 색깔별로 분류할 수 있고, 시각조절 능력이 성인 수준에 도달한다. 그리고 생후 6개월 무렵에는 시각 정확도가 20% 정도이지만, 첫돌 무렵이면 시력이 거의 1.0 수준으로 정상시력을 갖는다.

영아기의 후각은 같은 기간의 다른 동물과 비교하면 발달이 느리다. 하지만 다른 감각과 비교하면 출생 초기부터 상당히 발달해 생후 1주일 정도가 지나면, 엄마와 다른 여성의 젖 냄새를 구분할 수 있다. 미각은 체내에서도 어느 정도 기능을 하며, 출생 직후에도 여러 가지 맛을 구분할 수 있다. 영아는 쓴맛, 신맛, 짠맛보다는 단맛이 나는 액체를 더 오래 빨며, 생후 2~3개월 무렵에는 특정한 맛에 대한 기호가 생길 정도로 발달한다. 생후 4개월이 되면 싫어하던 짠맛을 좋아하기 시작하며, 영아기 말 무렵에는 미각이 매우 예민해진다.

촉각은 출생 시에는 입술과 혀를 제외하고는 그다지 발달해 있지 않다. 하지만 생후 6개월이 지나면 촉각을 사용하여 주위 물체를 탐색하기 시작하고, 첫돌 무렵에는 손의 감촉만으로도 익숙한 물체를 알아낼 수 있다.

2) 심리적 발달

(1) 언어발달

영아기의 언어발달은 낱말을 사용하지 못하는 언어 이전(以前) 시기와 낱말을 사용하기 시작하는 언어 시기로 나눌 수 있다(임규혁 · 이차숙, 1994). 언어 이전 시기는 대략 생후 1년까지로 울음, 쿠잉(cooing), 옹알이(babbling), 음소의 확장 등을 통하여 의사를 전달한다.

울음은 신생아의 유일한 의사전달 수단이다. 쿠잉은 영아가 생후 2~3개월 정도부터 즐거운 경우에 목을 울려 낮게 내는 소리(예 젖먹이가 '구구'소리를 내며 좋아한다.)로 울음과 함께 빈번한 의사소통 방법이다. 생후 4~5개월 무렵부터 시작하는 옹알이는 자음과 모음을 합쳐서 내는 반복적 소리로서 신체의 성숙으로 말미암아 나타나는 현상이다. 영아는 생후 6개월부터 모국어의 기초적 소리를 배우게 되며, 12개월까지 음소의 확장이 이루어진다.

언어 시기는 영아가 낱말을 사용하기 시작하면서 본격적 언어발달이 이루어지는 생후 1~2년간을 말한다. 이 시기의 언어발달은 한 번에 하나의 낱말을 사용하여 자신의 의사를 표현하다가, 두 개의 낱말을 연결해 문장을 만들 수 있게 되기 시작한다. 한편, 영아의 언어발달에는 개인차가 있으며 성별, 가정환경, 가족 상태 등에 영향을 받는 것으로 알려졌다. 일반적으로 여아가 남아보다 언어발달이 빠르며, 엄마의 언어자극은 영아의 언어발달을 촉진할 수 있다는 것이다. 그리고 영아기 언어의 특성은 반복, 독백 등을 포함한 자기중심적 언어를 사용한다는 것이다.

(2) 인지발달

영아기에 획득해야 할 중요한 과제 중 하나가 대상영속성(object permanence) 개념이다. 대상영속성이란 영아가 어떤 대상이 시야에서 사라지거나 들리지 않아도 그것이 계속 존재한다고 믿는 것이다. 이러한 개념은 피아제의 인지발달단계에서 감각운동기에 터득해야 할 가장 중요한 도식이다. 처음에는 영아가 더 이상 대상을 지각할 수 없다고 느끼는 순간부터 그것을 즉시 잊어버린다. 하지만 2세 무렵이 되면 대상영속성 개념을 지니게 된다(Zastrow & Kirst-Ashman, 1997).

대상영속성 개념을 획득하는 과정을 보면, 감각운동기의 1과 2단계에서는 대상영속성 개념이 거의 없으며, 3단계에 주변의 물체가 보이지 않아도 존재한다는 개념을 어렴풋이 얻게 된다는 것이다. 4단계는 시야에서 사라진 사물을 적극적으로 찾으려고 하며, 5단계는 영아가 보는 앞에서 빠른 속도로 사물을 이리저리 숨겨 놓아도 그것을 찾을 수 있을 정도가 되고, 6단계가 되면 사물을 이리저리 숨기는 과정을 전부 보지 않아도 찾을 수 있게 된다는 것이다.

대상영속성은 영아가 사물이나 다른 사람으로부터 분리되어 존재한다는 자각의 기초가 되며, 시간, 공간, 사물, 사건 등을 이해하는 데 필수 요소이다(Papalia et al., 1998). 대상영속성을 획득한 영아는 사물이나 사람이 눈앞에 보이지 않으면 상실감을 느끼고, 그것을 되돌아오게 하려고 노력할 것이다. 대상영속성 개념을 바탕으로 영아는 세계에 대한 기대와 계획을 세우고 상징을 사용할 수 있게 된다.

(3) 정서발달

정서란 자극에 직면하여 발생하거나 자극에 수반되는 생리적 변화 또는 눈에 보이는 행동 등의 반응을 말하며, 개인의 사고과정, 감정 변화와 외부 자극 사이의 관계를 나타내는 용어를 의미한다.

생후 2개월 무렵에 불쾌감이 분화되고, 이를 울음 등을 통해 표현하며, 즐거움은 미소를 짓는 방법으로 표현할 수 있게 된다. 생후 3개월이 되면 분노의 감정이 분화되며, 5~6개월이 되면 혐오감과 공포심이 분화되고 분노의 감정도 더욱 증가한다. 생후 12개월 무렵에는 의기양양(意氣揚揚)과 성인에 대한 애정이 더욱 강해지고, 18개월에는 다른 아이에 대한 애정과 질투의 감정이 나타난다. 그리고 생후 19개월 무렵에는 환희의 감정이 나타난다(김태련·장휘숙, 1998).

한편, 이 시기에는 정서를 이해하고 규제하는 능력도 발달하게 되는데, 생후 6개월 무렵의 영아는 행복해서 미소를 짓는 얼굴과 찡그린 얼굴을 구분할 수 있다. 아울러 다른 사람의 정서로부터 영향을 받게 된다. 생후 18개월 무렵이 지나면서 영아는 부정적 정서를 숨길 수 있으며, 3세가 되면 자신의 감정을 더 잘 숨길 수 있게 된다(Bornstein, 1995).

3) 사회성 발달

다른 사람과의 관계에서 얻은 경험을 통해서 형성되는 영아기의 사회성 발달은 성인의 성격 특성을 형성하는 기초가 된다. 사회성 발달 과정에서 영아는 여러 가지 표현행동[7]과 애착행동을 나타낸다. 표현행동에는 울음, 응시, 옹알이, 미소, 모방 등이 있으며, 이러한 행동은 자신을 돌보는 사람과의 관계를 통해서 형성되고 애착행동의 기초가 된다. 영아는 생후 4개월 무렵부터 사물보다 사람의 얼굴을 응

7) 표현행동이란 외부세계와의 의사전달 수단으로써 영아가 자신의 욕구나 호기심 등을 표시하는 행동을 말한다.

시하기를 좋아하며, 12개월 무렵부터 다른 사람의 행동을 모방하기 시작한다(김경희, 2001).

최초 애착 대상은 영아의 성격발달에 결정적 영향을 미치며, 영아는 친숙한 사람에게 특별한 애착을 발달시켜 나간다. 이러한 애착행동은 자신에게 적절한 자극을 주고, 반응을 잘해 주는 사람으로부터 형성된다(Breger, 1974, 홍강의 · 이영식 역, 1998). 영아는 애착관계를 형성한 사람이 눈에 보이지 않거나 낯선 사람이 나타날 때 불안해한다. 낯선 사람에 대한 불안은 대개 생후 8개월 무렵에 나타나며, 12개월을 전후해 절정에 이르다가 점점 없어진다.

그림 10-5 로렌츠에 각인된 새끼 거위

자연적 서식지에서 다양한 동물종의 행동을 관찰한 로렌츠와 틴버겐은 생존을 증진시키는 다양한 행동패턴을 발견하였다. 그중에서 가장 많이 알려진 것이 각인(imprinting)현상이다. 각인이란 어린 새끼동물이 생후 초기의 특정한 시기에 어떤 대상에게 노출되면(보통은 어미), 그 대상에 대해 추종반응을 나타내고 비교적 영구적인 유대를 형성하는 현상을 의미한다. 각인은 새끼를 어미 가까이 머물게 하고 먹이를 얻을 수 있게 하며 위험으로부터 보호받는 것을 가능하게 한다. 만약, 이 시기 동안 어미가 아닌 다른 대상물(어미의 모델이나 인간)에 노출되면 어린 새끼 동물은 그 대상물에 각인된다. 출생 직후 로렌츠의 보살핌을 받은 새끼 거위들은 그들의 생물학적 어미를 무시하였으며 거의 영구적으로 로렌츠을 어미로 알고 그를 따라다녔다(장휘숙, 2001, 재인용). 또한, 영아는 애착 대상인 엄마와 함께 있다가 멀어지는, 즉 격리되면 불안해하는 행동을 보인다.

이러한 격리불안(separation anxiety)은 영아가 애착을 갖는 사람으로부터 격리되었을 때 나타나는 조심성 있는 초조한 반응으로 생후 6~8개월 무렵에 나타나, 14~18개월까지 절정을 이루다가 점점 줄어들게 된다(Shaffer, 1999).

3 유아기의 성장과 발달

유아기는 3세에서 6세까지의 시기로, 신체와 운동발달로 움직임이 많으며, 자신의 의사를 적극 표현하고 자기중심적 사고가 발달한다. 또한, 유치원에 입학하는 등 생활환경이 확대되며, 사물에 대한 호기심이 증가하고, 반항적 행동은 점차 반항적 사고로 대치되어 간다. 이 책에서는 3~4세를 걸음마기로, 5~6세를 학령전기로 세분화한다.

1) 걸음마기의 발달

(1) 신체적 발달

걸음마기 유아의 신체적 특징은 성장이 신체 하부로 확산해 간다. 하지만 아직은 머리가 크고 가슴은 작으며, 배불뚝이이고 다리는 짧다. 신체발달은 2세 무렵부터 둔화하기 시작한다. 신장은 매년 2~3cm씩 커가 3세 무렵에는 92~95cm, 4세 무렵에는 100~102cm 정도가 된다. 몸무게는 매년 2~3kg씩 늘어나 3세 무렵에 13~15kg, 4세 무렵에는 16~17kg 정도가 된다. 이 시기의 유아는 손과 팔을 사용해 기어오르거나 혼자서 옷을 입을 수도 있다.

3세가 되면 유아는 직선으로 걷거나 뛸 수 있게 되며, 두 발을 이용해 마루로 뛰어내릴 수 있다. 하지만 한번 뛸 때 20~25cm 정도의 아주 작은 물체만을 비켜갈 수 있고, 뛰는 동안 쉽게 방향을 바꾸거나 멈출 수가 없다. 4세 무렵에는 한 발로

깡충깡충 뛸 수 있고, 양손으로 큰 공을 잡을 수 있으며, 1년 전에 할 수 있었던 것보다 더 멀리 더 빠르게 뛸 수 있다. 아울러 온종일 움직인다고 해도 과언이 아닐 정도로 운동량이 많아진다(Corbin, 1973).

부분 운동 중에서 팔과 손 운동과 관련해, 2세 무렵에는 숟가락을 사용할 수 있고 컵으로 물을 마실 수도 있다. 3세 무렵에는 엄지와 검지로 젓가락을 사용할 수 있다. 하지만 아직은 서투른 편이며, 4~5세 무렵에는 혼자서 옷의 단추를 풀 수 있게 된다. 그리고 3세 무렵에 이전까지 끼적거리던 것에서 벗어나 연필이나 크레용을 사용해 원, 삼각형, 사각형 등의 단순한 형태의 그림을 그리기 시작한다. 4세가 되면 기본적 형태를 조합해 무늬를 그려 낼 수 있으며, 선을 따라 가위로 모양을 오려낼 수 있게 된다. 한편, 3~4세 무렵이면 왼손잡이인지 오른손잡이인지를 대체로 확인할 수 있다.

(2) 심리적 발달

① 인지발달

걸음마기의 인지발달을 피아제와 인헬더(Piaget & Inhelder, 1969)는 전(前)조작적 사고 단계 중에서도 전개념적 사고 단계(preconceptual period)에 속한다고 보고 있다. 이 단계에서는 도식이 내적 표상(internal representation)으로 전환되는 시기로 사물을 상징적으로 조작할 수 있다. 하지만 아직은 성숙한 개념을 활용하지는 못한다. 전개념적 사고는 상징적 사고, 자기중심적 사고, 물활론적 사고, 인공론적 사고, 그리고 전도추리 등이 특징이다.

- 상징적 사고: 더는 자신의 행동이나 감각에 의존하지 않고, 정신적 표상을 만들어 내는 추상 능력을 말한다. 이러한 추상 능력의 발달로 모방, 상징놀이, 언어 기술의 획득이 가능해진다. 2세 무렵에 부모의 행동을 모방해 놀이를 시작하는데, 이것이 상징놀이의 근원이 된다.
- 자기중심적 사고: 우주의 모든 현상을 자기중심적으로 생각하는 사고로 다른

사람의 관점을 고려하지 못한다. 피아제와 인헬더(1969)의 세 개의 산 모형실험에서 걸음마기 유아는 자신이 본 것을 나타내는 사진을 선택한 것이 자기중심적 사고를 뒷받침하고 있다.

- 물활론적 사고: 생명이 없는 대상에게 생명과 감정을 부여하는 것을 말한다(예 가위로 종이를 자르면 종이가 아플 것이라고 생각).
- 인공론적 사고: 자기중심성의 특별한 형태로, 세상의 모든 사물이나 자연현상이 사람의 필요에 의해 자신의 목적에 맞도록 만들어진 것이라고 믿는 것을 말한다(예 세상을 비추기 위해 해와 달을 사람이 하늘에 만들어 두었다고 믿는 생각).
- 전도추리: 한 가지 특정 사건으로부터 다른 특정 사건을 추론하는 사고를 말한다(예 자기가 동생을 미워해서 동생이 아파졌다고 두 사건 간의 인과관계를 연결하는 생각).

② 자아 통제와 자율성의 발달

자아 통제란 외부의 요구에 자신을 일치시키는 능력, 상황에 따라 행동을 수정하는 능력, 행동을 연기하는 능력, 그리고 다른 사람의 지시를 받지 않고 사회적으로 바람직한 행동을 하는 능력을 말한다. 걸음마기 유아의 자아 통제 능력 획득은 대소변 훈련에서 시작된다. 대소변 훈련은 개인의 자율성과 사회적 요구의 갈등이 최초로 일어나는 장이다. 이러한 갈등의 성공적 해결은 자아 통제 능력의 발달에 이바지한다.

걸음마기에는 무엇이든 혼자 해 보려 함으로써 환경에 대한 통제를 시도한다. 이 시기의 유아는 많이 달라고 요구하고, 자신이 원하는 방식대로 하려고 한다. 그러나 부모로부터의 행동제한, 또래나 형제·자매와의 경쟁에서의 무능력을 지각함으로써 분노를 표출하는 경우가 많아진다. 이러한 분노의 표출은 반항적 행동으로 이어지게 된다. 자기주장적이고 반항적인 행동은 3~4세 무렵에 절정에 도달하는데, 이 시기를 제1반항기라고도 한다. 하지만 이러한 자기주장적이고 반항적 행동을 통해 자율성이라는 중요한 심리적 기제가 발달한다.

(3) 사회성 발달

걸음마기 유아는 부모로부터 분리되어 또래와의 상호작용에 적극적으로 참여해 성인과의 접촉보다는 또래와의 접촉이 더 많아진다. 이 시기의 유아는 형제·자매나 또래와의 놀이에서 자신의 것을 지키며, 더 많은 것을 확보하기 위해 경쟁하고, 공동의 목적을 달성하기 위해 협력하는 과정에서 사회성 발달이 촉진된다. 특히, 혼자놀이와 병렬놀이가 줄어드는 반면, 연합놀이와 협동놀이가 증가하면서 사회성 발달이 더욱 빨라진다.

한편, 걸음마기 유아는 부모나 또래와 갈등을 가져오게 되는 경우가 많아지므로, 부모는 유아의 행동에 제한을 가하면서 사회적 기준을 가르치기 위한 훈육을 시작한다. 훈육은 특정 문화가 요구하는 가치체계에 유아의 행동을 일치시키는 수단인 동시에 유아가 스스로 자신의 행동을 통제할 학습기회를 부여해 준다.

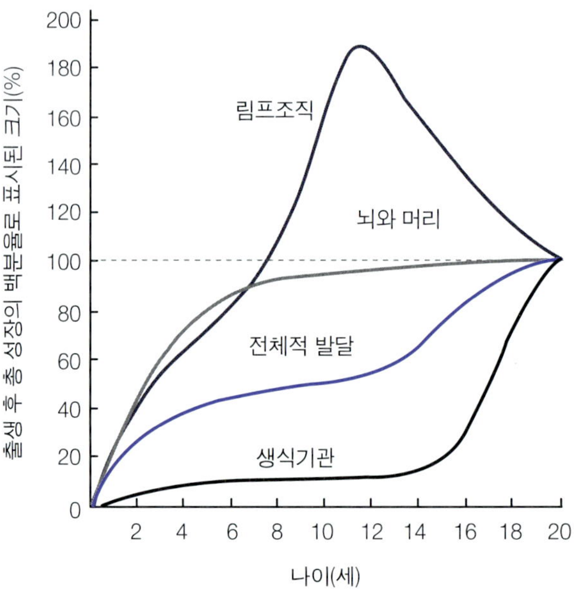

그림 10-6 여러 신체 시스템의 성장 곡선

2) 학령전기의 발달

(1) 신체적 발달

성장률은 이전 단계보다 늦지만, 5세 무렵의 신장은 출생 시의 약 2배인 108cm 정도이며, 6세 무렵에는 성인의 약 65% 수준인 113cm까지 성장한다. 몸무게는 5세 무렵에는 출생 시의 약 5배인 18kg 정도이며, 6세 무렵에는 성인의 약 30% 수준인 19~20kg까지 성장한다.

이 시기 여아의 골격 성숙은 출생 시의 남아보다 4주 정도 앞서지만, 5~6세 무렵에는 1년 정도 차이가 난다. 그러나 아직 어깨와 골반의 근육이 충분히 발달하지 않아 남녀 모두 비슷하게 직선적이고 평면적 체격을 갖게 된다.

학령전기 유아의 운동발달은 신체적 안정성이 발달하고, 걷기 및 뛰기 등을 통하여 이동 능력이 발달하며, 여러 가지 사물을 접하면서 각각의 특성에 따라 다양한 조절방법을 배우게 됨으로써, 조작적 능력이 발달하는 특징이 있다.

5세가 되면 유아는 훨씬 우아해진다. 그들은 어른처럼 달릴 때 팔을 흔들고, 그들 중 일부는 자전거를 탈 수 있을 정도까지 균형감이 좋아진다. 하지만 종종 그들이 할 수 있는 신체적 능력을 과대평가하여, 대담한 유아는 타박상을 입거나 데이고, 베이고, 긁히는 등의 상처를 입게 된다(Plumert, 1995). 또한, 5세 무렵에는 직선을 따라 걸을 수 있고, 달리면서 방향을 바꿀 수 있으며, 갑자기 멈추어도 앞으로 넘어지지 않고, 발을 바꿔가면서 계단을 오르내릴 수 있다. 그리고 6세 무렵에는 한 발 뛰기, 뛰어넘기, 오르기 등을 할 수 있다. 5~6세 무렵에는 모든 근육의 기능이 아주 높은 수준까지 발달하기 때문에 다양한 운동을 할 수 있다. 이 시기 유아는 장난감보다는 자신의 몸을 이용한 운동, 즉 달리기, 줄넘기, 축구, 자전거 타기, 수영, 등산 등을 선호한다.

(2) 심리적 발달

① 도덕성 발달

걸음마기에 칭찬과 제한을 받았던 것이 학령전기에 자아 개념으로 흡수되면서 세계를 보는 관점이 형성되기 시작한다. 따라서 학령전기에는 가족과 사회의 도덕적 규칙을 내면화하고, 내면화된 규칙에 따라 행동을 수행하게 된다.

피아제(1965)는 유아의 도덕적 판단은 타율적 도덕성에서 자율적 도덕성으로 발달해 나간다고 했다. 피아제는 걸음마기부터 학령전기 유아는 타율적 도덕성에 의존해 판단을 내린다고 했다. 즉, 이 시기의 유아는 규칙을 어떤 권위자에 의해 주어진 고정불변의 것으로 반드시 지켜야 하는 것으로 간주한다. 그래서 행동의 옳고 그름을 자신이 입게 되는 손해의 양이나 처벌 여부에 따라 판단한다.

② 정서발달

학령전기의 유아는 모든 형상에 대해 호기심을 많이 느끼게 된다. 그런데 호기심을 강력하게 제지하게 되면 죄책감이 형성된다. 이러한 죄책감은 특정한 대상이나 상황에 대한 불합리한 공포로 발전하는 경우가 많다. 특히, 학령전기 유아는 어린이집, 유치원, 어둠, 동물 등에 대한 공포감을 경험하는 경우가 많다.

스펙트와 크래그(Specht & Craig, 1987)에 의하면, 5~6세 정도의 유아는 자신의 감정을 감추거나 가장하는 여러 가지 기제를 갖게 되므로 감정을 더욱 능숙하게 숨길 수 있게 되며, 심지어는 부정적 감정을 감추기 위해 거짓말을 하기도 한다고 하였다. 이러한 기제는 불안을 감소시키기 위해 유아가 취한 노력의 결과이며, 극도의 불안으로부터 자신을 방어하기 위한 자아 방어기제이다.

(3) 사회성 발달

① 성 역할 학습

학령전기 유아는 성과 관련된 사회적 관계 성향에 관심을 나타내고, 자신의 성에 걸맞은 행동을 함으로써 성 역할 정체감을 형성해 가기 시작한다. 그러므로 동성의 친구와 어울리며, 성에 따라 옷차림, 놀이, 직업에 대한 사회적 기대를 의식하고 이에 따라 행동하고자 한다. 남아나 여아에게 문화에 따라 기대하는 적절한 행동 기준이 설정되어 있으며, 부모는 자신이 생각하는 성 역할 기준에 맞추어 자녀가 행동하도록 격려하거나 처벌을 가한다. 이러한 과정을 통해 학령전기 유아는 기대와 문화적 기준에 맞는 성 역할 기준을 이해하고 내면화하게 된다.

② 우정의 발달

학령전기 유아는 또래와의 집단놀이에서 구체적인 물건을 교환하거나 또래와의 협력활동을 통해 우정을 경험하게 된다. 그러나 아직도 자아중심 성향이 남아있기 때문에, 친구와 말다툼을 자주 일으키며, 있지도 않은 헛소문을 퍼뜨리기도 한다. 따라서 학령전기에 형성한 또래와의 우정이 오래 유지되기 어렵고, 극단적 좌절감을 유발하기도 한다. 친밀하고 지속적인 우정은 초등학교에 입학하는 아동기에 가서야 본격적으로 발달할 수 있다.

③ 사회화

학령전기 유아는 엄마와 보내는 시간보다는 형제·자매와 보내는 시간이 더 많아지게 된다. 형제·자매의 상호작용을 통해 서로 모방하려는 경향이 강하게 나타나며, 이를 통해 사회성을 발전시키게 된다.

조부모와 함께 사는 유아는 더욱 폭넓은 인간관계를 맺을 기회를 갖게 되어 사회성 발달이 촉진될 수 있다. 하지만 최근에는 손자녀의 양육이나 훈육에 적극적으로 관여하는 조부모 역할유형은 줄어들고 있다. 그리고 이혼율이 증가하면서 이혼가족, 한부모가족, 조손가족 등이 늘어나게 됨으로써 학령전기 유아는 자신의 성에 적합한 모델의 부재로 말미암아 사회화 과정에 어려움을 겪는 경우가 많다.

4 사회복지실천과의 연관성

1) 태내기

태내기의 발달이 정상적으로 이루어지기 위해서는 아기를 갖고자 하는 부모가 임신 전부터 준비해야 한다. 임신 전 신체검사를 통해 예비부모가 미처 모르고 있던 만성질환이나 태아의 발달에 영향을 미칠 만한 질병이 있는지 확인하여 치료를 받도록 한다. 가족 중에 유전적 질병이나 신체적 기형, 지적 장애를 가진 사람이 있거나, 부인 혹은 남편의 나이가 많거나, 유전적 결함이 있는 자녀를 출산한 경험이 있다면 꼭 유전 관련 상담을 받도록 지원한다.

태내기의 발달 문제 중에서 사회복지사가 가장 많은 관심을 둬야 할 부분은 선천성 장애 발생의 예방이다. 사회복지사는 임신한 부부를 대상으로 유전적 질병, 흡연이나 음주, 약물복용, 방사선, 환경오염이나 해로운 물질에 노출 등으로 발생할 수 있는 선천성 장애의 예방 방법과 대책을 알려 주어야 한다. 그리고 이후에는 선천성 대사 이상 검사 등을 통해 선천성 장애 유무를 확인할 수 있도록 하고, 선천성 장애아를 출산한 경우에는 장애인 전문 기관과 서비스에 대한 정보를 제공해 조기 치료를 받을 수 있도록 원조해야 한다.

2) 영아기

출생 후 첫 4주를 신생아기라고 한다. 신생아기는 이제 막 태어난 아기는 물론 새롭게 구성된 가족에 적응해야 하는 부모에게도 매우 혼란스럽고 어려움이 많은 시기다. 출산 후 산모는 아직 건강이 온전히 회복되지 않은 상태에서 신생아를 돌봐야 하는데, 그 과정에서 산후우울증을 경험하기도 한다. 산후우울증이 심각하면 수면장애나 불안, 우울, 무가치감, 자살 충동 등을 동반하므로 적절한 의학적 개입과 함께 신생아 아버지나 가족, 주변 사람의 지지가 필요하다. 따라서 사회복지사는 이웃 및 지역사회의 자원을 활용하여 부부가 출산으로 말미암아 겪는 심리적 어려움을 극복하여 좋은 부모가 되도록 지원해야 한다.

영아기의 사회성 발달과 관련해 관심을 둬야 할 부분은 모자 사이의 부적절한 애착관계이다. 어머니가 우울증 등으로 영아와의 신체적 접촉이나 애착관계 형성을 거부하는 경우에는 상담과 심리치료를 받을 수 있도록 한다. 그리고 영아의 사회성 반응이 부족하고 자기 고립적이며, 환경에 단조로운 반응을 보이는 등 자폐증의 속성을 보일 경우에는 조기진단과 치료를 받을 수 있도록 원조해야 한다.

3) 유아기

(1) 걸음마기

걸음마기 유아의 사회성 발달에서 부모의 훈육방법은 매우 중요한 역할을 한다. 따라서 사회복지기관에서는 부모 역할훈련 프로그램을 개발하여 건전한 훈육방법과 놀이지도 기술을 향상시킬 필요가 있다. 특히, 물리적 방법에 의한 걸음마기 유아의 훈육은 유아에 대한 신체적 학대 문제로까지 옮겨갈 수 있다. 그리고 방임적 양육은 유아의 신체, 심리, 사회성 발달에 많은 장애를 가져올 수 있다.

따라서 사회복지사는 유아를 학대나 방임하는 가족에 대한 면밀한 욕구평가에 근거해 필요한 서비스를 제공해야 한다. 아동학대가 발생한 상황에서 사회복지실천은 먼저 아동을 학대 상황으로부터 긴급(일시)보호하고, 그 후에 위탁양육 프로그램이나 입양, 그룹 홈 등 적절한 서비스와 연계한다. 또한, 상담 및 각종 치료 방법을 통해 유아가 겪은 상처를 극복하도록 돕는다. 부모에게는 부모교육과 정신치료나 상담을 받도록 하고, 가족을 대상으로 가족상담이나 가족치료 프로그램, 가족지원 프로그램 등을 시행하고, 필요한 사회적·법적 위기개입을 한다.

(2) 학령전기

학령전기는 사실상의 인지교육이 시행되는 첫 단계라 할 수 있다. 따라서 이 시기의 유아는 유치원이나 보육시설에서 적절한 인지교육을 받을 필요가 있다. 그러나 경제적 이유, 시설부족 등으로 말미암아 조기교육 기회를 얻지 못하는 유아도 예상 외로 많이 있다.

따라서 정부를 비롯한 사회복지 관련 기관에서는 유아를 위한 조기교육과 보육시설의 확충에 노력을 기울여야 할 것이다. 특히, 보육시설의 증설이나 운영의 목적이 유아의 건전한 성장 발달을 도모하고자 하는 목적보다는, 여성 인력을 노동시장으로 끌어들이는 데 더 강조점을 둠으로써 야기될 수 있는 유아보육의 문제점을 개선해 나가고, 민간보육시설에 대한 적극적 지원을 통해 보육시설의 서비스 격차를 완화해 나가야 할 것이다(권중돈 · 김동배, 2005; 최덕경 외, 2013).

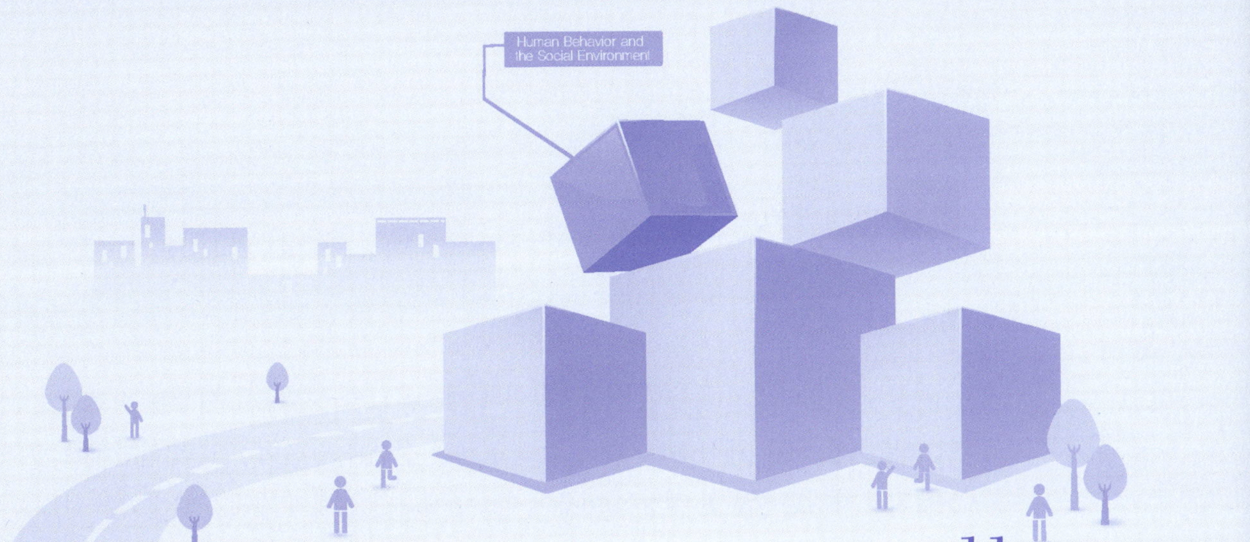

CHAPTER 11

인간의 성장과 발달: 아동기

아동기(childhood)는 초등학교 시절인 만 7~12세까지를 의미하며, 아동의 생활중심이 가정에서 학교로 옮겨가는 시기이다. 아동기는 공식적 학습이 시작된다는 의미에서 학동기, 사회적 행동이 현저하게 증가하면서 또래끼리 어울려 다니기 시작한다고 하여 도당기(gang age)라고도 한다(권중돈, 2014). 프로이트는 이 시기에는 아동의 관심이 지적 호기심, 친구, 운동 등 외적인 활동에 집중됨으로써 생리적 에너지인 리비도가 성격 형성에 특별하게 영향을 미치지 않는다고 보아서 잠복기라고 규정하였다. 에릭슨은 이 시기에 학교생활을 통한 학습과정을 성실하게 수행함으로써 근면성이 발달되며, 그렇지 못한 경우에는 열등감이 형성된다고 하였다. 한편, 피아제는 아동기에는 이전과는 다른 새로운 형태의 인지발달이 이루어진다고 보아서 이 시기를 구체적 조작기로 구분하였다.

1 신체적 발달

1) 신체적 성장

아동기는 영아기의 급속한 신체발달이나 청소년기의 성장급등 현상과 비교하여 보면, 〈표 11-1〉에서 보는 바와 같이 신체적 성장과 발달이 비교적 완만하게 진행되긴 하지만 꾸준한 성장이 이루어지고 전체적인 신체의 체계가 안정되는 시기이다. 그러나 아동기 후반에는 신장과 체중이 급격히 증가하는데 11~12세경에 여아의 신체적 성장이 남아와 비교해서 더 우세해진다. 이러한 현상은 신체적 급성장이 이루어지는 사춘기가 남아보다 여아에게서 먼저 시작되는 점에 기인하는 것이다.

표 11-1 아동기의 신체적 성장

연령	신장(cm)		체중(kg)	
	남아	여아	남아	여아
7~8세	123.7	122.4	24.8	23.9
8~9세	129.1	127.8	27.8	26.9
10~11세	139.4	139.9	35.5	34.7
11~12세	145.3	146.7	40.3	39.2
12~13세	151.8	152.7	45.5	43.8

출처: 대한소아과학회자료(2007년). http://www.pediatrics.or.kr.

아동기 동안의 가장 눈에 띄는 신체적 변화 중의 하나가 젖니가 빠지는 것이다. 젖니가 빠지는 것은 아동기에 발생하는 하나의 통과의례로서, 6세경에 젖니가 빠지기 시작하여 아동기 동안에는 1년에 약 4개 정도씩 영구치로 대치되는데, 13세경이 되면 거의 모든 젖니가 영구치로 대치된다(권중돈·김동배, 2005). 또한, 뇌의 중량도 6세에는 성인의 90%이던 것이 12세가 되면 약 95%로 성인의 수준에 도달한다. 이 같은 뇌 부분의 발달은 아동의 지적 발달과 밀접한 관련이 있다. 또한, 이 시기에는 외모에 별다른 관심이 없고, 청결에 대한 요구에 반항적 태도를 보이는 경우가 많다. 특히, 여아에 비하여 남아의 경우가 이러한 경향이 더 강하기 때문에 전형적인 개구쟁이의 모습을 지니게 된다.

아동기에는 뼈와 근육의 성장이 균형 있게 이루어지는 것이 일반적이지만, 뼈의 성장이 근육의 성장을 초월하는 경우가 있다. 이때 근육성장기 골통 또는 성장통을 경험하게 된다. 성장기 아동 중에서 10~20% 정도가 성장통을 경험하는데 이로 인해 아동은 밤잠을 설치고 보행 시에 통증을 느끼는 경우가 많다.

2) 운동 기능 발달

초등학교 아동은 운동 기술이나 근육의 협응이 좀 더 정교화된다. 왕성하고 다양한 신체활동을 통해 힘과 유연성의 향상이 나타나고 운동 기능의 현저한 향상을 보인다. 이 시기의 아동은 스포츠와 조직적인 단체 놀이에 강한 관심을 보이며 자신의 신체를 이용한 활동을 즐기게 된다. 12세경이 되면 성인 수준에 비슷할 정도로 팔, 어깨, 손목의 근육을 통제할 수 있게 되어 축구, 야구, 농구 등의 운동을 할 수 있게 된다. 아동기의 스포츠 활동은 주로 또래와 함께 이루어지는데 이는 단순히 스포츠 활동을 통한 운동효과 외에 우정을 형성하고 유능감을 습득할 수 있는 기회가 된다. 또한, 게임의 규칙을 지키고, 팀 구성원과 협력하는 법을 터득함으로써 사회성을 발달시키게 된다.

아동은 다양한 신체활동과 규칙성 있는 운동을 통해 자신의 능력을 시험하며 성취감과 자긍심을 얻게 된다. 그러나 운동 능력이 부족하거나 그 경험이 적어 또래와의 운동놀이에 잘 참여하지 못하는 아동은 뛰어난 운동 능력을 발휘하고 활동적이며 적극적인 아동에 비해 주변으로부터 소외되고 스스로를 평가 절하하여 낮은 자아존중감을 갖기도 한다. 이렇듯 아동기의 운동발달은 신체적 발달뿐만 아니라 아동의 긍정적인 자아상과 자긍심 향상에 영향을 미치는 등 심리사회적 발달에도 중요한 작용을 한다(유수현 외, 2015). 이와 같이 운동 능력은 초등학교 아동의 자아 개념(self-concept)과 사회적 관계 형성에 커다란 영향을 미치는 것을 알 수 있다. 따라서 아동기에는 운동을 할 수 있는 적합한 환경과 기회를 제공하여 자신에 대해서 긍정적인 평가를 할 수 있도록 도와야 하며, 또래 관계에서도 긍정적으로 사회성이 발달되도록 관심을 기울여야 한다.

2 심리적 발달

1) 인지발달

아동기의 인지적 측면은 유아기와는 다른 질적 변화를 겪게 된다. 유아기의 직관적 사고에서 논리적 사고로, 중심화 현상에서 탈중심화로, 비가역적 사고에서 가역적 사고로 변화게된다. 아동기는 인지적으로 보존개념, 유목화, 조합 능력을 획득하고 자기중심적 사고에서 벗어나 타인의 관점에서 바라볼 수 있는 시각을 가질 수 있게 되어 타인과의 의사소통이 원활해진다. 이런 인지적 발달은 도덕적 판단의 발달과도 밀접하게 관련된다. 이어 청소년기에 이르면 논리적이고 추상적인 사고가 가능해지므로, 이런 인지적 사고 능력은 학교와 같이 보다 분화된 환경적 자극에 의해 더욱 발달한다.

(1) 아동기 사고의 특성: 구체적 조작기

피아제는 초등학교 시기인 아동기의 사고 특성을 구체적 조작기로 설명하고 있다. 유아기의 직관적 사고에서 벗어나 논리적 사고가 가능해지지만 구체적인 것과 자신이 직접 경험한 세계에서만 논리적 사고가 가능하며 추상적이고 가설적 개념을 이해하는 데는 한계를 보인다. 다시 말해, 구체적 조작기는 아동이 개념이나 상황을 이해하고 해결하는 방법이 눈에 보이거나 직접 경험하는 구체적 사실에 근거하여 논리적 사고를 할 수 있는 시기란 것이다. 유아기의 전조작기와 아동기의 구체적 조작기의 중요한 차이는 아동이 문제 해결 과정에서 직관보다는 논리적 조작이나 규칙을 적용하기 시작한다는 것이다. 즉각적인 지각적 정보에만 주의를 기울이지 않고 주어진 정보를 유동적으로 다양한 측면을 고려할 수 있으며 외형적 사실에서 추론된 사실을 이해한다. 구체적 조작기에 있는 아동기의 사고 특징은 보존 개념, 조망수용, 분류 기술, 조합 기술, 서열화, 수렴적 사고와 확산적 사고, 장의존성과 장독립성, 사려성과 충동성 개념의 획득 등이다.

① 보존 개념

보존 개념은 물체가 외형상 변화함에도 불구하고 더하거나 빼지 않으면 물체의 본래 양은 그대로 보존된다고 판단할 수 있는 능력이다. 이 시기 아동은 찰흙 모양이 둥근 형태에서 길고 넓적하게 변하더라도 그 양이 같다는 사실을 알게 된다. 또한, 폭과 넓이가 다른 두 잔의 물의 양이 동일하다는 사실도 알게 된다. 보존개념은 가역성, 보상성, 동일성 개념이 전제되어야 획득 가능하다. 가역성이란 어떤 상태의 변화가 그 변화 과정을 역으로 밟아 가면 다시 원상으로 복귀될 수 있다는 사실이다. 보상성은 높이의 감소가 폭이라는 차원으로 보상된다는 것이며, 동일성은 어떤 방법으로든 더하거나 빼지 않으면 양은 동일하다는 것이다.

② 조망수용: 탈중심화

아동기에는 사고의 자기중심성에서 벗어나 타인의 입장, 감정, 인지 등을 추론하고 이해할 수 있는 조망수용(perspective taking) 능력을 습득하게 된다. 이로써 타인의 위치에서 보는 공간적 시각을 추론할 수 있을 뿐 아니라 타인의 감정을 추론하는 것도 가능해진다. 피아제는 아동은 또래와의 관계를 통해 더 효과적으로 탈중심화된다고 하였다. 또래 관계가 중요한 아동기에 상대방의 감정과 생각을 고려하지 못한다면 또래집단으로의 수용이 어려워진다. 따라서 아동은 자신의 생각을 또래에게 이해시키기 위해 다른 아동의 관점을 고려하여 추론하고 타협하면서 협력하는 것을 배우게 된다. 조망수용 능력은 감정 조망수용 능력만이 아니라 타인의 사고 과정이나 행동 원인을 추론하고 이해하는 인지적 조망 능력도 포함하는 것으로 아동기에 획득하게 된다(강세현 외, 2015).

③ 분류 기술, 조합 기술, 서열화 가능

구체적 조작기에 보여 주는 아동 사고 중 하나는 위계적 분류 개념이 가능하다는 것이다. 아동은 물체를 크기, 색깔, 형태 등 여러 가지 특성에 따라 다양하게 분류할 수 있다. 분류 기술은 사과, 바나나, 딸기, 수박 등을 묶는 상위 개념이 과일임을 이해하는 능력으로 대상이 지니고 있는 공통적인 특성에 따라 물체를 분류하고 통합하는 능력이다. 조합 기술은 일정한 수의 사물을 모아놓거나 형태를 바꾸더라도 그 숫자는 동일함을 이해하는 능력으로 아동이 덧셈, 뺄셈, 곱셈, 나눗셈과 같은 셈을 할 수 있는 것은 이러한 조합 개념적 기술을 습득했기 때문이다. 또한, 아동기는 사물을 길이, 크기, 높이 등 영역별로 순서대로 배열할 수 있는 서열화가 가능하게 된다. 길이가 다른 여러 막대를 순서대로 나열해 보라고 하면 유아기에는 수행 시 많은 오류를 보이고 해내지 못하는 경우가 많으나, 아동기에는 물체를 배열할 때 전체적인 구도를 그리면서 배열할 수 있게 된다.

④ 수렴적 사고와 확산적 사고

수렴적 사고(convergent thinking)는 문제를 해결할 수 있는 다양한 해결책 중 가장 적합한 해결책을 찾아가는 사고를 말한다. 확산적 사고(divergent thinking)는 문제를 해결하기 위하여 다양한 해결책을 찾아내는 사고를 말한다.

⑤ 장의존성과 장독립성

장의존성과 장독립성은 아동이 사물을 인식할 때 그 사물을 둘러싼 배경(장)의 영향을 많이 받거나 받지 않는 인지 양식을 의미한다. 장의존적인 사람은 장의 영향을 많이 받고 사물을 전체로 지각한다. 반면에 장독립적인 사람은 장의 영향을 거의 받지 않으며, 사물을 여러 개의 부분으로 지각한다. 장의존성과 장독립성을 측정하는 검사로는 숨은 그림 찾기나 다른 그림 찾기가 있다. 장독립성이 높을수록 빨리 찾게 된다. 대부분의 사람은 사물을 볼 때 장의존성과 장독립성을 혼합하여 사용하기 때문에 어느 한쪽이 더 바람직하다고 말할 수 없다. 사회적 관계에서도 장의존성과 장독립성이 영향을 미치는데, 장의존적인 사람은 어려운 상황에서 주변 사람의 견해를 들어 보고 맞추어 자신의 견해를 수정하는 성향이 강하여 사회적 관계를 잘 조율하고 사회 정보를 잘 기억하는 사회 사업이나 인문학 등이 적합하다(조형숙 외, 2014).

⑥ 사려성과 충동성

사려성(reflection)은 주어진 문제를 찬찬히 생각하여 문제를 풀어 가며 실수를 적게 하는 유형이며, 충동성(impulsiveness)은 주어진 문제에 즉각적인 반응을 보이면서 실수를 많이 하는 유형이다.

⑦ 지능과 창의성

지능(intelligence)은 각 개인이 유목적적으로 행동하고 합리적으로 사고하며, 능률적으로 환경에 대처할 수 있는 총체적 능력으로 언어 능력, 논리-수학적 능력, 음악적 능력, 공간 능력, 대인관계 능력, 문제 해결 능력, 환경에 대한 적응 능력 등이 포함된다.

일반적으로 지능지수(IQ: Intelligence Quotient)가 70 미만일 경우에 지적 장애아라고 하며, 140 이상을 우수아라고 한다. 클리네버그(Klineberg)는 인간의 지능 발달은 11~12세까지는 거의 직선적으로 발달하고 그 후부터는 점점 완만하게 발달하여 17~18세경에 절정에 이른다고 하였다. 이에 비하여 데이비스(Davis)는 11세경에 성인의 50% 정도까지 발달하고 20세경에 발달이 절정에 이른다고 하였으며, 마일스(Miles)는 18세에 최고 정점에 이르렀다가 이후 서서히 하강하는 양상을 보인다고 하였다(서봉연·이순형, 1996).

창의성(creativity)은 당면한 문제에 대한 대안적 해결책을 생각하고, 친숙한 물체를 다르게 사용할 수 있는 방안을 만들어 내고, 색다른 개념을 만들어 내는 능력을 말한다. 이러한 창의성은 지능과는 상관성이 높지 않으며, 확산적 사고에서 비롯되는 것으로 알려져 있다. 간혹 창의성이 높은 아동은 교사나 주위 사람이 보기에는 다소 엉뚱한 아이로 비칠 가능성이 높다. 이때 교사가 아동의 독창성을 인정하고 이를 배양해 주면 아동의 창의성은 더욱 발전하게 되지만, 반대로 이를 억압하면 아동의 창의성 발달은 더 이상 이루어지지 않게 된다(권중돈, 2014).

2) 언어발달

아동기에는 유아기보다 많은 단어를 학습하게 되고 길이가 길며 복잡한 문법의 문장을 이해하고 사용할 수 있게 된다. 또한, 다른 사람과의 의사소통 기술이 대상과 맥락에 따라 세분화된다. 이 시기에는 문자언어인 읽기, 쓰기 능력이 빠르게 발달하는 시기이다.

아동기에는 공식 교육의 결과로 문자언어(written language), 발표력과 문법력, 독해력의 발달이 현저하게 일어나게 된다. 문자언어를 정확히 읽을 수 있는 능력은 초등학교 1학년때에 거의 완전하게 발달하며, 초등학교를 졸업할 때쯤에는 약 40,000단어 정도를 습득하게 된다. 그리고 유아기에 비해 단어를 보다 정확하게 사용하고, 단어가 지닌 여러 가지 의미를 이해하며, 단어와 관련된 사고도 정교해진다. 독해력은 3학년이 되면 소리를 내지 않고 읽을 수 있을 정도로 발달하고 고학년이 되면 독해력은 현저하게 발달한다. 작문 능력은 독해력이 어느 정도 발달한 후에 나타나는데, 처음 글쓰기를 할 때에는 글씨를 틀리게 쓰는 경우가 많지만 초등학교 시기에 이러한 문제는 사라지고 글씨를 바르게 쓸 수 있을 뿐만 아니라 자신의 생각을 글로 표현하는 능력이 점차 발달하게 된다. 발표력과 문법력은 3~4학년 무렵에 현저하게 발달하는데 문법적으로 복잡하고 긴 문구를 사용할 수 있게 된다.

아동기에는 의사소통 기술이 크게 발달한다. 특히, 분명한 언어적 메시지를 전달할 수 있는 능력인 참조적 의사소통 기술(referential communication skills)이 발달한다. 3~5세 정도의 유아는 보통 구두 메시지에서 의미가 모호한 부분을 잘 인식하지 못하지만, 아동기 아동은 상대방이나 자신의 메시지가 분명하지 않을 때 어느 부분이 모호한지를 인식하고, 그 부분을 분명하게 만드는 참조적 의사소통 기술을 발달시키게 된다. 6~10세 아동은 듣는 사람에게 익숙하지 않은 사물에 대한 말을 전달할 때에는 익숙한 사물에 대한 말을 전달할 때보다 더 길게 설명하였다. 특히, 이들 중 9~10세 아동은 익숙하지 않은 사물에 대해 설명할 때 듣는 사람에 따라 다른 정보를 제공하였는데, 이는 청자에 맞게 전달하는 내용을 조절할 수 있다는 것을 의미한다(sonnenschein, 1988).

이와 같이 아동기 아동에게서 참조적 의사소통 기술이 빠르게 발달하는 것은 인지적 발달로 인해 자기중심성이 완화되고 역할수용 기술의 획득이며 다른 한편으로는 청자에 맞도록 말을 조절하여야 한다는 사회언어학적 이해 능력의 발달이라고 할 수 있다.

3) 정서발달

아동기는 학업 능력을 발달시키고 또래 관계를 형성하는 것이 주 관심사가 된다. 아동은 이러한 부분에 대한 주변의 기대를 만족시키지 못할 때 오는 부정적인 평가, 벌, 성적 하락이나 친구로부터의 거절, 배척, 조롱 등에 대해 불안을 많이 느낀다. 특히, 가정과 학교생활이 원만치 못할 경우 불안정서가 강해져 등교 거부증(school refusal) 또는 학교공포증(school phobia)이라는 정서장애가 나타나기도 한다(권중돈 · 김동배, 2005).

아동기의 분노는 공포나 불안보다 더 자주 발생하는데 아동의 사회적 관계의 범위가 확대됨으로써 빈번히 발생하게 된다. 아동은 사회적 관계 속에서 자신이 원하는 대로만 되지 않음을 경험한다. 또한, 행동의 제약을 받고 놀림을 당하거나 꾸중을 듣는 일도 많아지며 또래와 비교되거나 무시를 당하는 불쾌한 경험을 하게 된다. 이때 아동은 분노 감정을 빈번히 느낀다. 반면, 분노의 발생 빈도가 증가하지만 이를 잘 통제하고, 간접적인 방식으로 분노를 표현하게 된다. 아동의 분노 표현에 있어 남아는 부정적 결과를 회피하고자 분노를 조절하지만, 여아는 분노를 표현함으로써 상대방의 마음을 다치게 해서는 안 된다는 생각에서 분노를 조절하는 차이가 있다(정옥분, 2004). 아동기에는 자신의 정서를 사회적으로 수용되는 방식으로 표출하는 것이 매우 중요하며, 아동은 주변의 이해와 수용을 받기 위한 적절한 정서표출 방식이 무엇인지 습득하여야 한다.

아동기의 애정의 대상은 가족 구성원에서 또래 친구에게로 변해 간다. 이성의 친구보다는 동성의 친구에 대한 애정이 더욱 강해지며 애정의 표시로 친구가 원하는 일이면 무엇이든지 해 주고 싶어 한다. 그리고 자신의 애정을 방해하는 경쟁자에 대해서는 강한 질투 감정을 느끼게 된다. 이러한 동성애 경향은 사춘기에 접어들면서 점차 이성애로 변화되며, 점점 사랑의 대상도 넓어지게 된다(김영호 외, 2010).

4) 자아 개념의 발달

자아 개념(self-concept)은 신체적 특성, 개인적 기술, 가치관, 희망, 지위와 역할 등 개인이 자신의 것으로 동일시하는 개인적 특성에 대한 지각이나 느낌이다. 즉, 스스로 자기다움에 대한 평가를 하는 것이다. 스스로 자신을 긍정적으로 평가를 하면 긍정적인 자아 개념이 형성된 것이고, 반대로 스스로 자신을 부정적으로 평가를 하면 부정적 자아 개념이 형성된 것이다.

자신의 신체적 특성, 개인적 기술, 자신의 꿈과 희망에 대해서 스스로를 긍정적으로, 괜찮은 사람으로 평가를 하고 있으면 긍정적인 자아 개념을 가지고 있다고 볼 수 있다.

아동기의 자아 개념 발달에는 학교에서의 성공이나 실패경험이 중요한 영향을 미친다. 학교에서의 성공과 그에 따른 긍정적 평가는 긍정적 자아상과 연결된다.

그러나 학교에서의 실패와 그에 따른 교사, 부모, 친구의 부정적 평가는 부정적 자아 개념을 형성하는 데 결정적인 역할을 한다.

자아 개념이 자기에 대한 인지적 측면이라고 한다면 자아존중감(self-esteem)은 자신에 대한 정서적 측면이다. 즉, 자신의 존재에 대해 인지적으로 형성된 것이 자아 개념이고, 자기 존재에 대한 느낌이 자아존중감이다(Simmons & Blyth, 1987). 한마디로, 자아존중감이란 자신을 가치 있게 여기고, 존중하는 정도를 말한다. 보통 아동기의 자아존중감은 학업적 자아존중감, 사회적 자아존중감, 신체적 자아존중감, 가정적 자아존중감으로 구성되어 있다. 이러한 자아존중감 발달은 에릭슨이 말하는 아동기의 근면성과 열등감의 발달과 밀접한 관련성을 지닌다. 만약, 아동이 새로운 것에 많은 호기심을 갖고 사회에서 필요로 하는 기본적 기술을 열심히 익혀 나가고, 그 과정에서 교사나 부모의 물질적 보상이나 칭찬을 듣게 되면 근면성과 높은 수준의 자아존중감이 형성될 수 있다. 그러나 어떤 일에 있어서 성공보다는 실패를 더 많이 경험하고 그 결과로 사회적 관계망으로부터 부정적 평가를 더 많이 받게 되면 열등감과 낮은 수준의 자아존중감이 발달하게 된다.

아동기의 자아 개념 및 자아존중감 발달에는 교사와 친구 그리고 부모의 평가가 매우 중요한 역할을 한다. 따라서 아동을 지도하는 교사는 개별 아동에 맞는 현실적 학습목표를 설정하고 아동의 현재 능력 수준보다 약간 높은 수준의 과제를 부과하여 근면성의 동기를 조장하며, 아동이 과제 수행을 통하여 성공감을 경험할 수 있도록 지원을 아끼지 말아야 한다. 그리고 부모는 아동의 자아존중감을 고양하기 위하여 ① 아동에 대한 세심한 주의와 관심을 가지고, ② 사회적 기준을 제시하고 분명한 행동의 한계를 설정하고, ③ 지나친 처벌을 삼가고 온정적이고 수용적인 양육 태도를 취하며, ④ 학교에서의 성공을 부당하게 요구하지 않으며, ⑤ 아동의 의견을 존중하며, ⑥ 조화로운 부부관계를 유지하여야 한다(권중돈, 2014).

자아 개념 및 자아존중감과 함께 중요하게 다루어져야 할 부분이 아동의 자아 효능감, 자아 통제감의 형성이다. 자아 효능감(self-efficacy)은 아동이 자신에게 주어진 과제나 사회적 상황에서의 일을 스스로 해결하고 극복해 나감으로써 얻게 되는 것으로 성공적인 수행을 할 수 있다는 기대나 신념을 말한다. 하지만 아동이 지속적인 실패감을 경험할 경우 '나는 잘 하는 것이 없고, 잘해낼 수 없다.'는 무능력감을 갖게 된다. 이러한 아동기의 낮은 자아존중감과 자아 효능감은 아동으로 하여금 열등감과 부정적인 자아상을 형성하게 하므로 보다 각별한 주의가 요구된다. 그러므로 아동이 성공의 경험을 얻을 수 있도록 반복적인 기회를 제공하고, 아동의 잠재력을 믿고 기다려 주는 노력이 필요하다. 더불어 아동은 자기 평가 외에 주변의 평가에도 많은 영향을 받으므로 부모, 교사, 또래집단에게도 아동을 이해하고 기회를 줄 수 있도록 도와야 한다. 무엇보다 아동의 다양한 재능과 특성을 파악하여 이를 잘 살릴 수 있는 기회와 지원을 통해 유능감을 가질 수 있도록 지원해야 한다.

자아 통제감(self-control)은 아동이 목표한 일을 수행하기 위해 욕구나 행동을 조절하고 억제할 수 있는 능력을 말한다. 자신의 욕구충족을 지연시키거나 충동성의 억제 등을 들 수 있으며 이는 사회적 관계 형성에도 중요한 영향을 미친다. 아동기의 인지적 성숙은 자아 통제력의 발달에 영향을 미친다. 즉, 아동은 사회적 기준을 내면화하고 상황에 따라 자신의 생각과 행동을 통제할 수 있는 다양한 전략을 사용하게 됨으로써 자신을 좀 더 잘 조절하고 통제할 수 있게 된다. 자아 통제감의 형성 정도에 따라 아동은 사회적으로 수용되는 행동의 제한점을 인식하고 사회적 기준을 따르게 됨으로써 주변과의 마찰을 줄이게 된다. 반면, 그렇지 않을 경우 갈등이 발생하고 이에 따른 부정적인 평가를 받게 됨으로써 긍정적인 자아상 형성에 어려움이 생긴다(유수현 외, 2015).

3 사회적 발달

아동기의 가장 중요한 발달과제는 부모 및 가족의 영향에서 벗어나서 학교에서 경험하는 교사나 또래와의 관계로 대인관계의 중심축이 이동하는 것이다. 규칙적이고 조직적인 학교생활을 통해서 아동은 사회인으로서 지켜야 할 사회적 규범을 학습하고, 또래 친구와의 상호작용을 통해서 사회적 유능성을 습득하게 된다.

1) 학교와 사회적 발달

학교는 아동의 인지발달에 치중하는 듯이 보이지만 아동의 사회적 활동의 장으로서 사회적 발달에도 많은 영향을 미친다. 또한, 교사는 아동의 사회화 과정에 매우 큰 영향을 미치는데, 저학년일수록 교사의 영향을 많이 받으며, 고학년이 될수록 교사보다는 친구의 영향을 많이 받는다. 교사는 상벌에 의한 사회적 강화와 사회적 비교라는 기제를 활용하여 아동의 사회적 발달을 도모한다. 이러한 교사의 행동이나 지도방법에 의해서 아동은 사회적으로 바람직한 행동과 관련된 규범을 학습하게 되며, 자신의 사회적 지위에 따르는 사회적 정체감을 형성하게 된다. 교사의 태도 못지않게 아동이 교사의 태도를 어떻게 받아들이는가 또한 매우 중요하다. 교사의 행동을 긍정적으로 지각하는 아동일수록 긍정적 자아 개념을 형성하는 경향이 강한 것으로 나타나고 있다.

교사는 아동의 사회성 발달을 돕기 위해 환경을 조성하고 교육과정 운영 시에도 사회성 발달을 고무할 수 있는 방안을 통합적으로 고려하여야 한다. 또한, 또래와 사회적 어려움을 갖는 아동의 상황을 파악하고 이를 근거로 긍정적인 사회적 경험을 증진시켜야 한다. 예를 들어, 또래와 전혀 어울리지 못하는 아동에게 강제적으로 또래와 어울리도록 강요한다면 실패로 끝날 수밖에 없다. 이러한 경우에는 교실에서 교사와 문제아동이 긍정적인 사회적 경험을 한 다음, 또래를 잘 수용하는 아동을 선정하여 문제아동과 상호작용하게 해야 한다.

2) 또래친구와 사회적 발달

아동기에는 정규적인 학교생활을 하면서 또래친구와 보내는 시간이 한층 증가하게 된다. 대다수의 아동은 여러 명의 또래 중에서 마음에 맞는 친구를 만드는 일에 깊이 몰두하며 소수의 특별한 또래와 우정을 쌓는다. 이 과정에서 상대방의 태도에 따라서 질투, 분노, 서운함, 외로움, 친밀감, 즐거움 등의 다양한 정서를 경험하게 되며, 친구의 관심을 얻거나 가까워지기 위한 노력을 통해서 대인관계의 기초를 학습하게 된다. 자기중심적 사고에서 벗어나서 자신의 한계를 인정하고, 다양한 삶의 방식을 받아들임으로써 사회적 상호작용에 필요한 기술을 배우게 되는 것이다. 이러한 과정을 성공적으로 수행하는 경우에는 성취감을 맛보고 리더십도 기르게 되지만, 또래집단에서 탈락하거나 친구로부터 소외를 당하게 되면 열등감과 좌절감이 커지게 되고 자아 존중감이 낮아지게 된다(최경숙, 2000).

아동기에는 또래친구와 진정한 우정을 나눌 수 있는 기회를 갖게 되는데, 아동기에는 접촉의 기회가 많고, 동일한 흥미가 있는 또래를 친구로 선택하는 경향이 있지만 학년에 따라 차이를 보인다. 저학년에는 집이 가깝고, 앉는 자리가 가깝고, 가족끼리 교류가 있는 또래를 친구로 선택하는 지역적 친구선택 경향이 강하지만, 학년이 높아질수록 성격적 친구선택 경향이 높아진다. 즉, 고학년이 되면 친절, 명랑, 온화함, 희망, 장래목표, 취미 등과 같은 내적인 성격 특성을 보고 친구를 선택한다.

9세경이 되면 아동은 집단을 형성하여 함께 행동하기를 좋아한다. 즉, 강한 연대성과 소속감을 가진 또래친구 집단을 형성하여 조직적인 활동을 하는 것을 좋아한다. 이러한 집단을 짝패(clique) 또는 도당(gang)이라고 하는데, 짝패 집단에서는 외모, 성숙도, 운동 기술, 학업성취나 지도력 등에 따라 서열이 형성된다. 이러한 짝패집단 내에서의 서열은 인기도와 직결되는데, 아동기에 짝패집단에서의 수용과 인기도는 아동의 자기 역량이나 자기 존중감을 결정하는 주요 요인으로 알려져 있다(한종혜, 1996).

짝패집단에 참여한 아동은 집단 내에서의 상호작용을 통하여 자기 표현을 할 수 있는 기회를 갖게 되므로 성취감을 경험하게 되며, 상호 의존적 감정을 공유함으로써 우정이 싹트고, 자아중심성을 극복하고 서로 협동관계를 맺게 된다. 그리고 또래로부터의 승인을 통해 자아존중감이 발달되며, 용기, 인내, 정의감, 지도력과 같은 좋은 사회적 태도가 발달하게 된다. 특히, 짝패 집단 내에서 인기있는 아동 소위 '짱'이 되는 아동은 지도력, 자아존중감, 사회적 상호작용 기술의 학습 등과 같은 긍정적 발달이 촉진된다.

이와 반대로 아동이 짝패 집단에 참여할 수 있는 기회를 갖지 못하게 되거나 짝패 집단으로부터 거부 또는 무시당하고 괴롭힘을 당하는 집단따돌림의 피해자, 즉 '왕따'가 되는 경우 높은 수준의 불안과 우울, 낮은 자아존중감과 부정적 자아개념을 형성하게 되고, 부적응적 행동을 보이게 되며, 그 영향이 오랫동안 지속된다. 그리고 짝패 집단에의 참여를 통하여 비행과 같은 반사회적 행동을 학습하고 이를 행동화하는 경우도 발생할 수 있기 때문에, 사회적 발달에 부정적 영향을 미칠 수도 있다(권중돈 · 김동배, 2005).

3) 가정(부모와의 관계)과 사회적 발달

사회화란 개인이 자기가 속해 있는 사회집단에 적합하다고 생각되는 행동양식으로 습득하는 과정이다. 가족은 개인의 사회화에 가장 큰 영향을 미치는 집단이며, 그중 부모는 아동이 태어나 최초로 관계를 형성하는 대상이며, 가장 오랫동안 개인의 사회화에 영향을 미친다. 아동기의 부모의 양육 방식 및 양육 행동은 개인의 성격 형성에 큰 영향을 미친다(정옥분, 2005).

어머니의 양육 태도가 자녀의 사회성에도 매우 유의한 영향을 미치는 것으로 나타났다(허정철 · 김원옥, 2005). 어머니의 양육 태도를 온정적으로 느꼈을 때, 자녀의 사회성에는 정(+)의 영향을 미치는 것으로 나타났지만, 거부/제재로 느꼈을 때에는 사회성에 부(−)의 영향을 미치는 것으로 나타났다. 이는 자녀를 인정해 주고, 칭찬과 격려를 해 주며 애정을 표시하고 신체적으로나 심리적으로 가까이 있고자 하는 '온정적인 양육 태도'를 취할 때, 자녀의 사회성이 높아진다는 것을 알 수 있다. 반면에, 자녀에게 부당하게 야단을 치거나, 모욕감을 주며 꾸중을 하는 '거부/제재적'인 양육 태도를 취한다면 자녀의 사회성도 낮아지게 될 것이다.

바움린드(Baumrind)는 애정과 통제라는 두 가지 차원에 의해 부모의 유형을 네 가지로 나누어 설명하고 있다(손광훈, 2010). 이 중 권위 있는 양육 방식이 가장 효과적인데 그 이유는 첫째, 다정하고 수용적인 부모는 자녀로 하여금 지시에 순종하고 싶은 동기를 유발한다. 둘째, 합리적 방식으로 자녀를 통제하며 이유를 쉽게 설명해 준다. 셋째, 자녀의 능력에 맞추어 기준, 요구를 조절한다. 그러나 자녀를 바람직하게 발달시키는 효과는 부모의 바람직한 양육 방식의 사용만이 중요한 것이 아니라 자녀의 성격이 부모로 하여금 양육 방식의 패턴을 이끌어 내는 경향도 있으므로 가족 내의 사회화는 부모가 자녀에게 일방적으로 행하는 것이 아니라 서로 영향을 미치는 과정이다.

높음 ↑ 〈애정〉	허용적 부모	권위적 부모
↓ 낮음	무관심한 부모	권위주의적 부모
	낮음 ← 〈통제〉 → 높음	

그림 11-1 애정과 통제 두 차원에 의한 4가지 부모유형

출처: 손광훈(2010). p. 262.

표 11-2 부모의 유형과 아동기 사회적 행동

부모의 유형	특성	아동의 사회적 행동
권위적 부모	애정적 · 반응적이고 자녀와 항상 대화를 갖는다. 자녀의 독립심을 격려하고 훈육 시 논리적 설명을 이용한다.	책임감, 자신감, 사회성이 높다.
권위주의적 부모	엄격한 통제와 설정해 놓은 규칙을 따르도록 강요한다. 체벌을 사용하고 논리적 설명을 하지 않는다.	비효율적 대인관계, 사회성 부족, 의존적, 복종적, 반항적 성격
허용적 부모	애정적 · 반응적이나 자녀에 대한 통제가 거의 없다. 일관성 없는 훈육	자신감이 있고 적응을 잘하는 편이나, 규율을 무시하고 제멋대로 행동한다.
무관심한 부모	애정이 없고, 냉담하고, 엄격하지도 않으며, 무관심하다.	독립심이 없고 자기 통제력이 부족하다. 문제 행동을 많이 보인다.

출처: 손광훈(2010). p. 263.

4) 단체활동과 도덕성의 발달

이 시기의 학령기 아동은 학교 선생님의 지시에 따르고 질서를 지키는 과정을 통해서 사회적 규범을 지키며 도덕적 성숙을 이루어 나간다. 도덕적 성숙이란 모든 사람이 공평하고 정당하게 취급받아야 한다는 가치 기준, 즉 사회적 정의감을 지니는 것과 사회적 규칙을 존중하는 태도의 발달을 의미한다. 피아제는 게임의 규칙을 대하는 태도의 발달에 준하여 아동 도덕 발달의 단계를 전도덕단계, 타율적 도덕 단계, 자율적 도덕 단계로 정립하였다(최경숙, 2000). 이러한 도덕성의 발달은 학교생활과 또래 관계에서 경험하는 단체활동을 통하여 이루어진다. 이 시기의 아동은 달리기, 공차기, 고무줄놀이, 자전거 타기 등의 신체운동을 좋아하며, 특히 축구, 야구와 같은 단체운동을 좋아하는 경향이 있다. 이러한 단체운동을 통하여 아동은 규칙의 준수와 협동 및 양보의 필요성을 인지하게 되고 타인의 권리를 존중하는 도덕적 기본 가치를 배우게 된다. 집단 목표의 중요성, 분업과 경쟁의 원리를 깨우친다. 자신의 역할을 객관적이고 상호 관계적인 측면에서 이해함으로써 사회성을 기를 수 있게 되는 것이다(이인정 · 최해경, 2007).

즉, 이 시기의 아동은 단체놀이(team play)를 통해서 개인의 목표가 단체의 목표에 종속된다는 것을 배운다. 단체놀이에 참여하는 아동은 놀이에서의 승리라는 단체목표를 위해서 개인목표의 성취를 유보시키며, 의기투합하여 협동하고, 약한 구성원을 돕는 것이 중요하다는 것을 깨닫는다. 그리고 아동은 단체놀이를 통해서 경쟁의 본질과 승리의 중요성을 학습한다. 특히, 아동기의 단체놀이에서 패배하는 데 결정적인 기여를 한 아동은 다른 아동으로부터 비웃음거리가 되는 경우가 많은 것이 그 예라 할 수 있다. 아동은 이와 같이 단체놀이의 실패에 뒤따르는 사회적 비난을 회피하기 위해 더욱 노력하고, 서로 협력하는 유용한 경험을 한다.

4 사회복지실천에서의 관심 영역

1) 신체적 발달의 관심 영역

아동기에는 급격한 신체적 발달은 이루어지지 않지만, 전체적인 신체의 체계가 안정되는 시기다. 따라서 이 시기에 신체적 성장에 필수적인 영양공급이 적절히 이루어지지 못한다면, 신체발달에 많은 제한을 받을 수밖에 없다.

아동기의 영양 및 식습관 관리, 일상생활 관리, 운동 관리 등은 이들의 신체발달에 영향을 미칠 뿐 아니라 더 나아가 심리적인 측면이나 사회적 측면에까지 영향을 미칠 수 있으므로 통합적 관점을 견지하고 세밀한 영역에까지 민감하게 관심을 기울일 필요가 있다. 아동기는 계속해서 성장하는 시기이므로 건강유지를 위해서는 영양적으로 균형 잡힌 식사를 해야 하는데, 경제적 어려움과 가정의 불안정성은 이를 저해할 수 있다. 바렛과 프랭크(Barrett & Frank, 1987)는 자신들의 연구에서 영양이 좋은 아동은 영양이 불균형인 아동에 비해 긍정적 정서를 나타내었고 불안 수준이 낮으며, 적극적이고 또래 관계에서 더 사교적이고, 인지적 능력도 높게 나타났다고 보고하고 있다. 이는 영양적 요소가 아동의 사회정서발달과 인지발달에도 영향을 미침을 말해 준다.

신체적 크기와 특징은 아동의 성격에도 밀접한 영향을 미친다. 머슨 외(Mussen et al, 1979)는 키가 크고 튼튼하며 힘이 센 아동은 쾌활하고 창조적이며 적극적으로 자기를 표현한다고 지적했다. 이는 저소득층 아동의 신체적 성장을 도모하는 건강과 영양 지원 서비스가 아동 대상의 사회복지실천에 주요한 분야임을 시사한다(강세현 외, 2015). 반면에 근래 들어 우리나라 전체 아동의 10% 정도가 비만인 것으로 보고되고 있으며, 당뇨와 고혈압, 괴혈병 등 이른바 성인병 때문에 치료받은 15세 이하 아동은 2001년 1만 5,000명에서 점차 그 수가 증가하고 있다(권중돈·김동배, 2005). 지나친 영양공급은 아동의 비만을 가져왔고 이는 건강한 신체발달과 심리사회적 발달에도 부정적 영향을 끼치게 되었다. 비만인 아동은 '나는 뚱뚱하다.'라는 것에 스트레스를 받는다. 그리고 집단으로부터 '뚱뚱하니까 못생겼다. 운동도 못하고 꼴찌만 하는 아이'로 낙인 찍히고 소외당하기 쉽다. 이러한 심리를 이해하고, 잘못된 식습관을 고쳐 줄 수 있는 지역사회 내의 프로그램과 학교 내에서의 프로그램이 필요하다. 사회복지사는 비만 아동에 대한 정서적 지지와 상담, 자원연계, 프로그램 개발 등의 역할을 할 수 있을 것이다. 또한, 가정에서도 아동이 비만으로 인해 또래로부터 소외되고 위축감을 가지지 않도록 비만 예방에 대한 부모의 관심과 교육이 필요하다.

2) 심리적 발달의 관심 영역

아동기에 관심을 기울여야 할 심리적 발달 문제는 부정적 자아 개념과 연관된 열등감이다. 아동기에 학교에서 잦은 실패 경험을 하고 부모와 교사, 또래로부터 부정적 평가를 받게 되면 부정적 자아 개념이 형성되고 열등감이 강화된다. 이러한 아동의 열등감을 극복할 수 있도록 지원하기 위해서는 반복적인 성공 경험을 거둘 수 있는 기회를 부여하는 것이 필수적이지만, 부모, 교사 그리고 또래집단에 대한 개입도 필요하다. 사회복지사는 아동이 자신의 장점을 인식하고 개발할 수 있도록 도와야 하며 부정적인 자아 개념을 변화시키기 위해 상담치료와 함께 가족치료, 학교사회사업적 개입을 실시하여 아동이 열등감을 극복하고 건강한 심리발달을 할 수 있도록 도와야 한다.

아동기의 자아존중감은 사회·경제적 지위와 관련이 있다고 여러 선행연구(어주경·정문자, 1999; Conger, Ge, Elder, Lorenz, & Simons, 1994)에서 보고된다. 즉, 사회경제적 지위가 낮은 집단은 경제적 스트레스로 인해 갈등을 경험하고 아동에게 적대적 양육 행동을 보이게 된다거나 아동 스스로 또래 친구와의 비교를 통해 빈곤을 지각함으로써 사회경제적 지위가 높은 집단의 아동보다 자아존중감이 낮은 것으로 보고되고 있다. 사회복지사는 특히 사회경제적 지위가 낮은 집단의 아동에게 개입할 때 그들의 자존감을 향상시키고 긍정적 자아 개념을 형성하도록 돕는 다각적 접근을 우선적으로 시도해 보아야 한다.

아동기에는 공식적 학교교육을 통한 인지발달이 매우 중요하다. 그러나 뚜렷한 생리학적 문제가 없는데도 학습에 어려움을 겪는 경우가 많이 있다. 이러한 학습장애(learning disorder)는 부주의, 통제하기 힘든 과도한 신체적 움직임, 충동성으로 대표되는 주의력결핍과잉행동장애(ADHD: Attention-Deficit Hyperactivity Disorder)의 형태로 나타나기도 한다. 학습장애가 있는 아동은 실패감, 낮은 자아존중감, 무기력을 경험할 수 있다(Zastrow & Kirst-Ashman, 2001). 따라서 이러한 아동이 조기에 적절한 치료를 받을 수 있도록 해 주어야 한다. 아동기에는 인지발달 못지않게 정서발달도 중요하다. 그러나 우리나라의 부모들은 아동의 전인적 발달보다는 학업 성적에 지나치게 관심을 기울이고 있기 때문에 정서발달에 많은 관심을 기울이지 못하고 있다. 따라서 사회복지기관에서는 아동의 정서발달을 지원할 수 있는 예술 및 놀이 프로그램을 개발하여 실시할 필요가 있다. 가정에서도 부모와 자녀 간의 친밀한 관계 속에서 행복한 감정을 경험하게 함으로써 감수성이 발달하도록 도울 수 있다.

3) 사회적 발달의 관심 영역

아동기의 건전한 사회성 발달을 지원하기 위해서는 부모, 교사, 또래집단에 대한 개입이 필수적이다. 따라서 사회복지사는 가족치료적 개입, 학교사회사업적 개입 그리고 집단사회사업적 개입을 통하여 아동의 사회성 발달을 지원할 필요가 있다. 특히, '왕따' 아동의 치료와 지원을 위하여 교사와 또래집단을 대상으로 한 적극적인 학교사회사업적 개입과 집단사회사업적 접근이 요구되며, 아동가족에 대한 상담과 치료가 요구되고 있다.

부모의 맞벌이 등으로 인하여 방과 후 적절한 보호를 받지 못하는 아동을 위하여 사회복지기관에서는 방과 후 아동보호 프로그램 등을 운영하여 아동의 안전보호, 학업지도 및 급식 프로그램 등을 적극적으로 실시해야 한다. 최근 맞벌이 부부가 늘어나고 신체적·경제적 어려움 때문에 가정에서 아동을 충분히 돌볼 수 없는 경우가 늘고 있다. 이러한 어려움을 해결하기 위해 초등학교 저학년의 학습과 생활지도를 위한 방과 후 아동지도는 부모의 역할을 보충해 주는 유익한 서비스로 자리 잡아 가고 있다. 특히, 지역사회복지관에서 실시하는 저소득층 취업여성의 자녀를 위한 방과 후 아동지도는 자녀의 보호 및 교육에 많은 도움을 주고 있다. 그 외에도 전국에 분포되어 있는 지역아동센터의 경우, 취약지역의 아동을 대상으로 보호 및 교육, 건전한 놀이와 오락을 제공함으로써 부모의 역할을 보완하고 아동의 건전한 성장을 도와주고 있다.

사회복지실천에서 사회복지사는 학대받는 아동, 부모 및 가족에 대한 개입을 동시에 실행해야 한다(이영실 외, 2013).

① 아동에 대한 개입 : 학대 및 폭력 상황으로부터의 긴급보호, 위탁양육 프로그램, 입양이나 그룹홈, 상담 및 각종 치료 등으로 아동이 부모나 가족, 다른 사람에게 학대받지 않도록 해 준다.

② 부모에 대한 개입 : 아동의 전반적 발달과제에 대한 이해부족이나 잘못된 자녀 양육관 및 부적절한 양육 방식으로 아동을 학대하는 부모를 대상으로 개

인 상담을 지속적으로 하며 동시에 부모교육 프로그램이나 분노조절 프로그램 등 집단 프로그램을 실시한다.

③ 가족에 대한 개입 : 아동학대와 관련된 가족 구성원을 대상으로 가정 내 위기를 잘 대처하기 위한 위기개입, 가족상담 및 가족치료 프로그램을 실시한다. 가족 구성원에게 필요한 경제적 지원, 가정봉사원 파견, 가정방문 서비스 등 가족지원 프로그램도 함께 실시한다.

아울러 신체적, 성적, 정서적으로 학대받는 아동을 위한 아동보호서비스는 긴급전화(1577-1391)를 비롯하여 중앙 및 시·도 단위에 아동보호전문기관을 설치하고 학대아동의 발견 및 보호, 치료, 학대부모교육을 실시하고 있다.

아동기의 사회성 미발달로 말미암아 나타나는 상습적 거짓말, 도벽, 가출, 무단결석, 환각제 흡입 등의 다양한 문제를 통칭하여 품행장애라고 한다. 최근에는 청소년 비행뿐만 아니라 아동기의 범죄나 비행 등이 증가하고 있다. 따라서 사회복지사는 아동의 품행 문제를 해결할 수 있는 임상적 지식과 실천기술을 갖추어야 할 것이다. 그리고 사회복지기관에서는 아동기에 특징적으로 나타나는 짝패활동이 반사회적 행동 집단으로 이행되지 못하도록 건전한 놀이지도나 여가 프로그램을 개발해 개입하여야 할 것이다. 이와 관련하여 방과 후 집에 방치되어 대중매체나 컴퓨터와 인터넷 게임에 빠져들지 않고 방치되지 않게 방과 후 아동을 보호하고 교육하는 복지 서비스가 체계적으로 운영되어야 한다.

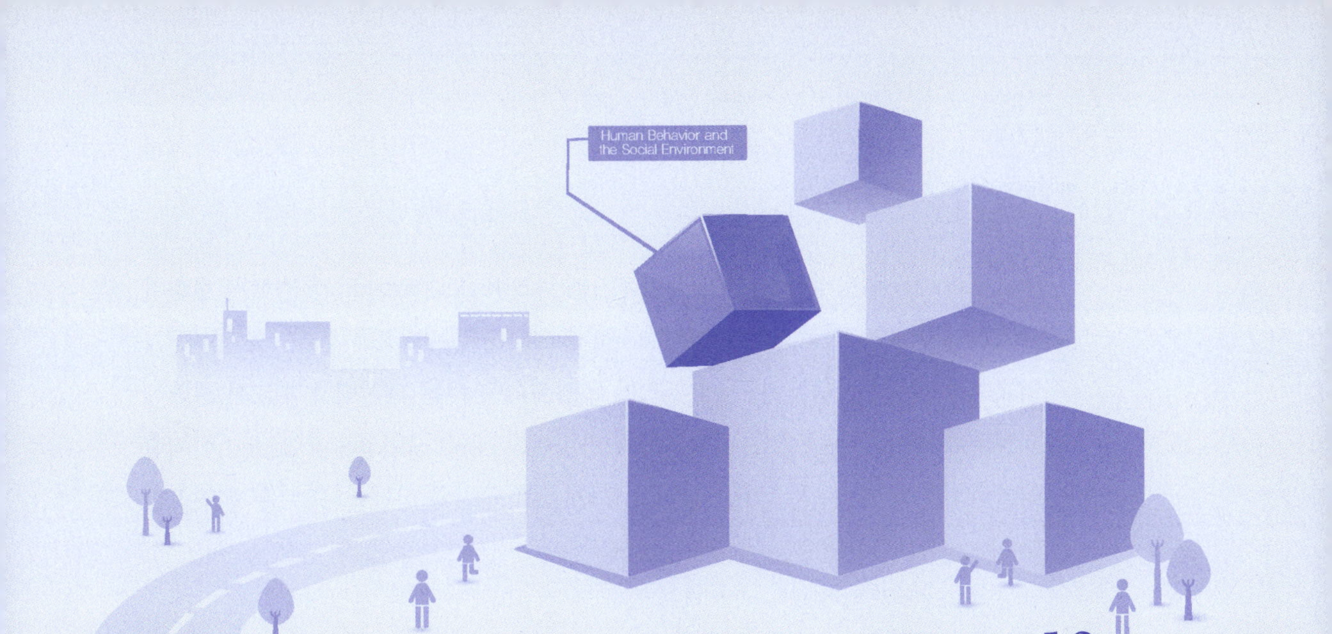

CHAPTER 12

인간의 성장과 발달: 청소년기

청소년기(adolescence)는 아동기에서 성인기로 전환하는 과도기이지만, 우리 사회에서 청소년기의 연령기준은 명확하지 않다. 우리나라의 경우 「아동복지법」에서는 아동을 18세 미만의 자로 규정하고 있고, 「청소년기본법」에서는 9~24세 이하를 청소년으로 규정하고 있으며, 「청소년보호법」에서는 19세 미만의 자로 규정하고 있다. 우리 사회에서 인생진로를 결정하는 가장 중요한 시기는 주로 고등학교를 졸업하는 18세경에 이루어지며, 사회적 통념상 대학생을 청소년이라기보다는 청년(youth)으로 규정하는 경향이 농후하다는 점 때문에, 이 책에서는 중학교와 고등학교에 재학하는 시기인 만 13세부터 18세까지를 청소년기라고 규정하고자 한다.

이러한 청소년기는 신체, 심리, 사회적 측면에서 급격한 발달이 이루어지는데, 이러한 특징적 발달 양상을 근거로 하여 청소년기를 서로 다른 용어로 부르고 있다. 신체적 발달 측면에서는 신체적 성장이 급격하게 이루어지는 제2의 성장 급등기(second growth spurt), 성적 성숙이 급격히 이루어지는 사춘기(puberty)라 불린다. 심리적 측면에서는 부모로부터의 심리적으로 독립하고 자아 정체감

(ego-identity)을 형성하는 심리적 이유기(psychological weaning), 정서적 변화가 급격히 일어나는 질풍노도의 시기(storm and stress period)라 부르기도 한다. 그리고 사회적 측면에서는 부모로부터의 독립을 추구하는 과정에서 부모의 권위에 도전하고 잦은 갈등을 일으키는 제2의 반항기(second opposition period)이지만 여전히 어린이도 성인도 아닌 주변인(marginal man)에 머물러 있는 특징적인 발달 양상을 보인다(권중돈·김동배, 2005).

1 신체적 발달

1) 신체적 성숙

청소년기는 영아기의 제1의 성장급등 현상이 있은 후 둔화되었던 신체적 발달이 다시 급등 현상을 보이므로, 제2의 성장급등기(second growth spurt)로 불린다. 이 시기에 신장과 체중이 급격하게 증가하는 이유는 사춘기(puberty)가 시작되면서 내분비선에서 분비하는 호르몬이 증가하기 때문이다. 이러한 신체적 급등 현상은 개인에 따라 차이가 있지만 여아가 남아보다 2~3년 정도 빨라서 대체로 여아는 10~11세경에 그리고 남아는 12~13세경에 시작하여 약 4년 정도 지속된다(송명자, 2008; 정옥분, 2004). 청소년기에는 신체적 성장비율이 이전보다 2배 정도 빨라지는데, 소년의 성장속도가 소녀보다 더 빠르게 진행되어 청소년기가 끝날 무렵에는 소년의 신체적 발달이 더 우세해진다(김태련·장휘숙, 1994).

청소년은 성장급등 시기에 몸이 커지고 체중이 늘어나는 것에 덧붙여 어른과 같은 형태가 된다. 아마도 가장 눈에 띄는 변화는 소녀는 엉덩이가 넓어지고, 소년은 어깨가 넓어지는 것이다. 이마가 앞으로 나오고 코와 턱이 더욱 돌출되며, 입술이 커짐으로써 얼굴 형태도 어른 모양새를 갖게 된다. 그러나 다른 신체 부위에서도 성장급등 현상이 나타남에 따라, 일시적으로 그들은 신체 불균형 상태를 경험하기도 한다. 이로 말미암아 자신의 신체에 대해 부정적 신체상을 형성하기도 한다. 일반적으로 소녀와 비교하여 소년이 긍정적 신체상을 갖는 경우가 많다. 이러한 신체상(body image)은 자아존중감과 정적 상관관계를 지니는데, 자신의 신체에 대해 긍정적 이미지를 가질 때 자신감 있고 자신을 더욱 가치 있게 생각한다.

남자 청소년은 신체적 성숙에 따른 영향이 여자에 비해 훨씬 크고 그 양상도 다르다. 남아의 경우, 또래보다 키가 크고, 강하고, 운동 능력이 우월하게 되는 등 신체적으로 일찍 성숙하는 청소년은 자기 스스로 뿐만 아니라 주위에서 긍정적으로 받아들인다. 또한, 조숙한 청소년은 신체적인 우월감으로 인해 자신감을 보이고 또래의 지도자의 역할을 차지하는 경우가 많다. 반면, 성숙이 늦은 청소년의 경우는 또래보다 신체적으로 작고 미숙하기 때문에 열등감으로 인해 부정적인 자아 개념을 형성하기 쉽고 사회적 활동에서 소극적인 경향을 띄게 된다(임상록 외, 2009).

여아의 경우는 조숙과 만숙의 영향이 남자의 경우만큼 명료하지 않다. 최근의 연구에 의하면, 여자 청소년에게 있어서 조기 성숙은 문제 행동을 일으킬 경향이 높고, 부모로부터의 조기 독립을 원하고, 이성 관계에 빨리 몰입하기 쉽다고 한다.

남자 청소년의 경우, 긍정적인 면이 많음에도 불구하고 신체적으로 빠른 성숙은 자기 통제력의 부족으로 인해 음주, 흡연, 마약 등 비행에 노출되기가 쉽다. 반면, 조기 성숙한 여자의 경우는 위에 언급된 청소년기 때의 부정적인 면에도 불구하고 30대에는 보다 주도적이고 사회적 스트레스에 잘 대처하고 적응해 나간다는 사실도 밝혀졌다(송명자, 2008).

2) 성적 성숙

사춘기가 시작되면서 성호르몬 분비가 증가함에 따라 성적 성숙이 이루어진다. 성적 성숙은 일차성징(primary sex characteristics)과 이차성징(secondary sex characteristics)으로 나누어진다. 일차성징은 생식을 위해 필요한 기관을 말하며,

여성의 난소, 나팔관, 자궁 및 질을 비롯하여 남성의 고환, 음경, 음낭, 정낭 및 전립선을 말한다. 사춘기 동안 이러한 기관은 커지고 성숙해진다. 이차성징은 성적 성숙의 생리적 징후로서 여성의 가슴의 발달과 남성의 넓은 어깨를 비롯하여 변성, 근육발달, 음모, 체모 등에 변화를 가져오는 것이다(Papalia, Olds, & Feldman, 1998). 성적 성숙의 징후로서 여성의 경우에는 초경(menarche)이 나타나고, 남성의 경우에는 몽정(nocturnal emission)이 나타나게 된다. 초경은 대략 12~13세에 시작되며, 몽정은 일반적으로 13세경에 나타난다.

성숙 성숙에는 개인차가 있지만 발달의 순서는 일정하다. 여성은 난소에서 에스트로겐이 분비되어 초경 전에 가슴발육이 먼저 시작되며, 초경이 나타날 즈음에 음모가 나오고 이어서 겨드랑이 체모가 나타난다. 남자는 고환에서 분비되는 안드로겐의 영향으로 고환과 음경이 확대되고 음모가 나타나며, 목소리가 굵어지고 겨드랑이 체모와 수염이 나타난다.

성적 성숙으로 사춘기의 여성과 남성은 새로운 변화에 대해 민감하게 반응하게 된다. 여성의 초경은 임신을 가능하게 하여 성인이 되고 있다는 자부심을 갖게 하지만, 성인이 되는 것에 대한 거부감, 불편함, 행동적 제약, 생리통 등 부정적 경험을 하기도 한다. 그러므로 월경에 대한 부정적 태도를 갖지 않게 하기 위해서 부모나 교사가 초경에 대한 사전 지식과 태도를 준비시키고 건강하게 성숙되는 것에 대한 보람을 이해할 수 있도록 지도해야 한다(이옥형, 2002).

청소년기는 성적 성숙에 비해 실제적으로 성과 관련된 정확한 지식이 부족하고 개방적인 사회 분위기에 휩쓸려 성에 대한 가치관을 확립하지 못한 채 무분별하게 저질러지는 성행위 때문에 많은 문제가 발생한다. 성과 관련한 문제로 청소년의 임신과 출산을 들 수 있다. 아직 부모로부터 심리적으로나 경제적으로 독립하지 못한 청소년의 임신과 출산은 그들의 정상적인 발달 과업을 방해하고 사회화 과정에 심각한 문제를 초래한다. 그러므로 청소년기에 성에 대한 올바른 가치관을 확립할 수 있도록 학교나 가정, 사회에서 올바른 성에 대한 교육이 필요하다.

2 심리적 발달

1) 정서발달

청소년기에는 정서가 폭발적이면서 변화가 심하며, 극단적인 정서변화를 경험하게 된다. 이러한 정서적 특성 때문에 청소년기를 질풍노도의 시기라고 한다. 청소년은 낙관과 비관, 자랑과 수치심, 사랑과 증오 등 극단적인 정서변화를 가져오게 되며, 이것은 신체성장 및 성적 성숙 때문에 정서적으로 불안정하므로 나타난다(이근홍, 2009). 청소년기의 정서적 불안정을 고민이라고 표현하는 이유는 불안, 고독, 열등감, 공허감 등의 부정적 감정을 경험하는 빈도가 높기 때문이다. 청소년은 자신의 능력에 대한 확신이 부족하고, 자신의 신체 이미지에 대한 자신이 없고, 자신의 장래에 대한 확신이 부족하므로 작은 일에도 지나치게 불안해하는 경우가 많다. 청소년기에 자아 의식이 서서히 발달하면서 청소년은 혼자 있고 싶어 하고 고독에 빠지기가 쉽다. 또한, 자신을 타인과 비교해서 부족하다고 느끼고 타인 앞에서 위축되는 느낌이 강화되어 열등감에 휩싸이기도 하며, 이상과 현실 사이의 괴리를 목격하고는 실존적 공허감에 빠지기도 한다(권중돈 · 김동배, 2005).

청소년기는 자신의 욕구가 좌절되었거나 간섭 또는 압박받는다고 생각할 때, 불공평한 취급 또는 무시받는다고 생각할 때처럼 개인의 요구가 어떤 형태로든 방해받고 있을 때 불쾌감과 함께 나타난다. 아동기와 달리 정서가 내면화되면서 주로 대인관계에서 자극을 받고 강하게 분노한다. 특히, 남자 청소년은 분노를 발로 물건을 차거나 물건을 던지거나 문을 쾅 닫고 밖으로 나가는 등 신체적으로 표현하는 반면에, 여자 청소년은 울거나 자기 감정이 정리될 때까지 방에 틀어박혀 나오지 않는 것으로 표현한다. 그렇지만 청소년의 정서적 표현은 그들의 다양한 생활조건에 따라 개인차가 크게 나타난다.

청소년이 정서적으로 잘 적응하면 가정생활과 학교생활에서 즐거움을 느끼며, 활동을 적극적으로 하려는 동기가 생기게 된다. 그러나 청소년이 정서적으로 적응하지 못하고 긴장 상태가 지속되면 소화불량, 식욕부진, 두통, 체중 감소, 불안정, 주의집중장애 등을 초래한다. 이러한 정서적 문제가 심화되면 성격 부적응을 가져와 회피행동, 비협조적 태도, 공격적 행동 등을 초래한다. 따라서 청소년기에는 자신의 정서변화에 대한 인내심을 길러야 하며, 타인의 반응에 지나치게 민감한 반응을 보이지 않도록 노력해야 한다. 또한, 청소년은 자신의 정서를 사회적으로 인정되는 방향으로 표현하도록 해야 하며, 자기의 욕구와 사회적 기대를 동시에 만족시킬 수 있는 방향으로 정서를 표현해야 한다.

2) 인지발달

청소년기는 아동기와는 다른 방식으로 세계에 대한 개념을 형성하기 시작한다. 그들은 아동보다 더 많은 것을 알고 있을 뿐 아니라 더 진보되고 더 유능하며 더 효과적인 방식으로 생각할 수 있다. 또한, 모든 가능한 개념적 조합을 고려할 수 있으며, 미래에 대한 상상과 공상이 많아지는 이상적 사고가 발달하게 된다(손광훈, 2010).

(1) 형식적 조작사고

청소년기의 특징인 피아제의 형식적 조작사고는 가설을 설정하고 이를 전제로 결론을 추구하는 명제적 사고, 문제 해결 과정에서 관련 변인을 추출하고 분석할 뿐만 아니라 이를 상호 관련짓고 통합시키는 결합적 분석 사고, 그리고 구체적 대상의 존재 여부와 관계없이 형식적 논리에 의해 사고를 전개하는 추상적 추론의 세 가지 특징을 갖는다. 이는 청소년이 눈앞에 주어진 구체적인 사태를 넘어서서 보이지 않는 가능한 모든 것에 대하여 생각하고, 원리를 찾으며, 이론을 형성함으로써 지적 기쁨을 얻는다. 그러나 여기서 유의해야 할 점은 형식적 조작기에 이르러 이런 사고가 가능하다는 것이지 모든 청소년이 이와 같은 사고를 할 수 있다는 것은 아니다.

피아제의 이론에 기초하여 청소년기 사고의 질적 특징을 요약해 보면, 첫째 구체적 사물에 한정되지 않고, 추상적인 개념을 다룰 수 있다. 둘째, 현실보다는 가능성의 세계를 중요시한다. 셋째, 종합적 사고가 가능하다. 이러한 형식적 조작사고에 따라 청소년은 관찰 가능한 세계와 가능성의 세계에 모두 흥미를 느낄 수 있고, 가설적 추리를 함으로써 과학적 추론이 가능하게 된다. 또한, 자신의 인지 과정을 이해하는 상위 인지가 발달함으로써 자기 성찰에 몰두하고 정체감 획득이 가능해지게 된다(조홍식 외, 2010).

(2) 사회인지의 발달

청소년기의 사회인지적 사고를 알아보면 다음과 같다. 사회인지란 다른 사람이 어떤 생각을 하고 있는지, 어떤 감정을 가졌는지, 그 의도는 무엇인지 등과 같은 타인과의 사회적 관계를 이해하는 능력이다. 청소년기에는 자신과 사회적 관계를 고려할 수 있는 능력이 발달한다. 그것은 더욱 정확하게 타인의 느낌이나 사고 또는 의도를 추론하기 시작하며, 인지적 성장에 따라 자신의 생각은 물론 타인의 생각을 더욱 잘 인식할 수 있게 된다.

청소년기에 개인의 인지적 발달은 계속되지만, 청소년의 자아중심성에 의해 사회인지발달이 방해를 받게 된다. 청소년의 자아중심성은 자신의 독특한 세계와 타인의 보편적인 세계를 구분하지 못하고 자신이 특별한 존재라는 착각에 빠져 자신에 대한 강한 자의식을 보이는 것이다. 이것은 청소년기의 발달 속성의 하나이며, 15~16세경에 정점을 이루다가 다양한 대인관계의 경험을 통해 자신과 타인에 대한 객관적인 이해가 이루어지면서 서서히 사라진다.

청소년의 중심성이 강하게 나타나는 특징적 행동으로는 상상의 청중과 개인적 우화가 있다. 상상의 청중(imaginary audience)은 청소년 자신이 마치 무대 위에서 시선을 한 몸에 받는 배우이며 타인은 자신에게 주의를 집중하고 있는 청중으로 생각하게 된다. 이러한 인지를 가짐으로써 청소년은 자신이 타인의 관심의 초점이 된다고 생각하기 때문에 강한 자의식을 갖게 된다(조홍식 외, 2010). 개인적 우화(personal fable)는 청소년이 자신은 특별하고 독특한 존재이므로 자신의 감정이나 경험의 세계는 다른 사람과 근본적으로 다르다고 믿는 것이다. 즉, 자신의 우정, 사랑 등은 다른 사람이 결코 경험하지 못하는 것으로 생각하며, 위험, 위기가 자신에게는 일어나지 않고, 혹시 일어나더라도 피해를 당하지 않을 것으로 확신하는 것이다. 이처럼 개인적 우화는 청소년의 자기 과신에서 비롯된 것으로 자신의 독특성에 대한 비합리적이고 허구적인 관념이다(이근홍, 2011).

이와 같은 형식적 사고 능력의 발달로 인한 부정적 영향을 감소시키고, 형식적 사고의 질적 발달을 도모(Chandler & Boyes, 1982; Looft, 1971; Newman & Newman, 1987)하기 위해서는 ① 다양한 역할수행이 요구되는 상황에 직면함으로써 두 개 이상의 변인을 정신적으로 조절하는 능력을 갖추어야 하고, ② 이질적 구성원으로 구성된 동년배 집단에 참여하여 다양한 경험을 하며, ③ 학교수업을 통해 논리적 사고 능력을 키워 나가야 한다.

3) 자아 정체감의 발달

(1) 자아 정체감의 개념

청소년에게 주요한 질문은 "나는 누구인가?"이다. 즉, 이것은 자신의 존재에 대한 숙고와 자각을 통하여 자아 정체감을 찾기 위한 노력이며, 그들과 관련된 생활의 선택을 검토하고 자기 결정을 내리기 위한 것이다. 에릭슨(1992)은 자아 정체감(ego-identity)을 "내적으로 축적된 확신"이라고 하면서 이는 자신에 대한 과거로부터의 내적 동일성이자 연속성인 동시에 타인과의 관계에서 자신의 존재에 대한 동일성과 연속성을 의미한다고 하였다. 즉, 자신의 과거와 현재를 연결하여 느끼는 안정감, 그리고 스스로 갖는 자기 자신에 대한 개념과 타인과의 관계 속에서의 자신에 대한 일관성 있는 느낌을 의미한다. 자아 정체감은 시간이 흐르거나 상황이 바뀌어도 여전히 본질적으로 불변하는 자기 자신에 대한 인식으로서, 역할,

목표, 가치 및 이념에 있어서 자기가 지니고 있는 고유성에 대한 지각과 이에 부합되는 자기 통합성과 일관성을 견지해 나가려는 노력을 의미한다. 이근홍(2011)은 자아 정체감이란 자기 자신을 타인과 구별되는 독립된 고유한 존재로 인식하고, 자신의 능력, 신념, 가치, 동기, 경력 등을 조화롭게 통합하며, 어떠한 변화에도 자신을 일관성 있게 지각하고자 하는 내면화된 역동적인 체계라고 하였다.

따라서 자아 정체감이란 자신의 독특성에 대한 비교적 안정된 느낌을 갖는 것으로, 행동이나 사고 혹은 정서의 변화에도 불구하고 변화하지 않는 부분이 무엇이며 자신이 누구인가를 아는 것이다. 이러한 개인의 자아 정체감은 ① 각 개인이 인간이라는 느낌, 즉 인간성 차원, ② 남성 혹은 여성이라는 느낌, 즉 성별 차원, ③ 각 개인이 독특하고 특별하다는 인식, 즉 개별성 차원, ④ 시간 경과에도 불구하고 동일한 사람이라는 인식, 즉 계속성 차원이라는 네 가지 차원으로 구성되어 있다(권중돈, 2014).

(2) 자아 정체감의 상태

자아 정체감의 상태에 대해 에릭슨은 정체감 형성과 정체감 혼미로 구분하였다. 마르샤(Marcia, 1980)는 에릭슨의 정체감 발달이론을 기초로 하여 청소년의 직업선택, 종교 및 정치이념에 대한 위기(crisis)와 수행(commitment)의 경험 여부를 조사하여 정체감의 상태를 정체감 유예, 정체감 유실, 정체감 혼미 및 정체감 성취의 네 가지 수준으로 구분하였다.

표 12-1 마르샤의 정체감의 네 가지 상태

직업과 이념에 관한 입장	정체감의 상태			
	정체감 혼미	정체감 유실	정체감 유예	정체감 성취
위기	없음	없음	있음	있음
수행	없음	있음	없음	있음

출처: Santrock(1997).

① 정체감 혼미

정체감 혼미(identity diffusion)는 정체감 위기나 수행을 아직 경험하지 않았을 뿐만 아니라 직업이나 자신의 신념에 대한 의사결정도 하지 않은 상태를 말한다. 즉, 이것은 정체감 문제에 대한 관심이나 필요성을 아직 느끼지 못하여 그것이 중요한 쟁점이 아니거나, 쟁점이 되었다 하더라도 결코 해결되지 않은 상태이다. 정체감 혼미 상태에 있는 청소년은 개인적인 직업계획이나 이념에 대한 의문을 제기하지 않으며, 자기 발전을 위한 노력이나 무엇을 해야 하는지 고민하는 위기의 경험도 없다. 그들은 또한 자신에 대한 안정되고 통합된 견해를 갖는 데 실패하였으므로 어떠한 선택을 하여 그 활동을 수행하고 있는 것도 아니다. 즉, 정체감을 확립하기 위한 노력도 없고, 기존의 가치관에 대한 의문도 제기하지 않은 상태이다. 개인적 신념체계를 확립하지 못하여 자기 자신의 능력에 대해 회의를 품고 있으며, 직업 역할을 수행하지도 못하는 경우이다.

정체감 혼미는 의사결정을 내리지 못한 면에 있어서는 정체감 유예와 비슷하지만 위기의 상태를 해결하려는 노력이 없다는 점에서 차이가 있다. 정체감 혼미 수준의 청소년은 정체감 성취나 유예 수준의 청소년에 비해 자존감, 자발성, 자제력 등이 떨어지며, 부모와는 독립적이지만 유대감이 적다.

② 정체감 유실

정체감 유실(identity foreclosure)은 자신의 가치관이나 진로에 있어서 의문을 제기하거나, 가능한 대안을 생각하는 것과 같은 위기를 경험하지 않고 부모나 다른 역할모델의 가치, 기대 등을 그대로 수용하여 그들과 비슷한 선택을 한 상태이다. 즉, 이것은 직업, 이념 등을 탐색하려는 적절한 기회를 갖고자 하는 위기를 경험하지 않고 선택의 여지도 없이 무조건 의사결정을 내린 상태이다. 이 범주에 해당하는 청소년은 어떤 어려움과 불안 없이 성인기로 들어서고 직업과 가치에 대한 결정을 스스로 하는 것이 아니라 부모에 의해 오래전에 결정되어 있다. 즉, 부모가 원하는 방식대로 사는 것에 대해 갈등을 하지 않는 유형이다. 여기서 유실이라는 것은 변화와 성장의 가능성을 차단하였다는 의미이다.

정체감 유실 수준의 청소년은 정체감 성취나 유예 수준의 청소년에 비해 자신에 대한 사려가 깊지 못하며, 의존적이고 자신감이 적지만, 부모와 강한 애착관계를 유지하고 있다.

③ 정체감 유예

정체감 유예(identity moratorium)는 정체감 위기 상태에 있으면서 자아 정체감 형성을 위해 다양한 역할, 신념, 행동 등을 실험하고 있으나 의사결정을 하지 못한 상태를 말한다. 즉, 정체감 유예에 속한 청소년은 대안적인 역할과 신념을 시험해 봄으로써 개인적 정체감을 정의하려고 적극적으로 노력하지만, 아직 수행을 하지 않았거나 매우 일시적으로 시험적인 수행만을 하고 있는 상태이다.

직업에서 정체감 유예 상태에 있는 청소년은 자신의 능력·희망·적성, 부모의 기대, 사회적 요구 등을 총동원하여 자신에게 최선의 길이 어떤 것인가를 탐색하기 위하여 여러 가지 다양한 역할을 실험한다. 그러한 과정 속에서 그들은 자신 스스로의 선택과 타인의 견해 사이에서 동요를 보이며 불확정 상태에 빠지기도 한다. 정체감 유예 상태의 청소년은 대부분 정체감 성취로 옮겨 가지만 그 중에는 정체감 혼미 쪽으로 기울어지는 사람도 있다. 그들은 정체감 성취 수준의 청소년보다 참여의 안정성과 만족도가 떨어지지만, 위기를 성공적으로 극복하고자 노력하고 있다(이근홍, 2011).

특히, 대학교 시절은 인위적으로 연장된 청소년기로서 외부적 요구로부터 일시적으로 해방되어 정체감 형성을 위한 다양한 시험을 할 수 있는 시기이다. 이러한 특성 때문에 대학교 시절을 심리사회적 유예 기간(psychosocial moratorium)이라고도 한다. 대학교 1, 2학년 때는 다양한 경험을 통해 자신에게 맞는 분야를 탐색하고, 대학교 3, 4학년 때는 구체적인 진로 방향을 잡고 자신이 원하는 직업에 필요한 직무 능력이나 자격증 등과 같은 필요한 것을 준비해야 한다.

④ 정체감 성취

정체감 성취(identity achievement)는 정체감 위기를 성공적으로 극복하여 직업, 개인적 신념, 삶의 목표, 정치적 견해 등에 대해 청소년 스스로 의사결정을 할 수 있는 상태를 말한다. 즉, 이것은 직업, 이념, 가치 등에서 위기를 경험하고 대안의 탐색을 통하여 청소년 스스로 확고한 신념체계를 확립한 상태이다. 자아 정체감을 성취한 청소년은 확고한 개인적 정체성을 갖고 있으며, 인성발달의 모든 분야에서 성숙한 면모를 보인다. 그들은 부모를 포함한 다른 사람과의 인간관계에서 현실적이고 안정감이 있으며, 자존심이 강하고 스트레스에 대한 저항력이 높으며, 자기 확신과 자기 주도적인 경향이 강하다(이근홍, 2011).

에릭슨(1968)은 정체감 성취나 유예는 심리적으로 건강한 것이지만 정체감 유실이나 혼란은 부적응적인 것이라 하였다. 정체감의 성취나 유예 상태에 있는 청소년은 자아존중감이 높고, 추상적이고 비판적인 사고를 하며, 현실 자아와 이상 자아 간의 차이가 크지 않다. 또한, 높은 수준의 도덕성을 갖고 있으며, 자신을 지나치게 의식하지 않고 있는 모습 그대로 다른 사람에게 자신을 드러내 보인다. 청소년기 초반에는 정체감 혼란이나 유실 상태에 있는 경우가 많으며, 청소년기 후반이 되어야 정체감 성취에 이르는 경우가 많다. 우리나라의 경우 청소년기에 대학교 진학이라는 목표를 이루기 위하여 자아 정체감을 형성하기 위한 노력을 기울이지 않다가 대학교 진학 후에 정체감 형성을 위하여 노력하는 경우를 많이 찾아볼 수 있다(권중돈, 2014).

(3) 자아 정체감의 형성의 영향 요인

자아 정체감이 형성되기 위해서는 먼저 신체적·성적 성숙이 이루어져야 하며, 추상적 사고가 발달해야 하고, 정서적으로 안정되어 있어야 하며, 부모나 또래의 영향으로부터 자유로워야 한다. 자아 정체감이 형성된 사람은 신념, 가치관, 정치적 견해, 직업 등에서 스스로 의사결정을 할 수 있다. 자아 정체감의 형성은 오랜 시간을 필요로 하는 과정으로 정체감 혼미 상태로부터 점차 정체감 성취의 상태로 이루어진다. 청소년의 자아 정체감의 형성에 영향을 미치는 요인은 다양하지만 그 중에서도 부모와 동년배가 많은 영향을 미치고 있다.

부모가 자녀에게 애정적이고 부모-자녀 사이의 의사소통을 격려하며, 자녀의 자주적이고 독립적 노력을 권장할 때 청소년은 자신의 인생에 대해 고민하고 자유롭게 의사결정을 하게 되어 자아 정체감의 성취나 유예 상태가 된다. 반면, 부모가 자녀에게 적대적이며 행동을 엄격하게 통제하고 강압적인 때는, 청소년이 자신의 장래를 고민하기보다는 부모의 결정을 그대로 받아들이기 때문에 자아 정체감 유실 상태에 놓이게 된다(허혜경 · 김혜수, 2002). 또한, 정체감 혼미의 청소년은 부모의 지원이나 따뜻하고 개방된 의사소통 수준이 가장 낮은 것으로 보고된다(Reis & Youniss, 2004).

동년배는 청소년의 자아 정체감 형성에 영향을 미친다. 청소년기에는 자신에 대한 의문과 불확실한 미래 등과 같은 비슷한 고민으로 방황하는 시기이다. 청소년기의 또래집단은 이러한 고민을 비롯한 부모와의 갈등, 가치, 신념, 진로, 장래의 직업 등에 대하여 의논하고 받아들일 수 있는 역할을 수행한다. 청소년은 또래와 상호작용을 하면서, 다양한 생각이나 가치를 접하게 된다. 친한 친구는 정서적 지지를 주고 정체감 발달의 역할 모델이 되면서 탐색하는 것을 서로 도와준다.

이뿐 아니라 탐색할 수 있는 풍부한 기회를 제공하는 학교나 지역사회 또한 정체감 발달을 촉진시킨다. 높은 수준의 사고를 하게 해 주는 교육, 책임 있는 역할을 감당할 수 있게 해 주는 활동, 경제적으로 어려운 학생이 대학교에 진학하도록 격려해 주는 교사나 상담자, 성인의 직업 세계를 청소년이 직접 경험하도록 해 주는 직업훈련 프로그램은 학생의 정체감 발달을 돕는다(Cooper, 1998).

3 사회적 발달

1) 가족관계

청소년기는 가족으로부터 지지와 보호, 지도가 필요한 동시에 자기 충족과 독립을 준비하는 단계이다. 청소년이 부모의 보호에서 벗어나서 자신의 판단에 따라 독립적으로 행동하려는 성향을 심리적 이유라고 부른다. 이들은 신체적으로 부모 보다 더 건강해지는데, 이것은 더는 부모에게 물리적 처벌이나 통제를 어렵게 한다. 또한, 인지의 발달로 부모가 제시한 규칙이나 가치관을 그대로 따르기보다는 논리적으로 모순을 들어 그에 대한 해명을 요구하면서 부모와의 갈등은 불가피해진다.

이러한 갈등은 청소년기의 본질적 문제이므로 청소년뿐만 아니라 부모의 재적응도 필요하다. 더욱이 부모 대부분이 중년기의 또 다른 위기에 직면해 있으므로 부모의 안정된 결혼 생활과 부모 – 자녀 간 개방적 의사소통이 필요하다. 그러나 우리나라는 입시제도와 중년기 부모의 바쁜 사회생활로 말미암아 부모-자녀 간의 자연스러운 대화가 별로 없고, 가끔 이루어지는 대화도 학업성적이나 진학에 관한 것이어서 청소년의 욕구가 반영되지 못하고 있다(최덕경 외, 2013). 그러므로 중년기의 부모와 청소년기의 자녀 사이에 가장 바람직한 관계는 친구처럼 지내는 것이다. 서로 만나면 반갑고, 서로의 고민을 이해해 주고, 서로를 격려해 줄 수 있는 친구관계가 바람직하다. 따라서 부모는 구체적이고 일관된 규칙과 지지적인 태도로 자녀의 변화된 모습을 격려하는 것이 필요하며 외부의 환경에서 갈등이 유발될 때 어려움을 나누고 털어놓을 수 있는 긍정적인 관계를 형성해야 한다. 또한, 자녀의 삶의 가장 중요한 모델이 되어주고 자녀를 격려하며 상호 존중하는 태도를 유지하는 것이 필요하다. 자녀는 자신의 생각과 부모의 기대가 충돌할 때 현실적인 문제 해결 방법을 도모하고, 자신의 생각과 감정을 자연스럽게 표출할 수 있는 기회를 가짐으로써 건강한 의사소통방식과 사회화를 경험할 수 있다.

한편 형제·자매관계는 부모에 대한 애정을 놓고 서로 경쟁하던 아동기와는 달리 형제·자매를 인생에서 의미 있는 중요한 사람으로 생각하는 경향이 커진다. 특히, 반대 성의 형제·자매보다 동성의 형제·자매를 더욱 가깝게 지각하고 서로 간에 애착을 느낀다(김태련·장휘숙, 1994).

2) 교우 및 이성관계

청소년기는 집단적으로 교우관계를 맺고 집단 구성원과 동일시함으로써 정체성을 형성할 뿐 아니라 부모나 다른 성인과의 관계에서 발생한 갈등에 대한 보상도 얻게 된다. 그리고 청소년은 소속감과 연대감, 지지와 수용 등의 긍정적 요인을 제공받고 정서적 안정을 제공하며, 우정을 통하여 규범과 행동기준을 준수했을 때 또래로부터 인정과 지지를 받는다. 또한, 청소년은 교우 관계를 통해 서로를 비교하여 자신이 어떤 위치에 있는가를 알 수 있는 정보를 제공한다. 즉, 청소년으로 하여금 자신을 노출하고 타인과 따뜻하고 친근하며 신뢰할 수 있는 관계를 맺을 수 있게 한다. 그리고 청소년은 집단 활동 속에서 이루어지는 경험을 통해서 자신에 대한 가치감을 인정받기도 하고, 외로움을 위로받기도 한다. 그러나 집단 안에서 느껴지는 압력이 자신의 기질과 성향에 맞지 않거나 종속적으로 진행될 때에는 갈등과 긴장이 형성되고 그로 인한 문제 행동이 노출될 수 있다.

청소년기에는 또한 이성에 대한 관심이 매우 높아진다. 그러나 청소년 전기에는 여전히 동성친구와의 관계에 더 많은 관심을 쏟으며 청소년 후기에 이르러 성적 성숙이 완성되면 보다 본격적으로 이성 관계에 관심을 갖게 된다. 청소년 전기에는 이성친구 사이에서의 인기를 통해 자신을 과시하려는 목적으로 오락적인 이성교제를 하는 경향도 있지만, 신체적으로 성인과 거의 같아지는 청소년 후기가 되면 성인에게 주어지는 성 역할과 행동을 이해하고 받아들이게 된다. 이 과정에서 아동기에 형성된 성 정체성이 보다 확고해지게 된다(이인정·최해경, 2007).

이 시기에는 또한 이성 관계를 통해서 이타적인 친밀감 형성을 학습하게 되어, 타인과 사회에 대한 책임감이 생겨나게 된다. 그리고 성인으로서의 독립적인 삶을 이해하고 자신의 미래를 위한 진로에 대해 보다 진지한 고민을 시작하게 된다(오창순 외, 2010).

3) 컴퓨터와 가상공간

대다수 청소년이 인터넷으로 친구와 이메일을 주고받고, 채팅이나 카페, 블로그 등을 통하여 가상공간에서 활동을 하고 있으며, 컴퓨터 게임이 주된 여가활동으로 자리를 잡아가고 있다. 이러한 컴퓨터의 활용은 청소년기의 발달에 긍정과 부정 두 가지 영향을 모두 미친다. 청소년이 컴퓨터를 사용함으로써 빠르게 정보를 수집할 수 있고, 교과수업이나 과외활동에 필요한 지식과 정보를 습득하는 등 학습활동에 도움을 받을 수 있다. 또한, 학업으로 말미암아 제한되는 친구관계를 유지해 나갈 수 있게 해 준다.

반면, 현실세계에서의 대인관계 위축으로 비인간화를 가져올 수 있으며, 익명성이 보장되는 점을 악용한 음해성 글의 게재, 음란과 불법 디스켓의 유통, 스팸메일 발송 등의 행위는 도덕성이나 사회적 책임성의 발달에 부정적 영향을 미치기도 한다. 그리고 게임이나 채팅 등의 인터넷 중독이나 원조교제, 자살 등에 대한 잘못된 정보를 주고받음으로써 비행으로 이어지는 경우가 많으며, 음란 인터넷 사이트와 같은 해로운 환경에 쉽게 노출될 수 있다. 인터넷 중독집단이 청소년은 자존감이 낮고 친구 수가 적으며, 가족의 지지조차 적어 전반적 삶의 만족이 떨어져 온라인상의 가상세계에 더 심취하게 된다. 이 상태가 지속되면 현실과 가상세계를 구분하는 판단력을 잃게 되고, 현실감이 현저히 저하하면서 가상세계에서의 폭력과 범죄 행위를 현실에서 재현하게 된다. 또한, 과도한 컴퓨터 사용으로 시력 저하, 비만 등 건강에 부정적 영향을 미치기도 한다(최덕경 외, 2013). 특히, 청소년은 호기심이 많기 때문에 해로운 인터넷 사이트에 접속을 하지 않도록 해야 하며, 평소에 독서를 통해 좋은 생각을 하며, 자신의 취미와 적성에 맞는 활동 등을 통해서 자신의 꿈을 향해 나아갈 수 있도록 지도해야 한다.

4) 도덕성의 발달

도덕성이란 인간관계에 규범을 준수하려는 능력과 태도를 의미하는 것으로 사회적 규범에 일치하는 행동, 사회규범의 내면화, 감정이입, 죄의식, 정의에 대한 올바른 사고, 자신보다 남의 이익을 먼저 생각하는 것 등을 기준으로 정의할 수 있다(최금식, 1994). 길리건(Gilligan, 1982)은 도덕성의 본질을 타인을 돕고 배려하는 것을 중요한 보편적인 책무로 규정하고 타인의 복지에 대한 관심과 애정에 기초한 책임윤리를 도덕성의 주요 내용으로 강조하고 있다. 조학래(1996)는 도덕성을 사회문제에 대한 책임감과 이타성이 결합된 개념으로 설명하였다.

도덕성의 발달에 영향을 주는 요인으로는 부모, 동년배, 학교, 대중매체 등이 있다. 부모가 청소년에게 애정적이고 수용적이면 도덕성발달 수준을 상승시키는 반면에, 엄격하고 통제적이면 도덕성발달 수준을 오히려 하락시키는 경향이 있다는 것이다. 부모의 훈육의 일관성은 도덕성발달의 중요한 요인이 되지만, 일관성이 부족하면 불복종, 불안, 적대감을 갖게 되어 낮은 수준의 도덕성을 갖게 된다(이숙 외, 2011).

동년배는 도덕적 가치관을 강화하는 역할을 수행하기도 하지만, 반사회적 행동에 대한 불안감이나 죄책감을 감소시켜 주는 역할을 수행하여 낮은 수준의 도덕적 판단을 갖게 하기도 한다. 학교는 도덕 교육을 통하여 도덕적 판단 수준을 향상시키고 높은 수준의 도덕적 행동을 수행할 수 있도록 한다. 청소년기의 도덕성의 발달을 위해서 자원봉사활동을 적극 장려할 필요가 있다. 인간에 대한 따뜻한 마음을 바탕으로 왜 공부해야 하는지 그 이유를 스스로 찾고, 나중에 어떻게 세상을 위해 봉사할지 생각할 줄 아는 도덕성을 갖춘 청소년으로 키워야 할 것이다.

4 사회복지실천에서의 관심 영역

1) 신체적 발달의 관심 영역

사회복지실천에서 사회복지사는 청소년의 신체적 측면의 개입이다. 청소년의 급격한 신체구조 변화로 인해, 이들은 자신의 신체에 대해 부정적인 이미지를 형성할 가능성이 크므로 사회복지사는 이들의 부정적 신체 이미지로 인하여 야기될 수 있는 여러 가지 심리적 문제나 증상을 다루어야 한다. 특히, 여자 청소년은 사회에서 요구하는 아름다움의 기준인 마른 체형을 위해서 무리한 다이어트를 수행하면서 불규칙적인 식습관을 갖거나 설사약이나 비만치료제 등을 복용하게 되어 건강한 신체성장이나 생식 기능에 장애를 초래할 수 있다. 심한 경우에는 거식증 또는 폭식증 등 심각한 섭식장애가 발생하기도 한다. 사회복지실천에서 사회복지사는 의료기관 등과의 연계를 통하여 청소년기의 신체성장에 대한 이해, 식생활 관리, 몸매 관리 프로그램 등을 지원함으로써 건전한 신체발달을 도와야 한다(권중돈 · 김동배, 2008). 더불어 청소년의 심리적인 문제도 함께 다루어 부정적 신체 이미지로 인한 스트레스와 낮은 자존감, 심리장애 등을 예방, 치료해 주어야 한다.

사회복지실천에서 사회복지사는 청소년을 대상으로 성에 대한 올바른 이해와 가치관 형성을 위한 프로그램을 실시하기 위하여, 학교나 성교육 관련기관과의 협력을 통해 성교육을 실시할 필요가 있다. 또한, 사회복지사는 초경불안, 몽정불안, 자위행위, 이성으로부터의 성적 요구 등과 같은 성으로 인하여 야기되는 청소년의 심리적 문제를 해결할 수 있는 상담을 실시한다. 또한, 청소년기의 대표적 성 문제라고 할 수 있는 10대 임신과 미혼 부모 문제와 성폭력 문제에 대한 개입도 필요하다. 사회복지사는 미혼 부모와의 상담을 통하여 출산에 대한 의사결정, 자녀양육 계획, 자신을 버린 이성에 대한 원망과 자책감 등에 대한 심리적 적응과 미래 생활 계획의 수립을 지원해야 할 것이다.

2) 심리적 발달의 관심 영역

청소년기의 가장 중요한 발달 과업은 자아 정체감을 형성하는 것이다. 따라서 청소년의 자아 정체감 형성을 지원하기 위해서는 자아 발견, 자아 성장, 자기주장 훈련, 인간관계 수련 등과 같은 이들의 자아 발견과 원만한 대인관계 형성을 지원할 수 있는 집단상담 프로그램을 개발하여 실시할 필요가 있다. 또한, 진로 지도, 청소년 자원봉사활동 프로그램, 문화예술활동 프로그램 등과 같은 다양한 수련 프로그램을 실시하여, 이들의 다양한 사회 경험을 통해 자신의 개성과 자질을 발견할 수 있도록 지원하여야 한다.

또한, 청소년기는 심리적 격동기로 다양한 정신장애를 일으킬 가능성이 크다. 청소년기에 일어나는 정신장애로는 정신분열증, 불안장애, 공포증, 우울증, 물질남용, 자살 등이 있을 수 있다. 특히, 우리나라는 지나친 입시경쟁으로 고3 증후군으로 대표되는 시험불안은 대부분 청소년이 경험하는 심리적 증상이다. 따라서 사회복지실천에서 사회복지사는 청소년의 정신건강과 건전한 심리적 발달을 지원하기 위해, 청소년을 대상으로 한 개별 상담, 스트레스 예방과 관리 방법, 약물교육과 치료 프로그램, 청소년 가족을 위한 가족치료 프로그램 등의 임상 프로그램을 개발해 시행하고, 필요에 따라서는 전문기관에 의뢰해 치료를 받을 수 있도록 조치해야 할 것이다.

3) 사회적 발달의 관심 영역

청소년 비행 문제는 청소년기의 사회적 발달과 관련된 대표적인 문제이다. 청소년 비행(juvenile delinquency)이란 일탈행동 또는 청소년 범죄와 유사한 의미로 사용되는 것으로, 사회 또는 집단에서 규정하는 규범이나 규칙을 위반하는 일체의 행위를 말하며, 좁게는 소년법정에 소송의 대상이 되는 행위를 의미한다(정우식, 1986). 우리나라에서 청소년 비행 문제의 해결을 위한 대책은 주로 사후대

책에 국한되어 있다. 보호관찰, 교정교육, 갱생보호 등이 대표적인 청소년 비행 사후대책이다. 이러한 사후대책은 청소년 비행 문제 해결에 어느 정도 기여한 것은 사실이나 청소년을 사회와 격리시킴으로써 오히려 건전한 사회적 발달을 방해하는 결과를 초래하기도 하였다. 따라서 청소년 비행의 발생을 사전에 예방하고, 처벌 위주보다는 성격과 행동의 교정과 사회 복귀에 초점을 둔 사회복지적 개입이 필요하다. 사회복지기관에서는 청소년의 비행을 사전에 예방하기 위하여 청소년 가족상담 및 치료를 실시함과 아울러 인근 학교와 연계하여 활발한 학교사회사업을 실시하여야 할 것이다. 그리고 청소년과 그 가족을 대상으로 한 가족관계 강화 프로그램을 개발하여 실시하고, 가족상담이나 가족치료를 보다 강화해 나가야 할 것이다(권중돈, 2014).

그리고 인터넷 중독과 인터넷 비행과 범죄를 예방하고 컴퓨터의 건전한 활용을 지원할 수 있도록 청소년을 대상으로 한 인터넷 활용 교육 프로그램을 실시하고, 청소년의 발달에 부정적 영향을 미치는 인터넷 사이트에 대한 감시 운동과 같은 사회 운동을 전개해 나가야 할 것이다. 인터넷에 중독된 청소년은 마음이 복잡해지고 허전할 때 자기도 모르게 인터넷에 접속하여 시간을 보내며 마음의 위안을 얻는 의존성과 컴퓨터에 매달려 있는 시간이 더욱 길어지고, 컴퓨터를 끄고 나오기가 점점 힘들어지며, 오래 있어도 작업 효율이 떨어지는 내성 현상을 보인다. 이러한 중독 경향이 있는 청소년은 상대적으로 자존감이 낮고 외부의 평가에 민감하며 외부 자극을 주관적으로 인지하고 해석하는 데 왜곡될 가능성이 높다. 또한, 주관적으로 또래경험에서 위축되고 소외감을 더 많이 경험하는 것으로 나타났다(이명수 외, 2001). 따라서 사회복지 측면에서 청소년의 건전한 여가활동을 돕고 제도권 밖으로 일탈된 청소년이 건건한 사회적 역할을 학습할 수 있도록 다양한 실천적·정책적 프로그램을 개발하여야 한다. 뿐만 아니라 이미 다양한 중독 문제를 보이는 청소년을 재활시키는 적극적인 개입 방안이 요구된다.

최근에 전국의 각 지자체에 중독관리센터가 개설되어 인터넷, 게임 중독과 관련하여 청소년에게 상담 및 심리검사 프로그램을 실시하고 있다. 특히, 요즘은 자녀가 스마트폰 중독이 되지 않도록 부모는 자녀에게 많은 관심을 보여야 하며, 함께 대화하는 시간이나 밖에서 몸으로 움직이는 활동을 할 수 있도록 해야 할 것이다.

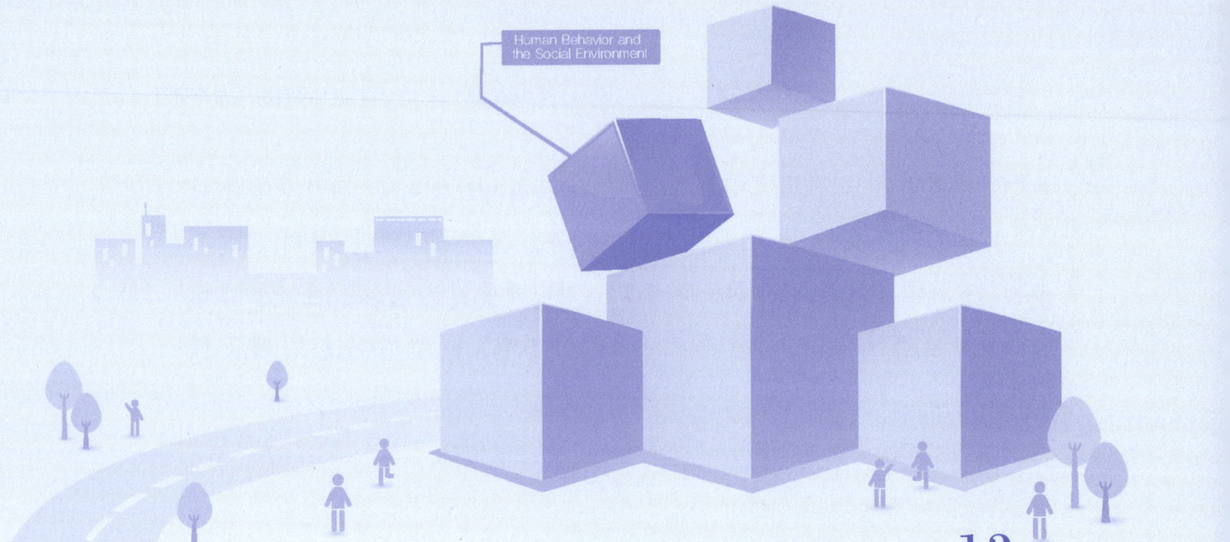

CHAPTER 13
인간의 성장과 발달: 청년기

청년기는 사춘기에서 시작하여 성인기의 시작과 함께 끝나는, 아동기와 성인기 사이의 과도기에 해당되며 심리학에서는 성인 전기로 표현된다(장휘숙, 2013). 이러한 과도기적 특성으로 인해 이 시기의 범주를 명확히 구분하기는 쉽지 않다. 그렇기 때문에 이 나이군에 대해 학자마다 다양한 견해를 갖고 있다. 레빈슨 외(Levinson et al., 1974)는 청년기를 세부적으로 구분하면서 17~24세까지는 집을 떠나서 독립적으로 되어 가는 시기이고, 22~28세까지는 성인의 세계로 들어가는 시기이며 30세 경에는 자신의 나머지 인생을 어떻게 꾸려 갈 것인가를 결정하는 시기이며, 32~40세 사이의 나이는 안정적이고 정착하는 시기라고 하였다. 이 장에서는 청년기를 20대 초반~30세 이전 나이에 속한 사람이라고 잠정적으로 규정하고자 한다(최옥채 외, 2015).

청년기의 주된 발달 특징은 다음과 같다(Zastrow & Kirst-Ashman, 2009; 이영실·이윤로, 2008).

첫째, 부모로부터의 신체적·심리적 독립과 함께 한 사람의 성인으로 사회적 역할을 시작하는 시기이다. 신체적·지적 측면에서 가장 정점에 있으며, 신체적으로 활기, 힘, 건강 등의 측면에서 최고 수준을 보인다.

둘째, 이 시기는 동년배와 성숙한 관계를 맺고 사회적으로 남성·여성으로서의 역할을 성취하며 다양한 역할 탐색과 선택을 하게 된다. 또한, 사회적 관계에 가장 활발한 활동을 펼치며 대학교 진학, 군대 입대 또는 취업, 결혼 등이 이루어진다.

셋째, 이 시기에 가장 큰 변화는 직업을 갖게 되고 배우자와 결혼을 하게 되는 것이다. 결혼은 친밀감과 성숙한 사회적 관계를 성취하는 데 중심이 된다. 청년기는 취업이나 결혼을 통해 부모로부터 독립하는 것이 주된 과제이지만 이 과정에서 양가감정을 경험하기도 한다.

넷째, 청년기에는 축적된 지식을 바탕으로 다양한 관점에서 문제를 파악하고 해결하는 현실적 능력의 발달이 이루어지게 된다. 따라서 청년기 이후는 실현과 구체화의 시기로 볼 수 있다.

1 발달적 특성

1) 신체적 발달

인간의 신체적 성숙은 청년기에 거의 완성된다. 신체 수행 능력, 체력, 정력, 지구력 등은 25~30세 사이에 최고조에 달하고 이후 신체적 기능은 점진적으로 쇠퇴하기 시작하여 손이나 손가락의 동작도 점차 둔감해지기 시작한다. 시각, 청각, 촉각, 후각, 미각 등 감각기능은 20세경에 최고에 달했다가 40세 정도가 지나면 점점 나빠지기 시작한다(최옥채 외, 2015).

청년기의 모든 사람이 일률적으로 성장하는 것은 아니며, 일반적으로 여자가 남자보다 2년 정도 일찍 발달하기 시작한다. 남자는 어깨가 넓어지고 근육이 발달하여 남성다운 체형으로 변화한다. 특히, 근육조직의 증가와 함께 근육의 힘도 증가하는데, 체력 면에서는 남자가 더 우세해진다(김귀환 외, 2013).

청년기는 신체적으로 가장 건강한 시기로 청소년기나 중년기에 비해 만성적 질병이 가장 적게 보고되고 있다. 그러나 20대 중반까지 흡연, 음주, 약물 흡입 경향은 급격히 증가하며 청년기의 자아중심적 사고가 청년기 건강에 그대로 적용되어 운동, 흡연, 음식 습관 등이 자신의 건강과 관계없는 것으로 믿기도 한다(Weinstein, 1984).

또한, 청년기 신체적 건강에 부정적 영향을 미치는 요인은 주로 흡연, 음주를 포함한 약물남용, 업무로 인한 과도한 스트레스, 사고 등이 있다. 이러한 요인은 나이가 들수록 신체적 능력에 크게 영향을 미치게 되며, 성별, 결혼 여부, 직업 종류, 교육 및 소득 수준 등의 사회경제적 수준에 따라서도 신체적 건강 상태의 차이를 보인다. 이 시기에는 사회적 안정을 얻기 위해 몸을 잘 돌보지 않는 경우가 많다. 이로 인해 청년기 중반 이후에 건강 악화로 고생을 하거나 심하면 사망에 이르기도 한다. 이 시기의 건강 상태는 인간의 전체적인 노화 속도 및 삶의 질에 크게 영향을 미친다(Zastrow & Kirst-Ashman, 2009). 만약, 사회경제적으로 어려움을 겪는 가정이나 개인일 경우, 신체적 건강에 문제가 있을 때 이의 해결을 위하여 의료자원에의 접근이 용이하지 않아 질병의 조기 발견 및 치료의 기회를 놓칠 수 있다. 특히, 취약 계층일수록 의료 서비스에 대한 접근성이 쉽지 않으므로 사회복지사는 열악한 환경이 신체 건강에 미치는 영향에 대해 민감하게 인식해야 하고, 취약 계층에 있는 사람의 삶의 환경을 증진시키기 위해 어떻게 원조하고 그 환경을 변화시킬 것인가에 대해 관심을 두어야 한다(최옥채 외, 2015).

2) 인지적 발달

청년기의 인지발달에 대해서는 아직 학자 간에 합의된 바는 없으나, 일반적으로 청년기의 인지발달은 신체적 발달과 마찬가지로 정점에 달한다. 청년기의 사고는 보다 현실적이고 문제 해결적 사고가 발달하여 양적, 질적으로 충분히 사고

할 수 있는 때이다. 또한, 인지적 기능이 고도로 분화되고 다차원적 문제를 다룰 만큼 충분히 성장하는 시기이다. 그리고 성장하는 동안 지식을 습득하여 활용하는 능력이 최대한으로 성숙되어 여러 가지 정신적, 물리적 위험이나 도전 등에 의연히 대처할 수 있게 된다.

더 나아가 많은 인지발달이론가는 청년기를 자신이 속한 직장이나 사회, 더 나아가 생태학적 맥락에서 발생하는 여러 복잡한 문제를 해결하고 적응해야 하는 시기로 보고 있다. 이 시기의 사고는 실용적 필요성과 압박감이 강하다는 점에서 청소년의 자유스럽고 이상주의적 사고와는 구별된다고 하였다. 그러므로 청년기의 인지발달은 청소년기의 논리적이고 가설중심적 사고로부터 현실에 대한 실용적 적응방안을 탐색하는 실제적 문제 해결 사고로의 변화 과정을 의미한다고 볼 수 있다(Labouvie-Vief, 1986). 청소년기의 실용적 사고 필요성의 증가가 논리적 사고의 감퇴를 의미하는 것은 아니며 논리적 사고 기술과 현실에 대한 실용적 적응 기술을 동시에 요구하는 것이다(신종우 외, 2012).

이는 지능의 변화와도 밀접한 관련을 갖는다. 비교적 최근까지 지능은 20대 중반에 절정을 이루다가 30대 이후부터 서서히 감소되는 것으로 이해되어 왔다. 그러나 최근 들어 지능은 단선적 발달 과정이 아니며 지능 유형에 따라 변화가 다르다는 주장이 제기되고 있다. 즉, 선천적 지능과 후천적 지능으로 구분된다는 것이다. 선천적 지능은 수리, 도형지각 능력 등 뇌신경의 성숙과 관련해 발달하는 지능으로, 뇌세포가 손상되고 나이가 듦에 따라 뇌세포가 쇠퇴되면 이러한 지능 또한 감퇴한다. 반면, 후천적 지능은 언어, 이해력 등 후천적 경험이나 반복된 학습에 의해 습득, 발달되는 지능으로, 오히려 20~30대 이후에도 떨어지지 않고 유지되거나 더 발달될 가능성이 있다(김귀환 외, 2013).

3) 정서적 발달

청년기는 에릭슨의 발달 단계 중 성인 초기(20~24세: 친밀감 대 고립감)에 해당되며, 청소년기의 이성에 대한 단순한 성적 호기심에서 벗어나 이성과의 본격적인 관계를 형성하게 된다. 청년기 정서발달에서 일어날 수 있는 주요 발달과제는 친밀감 형성 능력, 자기주장 능력, 자율성 확립, 자아 정체감 확립 등이 있다(Nickels & Schwartz, 2004, 이영실 외, 2013 재인용).

(1) 친밀감 형성

친밀감은 상대방과 관계를 맺는 과정에서 자신의 정체감을 잃지 않으며 개방적이고 조화로운 관계를 형성하는 것을 의미한다. 에릭슨은 이 시기의 발달과제를 이성과의 관계 경험을 통해 사회적인 친밀감을 추구하는 것이라고 하였다. 친밀감 형성 능력은 청년기에 있어서 좀 더 높은 수준의 사회화 기능, 이성에 대한 적응 기능, 인격도야 기능, 배우자 선택 기능에 가장 직접적으로 영향을 미치는 중요한 개인적 심리체계이다.

(2) 자기주장 능력

자기주장(self-assertiveness)은 직설적이지만 무례하지 않은 행동을 의미한다. 자기주장 능력은 정체감과 도덕적 관점을 형성하는 핵심부분이 된다.

(3) 자율성 확립

부모와의 관계에 있어 적절한 경계선을 형성하지 못하면 지나친 밀착관계가 형성되거나 반대로 완전히 단절되기도 한다. 따라서 청년기 자녀의 양가감정을 최소화하고 자율성을 획득할 수 있도록 지원하기 위해서는 자녀의 자율성을 인정하고 가족의사결정에 참여를 격려해야 한다. 또한, 자녀를 독립된 개인으로 인정하는 등 부모의 역할이 매우 중요하다.

(4) 자아 정체감 확립

청년기에는 청소년기의 이성에 대한 단순한 성적 호기심에서 벗어나 이성과의 본격적인 관계를 형성하게 된다. 에릭슨은 청소년기에 긍정적인 자아 정체감을 확립한 사람은 좀 더 쉽게 타인과의 친밀한 관계를 형성하지만, 그렇지 못한 사람은 자신감을 갖지 못하므로 타인과의 사회적 관계에서 고립감을 느끼게 되어 자기 자신에게만 몰두하게 된다고 하였다.

(5) 성적 사회화

아동기에서 청년기에 이르기까지 자신의 성에 대한 정체감이 재개념화되고 확고해진다. 이러한 청년기의 성 역할 정체감이 확고해지는 과정을 성적 사회화라고 한다(정옥분, 2007).

성 역할 정체감은 사회가 특정한 성에 대해 적절하다고 인정하는 특성, 태도, 흥미와 동일시하는 과정으로, 성에 따른 사회적 역할 기대를 내면화하는 과정이다. 이러한 성적 사회화의 요소에는 자신이 선호하는 성적 대상을 선택하는 것, 적절한 성인의 성 역할을 학습하는 것, 성행위에 대해서 이해하고 그 지식을 습득하는 것 등이 있다(정옥분, 2007).

4) 사회적 발달

청년기의 주요 과제는 자신의 목표를 세우고 직업을 선택하며, 결혼 및 자녀를 양육하며 가정을 잘 관리하는 것이라고 할 수 있다. 이 시기의 사회적 발달과제는 부모로부터의 독립, 직업준비 및 직업선택, 결혼과 가족 형성 등이 있다(김귀환 외, 2013; 이영실 외, 2013; Sternberg, 1988).

(1) 부모로부터의 독립

부모로부터 정서적으로나 경제적으로 독립하는 것이 이 시기의 주요 발달과제 중 하나이지만, 일부는 부모로부터 독립하는 것에 대한 열망과 분리에 대한 불안이라는 양가감정을 갖기도 한다. 이러한 양가감정을 최소화하고 자율성을 획득할 수 있도록 지원하기 위해서는 자녀의 자율성을 최대한 인정하고 가족의사결정에 참여를 격려하며 자녀를 독립된 개인으로 인정하는 등의 부모의 역할이 매우 중요하다.

(2) 직업준비와 직업선택

청년기는 직업을 통해 경제적으로 자립하고 자신의 인생을 개척해 나가면서 자아실현을 하는 시기이다. 이 시기에 어떤 직업을 선택하느냐에 따라 성인기의 삶의 방식이 결정될 것이라고 인식하기 때문에 직업선택에 신중을 기하고 자신이 원하는 직업을 갖기 위해 노력한다. 대부분의 사람이 직업을 생존을 위해 필수적인 것으로 간주하지만, 어떤 사람은 창의력을 발휘하거나 자부심 획득을 위한 기회로 간주하기도 한다. 즉, 직업을 갖는 가장 중요한 이유 중 하나가 경제적인 것으로 간주되기도 하지만 그에 못지않게 자기실현의 통로와 사회생활의 핵심 요소로서의 의미도 크므로 직업에 대한 만족은 개인의 자아존중감과 행복에 큰 영향을 미친다(정옥분, 2004).

직업을 선택함에 있어 여러 가지 요인의 영향을 받지만 개인적 능력, 관심, 자신에 대한 부모나 중요한 타자의 기대와 같은 개인적 요소가 매우 중요하다. 오닐 외(O'Neil et al., 1980)는 직업 선택에 영향을 미치는 여섯 가지 요인을 정리하였다.

첫째, 어린 시절의 경험과 역할모델로서의 부모의 직업과 같은 가족 관련 요인
둘째, 학교교육, 또래집단과의 경험, 대중매체 등의 사회적 요인
셋째, 적절한 기회 등의 상황적 요인

넷째, 출신 계층, 성 차별, 직업의 수요와 공급 등의 사회경제적 요인

다섯째, 자신에 대한 기대, 능력, 직업에 대한 태도, 성취 욕구와 같은 개인적 요인

여섯째, 자신감 결여, 실패에 대한 두려움, 자기주장 능력의 결여, 역할 갈등 등의 심리사회적 요인

직업 경력을 발전시키는 것은 청년기에 매우 중요하다. 어떤 사람은 부모나 가까운 가족의 권고로 오랫동안 계획한 이후 직업을 선택하지만, 직업을 가진 후에는 그 직업에 대한 자신의 선호가 달라지기도 한다. 일반적으로 청년기에는 여러 직장을 옮겨 다니는 경우가 있는데, 자기가 선택한 직업에서 만족을 느끼지 못한 사람은 일생을 통해서 행복을 발견하지 못하기도 한다.

개인에게 직업 선택이 중요한 과제임에도 불구하고 사람은 자신의 능력이나 사회적 여건으로 인해 직업에 대한 확실한 입장을 정리하지 못한 채 방황하기도 한다. 세상에는 수많은 직종과 많은 사람이 선호하는 직업의 종류가 있지만, 사람이 선호하는 직업이라고 해서 모든 개인에게 적합하거나 이상적인 직업이라고 할 수는 없다. 직업에 대한 선호는 시대 변화와 인식, 산업구조에 따라 달라지며 그 사회의 문화와 가치에 따라 변화한다. 그러므로 자신에게 맞는 직업을 선택하기 위해서는 자신의 흥미나 적성, 지능과 신체적 조건, 지식과 능력, 성격과 가치관 등 다양한 요소를 고려하여 결정해야 하며, 직업을 통한 자기 개발과 자아실현이 무엇보다도 중요하다. 그러나 사람에 따라서는 다양한 직업 선택의 변화과정 속에서 수년간 시행착오를 경험하기도 한다(최옥채 외, 2015).

스턴버그(Sternberg, 1988)는 직업적으로 성공하는 능력은 "자신과 동료를 관리하고, 자신의 이력을 관리하는 능력"이라고 하였다. 이는 자신의 직업에서 성공하는 사람은 주로 효율적인 업무수행 능력을 갖고 있어 일의 생산성을 높일 수 있으며, 동료와의 관계도 원만하다는 것을 의미한다. 따라서 직장생활에서의 성공적인 적응을 위해서는 직무 능력에 대한 자신감, 대인관계 능력계발, 올바른 가치관 정립이 중요하다.

(3) 결혼과 가족 형성

이 시기는 결혼을 하고 부모가 되면서 인생에 정착하는 시기이다. 사람은 누구나 결혼에 있어 동반자적 관계를 갈망하기 때문에 청년기 때의 결혼은 친밀감과 성숙한 사회적 관계를 성취하는 데 있어 중심이 되고 있다.

결혼의 성패는 우선적으로 배우자 선택에서부터 시작된다. 그러나 아직 경험이 부족한 청년기 사람에게 배우자 선택이란 쉬운 일이 아니다. 배우자 선택의 기준에는 환경적, 물리적으로 가까이 있는 사람, 서로 매력을 느끼고 사회적 배경이 유사한 사람, 삶의 가치관과 태도가 비슷한 사람, 상호 보완적 관계가 형성되는 사람, 결혼할 마음의 준비나 외적 조건이 갖추어졌을 때 만나는 사람 등이 있을 수 있다.

배우자 선택 시 가장 중요한 것은 상대방의 조건보다는 두 사람 사이의 관계의 질(quality of relationship)이며, 이상적인 배우자로는 인생의 가치와 목표가 같고 상대방의 자아를 촉진시키고 확장시켜 줄 수 있는 사람일 것이다. 그러나 어떤 이유에서 어떤 배우자를 선택하였든지 결혼이란 서로를 사랑하고 아껴 주며, 공감하고 책임지겠다는 의지에서 시작되어야 한다. 루빈(Rubin, 1973)의 배우자 선택 이론을 근접성이론, 이상형 배우자이론, 가치의 일치이론, 동형 배우자이론, 보완적 욕구이론, 조화이론 등 여섯 가지로 제시하고 있다.

- 근접성이론: 학교나 직장 등 지리적으로 가까운 관계의 상대를 선택할 가능성이 크다.
- 이상형 배우자이론: 개인이 바라는 특성과 특질을 이상적으로 갖춘 상대를 선택한다.
- 가치의 일치이론: 의식적이든 무의식적이든 자신의 가치와 일치하는 상대를 선택한다.
- 동형 배우자이론: 자신과 유사한 인종, 경제, 사회적 특징을 지닌 상대를 선택한다.

- 보완적 욕구이론: 자신에게 부족한 특성을 지닌 상대를 선택하거나 자신이 원하는 유형이 되도록 도와줄 수 있는 상대를 선택한다.
- 조화이론: 자신을 이해하고 받아들이며 유사한 인생 철학을 지니고 있어서 원활한 의사소통이 가능할 것 같은 상대를 선택한다.

또한, 르위스(Lewis, 1973)는 배우자 선택 과정을 유사성의 단계, 라포의 단계, 자기 개방의 단계, 역할 탐색의 단계, 역할 조화의 단계, 상호 결정의 단계 등 6단계로 제시하였다(강기정 외, 2015).

- 유사성의 단계: 상대의 사회적 배경, 가치관, 성격 등 유사함을 지각하는 단계
- 라포의 단계: 상대에 대해 긍정적인 평가를 하고 호감과 친밀감을 느끼는 단계
- 자기 개방의 단계: 상대에 대한 신뢰감이 증진되면서 서로 자유롭고 솔직한 자기표현을 할 수 있는 단계
- 역할 탐색의 단계: 밀접한 관계 속에서 자신의 역할을 구축해 가고 상대의 역할에 대한 기대를 형성하는 단계
- 역할 조화의 단계: 서로에 대한 역할 기대와 역할 수행을 조정하여 상호 보완적인 조화를 이루어가는 단계
- 상호 결정의 단계: 서로의 역할을 수용하여 확정하고 한 쌍의 동반자로서의 정체감과 일체감을 느끼는 단계

결혼 초 몇 년 동안은 결혼생활 만족을 위해 상호 적응의 과정을 가지며, 결혼 초기에 오는 긴장이나 갈등을 예상하지 못하는 경우가 많으므로 이 시기를 잘 보내는 것이 쉬운 일은 아니다. 결혼 후 만족스러운 결혼생활에 기여하는 요인은 적절한 의사소통 기술, 감정이입 능력, 개방, 유능감, 강한 감정적 유대, 공유하는 시간의 양과 질, 재정적 보장, 민주적·평등적 관계, 시댁이나 처가와의 원만한 관계, 자녀에 대한 욕구, 관심사 유사성, 성생활 조화, 그리고 여가활동 등에 대한 공동의 참여이다. 또한, 이 시기 결혼생활에 대한 적절한 적응을 위해서는 먼저 어느 정도 서로 간의 심리적 헌신을 확보해야 한다. 특히, 결혼 초기 부부는 결혼생활

의 문제를 가장 예민하게 의식하게 되므로 결혼 관계가 허용하는 한계를 깨닫고 서로가 어느 정도의 자유를 느낄 수 있어야만 한다(신종우 외, 2012).

결혼양식이 점차 변화하고 있는데 가장 대표적인 것이 결혼연령이 늦어지고 있다는 것이다. 이는 경제적 상황, 여성의 사회활동 참여 증대, 개인의 자아실현 중시, 결혼과 가족에 대한 가치관 변화 등 다양한 이유가 작용하기 때문일 것이다. 더 나아가 최근 들어 나타는 또 다른 독특한 현상은 결혼 자체를 선택하지 않으려는 경향이 증대되고 있다는 것이다. 즉, 경제적 능력이 생길 때까지 결혼을 미루거나 아직 적합한 배우자를 만나지 못한 이유 등으로 결혼을 늦추는 것이 아니라 하나의 생활양식으로서 독신을 고집하는 사람이 증가하고 있다.

2 사회복지실천과의 연관성

청년기의 문제로는 직업희망과 포부 문제, 미혼부모 문제, 직업이나 일의 선택 문제, 학교나 직장에서의 부적응 문제, 군대 문제, 부부갈등 문제, 자녀를 첫 출산한 부모가 갖는 자녀양육 기술의 부족 문제, 이혼으로 인한 편부모가족 자녀에 대한 양육 문제, 자녀양육에 어려움을 겪고 있는 맞벌이 부부 문제 등을 들 수 있다. 이러한 청년기 발달 과정에서 발생할 수 있는 여러 문제에 대한 사회복지실천적 방안에 대한 내용을 살펴보면 다음과 같다(김귀환 외, 2013; 신종우 외, 2012; 이영실 외, 2013).

첫째, 청년기의 주요한 사회적 욕구는 친밀성 형성이다. 이는 주로 사랑과 결혼의 형태로 나타난다. 이에 사랑과 결혼에 대한 정보와 교육 프로그램을 실시하여 올바른 이성 관계 및 바람직한 결혼을 할 수 있도록 도와야 한다. 또한, 예비부부 교실을 운영하여 결혼생활 적응과 가족생활 계획수립 및 임산부 교실 등 부모역할 훈련 프로그램을 실시할 필요가 있다. 그리고 맞벌이가정, 한부모가정 등 자녀

양육에 어려움을 겪고 있는 가정을 위해서는 자녀양육을 지원해 줄 수 있는 가사 지원 서비스 등을 제공하고 동시에 다양한 프로그램을 제공할 필요가 있다.

둘째, 청년기는 직업선택과 준비가 매우 중요한 과업 중 하나이므로, 직업선택과 준비와 관련하여 자신의 적성, 흥미, 성격, 가치관, 태도 등에 맞춰 자신에게 알맞은 직업을 선택할 수 있도록 직업에 대한 다양한 정보와 전문적 자질양성을 위한 프로그램을 실시할 필요가 있다.

셋째, 청년의 초기 부부관계 적응을 원조하기 위한 의사소통 훈련 및 부부 이해하기 등 프로그램을 실시하며, 이혼 예방을 위해 부부상담, 부부 캠프 프로그램 등을 실시할 필요가 있다. 또한, 지역주민 모임 활성화 프로그램 등을 통하여 사회적 지지망을 형성하도록 원조해야 한다.

넷째, 청년기의 사회적 위험은 의료, 질병, 산업재해, 자녀양육, 직업 능력의 상실 등에 관한 것이다. 따라서 청년기에는 생활보장과 의료보호, 주택부조 등을 통한 공공부조 지원, 건강보험, 연금, 산재보험, 고용보험 등 4대 사회보험 지원, 부모에 대한 상담과 심리치료 및 가족치료 등을 지원할 필요가 있다.

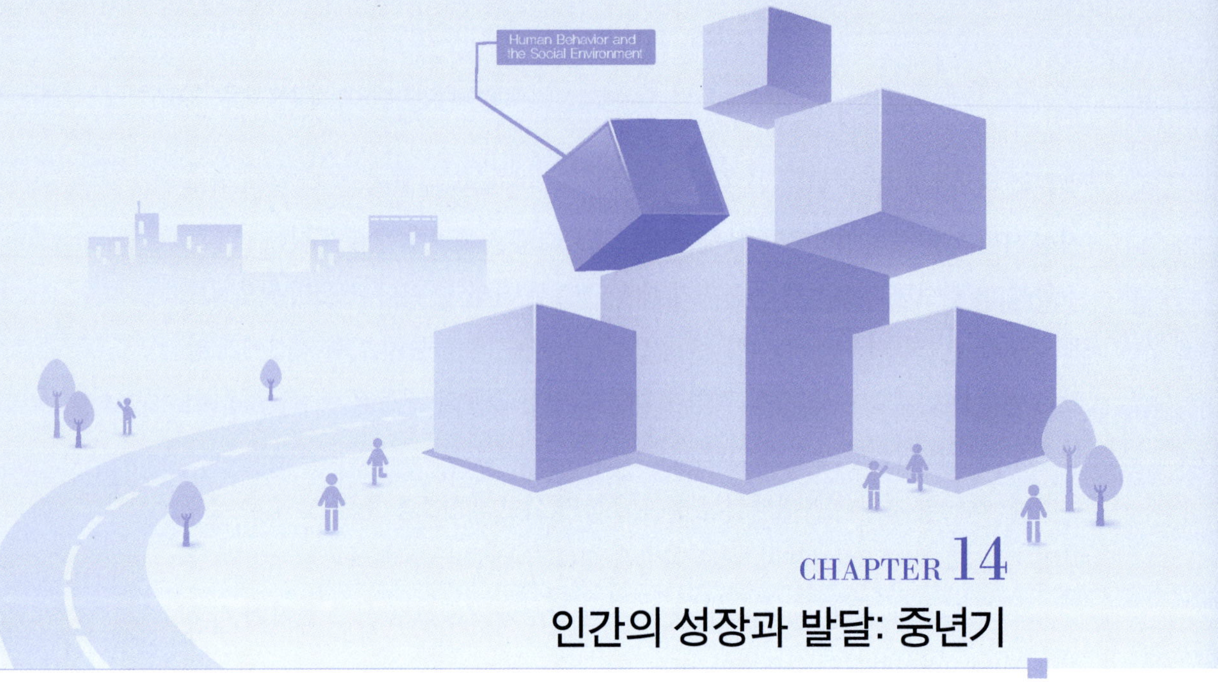

CHAPTER 14 인간의 성장과 발달: 중년기

중년기(middle adulthood)는 인간발달의 연속 선상에서 청년기에서 노년기의 사이에 있는 생애 전환기(midlife transition)로서 신체적, 심리적, 사회적인 전환을 맞게 되는 시기이다. 이 시기는 인생의 황금기이면서 동시에 인생의 쇠퇴기이기도 하다. 경제적으로 어느 정도 안정되고, 자신의 분야에서 자리를 잡아 인정받는 지위에 놓이기도 하지만, 때로는 조기 퇴직과 지위의 변화로 어려움을 겪기도 한다. 가정적으로 자녀가 장성하여 안정감을 누리기도 하지만, 우리나라의 특성상 부모를 부양하고 자녀를 양육하는 '끼여 있는 세대'의 어려움에 놓이기도 한다. 부양 특성뿐 아니라, 가치관에 있어서도 젊은이를 가르치고 이끌 수 있는 지혜와 경험을 가진 노부모의 세계와 젊음만을 가치 있게 여기는 자녀의 세계 사이에 '끼여 있는 세대'이기도 하다(Jim Coway, 2000).

중년기 연령은 구분하는 시기와 학자마다 차이가 있다. 중년기는 대체로 30세에서 40세를 시작으로 하여 60세에서 70세까지의 기간을 의미하며, 에릭슨은 35세에서 65세를 장년기로 규정하였다.

Levinson(1996)은 중년기를 4단계로 구분하고 있으며, 각 발달 단계에서 이루어야 할 과업을 다음과 같이 강조하였다.

- 1단계 중년기의 전환(40~45세): 성년기를 마무리해 가면서 한편으로는 중년기의 요령을 익혀가는 교량의 역할시기이다. 이 시기에 젊음과 늙음의 내면의 상반되는 성향을 처리해야 하며 '남성적'인 부분과 '여성적'인 부분을 통합하려고 노력해야 한다.
- 2단계 중년기로의 진입(45~50세): 새로운 인생구조를 설계하기 시작한다. 성공적인 사람은 중년기를 인생에서 가장 충만하고 창조적인 시기, 자기 성격의 새로운 국면이 꽃필 수 있는 기회로 생각한다.
- 3단계 50세 전환기(50~55세): 중년 입문기의 인생구조를 재평가하고 자아와 세계에 대한 탐색에 더욱 관심을 기울이며 이후의 인생구조를 형성하기 위한 기초를 마련한다. 통상 이 시기는 발달적 위기일 가능성이 있다.
- 4단계 중년기 안정기(55~60세): 이 시기는 중년기의 토대를 구축을 끝낸 안정된 시기이며, 완성의 시기가 된다(정옥분, 2011).

이 책에서는 중년기 나이를 40세부터 65세 이전까지로 본다.

중년기는 평균수명의 연장과 함께 출현한 세대이다. 1970년 우리나라 평균수명은 61.93세이었던 것이 2011년 81.2세로 증가하였다. 41년만에 평균수명이 약 20세가 늘어난 것이다(통계청, 2016). 100년 전인 1900년대 초 평균수명은 49세 정도에 불과해서(미국 National Center for Health Statistics), 중년기의 구분이 존재하지 않았다. 현대에는 의학의 발달과 삶의 질 향상으로 중년기와 노년기 시기가 길어지고 있는 추세이다.

중년기 변화는 눈에 띄지 않지만 발달적 특면에서 생물학적, 성적, 심리적, 사회적으로 급격한 변화를 겪고 있다. 볼스윅(Balswick, 2000)은 전환기로서의 중년기 특성을 다음 네 가지로 설명하였다.

첫째, 젊음과 노화(young & old)이다. 많은 사람은 중년기에 주변적 위치를 점한다. 그들은 젊은이보다 더 늙었다고 느끼지만 흔들의자에 앉아 즐기려고 하지도 않는다. 그들은 옷 입는 법을 통해 젊어 보이려 하거나 달리기, 역도 등을 통하여 자신들의 체격을 강화하려고 할 것이다.

둘째, 파괴와 창조(destruction & creation)이다. 직업에 대한 갈등을 경험했고 그 상처가 남아 있거나 여전히 상처를 받고 있기 때문에 이들 역시 똑같은 전술을 사용하기도 한다. 그들은 또래 친구의 죽음을 본다. 그러나 이와 동시에 종종 생산적인 일을 시작하면서 창조성을 발휘하려는 의욕을 보이기도 한다.

셋째, 남성성과 여성성(masculine & feminie)이다. 육체적으로 쇠약해진 몸에 대한 관심은 건강해지려는 욕구와 쌍을 이룬다.

넷째, 애착과 분리(attachment & separateness)이다. 다른 사람과 유대관계를 유지할 뿐 아니라, 독립된 생활의 균형이 이루어지는 시기이다.

1 발달적 특징

중년기 신체적, 정서적, 사회적 발달 특성을 살펴보면 다음과 같다.

1) 신체적 발달

(1) 신체적 변화

중년기는 생물학적 노화가 시작되는 시기이다. 대부분의 중년기 성인은 양호한 건강 상태를 유지하지만, 외모와 기능적인 면에서 노화를 경험하게 된다. 즉, 감각 기능의 변화와 외모, 신체 기능의 변화와 더불어 중년기 이전의 건강관리 수준에 따라 다양한 만성질환을 갖게 된다. 이 시기의 건강 수준은 이후 길어진 노년기 건강 수준에 큰 영향을 주게 된다.

① 감각 기능의 변화

중년기는 시각, 청각, 미각과 촉각 등의 변화가 나타나며, 자극반응 속도도 느려지게 된다. 시각은 40대와 50세 초반부터 수정체 탄력 축소로 시력의 저하와 선명도의 감소가 시작된다. 근시는 청년기보다 좋아지기도 한다. 청력은 감소하기 시작하는데, 특히 고주파 소리를 듣기 어렵게 된다. 50세 전후로 미각이 감퇴하기 시작하며, 촉각은 손가락, 손바닥 등을 시작으로 쇠퇴하기 시작한다. 후각은 가장 나중에 쇠퇴한다(정옥분, 2004).

② 외모의 변화

50세를 기점으로 척추 디스크 크기가 축소되고 골밀도가 감소하면서 키가 줄어들기 시작한다. 피부는 탄력을 잃어 주름이 생기고 처지기 시작하며, 상처가 난 곳은 잘 낫지 않게 되고, 피지분비가 감소하여 건조하고 갈라지는 증상을 보이기 시작한다. 모발은 멜라닌 색소가 감소하여 희거나 회색으로 변하기 시작하며, 점차 가늘어지고 교체가 느리게 나타나며, 모발이 감소하기 시작한다.

③ 신체 기능의 변화

나이가 듦에 따라 신체 기능의 저하와 환경의 영향으로 질병 이환율이 증가하고 기력쇠진, 신체장애 비율이 증가하게 된다. 또한, 연령 증가는 심장혈관계통, 신장, 호흡기 등의 기능의 변화를 가져온다. 심장조직은 탄력성이 감소하면서 혈액의 양과 심박력이 감소하고, 심장 수축 시 혈압이 증가하기 시작한다. 신경자극이 전달되는 속도 역시 감소하기 시작하는데, 중년기에 약 5% 감소하는 것으로 알려지고 있다. 호흡기 계통은 폐의 탄력성 감소와 흉곽 축소가 나타나며, 이는 호흡의 효율성 감소에 영향을 주게 된다(정옥분, 2004). 이들 질환은 성별에 따라 차이가 나기도 하는데 여성은 관절염과 고혈압의 빈도가 높은 반면, 남성은 심장질환과 청력장애의 빈도가 높다.

④ 중년기 건강의 중요성

중년기는 길어진 노년기를 앞두고 있다는 측면에서 매우 중요하게 다루어질 필요가 있다. 중년기에 이르면 운동 능력이 서서히 저하되기 시작하면서 노화가 시작된다. 더불어 성인병이 증가되는 시기이다. 많은 연구에서 청장년기 건강 행태와 건강 수준이 노년기에 큰 영향을 주는 것으로 보고되고 있다.

2006년 우리나라 40~64세 중년 인구는 약 1,339만 명으로 우리나라 인구의 27%를 차지한다. 이들은 생산과 가족에 대한 책임이 높은 시기로, 부모 부양과 자식 양육의 책임을 다해야 하는 세대이다. 그런 상황에서 중년기의 신체적, 정신적 질환 발생은 당사자뿐 아니라 가족의 위기와 역할 혼란, 가족 해체를 불러오기도 한다. 그럼에도 우리나라 중년기에 해당되는 여성과 남성은 자신의 건강관리를 위한 노력이 부족한 것으로 나타나고 있다. 특히, 중년 여성은 자신의 건강에 대한 노력과 투자보다는 배우자, 자녀 등 가족에 대한 배려를 우선적으로 고려하여 자신의 건강 관리와 건강증진 행위는 무시하거나 소홀히 여겨 왔다. 중년기 남성 역시 사회적, 직업적 영향으로 음주와 흡연을 하기 쉽고 규칙적인 운동을 하지 못해 좋지 않은 생활습관과 사회적 성취에 따른 스트레스로 인한 관상동맥 질환이나 심혈관 질환 등의 성인병 이환율이 높다(서연숙, 2011).

실제 우리나라 연령별 질병비용 분석 결과 〈표 14-1〉과 같이 중년기에 해당되는 40~64세 진료비 비율은 2002년 39.5%, 2006년 41.5%, 2011년 40.6%에 해당되어 65세 이상 노년기의 진료비 2002년 19.3%, 2006년 25.9%, 2011년 33.3%에 비해 높은 비중을 차지하고 있음을 볼 수 있다. 이러한 중년기의 높은 건강 비용은 사회 중추적인 역할을 담당하고 있는 중년기 자체의 건강 문제이기도 하지만, 두 가지 측면에서 중요한 함의를 갖는다.

첫째, 중년기 건강이 노년기로 이행된다는 것이다. 〈표 14-1〉에서 보는 것처럼 2002년부터 2011년까지 연도별 건강비용 증가율은 중년기뿐 아니라, 노년기의 건강 비용이 급속히 증가하고 있다. 이는 중년기의 건강 수준이 노년기에 표면화된 것이라 볼 수 있다. 건강은 건강 인식과 건강 행위에 의해 결정되는 비중이 매우 높으므로 중년기 적극적인 건강 관리가 필요하다 하겠다.

둘째, 중년기 건강인식과 건강행위는 당사자뿐 아니라 그들의 자녀세대의 건강 행위에 미치는 영향이 매우 크다. 가정 안에서 식습관과 생활습관이 자녀에게 그대로 영향을 주는 것은 자명한 이치이다. 따라서 중년기 건강에 대한 사회적 개입과 실천 방법의 모색이 필요하다.

표 14-1 연도별 및 연령별 총 진료비

구분	2002년	2006년	2011년	연평균 증가율
합계	188,317	284,103	462,379	10.50
0~19세	37,271	40721	53,903	4.18
20~39세	40,350	52,115	66,925	5.78
40~49세	28,693	43,114	58,225	8.18
50~59세	28,847	48,908	88,479	13.26
60~64세	16,799	25,742	40,954	10.41
65~69세	15,081	27,405	42,570	12.22
70~74세	10,610	21,892	43,830	17.07
75~79세	10,666	13,849	34,147	20.33
80세 이상		10,358	33,346	25.35

* 출처: 신현웅 · 윤장호 · 이슬기 · 하솔잎(2013). 건강보험 노인의료비의 효율적 관리방안. 한국보건사회연구원. p.54, 수정 및 재구성.

(2) 성적인 변화와 성 기능

성적 능력의 감퇴와 더불어 남성과 여성 모두 갱년기를 경험하게 된다. 남성은 자신의 젊음을 확인하기 위해 성적 능력의 감퇴와 더불어 남성과 여성 모두 갱년기를 경험하게 된다. 중년기 남성과 여성의 성적 변화와 성 기능은 다음과 같다.

① 남성의 갱년기

갱년기(climacteric)는 그리스어의 '사다리(klimax)'라는 단어에서 유래된 것으로 인생의 내리막길을 의미하며, 인체가 성숙기에서 노년기로 접어드는 시기로 남녀 모두 성호르몬의 감퇴로 심리·신체적 증상이 다양하게 나타나는 시기이다. 여성 갱년기는 폐경이라는 뚜렷한 신체적 증상이 있어서 의학적·사회적 측면에서 관심이 되어 왔지만, 남성 갱년기는 뚜렷한 신체 변화가 보이지 않아 남성에게 갱년기가 존재하지 않는다고 여겨져 왔다. 그러나 남성은 20대부터 남성 호르몬인 테스토스테론이 감소하기 시작해서 40대 이후 절반 수준으로 떨어지게 되어 남성 갱년기 증후군을 경험하게 된다. 남성 갱년기는 여성과 달리 남성호르몬 감소가 서서히 진행되고, 증상에 대한 자각도 개인적 편차가 있다. 남성 갱년기 증상은 골 밀도 감소, 근육 강도 및 근 질량 감소, 복부비만, 체모 감소, 성욕 감퇴, 야간발기 감퇴와 같은 신체적 증상과 신경과민, 안절부절, 정서적 불안정, 갑작스런 기분 동요, 일상적인 생활의 흥미 감소, 혼자서 떠나버리고 싶은 욕구와 같은 정서적 증상을 포함하며, 심한 경우 의기소침, 자기 파괴와 같은 정신증으로 발달되기도 하고 자살을 시도하거나 주체할 수 없을 정도의 우울증으로 진단받기도 한다(Werner, 1939; 이영주, 2003, 재인용).

청년기에서 노년기로 전환되는 중년기에 맞게 되는 갱년기는 사춘기와 마찬가지로 필연적인 과정이다. 갱년기 남성은 육체적, 감정적으로 급격한 변화를 경험하지만, 남성 특성상 자신의 감정을 다른 사람과 나누는 경험이 많지 않아 사춘기와는 다른 위기감과 주위에 큰 영향을 준다. 갱년기 남성의 성호르몬에 의한 갱년기 증상 자체에 더하여 이 시기 남성은 사회적으로도 급격한 긴장 상태에 머무르게 된다. 승진과 퇴직의 압박, 전업 준비, 끼인 세대로서의 부양 부담감과 정서적 차이의 문제 등도 영향을 받아 이 시기 남성은 격정의 시기(period of internal agitation)를 겪은 후 배우자와 가족으로부터 도피, 새로운 성 파트너와의 관계, 사직과 같은 충동적인 행동으로 이어지기도 하고, 이러한 증상은 경고 징후에 뒤이어 나타나기도 하지만 갑작스럽게 표출되기도 하여 사회적인 문제가 되기도 한다(Kaplan, 1990). 생애 과정에서 청년기에서 노년기로의 생애 전환은 자연스러운 것이며, 남성 갱년기 역시 자연스러운 과정으로 받아들이는 것이 필요하다. 또한, 신체적, 심리적, 사회적 불안과 어려움에 대해 적극적이고 긍정적으로 대처하여 늙어 가는 것을 받아들이고, 그 시기에 맞는 새로운 목표를 설정하고, 성숙한 마음과 이후의 생에 대한 조망을 갖도록 해야 할 것이다.

② 여성의 폐경기

폐경기란 난소에서 여성 호르몬이 분비되는 능력이 저하되어 영구적으로 월경이 끝나는 시점을 의미한다. 폐경은 나이가 들어 자연스럽게 생기는 자연 폐경도 있지만, 난소제거술, 항암치료와 방사선 치료에 의한 인위적 폐경이 있다. 따라서 자궁수술을 받은 여성은 자궁이 없으므로 폐경증상이 있는 경우 혈액검사를 통해 폐경 여부를 판단하게 된다. 폐경은 여성이면 누구나 경험하게 되는 정상적이고 생리적인 노화현상이다. 한국 여성의 폐경은 평균 50세를 전후해서 일어난다. 폐경은 임신과 출산이 불가능하게 되는 것을 의미하기도 하지만, 이 시기의 여성은 신체적, 정신적으로 다양한 변화를 겪게 된다. 즉, 여성 호르몬인 에스트로겐 분비가 급격히 감소하여 골밀도가 낮아지고, 혈중 콜레스테롤 증가, 피부와 모발의 윤택이 감소하는 등의 증상이 나타나게 된다(대한폐경학회, 2016).

폐경과 더불어 이 시기의 중년 여성은 자신의 신체적 변화와 주변의 다양한 변화로 정서적으로 민감하게 반응하고 불안감이 가중되기도 한다. 대부분 여성은 폐경을 맞으면서 상실감을 겪게 된다. 폐경 전 여성에 비해 폐경을 겪고 있거나 폐경이 끝난 중년 여성은 성 기능, 혈관운동증상, 수면장애, 신체적 가동성 영역에서 인지되는 장애가 심하고, 이들 여성의 45%가 삶의 질이 낮은 것으로 보고되고 있다(이가영, 1999).

더불어 여성 갱년기란 신체 조직이 점진적으로 노화하는 과정에서 노화가 생식기에서 비생식기로 이행하는 시기를 말한다. 갱년기는 대체로 40세에서 60세에 나타나며, 이 시기 여성은 호르몬 분비 감소와 배란과 월경 등 생리현상이 불규칙하게 나타나는 내분비학적 혼란시기를 거쳐 폐경을 지나 다시 안정을 찾을 때까지의 기간을 말한다(송애리, 2000). 따라서 폐경은 갱년기의 한 증상이며, 갱년기 여성은 건강증진행위와 더불어 폐경관리를 통한 건강한 삶의 질 증진과 건강한 노년을 준비하도록 해야 한다. 여기서 중년기 여성의 건강증진행위는 최적의 안녕상태를 유지하고, 자아실현 및 개인적 욕구충족을 유지. 증진하려는 것으로 건강책임, 신체활동, 영양, 정신적 성장, 대인관계, 스트레스 관리를 포함한다(Pender, 1996). 폐경관리는 폐경으로 인해 나타나는 증상을 완화하고 만성질환으로 이행하는 것을 막기 위해 전문의의 도움을 받아 스스로 관리 방법을 선택하고 수행하는 것을 의미한다.

③ 성 기능 변화와 영향

성 기능(sexual function)이란 성적 행동과 성에 관련된 감정, 사고가 모두 포함되어 있는 총체적 개념이다. 일반적으로 노화가 진행됨에 따라 성 기능이 저하되면서 성생활 빈도가 감소하고, 남성과 여성이 각각 성 기능의 변화를 겪게 된다. 남성은 발기 등에 문제가 발생하게 되는데, 20~30대에는 약 7%, 70대에는 57%로 급격히 증가한다. 여성은 60대에서 1/3이상, 70대에서 4/5이상에서 성생활에 대한 흥미를 잃는다고 한다. 이러한 성 기능 저하 혹은 성 기능 장애는 신체 노화에 따른 내분비 호르몬 변화와 후천적인 환경에 영향을 받으며, 20대 중반부터 시작하여 40~50대에 접어들면서 본격적으로 진행된다. 남성은 40대 이후 갱년기에 접어들면서 테스토스테론 분비량이 감소되고 성욕 감퇴, 발기부전 등 증상이 나타나기 시작하며, 여성 역시 50세 전후 폐경이 되면서 에스트로겐과 프로제스테론 등의 여성 호르몬이 급격히 감소하게 되면서 성적 기능 저하를 가져온다.

부부간의 성은 부부 연대감의 상징적 기능뿐 아니라 애정표현과 친밀감을 도모하는 관계적 기능과 결혼 만족의 정도나 부부갈등 문제를 나타내는 중요한 지표 기능을 한다. 중년기 성 기능의 변화는 부부갈등의 원인이 되기도 하며, 개인의 정신건강에 영향을 주게 된다. 폐경이 된 여성은 성 호르몬의 영향으로 질 분비가 감소하고, 성교 시 통증이나 불편감을 느끼게 되며 성적 흥분과 절정감 도달에 어려움을 호소하기도 한다. 이러한 여성의 성 기능 저하는 성생활에 영향을 주게 되어, 성 기능 저하는 우울에 영향을 주고 있음을 보고하고 있다.

2) 심리적 발달

융은 중년기를 가지고 있던 가치관에 의문을 시작하면서 중년의 위기가 시작되며, 자아를 찾기 위한 탐색과 성찰이 필요한 시기라고 하였다. 중년기 정서는 발달 단계 및 성별로 다르게 나타나는데, 여성은 청년기에 친밀감, 의존성이 강하나, 중년기에는 독립적, 지배적 성향이 우세하고, 남성은 청년기에 독립적, 자기주장적, 지배적 성향이 강하나, 중년기에 들어서면 정서적으로 친밀감을 추구하는 성향이 강해진다.

사춘기를 건강하게 보내며 자아 정체성을 확실하게 확립한 청년은 행복한 중년기를 보낼 확률이 높다. 그러나 자아 정체성을 확립하지 못한 경우 중년기에 자신의 삶에 대한 회의와 함께 제2의 인생을 계획하며 방황하기도 하여 소위 '제2의 사춘기'라고도 불린다.

(1) 인지 능력의 변화

인지의 의미는 일반적인 사고 능력이나 지능의 개념을 넘어서, 다양한 상황에서 사고를 통해 문제를 해결하고 각종 고도의 기술을 수행할 수 있는 특성을 통칭하는 개념이다(이정모, 1996). 중년기의 인지 능력에 대해서는 크게 두 가지 의견이 상존한다. 하나는 이 시기에 기억의 감퇴현상이 일어난다는 것과 정신적 능력이 최고조에 달한다는 것이다. 중년기의 기억 감퇴현상에 대한 설명은 대체로 청소년기 이후 지능의 쇠퇴가 진행되는 것으로 보는데(Wechsler, 1958), 중년기에는 인지적 반응속도가 늦어져서 50세 이후 기억정보 활성화 소요시간이 20대에 비해

60%이상 증가한다는 것이다. 이러한 기억 능력의 감퇴는 일상생활에 장애를 초래할 정도는 아니며 정보처리 시간이 길어지는 결과이다. 학자에 따라서는 이러한 정보처리 시간의 연장 이유를 조심성의 증가와 심사숙고의 원인으로 설명하기도 한다. 한편, 중년기 정신적 능력의 활성화에 대한 설명은, 연령 증가에 따른 지능의 쇠퇴는 극히 작으며, 설혹 일어난다 해도 훨씬 늦게 쇠퇴과정이 시작된다는 것이다(Schaie, 1983). 창의적 생산활동은 20대와 30대에 활발하지만 지금까지 축적된 발달에 기반한 통합된 방식의 사고와 창의적 생산은 중년기에 일어난다. 즉, 지금까지 생애를 통해 학습한 것과 풍부한 경험을 통해 통합적으로 생각함으로써 수준 높은 문제 해결 능력을 발휘할 수 있게 된다. 중년기의 인지 능력은 반응속도가 늦어진다는 점을 제외하고는 인지 능력이 크게 감소하지 않는다(Salthouse, 1993).

지능이론의 대표적인 것으로 통계학자이자 심리학자인 커텔(Cattell, 1971)의 유동적 지능과 결정적 지능이 있다.

첫째, 유동적 지능(fluid intelligence)은 신경·생리적 요인의 영향을 받는 속도와 효과성에 기초한 지능을 말한다. 새로운 정보를 인지적으로 다루는 것으로 기억력, 운동 속도, 추론의 과정을 포함한다. 유동적 지능은 사춘기 말까지 증가하다가 장년기 말부터 점차 감소된다.

둘째, 결정적 지능(crystallized intelligence)은 다양한 학습과 경험, 환경, 문화를 통해 습득되는 능력으로 정보를 처리하고 기록하는 능력을 의미하며, 언어 능력, 어휘력, 이해력, 공간 지각력을 포함한다. 결정 지능은 생애 전반을 통해 증가하며, 환경과 문화의 영향을 받는다.

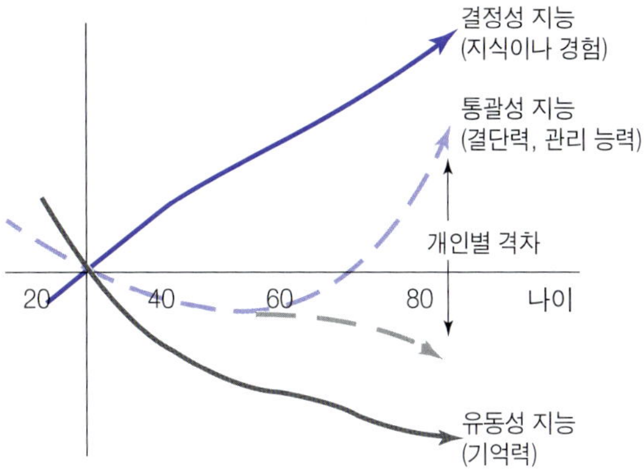

그림 14-1 세 가지 지능

출처: Horn & Cattell(1979).

(2) 정서적 특징

중년기에는 친구나 가까운 사람의 죽음의 문제에 직면하면서 시간전망이 축소된다. 이로 인해 내향성이 증가하고 기존 가치나 목표에 대한 재정의, 자아 성찰의 증가를 가져온다. 더불어 신체 노화에 따른 긴장감, 직업의 전환, 자녀 독립과 가족생활의 변화 등을 겪으며 긴장과 상실감을 느낀다. 그래서 중년의 시기를 '중년기 위기(midlife crisis)'라 부른다. 중년기 위기란 개인이 인생 중반에 이르러 삶의 의미와 자신의 실체에 대한 의문과 함께 삶의 무의미함과 공허감, 절망, 침체감, 무기력감과 같은 정서적 혼란과 방황 가운데 자신의 인생 목표와 성취 정도, 지금까지 중요하게 생각되었던 가치와 생의 우선권, 타인과의 관계 등 지나온 삶의 전반에 대한 재조명을 하게 되는 현상을 의미한다.

그런 의미에서 융(1945)은 정신분석학적 입장에서 40세 전후를 행동과 의식의 탈바꿈이 발생하는 결정적 전환기로서 인생의 정점(the noon of life)라고 하면서 근원적 변동이 시작되는 시기로 보았다. 즉, 이 시기는 그동안 쌓아 온 전문적 지식과 기술로 가정과 직장, 사회 내에서 그 역할과 영향력이 최고에 달하는 시기인 것이다. 또한, 융은 중년기를 '개성화(individualization)'의 개념으로 설명하고 있다. 개성화란 인생의 후반기[8]에 형성되는 진정한 개성의 실현을 의미하며, 거부할 수 없는 통일체(indivisibleunity)와 전체성(whole)을 뜻하는 개인(individual)을 의미한다.

중년기는 지금까지의 삶의 여정을 되돌아보고 앞으로의 목표와 노력 사이의 균형을 잡아가는 시기이다. 특히, 생리적 쇠퇴가 심리적 압박으로 연결될 뿐만 아니라, 자신이 속한 세대의 사회 중추적 역할수행이 다음 세대로 넘어감을 경험하면서 삶에 대한 재평가와 함께 성공의 의미와 가치를 다시 생각하게 된다(Levinson, 1978). 또한, '의미 있는 삶'에 대해 중요하게 생각하며, 비록 지금 행복하지는 않더라도 의미 있는 삶을 살아왔다는 것에 만족하기도 한다(McGregor & Little, 1998). 레빈슨(Levinson, 1978)은 미국 40~45세 중년 전환기 남성의 80%가 정서적 갈등, 실망감을 포함하여 위기감을 경험하고 있으며, 중년전환기 여성에 대한 15년에 걸친 심층면접 결과 거의 대부분의 여성이 중간 수준 혹은 심각한 발달적 위기를 경험하고 있다고 보고하였다. 즉, 중년기는 정신 내면세계의 발달적 특성에 따른 위기감과 함께 생활 속에서 경험하는 젊음과 노화, 애착과 분리, 남성다움과 여성다움, 파괴와 창조의 대극 속에서 적응해야 하는 과제에 놓이게 되는 것이다. 중년기 위기감 수준이 높아지는 것은 자아 정체감의 저하, 욕구의 억압, 변화된 기능과 역할, 미래에 대한 불안감, 신체적 쇠퇴에 따른 불안과 갈등이 작용한 결과이다. 특히, 중년 여성은 자녀가 성장함에 따라 자녀양육에 대한 스트레스가 감소하면서 늘어나는 여유시간을 자신을 돌아보고 잠재된 능력을 개발하는 것으로 돌려야 한다. 더불어서 중년기는 주요한 가정과 사회에서의 과제를 이행하고 난 이후의 여유로움과 성취감과 의미 속에서 긍정적인 전환기로 받아들인다는 견해도 존재한다. 가족 응집력은 중년기 위기감 감소에 가장 큰 영향을 미칠 뿐 아

8) 융은 중년기에 관한 구체적 개념을 최초로 발전시켰으며, 35세 이후를 중년기라는 용어보다는 '인생의 후반기(the secod half of life)'라는 용어를 사용하였다. 융에 의하면 사람은 35세 이전에는 바깥생활에 적응하기 위해 무엇인가를 배우고, 얻고, 성취하려고 애쓰는 데 반해, 35세 이후에는 이미 쌓아 놓은 것을 바탕으로 무엇인가를 이루려고 하며 더 나아가 자신의 내면적 욕구와 실질적 욕구에 관심을 기울이게 된다.

니라, 부부 스트레스를 감소시키는 것으로 나타나고 있다.

3) 사회적 발달

(1) 부부관계

부부는 가장 밀접한 관계이자 가장 깊은 수준의 긍정적 경험과 가장 강렬한 상처와 배신감을 주는 고유한 관계이다. 만족스러운 결혼생활은 심리적 고통이나 일상생활의 부정적 사건으로부터 보호해 주지만, 무관심과 방어적이며 부정적인 결혼생활은 심각한 손상을 준다.

중년기 부부는 갱년기의 신체적, 심리적 변화를 겪으며 자녀의 성장과 가족관계 역할 변화, 그동안 누적된 불만과 갈등이 부부 갈등으로 유발될 수 있는 위기의 시기이기도 하다. 따라서 부부간의 친밀감과 효율적인 의사소통이 요구된다. 부부의 언어적, 정서적, 신체적 친밀감은 부부 만족에 큰 영향을 미치며, 부부간의 친밀감이 결여되어 있을 때 부부 갈등이 심화되고 결혼불안정성이 증대된다(Tolstedt & Stokes, 1983). 부부간의 친밀감 결여는 이혼 사유로 가장 빈번히 거론되고 있다. 부부간의 효율적이고 긍정적인 의사소통은 결혼생활의 성공을 결정짓는 가장 중요한 요소가 된다(Satir, 1972; H. Hendricks, 1997; Gottman, 2004). 행복한 부부나 문제가 있는 부부 모두 어려운 상황에 놓일 수 있다. 하지만 의사소통 능력에 따라 행복과 불행이 결정되며, 부부간의 대화가 얼마나 개방적이고 자유로운가에 따라 상황은 달라진다. 같은 맥락에서 부부가 서로의 견해 차이를 인정하고 그로 인해 발생되는 문제를 다루는 능력을 배운다면 갈등을 점차적으로 극복할 수 있으므로, 건강한 부부관계 유지를 위해서는 효과적인 의사소통 방식을 개발해야 한다.

중년기 부부의 모습은 앞으로 다가올 인구고령화 시대의 주인공으로, 이들의 모습은 바로 10~20년 후 노인사회의 밑그림이 된다. 최근의 종단연구 결과에 따르면 노년기의 건강, 의존성 및 생활의 질 등은 중년기의 삶의 모습, 생활양식 등에 크게 영향 받는 것으로 나타난다(Moen & Wethington, 1999; Willis & Reid, 1999). 부부간의 정서가 단절된 경우 정서적 상호작용에 의한 일상생활 스트레스와 우울증세의 완화, 부정적 영향의 감소를 기대할 수 없다. 더불어 부부간의 애착욕구의 좌절로 상호 간 부정적 정서를 경험하고 타인과 연결될 수 없게 되며, 관계는 더욱 멀어져 가는 것을 경험하게 된다. 이러한 해결되지 않은 부부간의 갈등은 장기적으로 결혼생활에 심각한 장애를 불러일으키며, 자녀를 비롯한 가족 구성원은 시간이 흐름에 따라 그들의 중요한 사람에게서 멀어지게 되고 그들이 가장 친밀하기를 원하는 사람과의 관계에서 완전히 혼자라는 정서에 압도된다(Efron & Bradley, 2007). 부부간의 불화와 방어적이고 억압된 정서적 교류의 단절은 부부관계뿐만 아니라 중요한 사람과의 관계를 악화시켜 장기적으로 심각한 결과를 초래하게 된다. 따라서 부부 상호 간의 정서에 주의하고 긍정적인 의사소통 방식을 개발하려는 노력을 통해 불안감을 감소시킬 뿐 아니라 가족 전체의 안녕감을 증진시킬 수 있게 된다(Gottman & Krokoff, 1989).

이 시기에는 쇼윈도 부부, 빈껍데기 부부, 섹스리스 부부 등이 다른 연령대의 부부에 비해 그 비율이 높게 나타난다. 특히, 빈껍데기 부부는 실제로는 서로에게 강한 애착을 느끼지 않지만, 외부의 시선과 압력 때문에 결혼을 유지하거나 다정한 부부인 것처럼 행동하는 부부를 의미한다. 대중에게 많이 노출되는 정치인, 기업가, 연예인에서 많이 나타나며, 보통의 부부에서도 이혼으로 인해 자녀에게 상처를 주는 것이 두렵거나, 주위 사람의 시선을 인식해서 결혼생활을 유지하는 경우이다.

중년기에 이혼하는 비율은 상당히 높다. 2014년 40~59세에 이혼한 남성은 62.9%, 여성은 54.9%에 해당되어 대부분의 이혼이 중년기에 이루어지고 있다. 중년기 부부관계에 대한 관심이 필요한 부분이다. 더불어 2014년 우리나라 유배우이혼율[9]은 4.7건이며, 평균 이혼연령은 남성 46.5세, 여성 42.8세로 해마다 높아지고 있는 추세이다(통계청, 2015). 이혼의 이유는 다양하다. 배우자의 외도나 폭력 등의 문제, 재정상의 문제, 관심의 불일치, 확대가족과의 심각한 갈등 등이 있다. 과거에 비해 이혼에 대한 관대한 사회 분위기와 여성 지위의 변화, 자녀가 성장하게 되면서 그동안 어린 자녀 때문에 참고 살았던 이유가 사라지게 되는 이유도 작용하게 된다.

표 14-2 연령별 이혼 건수(남자) (단위 : 천 건, %)

구분	2004년	구성비	2005년	2006년	2007년	2008년	2009년	2010년	2011년	2012년	2013년	2014년	구성비	전년 대비 증감률
계[(1)]	138.9	100.0	128.0	124.5	124.1	116.5	124.0	116.9	114.3	114.3	115.3	115.5	100.0	0.2
19세 이하	0.1	0.0	0.1	0.0	0.0	0.0	0.0	0.0	0.0	0.0	0.0	0.0	0.0	36.4
20~24세	1.7	1.2	1.6	1.4	1.3	1.0	1.0	0.9	0.8	0.9	0.8	1.0	0.8	15.8
25~29세	9.0	6.5	7.7	7.0	6.6	5.7	5.7	4.9	4.4	3.9	3.8	3.5	3.0	−6.6
30~34세	24.2	17.4	21.1	19.0	17.4	14.1	13.9	12.4	11.8	11.3	11.4	11.3	9.7	−1.4
35~39세	29.6	21.3	27.0	25.9	25.1	21.6	22.9	20.2	18.7	17.5	16.4	15.9	13.7	−3.4
40~44세	29.7	21.4	27.1	25.4	24.8	22.2	24.6	23.2	22.5	22.4	22.3	21.8	18.8	−2.3
45~49세	21.8	15.7	20.6	21.2	22.1	21.6	23.3	22.0	20.9	21.0	21.2	21.7	18.8	2.2
50~54세	11.1	8.0	10.9	11.7	12.6	14.1	15.7	15.8	17.0	17.9	18.4	18.0	15.6	−2.2
55~59세	6.1	4.4	6.0	6.3	6.7	7.5	7.9	8.3	9.1	9.8	10.5	11.2	9.7	7.0
60세 이상	5.6	4.1	5.9	6.5	7.3	8.5	8.9	9.0	9.1	9.7	10.5	11.3	9.7	7.3

(주 1) 미상 포함

출처: 통계청(2015). 2014년 혼인이혼 통계.

9) 유배우 인구 1천 명당 이혼 건수를 말한다.

표 14-3 연령별 이혼 건수(여자) (단위 : 천 건, %)

구분	2004년	구성비	2005년	2006년	2007년	2008년	2009년	2010년	2011년	2012년	2013년	2014년	구성비	전년 대비 증감률
계[1]	138.9	100.0	128.0	124.5	124.1	116.5	124.0	116.9	114.3	114.3	115.3	115.5	100.0	0.2
19세 이하	0.4	0.3	0.4	0.4	0.5	0.5	0.5	0.5	0.4	0.4	0.4	0.3	0.2	−25.7
20~24세	5.7	4.1	5.0	4.8	4.6	4.1	4.1	3.8	3.7	3.7	3.6	3.4	3.0	−4.4
25~29세	18.2	13.1	15.7	14.7	13.8	12.0	12.1	10.6	9.8	8.9	8.3	8.2	7.1	−1.2
30~34세	30.7	22.1	27.3	25.1	23.4	19.4	19.7	17.7	16.8	16.4	16.6	15.9	13.8	−3.8
35~39세	29.7	21.4	27.6	26.8	26.6	23.5	25.3	22.9	21.2	20.1	18.9	18.4	15.9	−2.9
40~44세	26.1	18.8	23.6	22.1	22.5	20.9	23.4	22.5	22.0	22.5	22.8	22.6	19.6	−0.7
45~49세	15.8	11.4	15.6	16.6	17.0	17.9	19.1	18.1	17.9	18.2	18.8	19.3	16.7	2.4
50~54세	6.8	4.9	6.9	7.6	8.3	9.8	11.0	11.7	12.5	13.3	13.7	13.7	11.9	0.0
55~59세	3.2	2.3	3.3	3.5	3.9	4.4	4.7	5.1	5.7	6.1	6.8	7.7	6.7	12.7
60세 이상	2.3	1.7	2.6	2.9	3.5	4.2	4.1	4.1	4.3	4.7	5.4	5.9	5.2	11.0

(주 1) 미상 포함

출처: 통계청(2015). 2014년 혼인이혼 통계.

(2) 가정생활과 자녀

[그림 14-2]와 같이 한국인의 삶과 행복에 관한 조사에서 1위가 화목한 가정(99.4%, 중복 응답), 2위 건강(98.8%), 3위 좋은 직장(96.7%)으로 응답하여, 화목한 가정을 행복의 가장 중요한 요소로 꼽았다(SBS-갤럽 공동, 2006). 산업화 이후 가족의 형태와 기능이 변화하고 있지만, 화목한 가족은 행복의 제1순위라는 것이 우리나라 국민이 가지는 공통된 인식이다.

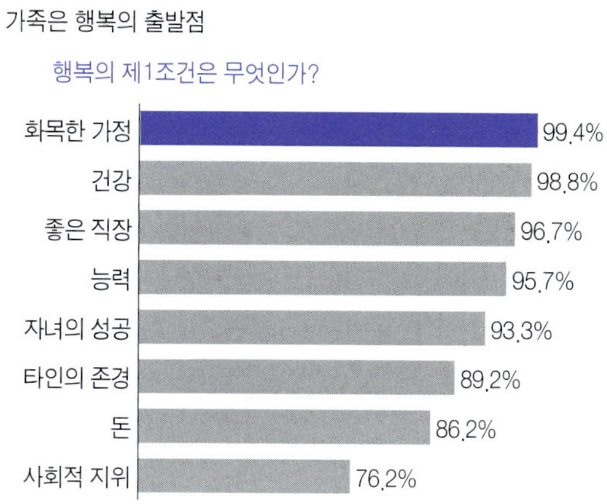

그림 14-2 행복의 제1조건은 무엇인가?

출처: 제4차 미래한국 리포트 행복의 조건과 가족의 미래, SBS-갤럽 공동(2006). http://future.sbs.co.kr/11th/4th_about.jsp.

우리나라 대학생의 행복감에 대한 연구에서도 그들이 속한 가족의 건강성 여부가 가장 중요한 행복의 요소임을 밝히고 있다(송인숙·홍달아기·박현성, 2013). 가족 간의 지지와 원만한 관계는 개인의 행복과 정서적인 측면에 큰 영향을 준다. 따라서 중년기 가족원의 성장과 발달을 지원할 수 있는 안정적인 가정환경을 조성해야 한다. 중년기에는 청소년기 혹은 청년기에 진입한 자녀를 두게 된다. 이 시기의 자녀는 자신의 가치관을 형성하고 부모의 간섭과 통제로부터 벗어나고자 하며, 부모와의 견해차로 갈등을 겪기도 한다. 자녀의 성장에 따른 부모의 대처방안 역시 변화되어야 한다. 청소년기에 접어든 자녀에 대해서는 지나친 간섭과 통제보다는 스스로 생각하고 행동할 수 있는 여지를 마련하고 부모의 권위를 유지해 나가야 한다. 성인기에 접어든 자녀에 대해서는 그들의 의사를 존중하고 성인으로 인정해 주는 것이 필요하다. 결혼 후 분가한 경우 지속적인 관심과 지원이 필요할 뿐만 아니라, 자녀 가족과의 관계 조정이 필요하다. 중년기 부모는 가족 구성원의 욕구, 기호, 재능의 차이를 인정하고 적절하게 반응할 수 있는 능력을 키워야 한다. 또한, 의사결정 방식에서도 가족 구성원의 지위에 따라 공평하게 책임과 권리를 배분하는 합리적인 방식을 따라야 할 것이다.

(3) 직업의 전환

대부분 중년기는 자녀가 청소년기, 청년기에 머무르고 있어서 이들의 학업과 취업, 결혼 지원의 역할을 수행해야 하는 시기이다. 직업은 가족의 생계유지와 사회적 관계유지, 생활에 중요한 위치를 차지한다. 또한, 생애 직업활동이 자기 정체성을 확인하며, 사회경제적 지위와 심리적 안녕감에도 큰 영향을 준다. 중년기는 지금까지의 경험과 직업 숙련을 통해 최고의 성취를 이루며, 직업인으로서의 역할의식이 매우 강한 시기이기도 하다.

그러나 급속한 기술발달과 젊은 사람과의 경쟁 관계 속에서 긴장감을 경험하기도 하며, 조기 은퇴나 경력 단절, 비정규직 시간제 근로비율이 늘어나고 있는 것이 현실이다. 갑작스러운 실직과 일시해고에 따른 비자발적인 실직은 중년기 스트레스의 원인이자 가족 구성원에게 긴장을 초래한다. 실제 우리나라 근로자 평균 퇴직 연령은 2005년 55세였던 것이, 2013년 53세, 2015년 49세로 점차 낮아지고 있어(통계청, 2015), 중년기에 은퇴를 경험하는 비율이 상당히 높은 것으로 나타나고 있다.

우리나라 중년기 남성의 실제 고민 중 하나는 은퇴 후 20~30년 이상을 직업 없이 살아야 한다는 것이다. 일생을 직업생활자와 경제적 부양자로 살아온 중년 남성에게 직업은 개인적, 사회적으로 중요한 의미를 지닌다. 예기치 못한 은퇴나 퇴사 압박은 중년 남성의 심리적 안녕감에 영향을 미친다. 플리처와 한슨(Fletcher & Hansson, 1991)은 이를 사회적 은퇴 불안(social retirement anxiety)이라고 하였다. 사회적 은퇴불안은 재직자가 느끼는 임박한 은퇴에 대한 긴장 또는 걱정으로, 예정된 은퇴로 인해 사회적 요소와 함께 정체성 상실, 외로움 등의 불안과 스트레스를 포함한 혼란스러운 정서를 경험하는 상태를 의미한다. 더군다나 평생직장 개념이 사라지면서 중년 남성은 항상 은퇴 불안을 가지며, 이는 심리적 안녕감에 큰 영향을 주게 된다. 실제 2013년도 우리나라 30대~50대 중년 남성의 사망원인은 1, 2위가 고의적 자해에 의한 자살로 나타나고 있으며, 동일 연령대의 여성 자살율에 비해 30대 1.82, 40대 2.65, 50대 3.22 성비를 나타내서 중년 남성의 스트레스가 매우 심각함을 알 수 있다(통계청, 2014). 이러한 사회적 은퇴 불안은 미래 계획을 개인에 따라 긍정적 혹은 부정적으로 형성하게 된다. 특히, 은퇴시점에서 공적 연금과 노후대비가 준비되지 않은 경우 부정적 미래계획을 갖게 될 확률이 높다.

최근 중년기는 조기은퇴와 노후대비 미비로 점진적 은퇴경로를 밟아가는 추세이다. 실제 2014년 우리나라 50대 경제활동 참가율은 76.5%, 60~64세 61.6%에 이르고 있어 세계적으로 가장 늦게 노동시장에서 퇴장하는 특징을 보인다. 가장 오래 일한 직장에서의 완전한 은퇴가 아닌 점진적 은퇴경로를 통해 노동시장에서 완전히 은퇴하는 비중이 높아지고 있다(이삼식 외, 2014). 그러나 연령차별에 의해 중년기 재취업은 어려운 현실이며, 재취업이 되더라도 열등한 처우로 자존감 하락 등 부정적 경험을 겪게 된다. 따라서 중년기 은퇴, 직업전환과 관련된 본인과 가족의 사려 깊은 준비와 관심이 요구된다.

표 14-4 우리나라 연령별 · 성별 자살추이(2003~2013년) (단위 : 인구 10만 명당, %)

연령(세)	남녀 전체				남				여				성비
	2003년	2012년	2013년	2012년 대비 증감률	2003년	2012년	2013년	2012년 대비 증감률	2003년	2012년	2013년	2012년 대비 증감률	2013년
계	22.6	28.1	28.5	1.5	31.0	38.2	39.8	4.2	14.1	18.0	17.3	-4.2	2.30
10~19	4.5	5.1	4.9	-5.1	5.2	5.5	5.6	1.6	3.7	4.7	4.1	-13.7	1.38
20~29	15.2	19.5	18.0	-7.6	18.9	23.5	20.9	-10.8	11.3	15.2	14.8	-2.4	1.42
30~39	21.8	27.3	28.4	3.8	29.3	34.6	36.4	5.4	14.0	19.8	20.0	0.8	1.82
40~49	28.1	30.9	32.7	6.1	41.0	42.9	47.2	9.9	14.6	18.3	17.8	-2.9	2.65
50~59	34.6	35.3	38.1	7.9	53.8	53.2	58.0	8.9	15.5	17.2	18.0	4.3	3.22
60~69	48.4	42.4	40.7	-4.1	78.9	66.8	64.6	-3.2	22.7	19.9	18.4	-7.6	3.51
70~79	71.8	73.1	66.9	-8.4	110.4	115.6	110.4	-4.5	49.4	42.8	35.4	-17.4	3.12
80세 이상	114.2	104.5	94.7	-9.4	207.9	181.7	168.9	-7.0	76.2	73.0	63.9	-12.5	2.64

출처: 통계청(2014).

2 사회복지실천과의 연관성

최근 의학의 발달로 인한 평균수명의 연장은 중년기에 대한 관심을 불러일으키고 있다. 우리나라 기대수명은 2014년 82.4세, 2020년 84.3세로 예측되고 있다(통계청, 2016). 평균수명의 증가와 노인인구의 증가는 길어지는 중년기 이후의 길어지는 삶을 대비해야 한다는 의미와 함께 중년기 자체 역시 연장되어야 함을 의미하기도 한다. 우리나라 중위연령(median age)은 2005년 34.8세였으나, 2016년 41.4세에 이르렀고, 2050년에는 54.9세로 전망하고 있다(통계청, 2016). 2016년 우리나라의 중위연령이 41.4세라는 의미는 우리나라 인구의 절반은 41.4세보다 어리고, 인구의 절반은 41.4세보다 나이가 많다는 것이다. 그만큼 중년기 인구가 증가하고 있음을 의미한다.

신체적 측면에서 중년기는 신체구조와 기능 저하로 인해 심리적 위축을 경험하게 된다. 또한, 신체 기능의 저하와 갱년기 장애, 만성질환에 노출될 확률이 높아진다. 이러한 신체 기능은 우울과 불안, 미래 조망 불안으로 이어질 가능성이 높다. 따라서 중년기 신체 기능 변화에 따른 적응과 치료, 재활 서비스를 제공할 뿐 아니라, 심리·정신적 측면에서 중년기 대상의 개인, 가족상담 등의 접근이 필요하다.

중년기는 다양한 위기를 경험하는 시기이다. 신체적 기능 변화와 직업 전환기의 경험, 경제적 어려움, 그리고 지금까지 해결되지 않은 부부간의 갈등으로 인해 부부불화와 이혼 등의 위기를 겪을 수 있다. 따라서 중년기의 위기 극복을 위한 위기상담, 재취업 프로그램, 여가 프로그램 등을 제공하여 경제적 안정과 삶의 활력을 갖고 중년기 이후의 삶을 계획할 수 있는 서비스를 제공할 필요가 있다. 특히, 부부관계와 자녀관계 조정을 위한 상담 프로그램 및 교육 프로그램 서비스 제공이 요구된다.

사회적으로는 특히 중년기 남성을 위한 은퇴준비 및 직업전환 서비스 제공이 필요하다. 직장에서 겪게 되는 무언의 퇴사 압력과 경쟁으로 인한 스트레스 등의 사회적 은퇴 불안을 다룰 수 있는 상담 및 집단 프로그램 실시와 더불어 고용서비스 연계와 자격증취득 및 창업지원 서비스 제공을 위한 노력이 필요하다. 특히, 재취업과 창업실패로 인한 위기극복을 위한 고용보험 수혜 서비스 연계와 가족지원 서비스 등을 실시하여 자존감을 잃지 않고 건강한 노후를 준비할 수 있는 생애전환기를 맞아 갈 수 있도록 하는 것이 필요하다. 수명의 연장으로 은퇴 후 여명은 길어지고 있다. 은퇴 후 생산적 시간활용 및 건강한 삶을 위한 여가설계, 사회참여 기회 확대를 위한 다양한 서비스 제공 또한 요구된다.

CHAPTER 15

인간의 성장과 발달: 노년기

노년기는 '65세부터 죽음에 이르기까지 인생의 마지막 단계로서 신체적 능력의 쇠퇴와 사회적 관계의 축소 그리고 사회경제적 지위의 하락과 같은 쇠퇴가 일어나는 시기'(권중돈 · 김동배, 2006) 또는 '60세 혹은 65세 이후 사망할 때까지의 시기'(오세진 외, 1999), '60세 또는 70세 이후의 나이층'(동서문화, 1999), '60세 이후부터 사망할 때까지로 노쇠하여 자아중심적이고 외양에 무관심하고 사회적으로 은둔적인 특성을 갖는 시기'(김경희, 2001) 등으로 정의되고 있다. 이들 노년기 개념에 대한 정의의 공통된 의미는 인생주기의 마지막 단계로 사회활동의 제한이나 중단과 급격한 건강의 쇠퇴에 초점을 맞추고 있다는 것이다.

한편, 노년기 개념에 대한 여러 정의는 노년기가 시작되는 나이의 기준에 관해서도 서로 일치하지 않고 있다. 비록 모든 정의가 노년기를 성인기 이후부터라고 규정하고 있으나 구체적으로 노년기의 시작 나이를 규정하는 데 어려움이 있다. 이는 사회 및 의료 기술의 변화와 함께 노년기 노인의 건강과 지위 등이 달라지기 때문이다. 의료 기술이 발달하지 못한 과거에는 50세만 되어도 노인이라 불리었으나, 점차 수명이 연장됨에 따라 노년기의 시작 나이 또한 갈수록 높아지고 있다. 이와 관련해 외국에서는 노인의 공공부조 나이 기준을 65세에서 70세나 75세로 연장하는 추세이기도 하다(최옥채, 1996).

이렇듯 노년기의 시점을 규정하기는 쉽지 않지만, 노년기의 시점은 「노인복지법」이 정하는 나이로 규정할 필요가 있다. 왜냐하면 「노인복지법」은 노인을 위한 제반 서비스의 대상자를 나이로 규정함으로써 노인의 나이에 대한 사회의 인식을 조상하고 있기 때문이다. 따라서 우리나라에서는 노년기의 시작을 65세로 보는 것이 타당하다고 할 것이다(최옥채 외, 2015).

노년기 노인은 기억력이 감퇴되고 학습과 문제 해결에 느린 반응을 보이며, 성격이 다소 변화되어 노인만의 어떤 독특한 성격 특성을 보이기도 한다. 따라서 배우자, 자녀, 친구 등과 친밀감을 나누고 유대관계를 강화해야 하며, 배우자의 죽음에 적응해야 한다. 또한, 은퇴 이후의 생활에 적응해야 하며 자아 통합을 성취하고 죽음을 수용해야 하는 시기이다.

이 시기의 노인은 신체적 노화, 심리적 변화, 사회적 활동으로부터의 분리라는 주된 발달적 특징을 갖는다(Neugarten, 1968, 이영실 · 이윤로, 2008, 재인용).

첫째, 신체적 노화로, 외모, 치아, 목소리, 골격과 관절 등 신체에 노화가 일어나게 된다.

둘째, 심리적 변화가 나타나는데, 이는 우울성향, 조심성 증가, 친근한 사물에 대한 애착 증가, 사회적 지위와 역할 상실, 사회심리적 고립, 역할 변화, 죽음 등의 특징을 갖는다.

셋째, 사회적 분리로, 사회적 역할 및 활동 등이 감소하게 된다. 이러한 사회적 분리는 사회에 의해서 강요된 과정이라기보다는 자연스러운 현상으로 보고 있다.

1 발달적 특성

인생주기의 다른 단계에서와 마찬가지로 노년기의 특성도 매우 다양하게 나타나고 있다. 이들 다양한 특성을 크게 신체적 발달, 인지적 발달, 정서적 발달, 사회적 발달로 구분해 살펴보고자 한다.

1) 신체적 발달

노년기의 생물학적 측면을 포함한 신체적 측면의 특성은 노화로 설명될 수 있다. 신체적 노화란 연령이 증가하면서 나타나는 신체적 쇠퇴 현상을 의미한다. 신체적 노화는 개인에 따라 그 속도나 시기가 조금씩 다르고 점진적으로 일어나며, 신체구조의 변화와 신체 기능의 약화를 가져온다.

(1) 외모

주름이 늘어나며, 어깨는 굽고, 손발이 떨려 움직이기 어려워진다. 모발이 약해지고 정맥혈관이 두드러지게 드러난다.

체중은 60세부터 점차 줄어들며 연골조직의 퇴화로 인해 신장도 30대에 비해 60대에는 2% 줄어들게 된다. 피부는 멜라닌 색소의 불규칙한 감소로 인해 전체적인 피부색이 동일하게 유지되지 않으며 창백해지고 얼룩반점이 생기며 피부는 건성화된다. 또한, 피하조직과 피부의 신경세포의 신경세포 감소로 인해 체온유지 능력이 감소되어 추위를 많이 느낀다.

(2) 감각

노년기는 대체로 감각의 예민함이 약화된다. 피부의 건조와 주름이 늘면서 거칠어지기 때문에 촉각이 떨어진다. 청각의 경우 일반적으로 고음을 듣는 능력이 가장 먼저 영향을 받는다. 65~79세는 45~64세 때보다 청력의 손실이 5배가량 높고, 남성의 청력 손상 경험이 여성보다 많다. 시각의 경우 대개 수정체, 각막, 망막, 조리개, 시신경의 약화가 초래된다. 어둠과 밝음의 상이한 수준에 적응할 수 있는 시력은 떨어지고 색채지각력 또한 줄어든다.

미각과 후각은 관련성을 갖는데, 80세 이상에서는 5명 중 4명이 후각 기능에 주요한 손상을 입으며 1/2이상은 전혀 냄새를 맡지 못한다(Papalia et al., 1998). 후각과 미각이 손상된 사람은 식욕을 잃게 되어 종종 영양부족에 시달리기도 한다.

(3) 치아

잇몸이 수축되고 치아색깔이 점점 황색으로 변화한다. 노년기가 되면 치아가 빠지기 시작하는데, 일반적으로 치아가 빠지고 남은 수는 60대에 14개, 70대에 11개, 80대에는 6개 정도에 이른다. 또한, 잇몸질환을 경험하는 노인의 수가 점차 늘어나고 있다(이영실 외, 2013).

(4) 골격과 관절

신체적 노화가 진행됨에 따라 지방은 늘어나고 수분은 줄어들어 연골 조직이 얇아지거나 탄력이 약화되어 관절염을 일으키기도 한다. 팔, 다리, 골격 일부의 수의근의 수축력이 약화되어 운동 능력이 감퇴되기도 하며, 기민성과 민첩성이 떨어진다. 척추 사이의 디스크가 점점 내려앉으면서 키가 작아질 수 있다. 뼈 조직은 화학적 구성의 변화로 다소 엉성해져 잘 부서진다. 골다공증, 낙상이나 골절의 위험이 증가한다.

(5) 목소리

후두연골조직이 딱딱해지면 탄력이 줄어들어 목소리에 힘이 없어진다. 말은 느려지고 말을 멈추는 시간도 길고 잦아진다. 뇌에 병리학적 변화가 있는 경우 말이 분명해지지 않을 수 있다.

(6) 기타

항상성의 효과가 줄어들어 생리적인 적응 능력이 감소한다. 신경계의 기능적 변화는 거의 없지만, 신경조직의 일부는 점차 섬유세포로 대체된다. 효소 작용, 위액, 타액의 양이 줄어들어 소화가 힘들어지고, 폐의 크기가 줄어들어 산소섭취량이 줄어든다.

2) 인지적 발달

노년기의 인지 변화에서 중요한 것은 일반적인 지능의 변화와 기억력의 감퇴이다.

(1) 정신운동 기술

노인은 젊은이에 비해 정신운동 기술이 현저하게 떨어진다. 노인은 젊은이가 하는 일을 모두 할 수는 있으나 중앙신경계에 의한 정보처리 속도가 늦기 때문에 환경을 평가하고 어떤 결정을 내리고 그것을 행동으로 옮기는 것이 더딜 뿐 아니라 사고를 유발하기도 한다. 예를 들어, 노인이 자동차를 운전할 때 '더듬운전'을 할 수밖에 없고 교통사고로 사망하는 비율도 다른 주기에 비해 높다.

(2) 지적 기능

지적 기능이 노화와 함께 전적으로 떨어진다는 주장은 옳지 않다. 대부분의 지적 능력은 나이가 들더라도 잘 유지된다. 실제로 노년기의 인지 변화를 연구한 샤이(Schaie, 1996)는 정보처리 능력과 반응시간 둔화를 고려할 경우 노년기 연령에 따른 인지 능력 감퇴는 그리 많지 않다고 하였다.

지능검사에서 노인이 젊은이에 비해 낮은 점수를 보이고 갈수록 점수가 낮아지는 것이 사실이다. 그러나 지능검사에서 노인의 성취도는 낮아지나 실제적인 지적 능력은 떨어지지 않는다. 노인은 반응시간이나 시각 정보를 운동반응으로 전환하는 능력과 기억, 문제 해결, 정보처리 과정 등을 포함하여 다양한 측면에서 반응 속도가 둔화되지만 개인차가 존재하며, 지식과 실용적 능력을 결합한 개인의 능력인 지혜가 발달한다.

3) 정서적 발달

노년기로 접어들면서 여러 신체적, 인지적 노화 현상으로 인하여 정서적 특성에서도 변화를 보이게 된다. 정서나 성격은 원래부터 일정한 것이므로 노년기가 되어도 젊은 시기의 성격을 그대로 유지된다는 주장도 제기되지만, 대개 노년기에 이르면 정서적 측면에서 다소 변화를 보여 어떠한 독특한 특성이 존재한다고 보고 있다. 이러한 특성으로 우울경향 증가, 내향성과 수동성 증가, 경직성 증가, 조심성 증가, 의존성 증가, 생에 대한 회상 증가, 친근한 사물에 대한 애착심, 생의 나날이 짧아지고 있음을 느끼는 시간전망의 변화, 유산을 남기려는 경향, 성 역할 지각의 변화 등이 있다(윤진, 1994).

(1) 통합 대 절망

통합 대 절망감은 에릭슨이 주장하는 생의 마지막 단계에서 일어나는 심리정서적 위기이다. 통합은 개인이 자신의 삶의 의미에 대해 신중히 투영한 후에라야 가능하다. 통합은 삶에서 일어나는 사실을 받아들이는 능력과 큰 두려움 없이 죽음을 직면하는 능력을 의미한다. 통합을 성취한 노년기의 노인은 자신의 과거를 현존하는 시각으로 조망하며, 삶에서 벌어졌던 모든 일을 그대로 수용한다. 반면, 통합의 반대 개념인 절망은 자신의 과거에 대한 후회의 감정으로 특징지어진다. 절망은 죽음을 조용히 수용할 수 있는 태도를 불가능하게 하는데, 절망 속의 노인은 자신의 삶을 미완성이나 미성숙한 것으로 간주한다. 이들 노인은 자신이 죽으면 과거 실패했던 것을 보상할 수 없다고 간주하기 때문에 죽음을 불운한 삶의 종말로 받아들이거나 죽음을 두려워한다(최옥채 외, 2015).

(2) 우울 경향 증가

노인은 질병, 배우자 사망, 경제 사정 악화, 사회로부터의 고립, 일상생활에 대한 통제력 약화, 과거에 대한 회상 증가로 인해 우울성향이 증가하고, 이로 인한 불면, 부감각, 강박관념, 증오심, 체중감소 현상을 보이기도 한다.

(3) 내향성과 수동성 증가

외부 사물이나 행동보다는 내적인 측면에 관심과 주의를 기울이며, 자신의 사고나 감정에 따라 사물을 판단하고 능동적으로 문제를 해결하기보다는 타인에 대한 의존성이 증가한다.

(4) 경직성(고집) 증가

자신에게 익숙한 습관적 태도와 방법을 고수하며 이로 인해 학습 능력과 문제해결 능력이 저하되는 것이 일반적이다.

(5) 조심성 증가

노인 자신이 정확성을 중시하고 감각 능력의 감퇴나 결정에 대한 자신 간의 결여로 확실한 것을 추구하려는 경향이 강해진다.

(6) 의존성 증가

노화가 진행됨에 따라 전반적으로 경제적 의존, 신체적 의존, 정서적 의존, 사회적 의존성이 증가하게 된다. 특히, 신체적 건강이 나빠질수록 정서적 의존성이 증가할 가능성이 높다.

(7) 생에 대한 회상 증가

노인은 지나온 생을 되돌아보고 회상하는 경향이 있다. 과거 인생을 회상하여 남은 시간에 지금까지 해결하지 못한 것을 찾아서 새로운 해결을 시도하고 새로운 인생의 의미를 발견하려고 한다.

(8) 친근한 사물에 대한 애착심

노인은 사용해 온 물건에 대한 애착이 증가하며 이를 통해 과거 인생을 회상하고 마음의 평온을 추구하게 된다.

(9) 시간전망의 변화

40세 이후부터 시간전망의 변화가 나타나는데, 남아 있는 시간을 계산하고 시간이 얼마 남지 않았다는 사실을 회피하기 위해 과거에 대한 회상에 집중하거나 또는 과도하게 미래 지향적이 된다.

(10) 유산을 남기려는 경향

노인은 죽기 전에 자손, 예술작품, 기술, 지식, 재산 등 뭔가를 남기려는 성향이 강해진다.

(11) 성 역할 지각의 변화

남성은 친밀성, 의존성, 관계 지향성이 증가하는 반면, 여성은 공격성, 자기주장, 자기중심성, 권위주의 성향이 상대적으로 높아지게 된다.

4) 사회적 발달

(1) 역할 변화 및 적응

이 시기의 노인은 직업 역할에서 물러나게 되므로 지위로 인한 위엄과 명예는 낮아진다. 노인은 퇴직으로 인해 경제적 능력이 약화되고 이에 따라 사회적 지위도 점점 저하된다. 사회적 측면에서 노인의 공식적이고 제도적인 역할은 작아지는 반면, 비공식적이고 희박한 역할은 증가하게 된다. 노년기의 역할 유형은 다음과 같다(사회복지교육연구센터, 2014).

- 제도적 역할(institutional role): 분명한 지위나 역할이 있는 것으로 직업, 가족, 사회계급, 종교단체 등에서 공적인 지위를 맡고, 그 지위에 따른 규범적인 역할 기대, 책임과 권한이 존재하며 책임을 이행하지 못했을 경우 불이익이 존재한다.
- 희박한 역할(tenuous role): 지위는 있는데 역할이 없거나 있어도 아주 희박하며, 이를 소홀히 한 것에 대한 불이익이 매우 적은 상태의 역할을 의미한다. 유명무실한 역할과 무정형적 역할로 구분된다.
- 비공식적 역할(unofficial role): 공식적인 지위는 없으나 역할만 있는 형태이다.
- 무역할(out of role): 지위도 역할도 없는 상태를 말한다. 이러한 경우는 생활이 고립적이고 아무런 역할 유형으로도 볼 수 없다.

이 시기의 노인은 이러한 자신의 지위 및 역할 변화에 따라 다양한 적응을 하게 된다.

① 조부모 역할

노인은 조부모로서의 역할을 통해 자신의 존재 가치를 확인한다. 또한, 상실감을 극복하며 삶에 대한 의욕적인 자세를 가질 수 있다. 조부모의 역할은 자신의 전체적인 자아 개념과 목적 의식에도 긍정적인 의미를 지닌다. 성별에 따라 조보

모의 역할을 보면, 할머니가 할아버지보다 손자녀와 더 친밀하고 더 좋은 관계를 유지하는 경향이 있으며, 대리부모 역할을 담당하기 더 쉬운 경향이 있다.

노인의 조부모 역할에 부여하는 의미와 또 그것을 수행하는 양식은 각기 다르지만, 일반적으로 다음의 다섯 가지 유형의 양식을 가진다고 보고 있다(신종우 외, 2012).

첫째, 공식적 유형으로, 조부모의 약 30~40%에 해당하는 가장 보편적인 유형이다. 이들은 손자녀에게 관심이 많고 애정을 쏟으며 때때로 필요할 때 돌봐 주기도 하며 부모가 할 일을 대신해 도와주기도 한다. 그러나 지나치게 간섭하지 않도록 유의해야 한다.

둘째, 즐거움이나 기쁨을 추구하는 놀이형 유형으로, 손자녀와 아무런 거리낌 없이 그저 재미있게 상호작용을 갖는 유형이다.

셋째, 부모를 대신하는 양육형 유형으로, 부모가 맞벌이일 경우 아이의 양육을 전적으로 책임지는 조부모 유형이다. 이는 가족에서 중요한 위치를 차지하고 있지만, 양육형태 등에 있어서 손자녀의 부모와 마찰이 있을 수도 있다.

넷째, 가족의 지혜를 이끄는 힘의 원천으로 가족의 응집력을 강화시키는 권위적 유형이다. 특히, 조부모가 가족을 지속시키는 지혜, 경험, 여러 자원을 베풀고, 부모 및 손자녀는 이에 순응하는 다소 엄중하고 권위적 형태를 보일 수 있다.

다섯째, 원거리형 조부모로서, 생일이나 제사, 명절 등 집안에 큰일이 있을 때만 방문하며 보통 손자녀와는 거의 접촉이 없는 유형이다.

② 배우자 사별로 인한 역할

노년기에는 어쩔 수 없이 새로운 역할에 적응해야 하는데 가장 힘들게 적응해야 하는 것이 배우자 상실로 인한 적응일 것이다. 많은 노인에게 이러한 상실은 슬픔이나 우울뿐 아니라 정서적으로 극심한 혼란을 가져온다. 혼자 남은 사람은 가정에서 배우자가 없는 채 삶을 정상적으로 기능하는 것을 배워야 하고 사회적으로 홀로 서는 것을 적응해야 한다. 실제로 배우자 상실을 잘 극복한 노인은 타인에 동정적이고 공감할 수 있으며 삶의 가치를 충실히 인식하는 것으로 보았다.

③ 퇴직자 역할

은퇴는 노인에게 있어 지금까지의 직업을 중심으로 일상활동, 사회관계, 자아정체감을 형성해 왔기 때문에, 개인의 삶의 양식을 바꾸는 중요한 변화이다. 일반적으로 안정적인 수입이 있으며 활동적이고 교육 수준이 높고, 사회적 지지를 많이 받고 은퇴 전 생활 만족도가 높은 사람이 은퇴에 잘 적응한다.

그러나 퇴직은 어느 정도 예측된 사건이므로 준비를 사전에 충실히 할수록 퇴직이 순조롭게 진행되며 퇴직이 갑작스러울수록 퇴직 후의 적응에 어려움을 겪는 것으로 보고되고 있다. 또한, 은퇴 후 여러 가지 문제로 스트레스를 받게 되면 낮은 자존감과 역할 상실이 초래되기도 한다. 퇴직자의 역할에 대한 올바른 적응은 퇴직 전 단계, 밀월 단계, 안정 단계, 휴식과 긴장 완화 단계, 환멸 단계, 재지향 단계, 안정 단계, 종결 단계 등의 단계를 거치는 것으로 알려져 있다(이영실 외, 2013, 재인용).

표 15-1 퇴직자의 역할적응

단계		내용
1단계	퇴직 전 단계	• 퇴직이 임박해지면 자신의 직업 및 그에 관련된 사회적 상황에서 자신을 분리할 준비를 함 • 퇴직 후 삶에 대한 구체적 상상을 시작 • 제2의 인생에 대해 깊이 고민
2단계	밀월 단계	• 퇴직 후 얼마 동안은 그동안 하고 싶었던 일을 하면서 행복해하고 더 바빠지기도 함 • 경제적 자원이 부족하거나 결핍될 경우 밀월 단계가 오지 않을 수도 있음

단계		내용
3단계	안정 단계	• 퇴직 후 일상생활이 자리를 잡는 시기 • 퇴직 전 직장생활 외의 활동이 활발했던 경우 퇴직생활 적응이 쉬워짐
4단계	휴식과 긴장 완화 단계	• 밀월 단계와는 대조적으로 활동을 줄이고 쉬는 시기 • 활동량 감소가 특징 • 충분한 휴식과 긴장 완화 후 다시 활동을 재개함
5단계	환멸 단계	• 퇴직 후 생활이 자신의 기대와 다른 것을 깨닫고 의기소침해지고 우울해짐 • 퇴직 전 꿈이 비현실적일수록 공허와 우울 겪음 • 퇴직자의 10% 정도만이 이러한 증상 보여 일반적 현상이라고 하기는 어려움
6단계	재지향 단계	• 새로운 방향을 설정하는 단계 • 환멸 단계와 우울에 있던 사람이 자신을 수습하는 시기 • 새로운 참여와 사회적 지지를 모색하며 새로운 인간관계에서 자아를 정립해 나감
7단계	안정 단계	• 생활 변화를 일상적으로 처리할 수 있게 됨 • 예측 가능한 방식으로 삶을 다룰 수 있음
8단계	종결 단계	• 질병이나 장애로 퇴직자의 역할이 중단됨 • 독립적인 생활이 감소하고 간병과 보호를 필요로 하는 역할로 들어감

출처: 이영실 외(2013), 재구성.

(2) 노인학대

고령화 추세가 갈수록 빨라지면서 노인학대는 심각한 사회 문제로 대두되고 있다. 예컨대, 최근 3년간 연도별 노인학대 신고접수 건수를 살펴보면, 2011년 8,603건, 2012년 9,340건에서 2013년 1만 162건으로 각각 전년도 대비 8.6%, 8.8% 증가했다. 가정 내 발생 비율이 83.1%에 달하고 학대행위자는 아들이 40.3%로 가장 많았다. 학대기간은 5년 이상 지속한 비율이 31.6%를 차지하였다(복지연합신문, 2014년 10월 4일).

노인학대는 가볍게는 노인에게 말을 함부로 하거나 자존심을 상하게 하는 말을 하는 언어적 학대와 노인의 심기를 불편하게 하는 정서적 학대에서부터 심하게는 노인에게 구타와 폭력을 행하는 신체적 학대, 노인의 재산을 착취하는 재정적 학대까지 포함하며, 좁게는 증거가 명백한 신체적 학대에서부터 넓게는 방임, 자기 방임, 학대까지 포함한다. 특히, 신체적 학대는 정서적 학대와 언어적 공격과 같은 다른 유형의 학대와 같이 발생한다는 특성이 있으며, 재정적 학대의 경우는 남자 노인이 여자 노인보다 학대를 더 많이 받고, 방임의 경우 80세 이상 고령 노인이 그 이하 노인보다 학대를 더 많이 받고 있다. 신체적 학대와 방임의 경우 사별 노인이, 그리고 건강 상태 및 경제 상태가 나쁜 노인의 경우 그렇지 않은 노인보다 모든 학대 유형에서 더 받았으며 자녀와의 접촉 빈도가 적을수록 더 학대를 받고 있다(최옥채 외, 2015).

학대를 받는 노인은 일반노인에 비해 우울증이나 디스트레스가 높다. 학대와 관련하여 임상가는 학대피해 노인이 학대피해 아동과 유사한 증상을 보인다고 강조하였다. 즉, 신체적으로는 섭식장애, 두통이나 우울, 불안 등의 심리장애, 혼란과 분노를 동반하는 행동장애, 의존과 철회 등의 사회적 문제가 나타나기도 한다. 또한, 노인학대의 주요 영향으로 학대 후 학습된 무기력, 정신분열, 죄의식, 수치심, 공포, 불안, 거부, 외상 후 스트레스 등의 장애가 나타나기도 한다(이연호, 2003).

2 사회복지실천과의 연관성

1) 노인 치매

치매는 인간의 뇌가 성숙하여 정상적인 지적 수준에 도달한 후 질병이나 외상 등 후천적 원인에 의해 뇌가 손상되어 기억장애, 사고장애, 판단장애, 지남력 장애, 계산력 장애와 같은 인지 기능과 고등정신 기능이 감퇴되고, 정서장애, 성격

변화, 일상생활장애 등을 수반하는 노년기의 대표적인 기질성 정신장애이다(권중돈, 2004). 치매의 일반적 형태는 크게 알츠하이머형 치매와 뇌혈관성 치매로 구분되는데, 그 원인은 70여 종류에 달하며 다수는 뇌의 기질성 병변이다(박차상 외, 2005).

치매는 초기에 발견되어 치료된 경우도 있지만 대체로 치료 효과가 분명하게 드러나지 않고 있다. 알츠하이머형 치매나 혈관성 치매를 앓는 노인은 많은 문제행동을 보이기 때문에 이들을 돌보는 가족은 많은 어려움을 겪는다. 한편, 노인치매와 관련하여 치매 노인을 돌보는 가족의 부담이 중요한 과제로 대두되고 있다. 이는 치매 노인을 수발하는 가족의 우울증세가 같은 나이의 다른 가족에 비해 1.7배 이상 높고, 여성은 강박증, 우울, 흥분 및 적대감 등에서, 남성은 적대감에서 높은 수준을 보인다는 연구(박차상 외, 2005)에서도 알 수 있다. 이들 가족이 치매노인의 요구에 슬기롭게 대처할 경우, 가족 결속력 증진, 돌보는 이의 자아존중감 및 유능성 증진 등 긍정적인 변화를 경험할 수 있다. 그러나 대부분 치매 노인을 돌보는 가족은 사회활동 제한, 심리적 부담, 재정 및 경제활동 부담, 건강부담, 관계의 부정적 변화 등 부정적 경험을 하게 된다(권중돈, 2004). 이에 현재 노인장기요양보험이 실시되고 있어 치매 노인뿐 아니라 그 가족에게도 다소 도움이 되고 있다. 그러나 아직 부족한 실정으로 이에 대한 체계적이고 실절적인 제도의 보완이 이루어져야 할 것이다.

2) 임종과 죽음

노년기에 당면할 수 있는 큰 문제 중 하나는 임종과 죽음에 대한 것이다. 이와 관련하여 사회복지실천 측면에서 대두될 수 있는 쟁점은 다음과 같다.

첫째, 임종과 죽음을 앞둔 노인을 위해 합당한 기술과 서비스를 토대로 한 사회복지실천의 실상에 대한 논의가 필요하다. 노인을 위한 사회복지서비스 중에서도 임종과 죽음에 관한 사회복지서비스는 이들의 회복과 재활에 초점을 두지 않는다. 따라서 정부나 사회복지실천현장에서는 이들 노인을 위한 서비스가 형식적으로 이루어질 가능성이 높다. 비록 재활에 중점을 두지 않더라도 노인이 평안한 임종을 맞이해야 한다는 원칙이 강조되어야 한다는 측면에서 이 분야에 관련한 기술과 다양한 프로그램을 개발할 필요가 있다.

둘째, 노인의 임종과 관련한 사회복지실천은 노인뿐 아니라 가족에까지 확대해 이루어져야 한다.

셋째, 임종과 죽음을 맞이한 노인을 위한 종교적 개입을 수용할 필요가 있다. 이는 종교가 노인의 총체적인 삶의 질에 영향을 미칠 뿐 아니라 죽음을 맞이하는 노인의 태도가 종교에 의해 영향을 받기 때문이다. 종교를 가진 노인의 삶의 질이 종교가 없는 노인에 비해 높고 노인이 죽음을 받아들이는 데 종교가 큰 역할을 하는 것으로 보고되고 있다. 따라서 임종과 죽음을 맞이한 노인을 위한 개입에서 사회복지사는 노인이 원하는 종교를 바탕으로 적절한 서비스를 실시할 필요가 있다.

3) 사회체계적 접근

일반적으로 노년기에 경험하는 주요 문제는 빈곤, 질병, 고독, 역할 상실의 4고(苦)로 정의될 수 있는데 무엇보다도 이에 대한 대책이 시급한 상황이다.

우선, 소득 감소와 경제적 의존으로 인해 노인의 경제적 여건은 매우 어렵고 우리나라 노인의 빈곤율은 OECD 국가 중에서도 최하위에 머물고 있는 실정이다. 그러나 연금제도와 같은 공적 경로연금제도 등 사회보장제도의 미성숙이 노인의 빈곤을 야기시키며, 한국의 노인문제에서 시급하게 해결해야 할 중요한 과제로 지적되고 있다. 이의 해결을 위해 공적 차원의 보다 포괄적이고 확대된 사회보장제도가 재정비 되어야 할 것이다. 하지만 이러한 공적 보장체계만으로 부족하기 때문에 사적 차원의 노후준비가 이루어져야 한다. 사회복지기관에서는 은퇴준비교육 프로그램, 노인일자리사업 등을 통해 노인이 경제활동에 참여할 수 있도록 기회를 제공할 필요가 있다. 특히, 노인의 연령과 적성 등에 맞는 재취업이나 아르바이트 등을 제공해 주어야 할 것이다.

또한, 노인이 겪는 어려움 중 하나는 질병의 문제이다. 만성질환 등으로 인한 의료비 부담으로 인해 경제적 문제는 노인에게 큰 부담이며, 의료기관 등을 방문하고자 할 때 도와줄 사람, 간호와 일상생활을 수행하는 데 도움을 줄 사람이 필요한 것 또한 노인을 괴롭히는 문제이다. 이에 국민건강보험제도, 의료급여제도, 노인장기요양보험제도 등의 체계적 확대 실시가 필요할 것이다.

4) 프로그램 개발 및 적용

사회복지사는 노화 과정에 관한 이해와 노인의 부적응 행동 및 생활 상태에 관한 이해를 바탕으로 노인을 위한 적합한 프로그램을 개발하고 이를 적용시켜 나가야 한다. 부양가족과 함께 사는 노인, 홀로 사는 노인, 생활시설에 사는 노인 등 생활 형태를 충분히 반영하여 이들의 욕구와 문제를 중심으로 다양한 프로그램을 개발하고 적용할 수 있어야 한다. 뿐만 아니라 도시와 농촌에서 생활하는 노인의 제반 여건이 서로 다른 점을 고려하여 개입해야 한다.

노인을 위한 사회복지실천은 노인복지 분야로 세분화되어 이루어질 뿐 아니라 장애, 범죄처럼 노인복지 이외 다른 분야와도 밀접한 관계를 가지고 이루어지고 있다. 실제로 사회복지실천이 이루어지고 있는 주요 노인복지 현장은 노인주거시설인 양로원, 노인의료시설인 요양원과 노인전문병원, 노인여가복지시설인 노인복지관 등을 들 수 있다. 이들 현장은 크게 이용시설과 생활시설로 구분될 수 있고, 이 특성에 따라 사회복지사의 개입 방법이 다르다. 예를 들어, 이용시설에서는 거동에 불편이 없는 노인을 대상으로 심리사회적 서비스에 중점을 두고, 생활시설에서는 노인의 질병 치료에 중점을 두고 있다.

최근에는 노인을 위한 교육 프로그램의 중요성이 강조되고 있다(이인수, 2001). 단순한 오락이나 소일거리가 아닌 취미생활, 체육활동, 컴퓨터, 건강관리, 영어회화 등 노인의 성장과 발달 욕구를 충족시키는 미래 지향적 프로그램이 일정한 장소에서 정기적으로 이루어져야 한다는 주장이 대두되고 있다.

한편, 노인복지학계의 일부 학자는 사회문제로서 노인 케어를 주장하고 있다(현외성 외, 2001; 최옥채 외, 2015). 이는 노인의 일상생활상 불편함을 해결하는 데 중점을 두는 노인 케어가 고령사회에서 노인 개인이나 가족의 부담을 넘어 사회의 부담으로 확대될 것을 전제하고 있기 때문이다. 뿐만 아니라 노년기 인구의 증가와 함께 정신장애와 관련한 문제가 부각되고 있다.

결국 노인의 복잡해진 욕구를 해결하기 위해 여러 전문 분야의 인력이 개입해야 하는 상황에서 노인을 위한 사회복지사의 개입 방법이 더욱 전문성을 유지하기 위한 논의가 필요하다. 예를 들어, 노인의 치매를 포함한 정신장애를 비롯하여 심리적인 문제를 해결할 수 있는 심리치료나 심리 상담이 강조되어야 한다. 또한, 부양가족을 위한 프로그램이나 지역사회 자원을 널리 활용할 수 있어야 한다. 즉, 노인복지실천가는 다른 전문직의 개입 방법과 차별화하고 사회복지 분야 간 협력을 강화할 수 있는 개입 방안을 모색해야 한다.

참고 문헌

강세현 · 서혜전 · 오정영 · 임원선 · 전영록(2015). 인간행동과 사회환경. 경기: 양서원.

곽형식 외 (2002). 인간행동과 사회환경. 서울: 유풍출판사.

권육상 (2003). 인간행동과 사회환경. 서울: 유풍출판사.

권중돈 · 김동배 (2005). 인간행동과 사회환경. 서울: 학지사.

__________ (2006). 인간행동과 사회환경. 서울: 학지사

__________ (2008). 인간행동과 사회환경. 서울: 학지사.

권중돈 (2014). 인간행동과 사회환경. 서울: 학지사.

김경희 (2001). 발달심리학. 서울: 학문사.

김기인 (1987). 융의 개성화와 기독교 교육. 장로회신학대학교 대학원 석사학위논문.

김동배 · 권중돈 (2003). 인간행동이론과 사회복지실천. 서울: 학지사.

__________ (2005). 인간행동이론과 사회복지실천. 서울: 학지사.

김상아 · 문미숙 · 신기원 · 오하나 · 임중철 · 정명숙 (2014). 인간행동과 사회환경. 서울: 공동체.

김선아 · 백경숙 · 백선복 · 서지영 · 성윤숙 · 승금희 · 이승현 · 이종호 · 최우진 (2006). 인간행동과 사회환경. 경기: 도서출판 대왕사.

김영모 편 (2001). 지역사회복지론. 서울: 고헌출판부.

김영숙 · 이재연 편역 (1993). 아동을 위한 상담 이론과 방법. Thompson & Rudolph 공저. 서울: 교육과학사.

김영호 · 양은심 · 이순영 · 주수길 (2010). 인간행동과 사회환경. 경기: 양서원.

김용태 (2007). 가족치료 이론들. 서울: 학지사.

김유숙 (2006). 가족상담. 서울: 학지사.

김정택 · 심혜숙 역 (2009). 서로 다른 천부적 재능들. 서울: 어세스타.

김제한 (1988). 발달심리학. 경기: 양서원.

_____ (2001). 발달심리학. 경기: 양서원

김종옥 · 권중돈 (1993). 집단사회사업방법론. 서울: 홍익재출판사.

김충기 · 강봉규 (2001). 현대상담이론과 실제. 서울: 교육과학사.

김태련 · 장휘숙 (1994). 발달심리학(제2판). 서울: 박영사.

__________ (1998). 발달심리학(제2판). 서울: 박영사.

김혜영 · 석말숙 · 최정숙 · 김성경 (2010). 사회복지실천론. 경기: 공동체.

김희용 (2009). 분석심리학의 무의식적 특성에 의한 공간 연구: C. G. 융의 인격이론을 중심으로. 국민대학교 디자인대학원 석사학위논문.

남세진·조흥식 (2000). 집단지도방법론. 서울: 서울대학교 출판부.

노안영·강영신 (2003). 성격심리학. 서울: 학지사.

노안영 (1998). 삶의 여행. 서울: 중앙적성출판사.

류종훈 (2005). 사회복지실천적 인간행동과 사회환경. 서울: 동인출판사

박노권 (1998). 에릭슨의 사회심리발달 8단계 이론의 분석. 신학과 현장, 8, p. 187.

박윤수 (1994). 상담과 심리치료. 서울: 경성기획.

박희숙·박영아 (2010). 인간행동과 사회환경. 서울: 창지사.

보건복지부 (2009). 2009 아동·청소년 백서

서봉연·이순형 (1983). 발달심리학: 아동발달. 서울: 중앙적성출판사.

서봉연·이순형 (1984). 발달심리학: 아동발달. 서울: 중앙적성출판사.

서봉연·이순형 (1996). 발달심리학: 아동발달. 서울: 중앙적성출판사.

서연숙 (2011). 중고령자의 사회경제적 지위에 따른 건강수준 연구. 한국노년학, 31(4). pp. 1135-1153.

손광훈 (2010). 인간행동과 사회환경. 경기: 공동체.

손병덕·강란혜·백은령·서화자·양숙미·황혜원 (2005). 인간행동과 사회환경. 서울: 학지사.

송명자 (1995). 발달심리학. 서울: 학지사.

______ (2007). 발달심리학. 서울: 학지사.

______ (2008). 발달심리학. 서울: 학지사.

송애리 (2000). 일 지역 갱년기 여성의 건강증진 행위와 삶의 질에 관한 연구. 한국간호교육학회지, 6(2), pp. 262-275.

송인숙·홍달아기·박현성 (2013). 대학생이 지각하는 가족건강성이 행복감에 미치는 영향. 한국가족복지학, 18(4), pp. 579-598.

신현웅·윤장호·이슬기·하솔잎 (2013). 건강보험 노인의료비의 효율적 관리방안. 한국보건사회연구원, p. 54.

어주경·정문자 (1999). 저소득층 가족의 경제적 어려움이 아동의 자존감에 미치는 영향. 아동학회지, 20(2), pp. 21-40.

엄명용·김성천·오혜경·윤혜미 (2011). 사회복지실천의 이해. 서울: 학지사.

여성사회연구회 (1999). 가족과 한국사회

오창순·신선인·장수미·김수정 (2010). 인간행동과 사회환경. 서울: 학지사.

유수현·김창곤·김용진·천덕희·최은정·이화영·성준모·최희철·허만세·김남형·김현주·채정아 (2015). 인간행동과 사회환경. 경기: 양서원.

유영주 (2004). 새로운 가족학. 서울: 도서출판 신정.

유종해 (1995). 현대조직관리. 서울: 박영사.

이가영·박태진 (1999). 폐경기에 따른 삶의 질: 여성건강 설문지(Women's Health Questionnaire)를 이용하여. 대한가정의학회, 20(7), pp. 894-905.

이근홍 (2009). 인간행동과 사회환경. 경기: 공동체.

______ (2011). 인간행동과 사회환경. 경기: 공동체.

______ (2015). 인간행동과 사회환경. 경기: 공동체.

이명수 외 (2001). 청소년 인터넷 중독성과 우울, 사회적 불안, 또래관계문제와의 연관성 조사, 신경정신의학, 40(4), pp. 616-626.

이부영 (2003). 분석심리학. 서울: 일조각.

______ (2008). 자기와 자기실현. 서울: 한길사.

이숙·문혁준·강희경·공인숙·김정희·심희옥·안선희·안효진·이미정·이희경·천희영·한미현 (2011). 인간행동과 사회환경. 서울: 창지사.

이영실·나임순·유해종·이재용·정창훈·이은경·이형진·조명희·홍성희 (2013). 인간행동과 사회환경. 서울: 창지사.

이옥형 (2002). 아동·청소년발달. 서울: 집문당.

이인정·최해경 (2007). 인간행동과 사회환경. 경기: 나남출판.

이정모 (1996). 인지심리학의 제 문제. 서울: 성원사.

이형득 외 (1984). 상담의 이론적 접근. 서울: 형설출판사.

이형득 (1992). 상담이론. 서울: 교육과학사.

임규혁·이차숙 (1994). 발달심리학. 서울: 집문당.

임상록·권향임·김나영 (2009). 인간행동과 사회환경. 서울: 창지사.

전병재 (1993). 사회심리학. 경기: 경문사.

정영진 (1996). 자녀발달의 결정적 시기. 서울: 학지사.

정옥분 (1990). 성인발달의 이해: 성인·노인심리학. 서울: 학지사.

______ (2004). 발달심리학: 전생애 인간발달. 서울: 학지사.

______ (2004). 전생애 인간발달의 이론. 서울: 학지사.

______ (2005). 아동발달의 이해. 서울: 학지사.

______ (2011). 발달심리학: 전생애 인간발달. 서울: 학지사.

정우식 (1986). 청소년문제: 그 실상과 대책. 서울: 삼성출판사.

정은 (2010). 인간행동과 사회환경. 서울: 학지사.

정지웅 외 (2000). 지역사회학. 서울: 서울대학교 출판부.

정혜원 (2007). C. G. 융의 관점에서 본 시각예술에 관한 연구. 이화여자대학교 대학원 석사학위논문.

조경덕·장성화·이도균 (2012). 상담심리학. 경기: 정민사.

조석준 (1999). 조직학개론. 서울: 박영사.

조학래 (1996). 자원봉사활동이 청소년의 자아정체감과 도덕성 발달에 미치는 영향 연구. 연세대학교 대학원 박사학위논문.

조형숙·김태인·박수미·윤선영·배정호 (2014). 인간행동과 사회환경. 경기: 정민사.

조흥식·김혜래·신은주·우국희·오승환·성정현·이지수 (2010). 인간행동과 사회환경. 서울: 학지사.

조흥식·김혜련·신혜섭·김혜란 (2000). 여성복지학. 서울: 학지사.

최경숙·송하나 (2001). 발달심리학: 아동·청소년기. 경기: 교문사.

최경숙 (2000). 발달심리학. 서울: 교문사.

최금식 (1994). 농아의 도덕성 발달에 관한 조사연구, 원광대학교 석사학위논문.

최덕경·서의정·배은숙·이금옥·박주현·정유란 (2013). 인간행동과 사회환경. 파주: 양서원.

최순남 (1993). 인간행동과 사회환경. 경기: 한신대학교 출판사.

최순남 (2001). 인간행동과 사회환경. 경기: 한신대학교 출판사.

최순남 (2002). 인간행동과 사회환경. 서울: 법문사.

최옥채·박미은·서미경·전석균 (2002). 인간행동과 사회환경. 서울: 양서원.

______________________ (2005). 인간행동과 사회환경. 경기: 양서원.

______________________ (2015). 인간행동과 사회환경. 서울: 양서원.

최옥채 (2001). 사회복지실천론. 서울: 양서원.

_____ (2003). 사회복지실천론. 서울: 양서원

최왕규 (2014). 명리학의 심리학적 위상에 관한 연구: 프로이드·융·아들러의 심리학을 중심으로. 공주대학교 대학원 박사학위논문.

최효식 (2008). 건축구성원리의 정신분석학 적용연구. 홍익대학교 대학원 박사학위논문.

통계청 (2014). 우리나라 연령별·성별 자살추이, 2003-2013년.

_____ (2015). 2014년 혼인이혼 통계.

_____ (2015). 연도별 퇴직연령.

_____ (2016). e-나라지표, 2016.

_____ (2016). 우리나라 연도별 평균수명.

한국교육심리학회 (2000). 교육심리학용어사전. 서울: 학지사.

한국보건사회연구원 (2000). 고령화사회에 대비한 재정정책 방향.

한국심리학회 (1997). 현대 심리학의 이해. 서울: 학문사.

한국여성복지연구회 편 (2008). 가족복지론. 경기: 청목출판사.

한인영·김성천 (2007). 지역사회복지론. 서울: 서울대학교 출판부.

한종혜 (1996). 아동의 사회적 관계망에 따른 역량 지각 및 자아존중감. 경희대학교 대학원 박사학위논문.

허정철 · 김원옥 (2005). 어머니의 양육태도가 청소년의 자아존중감, 성취동기, 사회성에 미치는 영향에 관한 연구. 사회과학연구, 26(2), pp. 67-80.

허혜경 · 김혜수 (2002). 청년발달심리학. 서울: 학지사.

홍경자 (1995). 합리적 · 정서적 치료. 윤순임 외 편. 현대상담 · 심리치료의 이론과 실제(pp. 288-314). 서울: 중앙적성출판사.

황응연 · 이기돈 (1992). 발달심리학. 경기: 배영사.

Adler, A. & Ogler, H. (1987). 아들러의 심리학해설 (설영환 역). 서울: 선영사.

Aldridge, S. (1996). The Thread Of Life: The Story of Genes and Genetic Engineering. Cambridge, England: Cambridge University Press.

Anderson, R. E. & Carter, I. E. (1986). *Human behavior in the social environment*. New York: Aldine.

Bakalinsky, R. (1995). The Small Group in Community Organization Practice. Jack Rothman, John L. Erlich, John E. Tropman (Eds.). *Strategies of community intervention*. IL: F. E. Peacock Publishers.

Barrett, D. E. & Frank, D. A. (1987). *The effects of undernutrition on children's behavior*. New York: Gordon & Breach.

Bornstein, M. H. (1995). Parenting Infants. In M. H. Bornstein(Eds.). *Handbook of Parenting*. NJ: Erlbaum, pp. 3-41.

Breger, L. (1998). 인간발달의 통합적 이해 (홍강의 · 이영식 역). 서울: 이화여자대학교 출판부. (원서출판 1974).

Brockington, I. (1996). *Motherhood and mental health*. Oxford, England: Oxford University Press.

Chandler M. & Boyes, M. (1982). Social Cognitive Development. In B. B. Woman (Eds.). *Handbook of Development Psychology*. NJ: Prentice-Hall, pp. 387~402.

Clift, W. B. (1984). 융의 심리학과 기독교 (이기춘 · 김성민 역). 서울: 대한기독교 출판부.

Conger, R. D., Ge, X., Elder, G. H. Jr., Lorenz, F. O., & Simons, R. L. (1994). Economic stress, coercive family process, and developmental problems of adolescents. *Child Development*, *65*, pp. 292-295.

Cooper, C. R. (1998). The Weaving of Maturity: Cultural Perspectives on Adolescent Development. New York: Oxford University Press.

Corbin, C. (1973). *A textbook of motor development*. Dubuque, Iowa: William C. Brown.

Cowan, P. A. (1978). *Piaget with feeling*. New York: Holt, Rhinehart and Winston.

Crain, W. C. (2007). 발달의 이론. (서봉연 역). 서울: 중앙적성출판사. (원서출판 1983).

Daft, S. (1998). *Analysing organizations(3rd ed.)*. London: Macmillan Press.

Dinkmeyer, D. C. (1983). *Systemic training for effective parenting of teens*. Minnesota: American Guidance Service.

Erikson, E. H. (1992). 아동기와 사회: 인간발달 8단계 이론 (윤진·김인경 역). 서울: 중앙적성출판사.

__________ (1964). *Insight and responsibility*. Toronto: George J.

__________ (1968). *Identity youth and crisis*. New York: Norton.

__________ (1985). *Childhood and society*. New York: Norton

Etzioni, A. (1961). *Comparative analysis of complex organization*. Glencoe, Illinois: The Free Press.

Feldman, R. S. (2001). *Child development(2nd ed.)*. New York: Prentice-Hall.

Fellin, P. (1995). Understanding American Communities. In J. Rothman et al. (Eds.) *Strategies of community Intervention*. Illinois: F. E. Peacock Publishers.

Flavell, J. H. (1985). *Cognitive development(2nd ed.)*. NJ: Prentice-Hall.

Forsyth, D. R. (1991). 집단역학 (홍성열 역). 서울: 양서원.

French, W. L. et al. (1985). *Understanding human behavior in organizations*. New York: Harper & Row Publishers.

Freud, S. (1966). *Introductory lectures on psychoanalysis*. New York: Norton.

Gates, B. L. (1980). *Social Program Administration*. NJ: Prentice-Hall, Inc.

Gerald, C. (1999). 상담과 심리요법의 이론과 실제 (한기태 역). 서울: 성광문화사.

________ (2003). 심리상담과 치료의 이론과 실제 (조현춘·조현재 역). 서울: 시그마프레스.

Germain, C. B. (1987). Human Development in Contemporary Environments. *Social Service Review*, pp. 565-580.

Gilligan, C. (1982). *In a different voice: psychological theory and women's development*. Cambridge, Mass : Harvard University Press.

Goldenberg, I. & Goldenberg, H. (1985). *Family therapy*. CA: Thomson-Brooks/Cole.

Goldenberg, I. & Goldenberg, H. (2004). *Family therapy: An overview(6th ed.)*. CA: Thomson-Brooks/Cole.

Goldman, G. D. & Milman, D. S. (1978). *Psychoanalytic psycotherapy, reading, mass*. Addison-wesley pub. co.

Goldstein, H. (1982). Cognitive Approaches to Direct Practice. *Social Service Review*, *56*, pp. 541-555.

Gottieb, G. (1996). Commentary: A systems view of psychobiological development. In D. Magnusson(Eds.). *The lifespan development of individuals: Behavioral, neurobiological, and psychosocial perspectives: A synthesis*. Cambridge, England: Cambridge University Press.

Hall, C. S. & Lindzey, G. (1988). 성격의 이론 (이지영·이관용·홍승철 역). 서울: 중앙적성연구소. (원서출판 1970).

Hall, C. S. & Nordby, V. J. (1973). *A primer of jungian psychology*. New York: A Meridian Book.

________________ (1980). 융 심리학 입문 (이용호 역). 서울: 백조출판사.

________________ (2006). 융 심리학 입문 (김형섭 역). 서울: 문예출판사

Hall, C. S. (1985). 프로이드 심리학 입문 (최혜란 역). 서울: 학일출판사.

________ (1993). 프로이트 심리학 입문 (지경자 역). 서울: 홍신문학사. (원서출판 1954).

________ (1994). 프로이드 심리학 입문 (지경자 역). 서울: 홍신문화사. (원서출판 1954).

Jacobi, J. (1988). 칼 융의 심리학 (이태동 역). 서울: 성문각. (원서출판 1942).

Jelle & Ziegler (2000). 성격의 심리학 (이훈구 역). 경기: 법문사. (원서출판 1981).

Jung, C. G. (1996). 무의식 분석 (설영환 역). 서울: 선영사.

Kagan, J. (1984). *The nature of the child*. New York: Basic Books.

Kirst-Ashman, K. K. (2000). *Human behavior, communities, organizations & groups in the macro social environment*. CA: Brooks/Cole Publishing Company.

Levinson, D. J., Darrow, C., Kline, E., Levinson, M., & Mckee, B. (1978). *The seasons of a man's life*. New York: Knopf.

Levinson, D. J., Darrow, C., Kline, E., Levinson, M., & Mckee, B. (1996). 남자가 겪는 인생의 사계절 (김애순 역). 서울: 이화여자대학교 출판부. (원서출판 1978).

Looft, W. R. (1971). Egocentrism and Social Interaction in Adolescence. *Adolescence*, *6*, pp. 485-495.

Marcia, J. E.(1980). Identity in Adolescence. In Adelson J. (Eds.). *Handbook of Adolescent Psychology*. New York: Wiley.

Markus H., & Zajoni, R. B. (1985). The Cognitive Perspective in Social Psychology. In Lindzey, & E. Aronson (Eds.). *The handbook of social psychology(3rd ed.)*. NJ: Erlbaum Associates, pp. 137-230.

Maslow, A. (2009). 동기와 성격 (오혜경 역). 21세기 출판사. (원서출판 1970).

Money, J. & Ehrhardt, A. (1972). *Man and woman, boy and girl*. Baltimore: Johns Hopkins University press.

Moore, K. I. & Persaud, T. V. N. (1993). *Before we are bom: essentials of embryology and birth defects(4th ed.)*. Philadelphia: Saunders.

Mosak, H. H. & Maniacci, M. P. (1999). *A primer of Adlerian psychology: The analytic-cognitive psychology of Alfred Adler*. Taylor & Francis.

Mussen, P. H., Conger, J. J., Kagan, J., & Geiwitz, J. (1979). *Psychological development: A life-span approach*. New York: Harper & Row, Publishers.

National Center for Health Statistics. *National vital statistics report*, *49*(11).

Newman, B. M. & Newman, P. R. (1987). *Development Through Life: A Psychosocial Approach*. IL: Dorsey Press.

Newman, B. M. & Newman, P. R. (1991). *Development through Life : A Psychosocial Approach(5th ed)*. CA: Brooks/Cole Publishing Company.

Norlin, J. M. & Chess, W. A. (1997). *Human behavior and the social environment: Social system theory*. Boston: Allyn and Bacon.

Nye, R. D. (1993). 인간행동의 심리: 정신분석, 행동주의, 인간주의의 심리학 (김정규 역). 서울: 성원사.

Ouchi, W. (1981). *Theory Z: How american business can meet the japanese challenge*. Mass.: Addison- Wesley Publishing Co.

Papalia, D. E., Olds, S. W., & Feldman, R. D. (1998). *Human development(7th ed.)*. New York: McGraw-Hill.

Parsons, T. (1956). Suggestions for a sociological approach to the theory of organizations. *Administrative Science Quarterly*, *1*, pp. 63-85.

Parsons, T. (1960). An Outline of a Social System. In T. Parsons et al. (Eds.). *Theories of society*. New Work: Free Press.

Payne, M. (2001). 현대사회복지실천이론 (서진환 외 역). 서울: 나남출판사.

Pender N. J. (1996). *Health promotion in nursing practice(3rd ed.)*. New York: Appleton-Large.

Phares, E. J. (1987). 성격심리학 (홍숙기 역). 서울: 박영사.

Piaget, J. & Inhelder, B. (1969). *The Psychology of the Child*. New York: Basic Books.

Pillari, V. & Newsomes, M. J. (1998). *Human behavior in the social environment(families, groups, organizations, and communities)*. CA: Brooks/Cole Publishing Company.

Plomin, R. (1990). *Nature and nurture: An introduction to behavior genetics*. CA: Brooks/Cole Publishing Company.

Plomin, R., DeFries, J. C., & Loehlin, J. C. (1997). Genotype-environment interaction and correlation in the analysis of human behavior. *Psychological Bulletin*, *84*, pp. 309-322.

Plumert, J. M. (1995). Relations between children's overestimation of their physical abilities and accident proneness. *Developmental Psychology*, *31*, pp. 866-876.

Radke-Yarrow, M., Zahn-Waxler, C., & Chapman, M. (1983). Children's Prosocial Dispositions and Behaviors. In P. H. Mussen (Eds.). *Handbook of Child Psychology(Vol. 4)*. New York: Wiley, pp. 469-545.

Rakic, P. (1991). Plasticity of cortical development. In S. E. Brauth, W. S. Hall, & R. J. Dooling (Eds.). *Plasticity of Development*. Cambridge, MA: Bradford/MIT Press.

Reis, O. & Youniss, J.(2004). Patterns in identity change and development in relationships with mothers and friends. *Journal of Adolescent Rearch*, *19*, pp. 31-44.

Rogers, C. (1959). A theory of therapy, personality and international relationships as developed in the client-centered framework. In S. Koch (Eds.). *Psychology: a study of science, vol.* Ⅲ. Formulations of the Person and the social context (pp. 184-256). New York: McGraw-Hill.

Rogers, C. (1969). *Freedom to learn*. Columbus: Charles E. Merrill Books.

Ross, M. G. (1967). *Community organization: Theory, principles, and practice(2nd ed.)*. New York: Harper & Row.

Salthouse, T. A. (1993). Speed mediation of adult age differences in cognition. *Developmental Psychology*, *29*, pp. 722-738.

Santrock, J. W. (1997). *Life-span development(6th ed.)*. Madison, WI: Brown & Benchmark Publishers.

Santrock, J. W. (2008). *Life-span development: A topical approach to*. Boston: McGraw-Hill.

Satir, V. (1972) *People making*. CA: Science and Behavior Books.

Schaie, K. W. (1983). Toward a stage theory of adult cognitive development. *Journal of Aging and Human Development*.

Schriver, J. M. (1995). *Human behavior and the social environment: shifting in essential knowledge for social work practice*. Boston: Allyn and Bacon.

Shafer, H. H. & Kuller, J. A. (1996). Increased maternal age and prior aneuploid conception (Eds.). *Prenatal diagnosis and reproductive genetics* (pp. 23-28). St. Louis: Mosby.

Shaffer, D. R. (2000). 발달심리학 (송길연·김수정·이지연·양돈규 역). 서울: 시그마프레스. (원서출판 1999).

Shafritz, J. A. & Ott, J. S. (2001). *Classics of organization theory(5th ed.)*. Fort Worth, TX: Harcourt, Brace College Publishers.

Simmons, R. G. & Blyth, D. A. (1987). *Moving into adolescence*. New York: Aldine & de Gruyter.

Sonnenschein, S. (1988). The Development of Referential Communication: Speaking to Different Listeners. *Child Development*, *59*, pp. 694-702.

Specht, R. & Craig, G. J. (1987). *Human Development: A Social Work Perspective*. NJ: Prentice- Hall.

Tanner, J. M. (1962). *Growth at Adolescence(2nd ed.)*. Oxford, England: Blackwell.

Thompson, V. A. (1961). *Modern organizations*. New York: McGraw-Hill.

Toseland, R. W. & Rivas, R. F. (1995). Introduction to group work practice (with my helping lab).

Veninga, R. L. & Spradley, J. P. (1981). *The work-stress connection*. Boston: Little, Brown.

Warren, R. L. (1978). *The community in America*. Chicago, IL: Rand McNally & Commany.

Zastrow, C. & Kirst-Ashman, K. K. (1997). *Understanding human behavior and the social environment*. Chicago, IL: Nelson-Hall Publishers.

________________ (2001). *Understanding human behavior and the social environment*. Belmont: Wadsworth/Thomson Learning.

________________ (2002). 인간행동과 사회환경 (김규수 외 역). 서울: 나눔의 집.

Zastrow, C. (1995). *The practice of social work*. CA: Brooks/Cole Publishing Company.

대한폐경학회. http://www.koreanmenopause.or.kr.

통계청. http://www.kostat.go.kr.

SBS-갤럽공동 (2006). 제4차 미래한국 리포트 행복의 조건과 가족의 미래. http://future.sbs.co.kr/11th/4th_about.jsp.

저자 소개

이진향 거제대학교 사회복지과 교수

강이근 부산경상대학교 사회복지행정계열 교수

김태연 (전) 숭의여자대학교 가족복지과 교수

맹두열 부천대학교 사회복지학과 교수

서연숙 한국관광대학교 관광레저복지과 교수

석말숙 나사렛대학교 사회복지학부 교수

안우상 한국영상대학교 사회복지과 교수

허정철 광주여자대학교 사회복지학과 교수

인간행동과 사회환경

초판 1쇄 발행 2016년 9월 21일
초판 2쇄 발행 2017년 7월 7일

지 은 이 | 이진향·강이근·김태연·맹두열·서연숙·석말숙·안우상·허정철
펴 낸 이 | 김기섭
편 집 인 | 김민수
펴 낸 곳 | 창지사 www.changjisa.com
08589 서울시 금천구 가산디지털 1로 83 파트너스타워 1차 9층
전화 (02) 719-2211~3
팩스 (02) 701-9386
등 록 | 1977년 4월 28일 · 제1-421호

ⓒ 이진향 외 7인, 2016

- 이 책 내용의 전부 또는 일부를 재사용하려면 반드시 저작권자와 창지사 양측의 동의를 받아야 합니다.
- 저자와 협의하여 인지는 생략합니다.

ISBN 978-89-426-2342-6 (93330)

값 20,000원

「이 도서의 국립중앙도서관 출판예정도서목록(CIP)은 서지정보유통지원시스템 홈페이지 (http://seoji.nl.go.kr)와 국가자료공동목록시스템(http://www.nl.go.kr/kolisnet)에서 이용하실 수 있습니다.(CIP제어번호: CIP2016022531)」